Découvrez l'histoire par les archives de presse

REVUE

DE

LÉGISLATION OUVRIÈRE

ET SOCIALE

REVUE

DE

Législation Ouvrière

ET SOCIALE

LOIS ET RÈGLEMENTS — DÉBATS ET PROJETS PARLEMENTAIRES

CONGRÈS — BIBLIOGRAPHIE

PARAISSANT TOUS LES TROIS MOIS SOUS LA DIRECTION DE

M. GEORGES PAULET

PROFESSEUR DE LÉGISLATION OUVRIÈRE A L'ÉCOLE DES SCIENCES POLITIQUES

1897

PARIS

LIBRAIRIE H. LE SOUDIER

174, BOULEVARD SAINT-GERMAIN, 174.

Dix francs par an.

REVUE DE LÉGISLATION OUVRIÈRE
ET SOCIALE

A NOS LECTEURS

Nous pourrions, en un savant préambule, redire après tant d'autres l'importance de jour en jour grandissante des questions ouvrières et sociales, l'intérêt que présente leur examen, la témérité de ceux qui courent à des solutions législatives improvisées, sans s'inquiéter des conceptions déjà débattues ou des expériences déjà réalisées.

Mais, sur ce point, nos lecteurs, s'il nous en advient, ont opinion faite.

Nous pourrions ajouter que les nombreuses publications périodiques consacrées aux différentes branches de la législation sociale débordent vite le bureau de l'homme d'études et surtout de l'homme d'affaires; que les recueils officiels sont lourds à manier et malaisés à parcourir; que l'amas quotidien des décisions et des renseignements peut lasser l'intrépidité des plus curieux.

Mais cette constatation banale n'apprendrait rien à qui lit et cherche, n'intéresserait point qui n'a pas le courage ou le temps de chercher et de lire.

Disons seulement que, si nous en croyons des souvenirs personnels et d'amicales instigations, on aimerait, sur cette matière si actuelle et si vaste, à trouver ou à retrouver, à intervalles assez éloignés et en très court espace, les jalons des recherches à faire ou à reprendre, les points de repère oubliés ou méconnus, la clef des documents essentiels: une sorte de *memento* sans prétentions, où apparaîtraient brièvement les lois survenues, la réglementation consécutive aux lois, les nouveaux projets législatifs, les discussions parlementaires, enfin les livres récents, souvent difficiles à dépister, et le réel objet qu'abritent leurs titres parfois trompeurs.

Une Revue trimestrielle, très compacte, mais très restreinte, allant sans phrases au vif des textes et des choses, ignorante de tout parti pris politique ou doctrinal, exclusivement renseignante et documentaire, pourrait ainsi, semble-t-il, mériter et retenir quatre fois par an l'attention de tous ceux que préoccupe, en ses mouvements brusques ou latents, l'indéniable transformation des idées et des lois sociales.

Réussirons-nous à leur rendre ce modeste service? Nous aurions mauvaise grâce à l'affirmer en un début.

Eux seuls pourront le dire plus tard, s'ils veulent bien tenter avec nous l'essai auquel nous les convions.

Mai 1897.

LE NOUVEAU RÉGIME
DU TRAVAIL ET DES RETRAITES
DANS LES ÉTABLISSEMENTS DE LA GUERRE

S'il est fatalement long et malaisé d'organiser les retraites pour l'intégralité des ouvriers, il est plus facile de les instituer pour les personnels relativement restreints que l'État emploie directement dans ses manufactures.

Ici, pas de surprise possible sur le nombre des bénéficiaires, pas de taxe obligatoire à imposer aux patrons, pas de précautions spéciales à prendre contre ceux, ouvriers ou patrons, qui voudraient déjouer les injonctions légales, pas d'appareil de contrôle ni de pénalités.

Le Gouvernement sait à peu près exactement à quels ouvriers la mesure s'étend, quelle charge elle doit imposer au budget ; il peut la faire appliquer normalement sous la surveillance directe de ses agents. Pourvu que le Parlement, jaugeant les sacrifices à consentir, ouvre les crédits nécessaires, le reste est simple affaire de réglementation administrative. Réglementation singulièrement délicate d'ailleurs, même en ce champ réduit, si l'on veut tenir compte de tous les éléments en jeu : des justes besoins des ouvriers, du souci des finances publiques, de la préoccupation de ne point faire aux ouvriers d'État une situation démesurément privilégiée par rapport à celle des ouvriers de l'industrie privée.

Une tentative des plus intéressantes vient d'être réalisée, dans cet ordre d'idées, pour les établissements relevant du Ministère de la Guerre (1). A considérer l'importance des établissements en cause et le chiffre des ouvriers qu'ils emploient, il y a là une réforme qui ne saurait passer inaperçue. Les établissements de l'artillerie, du génie, des poudres et salpêtres, de l'intendance ne comptent, en effet, guère moins de *vingt mille ouvriers*, auxquels s'applique le régime nouveau.

Ce régime n'est d'ailleurs pas exclusivement limité aux retraites ; il détermine les conditions du travail, la discipline, les secours en cas de maladie, les indemnités en cas d'accidents. Il forme une sorte de petit Code de travail pour les établissements militaires. C'est dire l'utilité que peut présenter un bref résumé de ses principales dispositions.

Historique. — Dans un rapport adressé au Président de la République, le Ministre de la Guerre rappelle que jusqu'ici les divers services de son département s'étaient plus particulièrement préoccupés de la situation des ouvriers immatriculés ou à poste fixe, c'est-à-dire des contre maîtres ou des ouvriers permanents qui encadraient les contingents mobiles des ouvriers auxiliaires. Ces auxiliaires, dont le nombre grandissait avec les exigences des armements actuels, étaient arrivés à former, en réalité, la masse du personnel ouvrier et dépassaient de beaucoup l'effectif, devenu comparativement très faible, du personnel fixe, seul admis au bénéfice de la législation sur les pensions militaires ou sur les pensions civiles, suivant les services.

Pouvait-on appliquer purement et simplement cette dernière législation à tous les auxiliaires et créer du même coup, au point de vue financier, vingt mille fonctionnaires de plus ? Si quelques syndicats le demandaient, ni l'administration ni le Parlement ne pouvaient l'admettre.

Était-il, d'autre part, expédient ou juste de se désintéresser de la situation faite à ces ouvriers de l'État dans leurs infirmités ou leur vieillesse ? Pendant que le législateur étudiait la généralisation de retraites plus ou moins obligatoires pour l'ensemble des ouvriers, pouvait-on différer plus longtemps l'intervention spontanée de ce grand patron industriel qui s'appelle le Ministre de la Guerre ?

Une solution moyenne et pratique apparaissait, préparée du reste par l'expérience antérieure qu'avaient poursuivie, en des conditions comparables, sinon tout à fait semblables, les « manufactures de l'État », c'est-à-dire les manufactures de tabac et d'allumettes dépendant du Ministère des Finances.

Aussi, dans une discussion parlementaire qui s'éleva au cours de l'examen du budget dans la séance du 11 décembre 1895 (*J. O.*, p. 2856), la Chambre des députés, saisie une fois de plus de la question, invita « le Gouvernement à étudier et à préparer, à l'occasion du prochain budget, des mesures propres à établir l'égalité au point de vue des conditions de retraite entre les ouvriers des établissements dépendant du Ministère de la Guerre et les ouvriers de l'administration des manufactures de l'État ».

M. Cavaignac, ainsi que le rappelle son successeur, M. le général Campenon, dans son rapport au Président de la République, « prit à cette occasion l'engagement de préparer un système de retraites analogue à celui de ces manufactures, dans la limite des disponibilités budgétaires et dans la mesure où cette égalité pourrait être réalisée ». Une commission, ajoute le même rapport, « instituée quelques mois auparavant pour l'examen de diverses questions ouvrières et comprenant un représentant de chacun des services compétents vit alors élargir son mandat et fut chargée d'étudier l'organisation des retraites, en même temps que les conditions générales du travail dans les établissements de la guerre ».

Un an après, dans la séance du 18 décembre 1896, le Ministre de la Guerre annonçait l'achèvement prochain du règlement à interve-

(1) Voir ci-après le décret du 26 février 1897.

nir et en indiquait les grandes lignes ; le 26 février suivant, il le soumettait à la signature du Président de la République.

Ainsi que le rappelle le Rapport officiel, ce décret ne règle pas seulement les retraites, mais les « conditions générales du travail ». Sans insister sur les détails, il importe seulement de dégager ici les solutions admises en ce qui concerne : le classement et le recrutement des ouvriers, les salaires, la durée du travail, les licenciements, les maladies, les accidents, les retraites des ouvriers, des veuves et des orphelins, enfin le régime transitoire de retraite applicable aux ouvriers embauchés avant la promulgation du Règlement.

Classement et recrutement. — La première condition d'embauchage fixée ou consacrée par le décret, c'est la nationalité française : ne peuvent être admis dans les établissements militaires que des ouvriers français.

Ces ouvriers sont répartis en deux grandes catégories :

1° les « ouvriers immatriculés » de l'artillerie, les « ouvriers à poste fixe » des poudreries et tous les chefs d'équipe et ouvriers qui, ayant une situation définitive, ont droit à des pensions militaires ou à des pensions civiles, conformément aux lois en vigueur ; ils continuent à former, en quelque sorte, les *cadres* subalternes des manufactures et le règlement nouveau ne leur est point applicable ;

2° tous les autres ouvriers qui, en théorie au moins, ne sont employés qu'à titre précaire et que l'Administration peut être amenée à congédier ou à reprendre suivant les ralentissements ou les développements de la fabrication : ce sont ceux qui sont visés dans le Règlement.

Cette dernière catégorie d'ouvriers est elle-même désormais subdivisée en trois portions.

Les *journaliers*, engagés au jour le jour, au fur et à mesure des besoins survenants, ne reçoivent, en dehors des cas de maladies ou d'accidents professionnels, que le salaire convenu ; leur emploi passager ne permet point la constitution d'une retraite.

Si, au lieu d'apparaître et de disparaître comme de véritables ouvriers d'appoint, ils sont gardés plus longtemps au service de l'administration, leur situation se consolide. Au bout de six mois de bons services, ils peuvent être admis à effectuer des versements pour la retraite, dans les conditions prescrites par le règlement ; au bout d'une année, ils y sont astreints. Dès qu'ils commencent à effectuer ces versements, ils cessent d'être de simples journaliers et sont considérés, par là même, comme *auxiliaires*.

Enfin, dans certaines conditions d'ancienneté, et dans la limite des fixations ministérielles, les auxiliaires peuvent être, au choix, *commissionnés* par les directeurs d'établissements. Si, en droit, leur engagement demeure précaire, la « commission » les met, en fait, d'une manière presque certaine à l'abri d'un congédiement pour manque de travail, puisqu'ils ne peuvent être renvoyés, en ce cas, qu'après tous les auxiliaires de la même profession et puisque, selon toutes vraisemblances, le nombre des commissionnés restera toujours restreint relativement à celui des simples auxiliaires.

Aucun commissionné ou auxiliaire ne peut être gardé dans les établissements de la guerre après soixante-cinq ans (art. 2). Le règlement ne fixe pas d'âge maximum pour l'admission dans les établissements ; mais les ouvriers entrés au service après trente ans et les ouvrières entrées après vingt-cinq ans n'ont pas droit, le cas échéant, au complément de retraite garanti par l'État (art. 10).

Salaires. — Les articles 17, 18 et 21 constituent, en quelque manière, un *règlement d'atelier* à l'usage des établissements militaires et disposent pour ces établissements sur diverses questions qui se trouvent à l'ordre du jour des préoccupations et des délibérations parlementaires.

En ce qui concerne le mode d'établissement du salaire, le règlement spécifie que le travail peut être payé soit au temps, soit à la tâche, et il admet des primes de surveillance ou de fabrication.

En ce qui concerne le taux du salaire, il astreint l'administration à le déterminer « d'après les conditions locales et par comparaison avec celui des industries similaires ». Ce n'est pas, à coup sûr, une disposition identique à celle qu'ont prévue les cahiers des charges de certaines administrations anglaises ou belges et qui astreint leurs adjudicataires à payer, dans des conditions définies, le « taux équitable » du salaire pour la localité de fabrique. C'est, du moins, une indication morale, une invitation administrative, à laquelle on ne saurait dénier toute valeur.

En ce qui concerne les retenues sur le salaire par mesure disciplinaire, c'est-à-dire les *amendes*, le Règlement décide, d'une part, que ces amendes ne pourront jamais excéder la moitié du salaire pendant huit jours et, d'autre part, qu'elles ne seront distraites que temporairement du patrimoine de l'ouvrier, puisque, versées à son compte à la Caisse nationale des retraites, elles accroîtront plus tard sa pension.

Durée du travail. — Le règlement, descendant au-dessous de la limite générale imposée par le décret du 9 septembre 1848 et consacrant d'ailleurs l'état de fait actuel, fixe à *dix heures* la durée normale de la journée de travail pour tout le personnel ouvrier.

Licenciement. — Le personnel auquel s'applique le décret étant, comme on l'a vu, un personnel essentiellement temporaire, au moins en principe, il fallait prévoir les licenciements fréquents qui, en dehors des renvois pour cause disciplinaire, pourraient être imposés par les fluctuations de la fabrication.

Le décret prévoit d'abord que les intéressés doivent être prévenus « aussitôt que possible » des congédiements que provoque le manque de travail et qu'en tout cas ce délai de préavis ne peut être inférieur à un mois.

Il règle ensuite la question des indemnités à allouer aux ouvriers congédiés. Etablissant un barème indistinctement applicable à tous les cas et calculé d'après l'ancienneté des services, au moment où le congédiement les termine ou les interrompt, il décide que l'ouvrier licencié recevra une indemnité représentant autant de fois le salaire d'une journée de travail qu'il a de fois quatre mois de service accomplis depuis l'embauchage ou depuis le dernier réembauchage. A supposer un ouvrier ayant un salaire moyen de cinq francs, il recevrait, par conséquent, une indemnité de quinze journées ou 75 francs, s'il était congédié après cinq ans de service, d'un mois ou 150 francs après dix ans, de deux mois ou 300 francs après vingt ans.

Maladies. — Tout le personnel visé par le Règlement, y compris les simples journaliers, a droit, en cas de maladie, aux soins médicaux et aux médicaments.

Il n'a droit, pendant la durée de la maladie, à une fraction du salaire que dans les conditions et sous les distinctions suivantes.

Si la maladie ne résulte pas du service même, le journalier et l'auxiliaire n'ont droit à aucune indemnité. Seul, le commissionné, auquel on a voulu faire, en raison de l'ancienneté et du mérite de ses services, une situation privilégiée, reçoit une indemnité, égale à la moitié du salaire pendant un mois et au quart du salaire pendant trois autres mois.

Si, au contraire, la maladie résulte directement du service, les journaliers et les auxiliaires obtiennent, aussi bien que les commissionnés, une indemnité fixée dans chaque espèce, après enquête, par décision ministérielle. Cette indemnité doit être au moins égale à la moitié du salaire moyen et peut, par conséquent, suivant les cas, atteindre le taux du salaire lui-même. Mais elle ne peut être continuée pendant plus de six mois.

Accidents. — Le décret ne prend pas parti sur la réparation des accidents de fabrique. Il se borne sur ce point à une assimilation et à la prévision de décisions d'espèces.

L'accident ne résultant pas du service n'a droit, en principe, à aucune indemnité.

Quant à l'accident résultant du service, il faut distinguer s'il entraîne une incapacité de travail inférieure ou supérieure à six mois.

Dans le premier cas, il est assimilé à une maladie résultant du service et donne lieu à l'attribution d'une indemnité journalière, dans les conditions qui viennent d'être indiquées ci-dessus.

Dans le second cas, l'indemnité définitive, si elle ne peut être réglée à l'amiable, est déterminée par décision ministérielle.

On voit qu'en cette matière le Règlement ne s'attache pas au caractère ou à la gravité des accidents, mais uniquement à la durée de l'incapacité qu'ils entraînent.

Retraites. — Si elle ne forme pas l'objet exclusif du Règlement, l'organisation des retraites en constitue certainement l'élément essentiel.

Sans retracer par le menu cette organisation, qui appelait, pour être complète, des dispositions et des précautions d'ordres divers, on peut ramener à quatre les principes qui la dominent :

1° L'ouvrier subit une retenue obligatoire sur son salaire ;

2° Le patron, c'est-à-dire ici le département de la guerre, s'engage à servir une subvention équivalente à cette retenue ;

3° Les retenues et les subventions corrélatives sont versées à la caisse nationale des retraites pour la vieillesse, l'administration se bornant au rôle de collecteur et d'intermédiaire ;

4° Si la liquidation de la rente viagère ainsi constituée à la caisse nationale des retraites pour la vieillesse n'atteint pas, après un nombre d'années de services fixé, un minimum déterminé, l'administration est débitrice de la différence entre cette rente et ce minimum et sert directement à l'intéressé le complément nécessaire.

Les trois dernières dispositions sont communes au règlement nouveau et aux règlements antérieurs qui ont organisé les retraites des ouvriers des « manufactures de l'Etat ». La première est différente. Tandis que l'administration des manufactures de l'Etat se contente d'opérer pour ses ouvriers des versements budgétaires, sans leur faire subir aucune retenue, l'administration de la guerre a trouvé plus sage et plus juste de ne consentir ces allocations qu'en astreignant les intéressés eux-mêmes à des versements correspondants.

Le versement est fixé uniformément à 8 0/0 du salaire : 4 0/0 provenant des retenues sur ce salaire, 4 0/0 provenant des allocations corrélatives de l'Etat. Il est effectué, à capital aliéné ou réservé, au choix de l'intéressé, pour la portion retenue sur le salaire, mais toujours à capital aliéné pour la part contributive de l'Etat.

Le minimum de retraite qui est « garanti » et qui est finalement, s'il y a lieu, parfait aux frais du budget est fixé à 500 francs pour les ouvriers et à 360 francs pour les ouvrières. Il n'atteint donc pas le minimum garanti au personnel des manufactures de l'Etat, qui est normalement fixé à 600 francs pour les ouvriers, à 400 francs pour les ouvrières, et qui peut s'élever, à soixante-cinq ans, jusqu'à 700 francs pour les premiers et à 465 francs pour les secondes.

Malgré cette infériorité relative, la garantie d'un minimum de retraite, s'appliquant à un personnel de vingt mille ouvriers, eût encore imposé sans doute de très lourds sacrifices au Trésor, si on n'avait pris soin de réduire ou tout au moins de limiter ces charges par diverses mesures de prudence. Ces mesures sont les suivantes :

1° Pour bénéficier du minimum garanti, il faut être entré dans les établissements de la guerre avant trente ans, pour les ouvriers, ou vingt-cinq ans, pour les ouvrières. On a voulu évidemment, en éliminant à ce point de vue les sujets trop âgés, faire profit d'une capitalisation normale à la caisse des retraites et restreindre, par conséquent, le jeu de la garantie.

2° Par une autre disposition, qui a le même effet, les intéressés sont astreints à ne pas fixer la date d'entrée en jouissance de la rente viagère à un âge trop bas : bien que la caisse nationale des retraites puisse liquider des rentes à partir de l'âge de 50 ans, les ouvrières doivent, lors du premier versement, fixer l'entrée en jouissance à 55 ans, et les ouvriers à 60 ans.

3° Pour que la retraite soit complétée au chiffre minimum, il ne suffit pas que l'ouvrier ait soixante ans d'âge, l'ouvrière cinquante-cinq ans ; il faut que tous deux aient trente ans de services effectifs.

En cas d'infirmités prématurées entraînant une incapacité absolue de travail, le complément de retraite est acquis sans condition d'âge, mais seulement après vingt-cinq ans de services effectifs.

4° Le complément de retraites n'est servi par l'Etat que si, dès l'origine des versements, le titulaire de la rente viagère a opté pour l'aliénation du capital versé et si, par conséquent, il a fait produire à ses versements réglementaires le maximum d'effet utile au point de vue du chiffre de la rente viagère à liquider à son profit.

Reversions de retraites. — Comme la loi sur les pensions civiles, et dans des conditions qui s'en rapprochent, le décret constitue au profit des veuves d'ouvriers et des orphelins des pensions de réversibilité.

La pension de la veuve d'un ouvrier ayant eu lui-même droit à pension est fixée au tiers de cette pension, sans pouvoir toutefois dépasser 360 francs, c'est-à-dire le minimum garanti aux femmes employées elles-mêmes comme ouvrières.

Cette pension n'est acquise qu'aux veuves ayant six mois de mariage au jour de la cessation des fonctions du mari. Elle est intégralement payée par l'Etat, tant que la veuve n'entre pas en jouissance de la rente viagère qui lui revient du fait du partage des versements faits au profit du mari dans les termes de l'article 13 de la loi du 20 juillet 1886. Si cette rente viagère est déjà liquidée ou dès qu'elle vient à l'être, l'Etat ne verse plus à la veuve que la différence entre le montant de cette rente et la somme annuelle de 360 francs.

Pour les orphelins, la pension est toujours servie directement par l'Etat. Elle est égale à la pension qu'avait ou qu'aurait pu avoir la mère, comme veuve, dans les conditions précédentes. Si le père et la mère étaient tous deux employés dans les établissements de la guerre, on ajoute au montant de la pension de veuve le tiers de la pension personnelle à laquelle la mère avait droit comme ouvrière. Dans tous les cas, la pension des orphelins subsiste intégralement tant que le plus jeune d'entre eux n'a pas dépassé dix-huit ans.

Dispositions transitoires relatives aux retraites. — Si les dispositions relatives au classement, au recrutement, au régime du travail et aux maladies se prêtaient immédiatement ou presque immédiatement à une application normale, il n'en pouvait être de même des retraites, à moins de ne donner aux ouvriers actuellement embauchés qu'une satisfaction lointaine et, pour la grande majorité d'entre eux, illusoire.

On devait de toute nécessité instituer au profit des ouvriers actuels un régime de transition, en attendant l'effet naturel du régime normal, et l'on sait qu'en matière d'organisation de retraites c'est toujours ce régime de transition ou, pour mieux dire, de liquidation qui entraîne et les plus lourdes charges et les plus grandes difficultés. C'est aussi, on ne peut le méconnaître, ce régime qui, pratiquement, intéresse le plus les bénéficiaires des mesures prises.

Le régime des retenues sur le salaire et des versements contributifs de l'Etat étant, dès le 1er mars 1897, obligatoire pour tous les ouvriers et les conditions d'obtention d'un minimum de retraite *garanti* par l'Etat étant les mêmes pour le personnel en fonctions et pour le personnel futur, la différence entre le régime transitoire et le régime normal ne porte que sur la quotité de ce minimum.

Tandis que, pour les ouvriers entrant maintenant dans les établissements de la guerre, ce minimum sera plus tard, comme nous l'avons vu, de 500 francs, il n'est, pour les ouvriers terminant leur service en 1897, que de 275 francs. Pour les ouvriers retraités en 1898, il atteindra 282 fr. 50 ; pour les ouvriers retraités en 1899, 290 francs, et une progression annuelle de 7 fr. 50 conduira ainsi ce minimum, dans trente années, au chiffre réglementaire de 500 francs..., si d'ici là quelque règlement nouveau ne l'a point modifié.

De même, pour les ouvrières, le minimum garanti, qui atteindra 360 francs dans trente ans, est fixé en 1897 à 198 francs et s'élève par une progression annuelle de 5 fr. 40.

Si donc, renversant la situation, qu'un décret, disposant pour l'avenir, devait naturellement adopter, on envisage tout d'abord le statut présent ou prochain des retraites, on peut dire: en 1897, les ouvriers sortant des établissements de la guerre à soixante ans d'âge et trente ans de service (vingt-cinq ans de service, en cas d'invalidité) ont, *au minimum*, une pension de 275 francs. Pour ceux qui sortiront dans les mêmes conditions en 1899 et qui auront déjà subi des retenues pendant plus de deux années, ce minimum s'élèvera à 290 francs; il atteindra 320 francs pour les ouvriers sortant en 1903.

Pour les ouvrières sortant des établissements en 1897 avec la même ancienneté et à l'âge de cinquante-cinq ans, le minimum de pension sera de 198 francs. Il s'élèvera à 225 francs pour les ouvrières sortant en 1902.

Tel apparaît, en ses dispositions essentielles, le nouveau régime de retraites et de travail institué par l'administration militaire au profit de ses ouvriers.

Il n'est peut-être pas rigoureusement exact de soutenir, comme le faisait M. le Ministre de la Guerre à la séance de la Chambre du 19 décembre 1896, qu'il représente « la mesure la plus libérale qui ait été prise jusqu'à ce jour en faveur des ouvriers ». Les manufactures de l'État, sur certains points, avaient pu déjà se montrer plus larges.

Mais, ce qu'il faut reconnaître sans hésitation, c'est qu'il marque un progrès considérable en faveur du personnel d'exploitation employé par l'administration militaire. Il atteste, de la part de cette administration, un souci très net et très réfléchi de réglementer et d'améliorer la situation des ouvriers dans ses établissements industriels.

LÉGISLATION.

I. Pensions de retraite. — *Loi de finances du* 29 *mars* 1897 (Extrait):

Art. 43 (1). — A partir du 1er janvier 1897 (2), l'Etat contribuera, dans les conditions de la loi sur l'assistance médicale (3) et conformément aux barèmes A et B de cette loi, au payement de toute pension annuelle d'au moins quatre-vingt-dix francs (90 fr.) et de deux cents francs au plus (200 fr.) (4), constituée par

(1) Dans sa séance du 27 décembre 1895, la Chambre avait voté un ordre du jour ainsi conçu: « La Chambre, résolue à organiser dans le plus bref délai possible l'assistance des infirmes et des vieillards indigents par la contribution des communes, des départements et de l'Etat, prend acte de la promesse faite par le Gouvernement de proposer dans le projet de budget de 1897 les crédits nécessaires pour jeter les premières bases de cette organisation. »

C'est pour assurer cette organisation nouvelle et, comme le disait M. Rey dans la discussion du budget, pour « jeter les premières bases de l'assistance des vieillards et infirmes » que cet article a été introduit dans la loi de finances.

La rédaction primitive arrêtée par le Gouvernement différait à deux points de vue de la rédaction qui a finalement prévalu. Elle ne prévoyait la contribution de l'Etat que pour les pensions au moins égales à 120 francs; elle fixait uniformément cette contribution à la somme de 40 francs.

La Chambre, dans sa séance du 26 mars 1897, abaissa à 90 francs le minimum des pensions appelant une contribution; et elle substitua à la contribution fixe de l'Etat une contribution pouvant s'élever à 50 francs (au lieu de 40), mais variable d'après les barèmes déjà employés par la loi du 15 juillet 1893 sur l'assistance médicale gratuite. « Si on veut que l'assistance des vieillards et des infirmes se développe dans les campagnes, disait M. Emile Rey en soutenant un amendement dans ce sens, il faut venir en aide aux communes au moyen de subventions dont la proportion devra être d'autant plus forte qu'elles seront plus pauvres, de manière à ne leur imposer qu'une charge relativement faible... On donnera moins à celles qui sont riches et ont des revenus abondants et davantage à celles qui sont pauvres et ne possèdent aucune ressource disponible. » D'autre part, ajoutait le même orateur, le chiffre minimum de 120 francs « serait inabordable pour beaucoup de communes et il pourrait arriver dès lors qu'elles laissent leurs vieillards et infirmes sans secours. Avec une pension de 90 francs on peut souvent, à la campagne, secourir dans une mesure suffisante ces malheureux ».

Le Sénat apporta, a son tour, au projet deux modifications, qui, après discussion réitérée à la Chambre, ont été définitivement consacrées.

Abandonnant le système adopté par la Chambre dans sa séance du 15 février 1897 et qui consistait a « établir cette assistance sur les mêmes bases que l'assistance médicale gratuite, c'est-à-dire sur la solidarité de la commune, du département et de l'Etat », le Sénat a admis, par un retour partiel au texte primitif du Gouvernement, que l'initiative des départements ne serait pas fatalement liée à celle des communes. Puis il a ajouté à l'article la phrase finale, spécifiant le caractère précaire des pensions annuellement consenties.

(2) Bien que, par suite du vote successif de trois douzièmes provisoires, la loi de finances n'ait été promulguée que le 29 mars, cet article, étant formel, devra bénéficier rétroactivement depuis le 1er janvier aux titulaires de pensions concédées au cours de l'année 1897, si les conseils généraux et municipaux en font remonter l'effet à cette date.

(3) Loi du 15 juillet 1893.

(4) Le maximum de 200 francs, proposé par le Gouvernement, avait été écarté par la Chambre dans sa séance du 15 février 1897, à l'intervention de M. Orsat, faisant remarquer qu' « il peut se faire que dans telle localité les conditions de la vie soient plus chères, comme il peut se faire aussi que la pension soit accordée, non à un vieillard qui n'a à supporter que le poids de l'âge, mais à un incurable... ; on trouve difficilement des personnes qui veulent s'en charger pour la somme de 55 centimes par jour ». Or, si un département « verse pour la pension d'un vieillard une somme de 200 francs, l'Etat lui accorde une subvention... ; si, au contraire, le département ne peut faire assister la vieillesse, à moins de verser une somme de 250 francs, l'Etat ne donne plus rien. L'Etat ainsi contribue aux dépenses du département qui pourra procurer l'assistance à peu de frais et il retire son concours au département qui sera obligé de dépenser davantage ».

Dans le même sens, à la séance du 26 mars M. Groussier ajoutait que ce maximum « ne présente aucun intérêt pour les finances de l'Etat, puisqu'il est spécifié que l'Etat ne participera à

es départements ou les communes, d'accord avec les conseils généraux (1), en faveur de toute personne de nationalité française privée de ressources, incapable de subvenir par son travail aux nécessités de l'existence, et soit âgée de plus de soixante-dix ans, soit atteinte d'une infirmité ou d'une maladie reconnue incurable, sans que le nombre des pensions auxquelles devra contribuer l'Etat puisse dépasser, par département, deux pour mille (2 p. 1.000) de la population et sans que cette contribution pour chaque pension puisse être supérieure à cinquante francs (50 fr.).

Cette pension annuelle sera toujours révocable.

. . . .

Art. 45. — L'article 16 de la loi du 20 juillet 1886 est modifié ainsi qu'il suit (2) :

« L'ayant droit à une rente viagère qui a fixé son entrée en jouissance à un âge inférieur à soixante-cinq ans peut, dans le trimestre qui précède l'ouverture de la rente, retarder de cinq années son entrée en jouissance, sans qu'elle puisse d'ailleurs être reportée au delà de soixante-cinq ans et sans que la rente, augmentée d'après les tarifs en vigueur, puisse excéder 1,200 francs, et enfin sans qu'il y ait lieu au remboursement d'une partie du capital déposé.

---

ces pensions que pour les incurables ou les vieillards de plus de 70 ans, a raison de deux pensions sur 1.000 habitants et avec un maximum de 50 francs... Au lieu d'empêcher les départements et les communes de donner des pensions supérieures à 200 francs, on devrait, au contraire, les y encourager ».

Cette condition de maximum, supprimée par la Chambre avec l'assentiment du Gouvernement, a été rétablie par le Sénat.

(1) Le texte du Gouvernement portait : « constituée par le département *ou* par la commune, *ou* par le département et la commune », admettant les trois hypothèses du departement intervenant seul, de la commune intervenant seule, ou des deux interventions reunies.

Le texte voté par la Chambre n'admettait que l'hypothèse de la double intervention et portait : « Constituee par le département *et* la commune ».

Le Senat, sur un amendement de M. Guyot, accepte par le Gouvernement, a introduit, avec la redaction actuelle, un troisième système. Dans ce systeme, la pension susceptible de provoquer la contribution de l'Etat peut être instituée soit par le département seul, soit par la commune, pourvu qu'elle ait, au préalable, l'adhesion du département. « La commune, disait M. Guyot, ne pourra créer une pension pour un indigent qu'autant qu'elle aura obtenu l'adhésion du Conseil général... Il est nécessaire qu'il soit bien entendu que ces pensions ne seront créées que d'accord avec le departement et la commune, afin que cette dernière ne puisse jamais engager le departement sans son aveu. »

— L'Etat peut-il concourir financièrement au service des pensions instituées par d'autres personnes morales que les départements et les communes ?

Dans la séance de la Chambre du 15 février 1897, M. le comte de Lanjuinais avait soutenu que, pour faire produire à la loi tout son effet, il fallait « en modifier légèrement les termes, ou tout au moins prendre l'engagement de l'appliquer d'une façon tout à fait libérale », en faisant bénéficier de ses avantages « les pensions concédées par les bureaux de bienfaisance et par les commissions speciales instituées par la loi du 15 juillet 1893 sur l'assistance médicale gratuite ».

M. de Lanjuinais retira son amendement devant cette déclaration du commissaire du Gouvernement : « Je crois qu'il n'est pas indispensable d'insérer à cet égard une disposition formelle dans la loi. En effet, il sera nécessaire d'avoir recours à un règlement d'administration publique pour déterminer les conditions d'application de la loi et c'est à ce moment qu'on examinera utilement s'il est possible d'insérer, ce qui sera facile, je crois, dans ce règlement une disposition qui donnerait satisfaction à l'honorable M. de Lanjuinais. »

Il ne semble pas que la théorie du commissaire du Gouvernement corresponde a la réalité.

D'abord, il n'y aura point lieu de préparer un « Règlement d'administration publique » : le texte, pas plus dans sa teneur définitive que dans ses rédactions antécédentes, ne contient à cet effet aucune délégation du législateur.

D'autre part, le décret qui pourra intervenir pour régler les conditions d'application de la loi, fût-il rendu après avis du Conseil d'Etat, c'est-à-dire *en la forme* des règlements d'administration publique, ne saurait, en l'absence de cette delégation, étendre une participation budgétaire de l'Etat, qui est de droit étroit, à d'autres situations que celles expressément visées par la loi.

Il semble donc hors de doute, malgré les assurances données au Parlement, que les pensions constituées par les départements ou bien par les communes d'accord avec les départements pourront *seules* bénéficier de la contribution de l'Etat.

(2) Le premier alinéa de cet article reproduit à peu près l'ancien article 16, en remplaçant à la cinquième ligne les mots « reporter sa jouissance à *une autre année* d'âge accomplie » par ceux-ci : « retarder de *cinq ans* son entrée en jouissance ». Tout le second alinéa est nouveau.

D'après le système de la loi du 20 juillet 1886, on ne pouvait jamais *avancer* l'entree en jouissance primitivement fixée. Aussi, pour rester maître de faire coincider autant que possible cette entrée en jouissance avec la mise à la retraite effective de leurs ouvriers, les grands établissements industriels qui constituaient pour eux des rentes viageres à la Caisse nationale des retraites se trouvaient, pour ainsi dire, obliges de faire fixer l'entrée en jouissance initiale à un âge peu élevé, à 55 ans ou même 50 ans, par exemple, sauf à provoquer ensuite d'année en année des ajournements d'entrée en jouissance jusqu'à la mise a la retraite des intéressés.

Ces ajournements, qui pouvaient se renouveler jusqu'à dix ou quinze fois par titulaire, exigeaient chaque fois, pour ces établissements et pour la Caisse nationale des retraites, de nouveaux calculs de liquidation. Ces liquidations successives, en se multipliant, devenaient particulièrement onéreuses pour la Caisse.

Aussi avait-on dû chercher le moyen de les éviter et deux essais avaient été faits dans ce sens par le décret du 14 août 1894 (art. 4) pour les ouvriers mineurs et par le décret du 22 février 1896 (art. 6) pour les cantonniers de l'Etat.

Ces essais ayant donne de bons résultats, le système a été généralisé par la présente loi pour tous les déposants de la Caisse des retraites.

La nouvelle disposition, à vrai dire, n'entame pas le droit des déposants, tel que l'établissait la loi de 1886 ; elle introduit seulement une mesure de comptabilité, ayant pour objet de réduire au minimum indispensable les liquidations successives.

Au lieu de demander des ajournements de jouissance d'annee en année, les intéressés ne peuvent maintenant demander que des ajournements de jouissance quinquennaux. Mais ils gardent, en même temps, la faculté de faire anticiper la liquidation définitive de leur rente pendant l'une quelconque des cinq années.

« Le titulaire qui a invoqué le bénéfice du paragraphe 1er du présent article conserve néanmoins le droit d'obtenir, sur sa simple demande, la liquidation de sa pension à toute année d'âge accomplie pendant la période de cinq ans fixée par le dernier ajournement. Toutefois, cette demande de liquidation ne sera reçue que pendant les trois mois qui suivront la date à laquelle le déposant aura atteint l'âge définitivement choisi pour l'entrée en jouissance de sa rente. Chacune des rentes produites tant par l'ajournement antérieurement souscrit que par les versements ou abandons de capitaux postérieurs à cet ajournement est calculée à nouveau, d'après les tarifs, aux époques où les différentes opérations, soit de versement, soit d'abandon ou d'ajournement, ont été effectuées. »

II Situation du personnel civil d'exploitation dans les établissements militaires. — *Decret du 26 fevrier 1897* (1) :

Le Président de la République française,
Sur le rapport du ministre de la guerre,
Décrète :

Dispositions générales.

Art. 1er. — Le personnel civil d'exploitation des établissements militaires comprend, indépendamment du personnel placé sous le régime des lois sur les pensions civiles ou militaires et auquel les dispositions qui suivent ne sont point applicables, tous les ouvriers, ouvrières, employés, écrivains, comptables, dessinateurs, garçons de bureau, surveillants et agents de tout ordre occupés dans les établissements de la guerre et rétribués directement par le service militaire.

Ce personnel, exclusivement de nationalité française, se divise en trois catégories :

Les commissionnés ;
Les auxiliaires ;
Les journaliers (2).

En Algérie et en Tunisie, les dispositions du présent décret pourront être étendues au personnel indigène ou étranger (3) dans des conditions fixées par décisions ministérielles.

Art. 2. — Le nombre des commissionnés est fixé par le ministre pour chaque service.

Les commissionnés sont nommés au choix par le directeur de l'établissement, parmi les auxiliaires ayant une ancienneté déterminée par décision ministérielle, pour chaque service.

La commission ne crée aucun droit au maintien permanent au service de l'administration. Cependant, en dehors du cas visé par l'article 21 du présent décret, nul commissionné ne peut être licencié tant que le licenciement peut porter sur des auxiliaires appartenant à la même profession que lui dans le même établissement.

A partir d'un an de service dans les établissements militaires (4) tout journalier est astreint à faire les versements spécifiés à l'article 3 ci-après. Il peut, sur sa demande, être admis à les commencer dès qu'il a accompli dans ces établissements six mois consécutifs de service (5), ayant permis de constater son aptitude professionnelle et sa bonne conduite.

Le journalier devient auxiliaire à dater du moment où l'administration concourt à ses versements.

Tout journalier est prévenu de ces dispositions lors de son entrée au service de l'administration.

La limite d'âge à laquelle a lieu la radiation obligatoire des contrôles est fixée à soixante-cinq ans.

Versements a la caisse nationale des retraites.

Art. 3. — Des versements à la caisse nationale des retraites pour la vieillesse sont effectués dans tous les établissements militaires au profit des commissionnés et des auxiliaires, même s'ils sont déjà titulaires d'une pension civile ou militaire lors de leur entrée dans l'établissement.

Ces versements proviennent :

1° Du prélèvement à opérer sur le salaire ; ce prélèvement est fixé à 4 0/0 du montant du salaire ;

2° De la part contributive de l'Etat ; cette part contributive est également fixée à 4 0/0 du montant du salaire.

Ces versements sont obligatoires, et l'acceptation de ce mode de constitution de retraite forme une clause tacite du contrat qui lie temporairement l'intéressé à l'administration.

Art. 4. — En cas de départ, le montant des prélèvements et des parts contributives cor-

---

(1) Sur les circonstances dans lesquelles est intervenu ce decret et sur l'économie générale de ses dispositions, voir ci-dessus, page 2.

(2) Les simples journaliers ne sont soumis aux dispositions du décret que pour les indemnités en cas de maladie (art. 19), les indemnités en cas d'accident (art. 20) et les retenues disciplinaires sur le salaire (art. 21, § 1°).

(3) Il ressort du dernier alinéa de l'article que les dispositions du décret sont applicables de plein droit, pour les ouvriers français, non seulement aux établissements militaires situés en France, mais aux etablissements situés en Algérie et en Tunisie.

(4) De l'expression générale « dans les établissements » on peut conclure que les services commencés dans un établissement et continués dans un autre s'ajouteraient pour l'ancienneté requise en vue de l'admission aux versements pour la retraite.

(5) Au bout d'un an de service, l'admission aux versements est de droit ; elle est même obligatoire. Entre six mois et un an de services, au contraire, l'administration reste maîtresse de ne point commencer les versements, si elle juge insuffisamment établies l'aptitude et la bonne conduite de l'intéresse. Il faut d'ailleurs remarquer que ce devancement de versements n'est possible que s'il y a eu six mois de services *consécutifs*, tandis que, d'après le texte, au bout de douze mois de service, même en six ou douze reprises successives, les versements commencent de plein droit.

respondant aux salaires acquis à la date du départ est versé à la caisse nationale des retraites, sauf remise à l'intéressé de l'appoint qui ne peut entrer dans la somme à verser (1).

En cas de décès, le montant des prélèvements et des parts contributives correspondant aux salaires acquis à la date du décès (2) est payé aux ayants droit, au lieu d'être versé à la caisse nationale des retraites.

Art. 5. — Lors du premier versement, l'entrée en jouissance de la pension de retraite viagère doit être fixée à l'âge de soixante ans pour les hommes et de cinquante-cinq ans pour les femmes.

Toutefois, reste acquis aux intéressés le bénéfice de l'article 11 de la loi du 20 juillet 1886, qui permet, en cas de blessures graves ou d'infirmités prématurées, régulièrement constatées, entraînant une incapacité absolue de travail, de liquider la pension même avant cinquante ans et en proportion des versements effectués.

L'entrée en jouissance est retardée tant que l'intéressé reste au service de l'administration. Dans ce cas, les versements continuent à s'effectuer dans les conditions ci-dessus visées et la rente viagère se trouve accrue conformément aux tarifs de la caisse nationale des retraites.

Lorsque les versements ont assuré à l'intéressé le maximum de la rente viagère que peut inscrire la caisse nationale des retraites (3), les versements prévus à l'article 3 cessent.

Art. 6. — L'intéressé est laissé libre d'opter entre l'aliénation et la réserve du capital. Toutefois, s'il opte pour la réserve du capital, il ne bénéficie en aucun cas des dispositions de l'article 10 subséquent.

La part contributive de l'État est toujours versée à capital aliéné.

Art. 7. — En cas de mariage, la quote-part des versements auxquels l'intéressé est astreint profite par moitié à chaque conjoint, conformément aux dispositions de l'article 13 (5°) de la loi du 20 juillet 1886, sauf s'il y a séparation de corps ou de biens, ou divorce.

La quote-part des versements que l'État prend à sa charge profite uniquement à celui des conjoints qui est en cause vis-à-vis de l'administration.

Pour la portion des versements qui profite d'office à la femme d'un commissionné ou auxiliaire, l'entrée en jouissance de la pension afférente à cette femme est fixée à cinquante ans et doit être différée jusqu'à la cessation des services du mari. Le bénéfice des dispositions de l'article 12 subséquent est subordonné à l'accomplissement de cette condition.

Art. 8. — Les titulaires des livrets de retraite peuvent accroître volontairement leurs versements en ajoutant au prélèvement opéré sur leurs salaires telle somme qu'ils indiquent en temps utile, sous la réserve que le versement total annuel ne dépasse pas le maximum admis par la caisse nationale des retraites (4).

Ces versements supplémentaires se font par l'entremise de l'administration en même temps que les versements ordinaires, mais ils n'entraînent en aucun cas une contribution correspondante de l'État (5).

Art. 9. — Des décisions ministérielles déterminent les conditions dans lesquelles sont effectués les versements à la caisse nationale des retraites.

Garantie d'un minimum de retraite.

Art. 10. — L'administration complète la pension viagère acquise conformément à l'article 3 du présent décret, à un minimum de 500 francs pour les hommes et de 360 francs pour les femmes, au profit de tout commissionné ou auxiliaire qui justifie :

1° Avoir été admis comme auxiliaire avant l'âge de trente ans pour les hommes et de vingt-cinq ans pour les femmes (6) ;

2° Avoir atteint l'âge de soixante ans pour les hommes et de cinquante-cinq ans pour les femmes ;

3° Avoir accompli trente ans de services effectifs (7) comme auxiliaire ou comme com-

---

(1) Aux termes de l'article 5 de la loi du 20 juillet 1886, la Caisse nationale des retraites ne reçoit et ne liquide les versements qu'à partir d'un franc, et sans fraction de franc. D'autre part, d'après l'article 12 de la même loi, « le versement fait pendant le mariage par l'un des deux conjoints profite séparément à chacun d'eux par moitié ». L'*appoint* restituable à l'ouvrier en espèces sera donc la fraction dépassant un multiple de francs, s'il est célibataire, et un multiple de deux francs, s'il est marié.

(2) Il s'agit des versements et des parts contributives correspondant aux salaires acquis depuis la date réglementaire du dernier arrêt de compte en vue du versement global à effectuer par l'administration à la Caisse des retraites.

(3) Le maximum de la rente viagère inscriptible sur la même tête est de douze cents francs (*Loi du 20 juillet* 1886, *art.* 6).

(4) Les sommes versées dans une année au compte d'une même personne ne peuvent dépasser cinq cents francs (*Loi du* 26 *juillet* 1893, *art.* 61).

(5) Ces versements supplémentaires sont du domaine de la prévoyance individuelle. Ils n'accroissent pas les charges de l'État, aux termes de cet article, pas plus qu'ils n'atténuent ses engagements, aux termes de l'article 10 (avant-dernier alinéa).

(6) Pour bénéficier de la disposition de cet article, il faut que l'ouvrier soit devenu auxiliaire avant trente ans, c'est-à-dire qu'il soit entré au service comme journalier avant vingt-neuf ans, en principe, ou, s'il a obtenu l'autorisation prévue à l'article 2, § 4, avant vingt-neuf ans et demi. De même l'ouvrière doit être entrée, en principe, avant vingt-quatre ans. Mais si, une fois devenus auxiliaires, l'ouvrier ou l'ouvrière ont été congédiés par manque de travail, puis repris, leur droit au minimum garanti subsiste.

(7) Ne sont décomptés, pour l'obtention du minimum garanti, que les services effectifs, défalcation faite, par conséquent, de toutes les interruptions d'emploi, et à l'exclusion du temps passé comme journalier.

missionné, sans que les versements faits par l'administration aient été interrompus pour autre cause que maladie constatée, congé régulier ou licenciement par manque de travail (1);

4° Avoir opté pour l'aliénation du capital versé à la caisse nationale des retraites.

Le complément de pension est décompté en prenant uniquement pour base la pension viagère acquise à l'intéressé par les versements qu'il a effectués avec participation de l'administration (2).

En cas de mariage, la part de pension viagère dont bénéficie le conjoint qui n'est pas en cause vis-à-vis de l'administration n'intervient pas dans le complément du minimum garanti (3).

Pension d'invalidité.

ART. 11. — Lorsqu'un commissionné ou auxiliaire comptant au moins vingt-cinq ans de services (4) est, quel que soit son âge, dans l'incapacité absolue de travailler par suite d'infirmités dûment constatées, la pension viagère provenant des versements à la caisse nationale des retraites est complétée, s'il y a lieu, jusqu'à concurrence de 500 francs pour les hommes et de 360 francs pour les femmes (5).

Pension des veuves.

ART. 12. — La veuve d'un commissionné ou auxiliaire décédé ayant droit à l'une des pensions prévues par les articles 10 et 11 du présent décret reçoit de l'État une pension égale au tiers de celle attribuée à son mari (6),

---

(1) En spécifiant le licenciement « par manque de travail », il semble certain que ce texte exclut les autres causes de cessation de service. Ainsi un ouvrier qui serait l'objet d'un renvoi par mesure disciplinaire en vertu de l'article 21 et qui, par hypothèse, serait plus tard réembauché ne jouirait plus de la garantie du minimum spécifié à l'article 10, tout en recommençant à bénéficier de la part contributive de l'Etat prévue à l'article 3. Il en serait de même, d'après le texte, de l'ouvrier qui aurait volontairement quitté l'établissement, soit individuellement, soit collectivement à la suite d'une grève.

Mais, dans les deux cas, l'*interruption de services* ne suffirait pas à supprimer, par elle-même, la garantie du minimum de retraite ; il faudrait qu'il y eût, en outre, *interruption des versements* administratifs. Cette sanction sera donc, en définitive, plus ou moins étroite suivant la durée du délai réglementaire qu'assigneront aux versements les « décisions ministérielles » prévues à l'article 9. Si, par exemple, ces décisions prescrivaient un versement mensuel, il suffirait que l'ouvrier fût resté au service chaque mois le temps suffisant pour que le montant de la retenue et de la part contributive représentât un versement possible à la Caisse des retraites, c'est-à-dire quatre ou cinq jours en moyenne : un ouvrier renvoyé le 6 ou 7 janvier, par exemple, et repris le 23 ou le 24 février ne semblerait pas devoir tomber sous la déchéance de l'article 10. Si les décisions ministérielles prévoyaient un versement trimestriel, la latitude d'absence volontaire serait plus grande et dépasserait cinq mois.

(2) Bien que le décret ne le spécifie point, il semble indubitable qu'on doit aussi défalquer de la rente viagère sur laquelle est décompté le complément garanti la quotité de rente, si faible soit-elle, qui peut provenir du versement des retenues disciplinaires sur le salaire, effectuées en vertu de l'article 21. Ces versements représentent, en définitive, une portion de salaire et ne peuvent alléger finalement la charge du minimum garanti par l'Etat.

Pour l'allocation du complément, il ne doit pas être tenu compte non plus, en période normale, de la pension militaire que pouvait avoir obtenue l'intéressé avant son entrée dans les établissements de la guerre. C'est une conséquence de la disposition restrictive mentionnée à l'avant-dernier alinéa de l'article 14 et limitativement applicable à la période transitoire.

(3) Cette disposition avantage indirectement les ouvrières ou les ouvriers mariés. Pour eux, en effet, le partage légal de l'émolument des versements réduit la rente viagère normalement liquidée à la Caisse nationale des retraites et appelle, le cas échéant, un complément plus élevé de la part de l'Etat.

(4) Bien que le texte ne le spécifie pas expressément, il est évident qu'il s'agit ici, comme à l'article 10, § 30, de services *effectifs* et comptés depuis l'admission à la situation d'auxiliaire.

(5) Ce complément de retraite, en raison même de son caractère de complément, ne peut être alloué que si, au préalable, l'intéressé a obtenu de la Caisse nationale des retraites la liquidation anticipée de sa rente, dont l'entrée en jouissance a dû être primitivement fixée à soixante ans pour les ouvriers, ou cinquante-cinq ans pour les ouvrières, en vertu de l'article 5 ci-dessus

Or, pour obtenir cette liquidation anticipée, il faut que l'intéressé justifie qu'il est absolument incapable de travailler et qu'il produise à la Caisse des dépôts et consignations, par l'entremise de la préfecture : un certificat de son médecin traitant ; un certificat d'un médecin assermenté désigné par le sous-préfet ; une attestation de l'autorité municipale ; une pièce émanant de l'autorité militaire et constatant qu'il a cessé d'occuper son emploi (Décret du 28 décembre 1886, art. 20 à 23).

La loi du 20 juillet 1886 (art. 11) prévoit que les rentes liquidées dans ces conditions spéciales peuvent être, au moyen des ressources dont dispose à cet effet le Ministère du Commerce, l'objet de « bonifications » et que la rente viagère normale, telle qu'elle résulte des versements, peut être ainsi triplée, dans la limite d'un maximum de 360 francs Cette bonification, liquidée par le Ministère du Commerce, peut-elle se cumuler avec le complément de retraite imputable sur le budget du Ministère de la Guerre ? En d'autres termes, si l'on suppose une ouvrière entrée au service quelques jours avant d'avoir atteint vingt-quatre ans, reconnue incapable de tout travail à cinquante ans, ayant droit, d'après ses versements et ceux de l'Etat, à une rente viagère de 160 francs et obtenant par hypothèse de la Caisse des retraites la « bonification » maxima de 200 francs, devra-t-elle recevoir néanmoins le complément de pension de 200 francs à la charge de l'administration de la guerre, ou bien cette administration se trouvera-t-elle déchargée de ce complément, la retraite de l'ouvrière atteignant en fait 360 francs, c'est-à-dire précisément le minimum garanti ? L'ouvrière aura-t-elle finalement 360 francs ou 560 fr. de retraite ?

Il ne semble pas douteux que, dans le cas envisagé, le « complément » et la « bonification » peuvent et doivent se cumuler : ils proviennent de dispositions et de ressources absolument différentes.

(6) Ce tiers reversé sur la tête de la veuve paraît devoir être calculé sur la rente viagère effective dont jouissait le mari ou à laquelle il eût eu droit au moment de sa mort, en tenant compte seulement, comme à l'avant-dernier

sans que toutefois cette pension puisse dépasser 360 francs.

Lorsque la caisse nationale des retraites aura liquidé la pension revenant à cette veuve comme conjointe du commissionné ou auxiliaire décédé, le montant de cette pension viendra en déduction de la somme à payer annuellement par l'Etat (1).

La pension définie par le présent article est indépendante de celle que la veuve aura pu se constituer en qualité d'agent de l'administration (2).

Les dispositions qui précèdent ne concernent pas les veuves dont le mariage a été contracté moins de six ans avant la cessation des fonctions du mari, non plus que les femmes divorcées ou contre lesquelles la séparation de corps a été prononcée.

Pension des orphelins.

Art. 13. — Les orphelins de père et de mère âgés de moins de dix-huit ans ont droit ensemble, dans les conditions déterminées à l'article 12 pour l'allocation des pensions des veuves, à un secours annuel dont la quotité est calculée conformément aux dispositions du même article (3).

Si la mère a été au service de l'administration, ses enfants âgés de moins de dix-huit ans reçoivent, en outre, ensemble, un secours annuel égal au tiers de la pension d'ouvrière à laquelle elle avait droit au moment de son décès.

Ces secours sont payés jusqu'à ce que le plus jeune des orphelins ait atteint l'âge de dix-huit ans.

Dispositions transitoires concernant les retraites et pensions.

Art. 14. — A partir du 1er mars 1897, tous les commissionnés et auxiliaires seront astreints à faire les versements prescrits, quels que soient leur âge et leur situation (4).

A titre transitoire, l'administration complètera la pension viagère acquise par suite de ces versements à un minimum fixé d'après l'article 15 subséquent, pour tout commissionné ou auxiliaire qui justifie :

1° Avoir atteint l'âge de soixante ans pour les hommes et de cinquante-cinq ans pour les femmes ;

2° Avoir accompli trente ans de services effectifs, civils ou militaires, ou vingt-cinq ans dans le cas d'invalidité prévu par l'article 11 ci-dessus, sans que les versements faits par l'administration aient été interrompus pour autre cause que maladie constatée, congé régulier ou licenciement par manque de travail, à compter du 1er mars 1897 ;

3° Opter pour l'aliénation du capital versé à la caisse nationale des retraites, à partir de la même date.

Seront défalquées, le cas échéant, de ce minimum la pension qui pourra résulter des versements antérieurement effectués comme ouvrier de l'Etat (5) et la pension civile ou militaire que l'intéressé aurait acquise avant son entrée dans l'un des établissements de la guerre.

Si des versements avec participation de l'Etat ont été faits antérieurement à capital réservé, la liquidation pour l'application du minimum en sera calculée comme si ces versements avaient été faits à capital aliéné.

---

alinéa de l'article 10, des versements effectués avec participation de l'administration, c'est-à-dire en défalquant, le cas échéant, la portion de cette rente provenant : 1° de la pension militaire dont pouvait jouir l'intéressé ; 2° des versements effectués par lui avant son entrée au service ou pendant des interruptions de service ; 3° des versements spontanés et supplémentaires opérés, pendant le service, en conformité du second alinéa de l'article 8 ; 4° des bonifications spéciales ajoutées à la pension anticipée d'invalidité en vertu de l'article 11 de la loi du 20 juillet 1886.

(1) Si au décès du mari, la veuve a atteint cinquante ans, âge obligatoirement fixé pour l'entrée en jouissance de sa rente viagère de conjointe, aux termes du dernier alinéa de l'article 7, l'Etat lui sert directement, s'il y a lieu, la différence entre le montant de cette rente et le tiers de la pension qui était acquise au mari (dans la limite d'un maximum de 360 fr.). Si, au contraire, la veuve n'a pas encore atteint 50 ans, elle reçoit directement de l'Etat, jusqu'à cet âge, l'intégralité de la pension qui lui revient.

(2) Cet article n'oppose aucune barrière au cumul. Par conséquent, l'ouvrière qui a perdu son mari et qui se trouve d'ailleurs dans les conditions voulues par l'article 12 peut toucher simultanément : 1° pendant qu'elle est encore employée, son salaire d'ouvrière et sa pension de veuve ; 2° après la cessation de ses services, sa pension de veuve et sa pension personnelle.

(3) Le système du décret, fondé sur l'hypothèse la plus commune, le veuvage de la femme, semble pouvoir être ainsi expliqué : le père mort, la subsistance de la famille est assurée, au moins en partie, par le tiers de la pension qu'il avait obtenue ou à laquelle il avait droit, dans la limite de 360 francs ; si la veuve vient elle-même à mourir, cette subsistance reste assurée par l'allocation indivise de la même somme aux orphelins « de père et de mère ».

Mais, dans l'hypothèse contraire, si le père, employé dans l'industrie privée, vient à survivre, l'ouvrière, seule employée dans les établissements de la guerre, étant décédée, avec droit personnel à pension, ses enfants âgés de moins de dix-huit ans ne peuvent compter, de son chef, sur aucune pension.

Cette solution, qui découle des termes du premier alinéa de l'article 13, n'est peut-être pas en complète harmonie avec la solution contenue dans le deuxième alinéa du même article.

(4) Sont applicables à ces versements des ouvriers précédemment embauchés toutes les dispositions de la période normale qui ne sont point incompatibles avec le régime de la période transitoire, notamment celles qui sont relatives à la fixation de la date d'entrée en jouissance de la rente viagère, aux termes de l'article 5, § 1er et de l'article 7, § 3.

(5) Antérieurement au décret, des versements à la Caisse nationale des retraites avec participation de l'Etat étaient effectués, facultativement dans certains services, obligatoirement dans d'autres. C'est la rente produite par ces versements au moment de la cessation des services qui doit être déduite du minimum garanti, pendant la période transitoire.

Art. 15. — Les minima sont fixés, pour les pensions liquidées en 1897, à 275 francs pour les hommes et à 198 francs pour les femmes.

Des décisions ministérielles peuvent appliquer la même disposition, à compter de 1897, aux pensions liquidées dans le second semestre de l'année 1896 (1).

Pour les pensions liquidées après 1897, les chiffres prévus au premier alinéa du présent article seront respectivement augmentés, d'année en année, de 7 fr. 50 pour les hommes et de 5 fr. 40 pour les femmes, de façon à atteindre dans trente ans les minima de 500 francs et de 360 francs prévus par l'article 10 ci-dessus (2).

Art. 16. — Les dispositions des articles 12 et 13 relatifs aux pensions des veuves et des orphelins sont applicables pendant la période transitoire, en substituant successivement, d'année en année, au maximum de 360 francs le chiffre résultant au décès de l'ouvrier (ou de l'ouvrière) des dispositions de l'article 15 ci-dessus (3).

Indemnite en cas de licenciement par manque de travail.

Art. 17. — Tout commissionné, auxiliaire ou journalier licencié par manque de travail a droit à une indemnité proportionnelle à la durée de ses services effectifs.

Chaque période comprenant quatre mois de services lui donne droit à l'allocation d'une somme égale au salaire qu'il gagne pour une journée de travail au moment où il est averti de son licenciement.

S'il a été plusieurs fois embauché, ses services sont comptés à partir du dernier embauchage.

Les intéressés sont avertis aussitôt que possible, et au moins un mois à l'avance, de leur licenciement par manque de travail.

Conditions du travail.

Art. 18. — Le travail est payé au mois, à la journée ou à la tâche (4).

Le taux du salaire est indiqué à l'avance à l'ouvrier. Ce taux est déterminé par l'administration, d'après les conditions locales et par comparaison avec celui des industries similaires.

Des primes de surveillance et de fabrication peuvent être accordées par décision ministérielle aux contremaîtres, chefs d'équipe et ouvriers en vue de les intéresser à une fabrication prompte et économique.

Dans les ateliers, la durée normale de la journée de travail est de dix heures (5). Dans les bureaux, cette durée est fixée par décision ministérielle d'après les nécessités spéciales à chaque service.

Maladies.

Art. 19. — Les soins médicaux et les médicaments sont donnés gratuitement, dans les conditions déterminées par décision ministérielle, à tous les commissionnés, auxiliaires et journaliers, quelle que soit l'origine de la maladie. Cette mesure ne s'étend pas à la famille de l'intéressé.

Dans le cas où il est reconnu que la maladie entraînant incapacité de travail résulte du service, l'intéressé a droit à une fraction de son salaire moyen (6) au moment de la

(1) Cette disposition vise les ouvriers qui ont cessé leurs fonctions du 1er juillet au 31 décembre 1896 et qui peuvent être l'objet de décisions de faveur. Le minimum garanti leur est alors servi, non pas à compter de la cessation de leurs services, mais seulement à compter du moment où le minimum garanti sera servi aux ouvriers retraités en 1897.

Pour ces derniers ouvriers, d'ailleurs, notamment pour ceux qui auraient cessé leurs services du 1er janvier au 28 février 1897, on peut se demander à quelle date le minimum garanti sera acquis. Il semble bien, en présence des termes du deuxième alinéa de l'article 14, que les intéressés n'ayant point encore versé à la Caisse des retraites, sous l'empire des divers règlements ministériels antérieurs au décret, doivent avoir commencé leurs versements, pour que « la pension viagère acquise par ces versements » puisse être « complétée » par l'Etat.

(2) Ces augmentations annuelles visent la quotité *initiale* du minimum garanti. Ainsi tous les ouvriers retraités en 1897 ont droit jusqu'à leur mort à une pension de 275 francs ; tous les ouvriers retraites en 1898 ont droit jusqu'à leur mort à une pension de 282 fr. 50, et ainsi de suite.

(3) La substitution successive au maximum de 360 francs, prevu par l'article 12, de maxima équivalents aux minima garantis par l'article 15 ne paraît point devoir présenter d'application d'ici plusieurs années.

Pendant assez longtemps, ces minima formeront, aux termes combinés des articles 12 et 15, la base sur laquelle sera calculée la réversion. Ainsi une veuve d'ouvrier, non retraitée elle-même comme ouvrière, aura, si le mari a été retraité en 1897, une pension de 91 francs ; si le mari a eté retraité en 1899, une pension de 96 francs. Les orphelins d'une ouvrière retraitée en 1897 n'auront ensemble que 66 francs.

(4) Cet alinéa fixe les *bases* sur lesquelles est décompté le salaire, mais ne prescrit pas les *époques* de paiement du salaire. Il est vraisemblable que des instructions ministérielles combleront cette lacune.

(5) Cette limitation de la journée de travail descend au-dessous des limitations d'ordre général fixées par l'article 3 de la loi du 2 novembre 1892, pour les filles mineures et les femmes (onze heures par jour), et par le décret-loi du 9 septembre 1848 pour les adultes (douze heures par jour).

Il ne faut pas perdre de vue toutefois que le Règlement ne vise que la journée « normale », ce qui implique pour l'administration, dans des circonstances extraordinaires, le droit de revenir temporairement aux maxima determinés par les lois de 1892 et de 1848.

Pour les ouvriers adultes, la journée de douze heures peut même être exceptionnellement dépassée, en vertu du décret du 3 avril 1889, pour « fabrication de projectiles de guerre et tous travaux exécutés sur l'ordre du Gouvernement dans l'intérêt de la sûreté et de la défense nationale ».

(6) S'il s'agit d'un salaire au mois ou à la journée, il n'y a pas de difficulte pour établir le montant du salaire sur lequel doit être calculée l'indemnité. S'il s'agit, au contraire, d'un salaire à la tâche, le salaire « moyen » peut notablement varier suivant la période de temps sur laquelle la moyenne est prise. Il est vraisemblable qu'une décision ministerielle réglera un procédé uniforme pour tous les établissements.

cessation du travail. La durée de l'allocation ne peut excéder six mois (1) ; son taux est déterminé par le ministre après enquête faite dans l'établissement, sans pouvoir s'abaisser au-dessous de la moitié de ce salaire.

Dans le cas où il est reconnu que la maladie entraînant incapacité de travail ne résulte pas du service, les commissionnés seuls ont droit à une fraction de leur salaire moyen au moment de la cessation du travail. La durée de l'allocation ne peut excéder six mois; son taux est égal à la moitié de ce salaire pendant les trois premiers mois, au quart pendant les trois mois suivants.

Accidents.

ART 20. — En cas d'accident résultant du service n'ayant pas entraîné une incapacité de travail de plus de six mois, les dispositions de l'article 19 ci-dessus sont applicables (2).

En cas d'accident résultant du service et entraînant une incapacité de travail de plus de six mois, l'indemnité qui pourrait être due est réglée à l'amiable (3).

S'il y a désaccord, l'intéressé (4) est invité à formuler une demande motivée sur laquelle le ministre statue, sauf recours au conseil d'Etat (5).

Discipline.

ART. 21. — Les moyens disciplinaires sont les suivants :

1° La retenue entraînant la privation partielle du salaire jusqu'à concurrence de moitié au maximum et pendant huit jours au plus ; les sommes provenant des retenues sont versées par l'administration aux comptes des intéressés à la caisse nationale des retraites, à capital aliéné ;

2° L'exclusion temporaire de l'établissement, sans solde, pour une durée qui ne peut excéder quinze jours ;

3° La rétrogradation (dans les services qui comportent des classes) ;

4° Le renvoi définitif.

Pour les ouvriers non commissionnés, le renvoi ne peut être prononcé que par le directeur de l'établissement. Pour les ouvriers commissionnés, le retrait de la commission ou le renvoi est prononcé par le ministre, sur la proposition du directeur.

Des instructions ministérielles détermineront pour chaque service les autorités par lesquelles les autres punitions seront infligées.

ART. 22. — Cesseront d'avoir effet, à compter du 1er mars 1897, toutes les dispositions des décisions ou instructions ministérielles qui sont contraires à celles du présent décret.

ART. 23. — Le ministre de la guerre est chargé de l'exécution du présent décret, qui sera publié au *Journal officiel* de la République française et inséré au *Bulletin des lois*.

DISCUSSIONS PARLEMENTAIRES

DÉPOTS DE PROJETS ET RAPPORTS

Protection de l'enfance. — *Proposition* de loi tendant à modifier les articles 310 et 311 du Code pénal, en ce qui concerne la répression des violences et voies de fait envers les enfants (déposée à la Chambre par M. Henry Cochin, le 16 janvier 1897).

(1) Qu'advient-il, si la maladie professionnelle entraînant incapacité de travail et *résultant du service* dure plus de six mois ? Faut-il décider, avec la lettre du texte, qu'au delà de ce délai de six mois aucune indemnité ne peut être continuée?

Il semble plutôt résulter de l'esprit du décret que, dans ce cas, la *maladie* excédant six mois doit être assimilée, quant aux suites financières, à un *accident* et être alors régie par le deuxième alinéa de l'article 20.

Le décret ne caractérise, en réalité, aucune différence entre les divers accidents résultant du service ; il ne les différencie qu'au point de vue du *temps* d'incapacité qu'ils entraînent. Il semble logique, dès lors, de faire une situation identique aux maladies professionnelles, suivant leur durée.

Dans tous les cas, les services médicaux et les médicaments sont dus, en vertu du premier alinéa de l'article, sans aucune limitation de délai, tant que les intéressés restent inscrits sur les contrôles.

(2) Il ressort nettement du texte de l'article 20 que les accidents ne résultant pas du service ne donnent pas droit à indemnité. Mais les intéressés ont alors droit aux soins médicaux et aux médicaments, quelle que soit la durée des suites de l'accident, en vertu de la disposition générale de l'article 19.

En ce qui concerne spécialement les *commissionnés*, l'accident entraînant incapacité de travail, *même lorsqu'il ne résulte pas du service*, doit, évidemment et *à fortiori*, malgré le texte absolu de l'article, être assimilé à la maladie et donner droit à l'indemnité prévue par le dernier alinéa de l'article 19.

(3) Deux cas peuvent se présenter.

Si l'accident, par sa gravité, entraîne, de toute évidence, une incapacité de travail permanente ou prolongée, il semble qu'il y aura lieu immédiatement à l'attribution d'une indemnité définitive, en vertu du deuxième alinéa de l'article 20.

Si l'accident, d'abord considéré comme ne devant occasionner qu'une incapacité de travail de quelques mois, entraîne cette incapacité au delà de six mois, il est à présumer que l'intéressé recevra, pendant les six premiers mois, l'indemnité journalière prévue par le premier alinéa de l'article 20, et ensuite une indemnité complémentaire définitive, sous forme de capital ou de rente viagère.

Les soins médicaux et les médicaments restent naturellement acquis au blessé, en vertu du premier alinéa de l'article 19, tant qu'il continue à appartenir au personnel de l'établissement.

(4) Si l'accident a entraîné décès immédiat, ce sont évidemment les *ayants droit* qui formuleront la demande et recevront l'indemnité.

(5) Si l'ouvrier n'a point acquiescé à la transaction amiable proposée par le directeur de l'établissement, est-il tenu de formuler une demande au ministre et de s'en remettre à cette décision administrative, sauf recours au Conseil d'Etat ? Ne pourrait-il, s'il le préférait, saisir directement les tribunaux ordinaires, en vertu de l'article 1382 du Code civil ? La question vaudrait un long débat, étant données les doctrines divergentes de la Cour de cassation et du Conseil d'Etat sur la matière. — Il convient, en tous cas, de remarquer que l'article 20 n'adresse à l'ouvrier qu'une « invitation » et on pourrait soutenir que cette invitation est faite exclusivement dans son intérêt, en vue d'un règlement d'indemnité plus économique et plus prompt que par la voie judiciaire.

— *Proposition* de loi ayant pour objet de compléter l'article 352 du Code pénal, relatif aux abandons d'enfants (déposée à la Chambre par M. Odilon Barrot, le 16 janvier 1897).

— *Proposition* de loi tendant à réprimer les actes de cruauté commis à l'égard des enfants (déposée à la Chambre par M. Julien Goujon, le 16 janvier 1897).

— *Rapport* sommaire sur les propositions de loi : 1° de M. Henry Cochin, tendant à modifier les articles 310 et 311 du Code pénal ; 2° de M. Julien Goujon, tendant à réprimer les actes de cruauté commis à l'égard des enfants; 3° de M. Odilon Barrot, ayant pour objet de compléter l'article 352 du Code pénal (déposé à la Chambre par M. Odilon Barrot, le 21 janvier 1897).

— *Proposition* de loi ayant pour objet de pourvoir à la garde provisoire des enfants maltraités (déposée à la Chambre par M. Odilon Barrot, le 22 février 1897).

— *Proposition* de loi tendant à la répression de l'exploitation de l'enfance par les mendiants (déposée à la Chambre par M. Georges Berry, le 22 février 1897).

— *Proposition* de loi tendant à la répression de la corruption de l'enfance (déposée à la Chambre par M. Georges Berry, le 22 février 1897).

— *Rapport* sur les diverses propositions de loi (H. Cochin, J. Goujon, Odilon Barrot, G. Berry) tendant à la répression plus sévère des violences, voies de fait, actes de cruauté et attentats commis envers les enfants (déposé à la Chambre par M. de Folleville, le 29 mars 1897).

Enseignement professionnel. — *Discussion* à la Chambre sur les crédits affectés à l'enseignement professionnel (dans la discussion du budget du ministère du commerce, séance du 1er décembre 1896, J. O., p. 1888).

Régime du travail. — *Discussion* à la Chambre sur le travail dans les prisons (dans la discussion du budget du Service pénitentiaire, séance du 20 novembre 1896, J. O., p. 1659).

— *Discussion* à la Chambre sur l'émigration des travailleurs aux colonies (dans la discussion du budget du ministère des colonies, séance du 8 décembre 1896, J. O., p. 2072).

— *Question* relative aux conditions du travail des indigènes à Madagascar (posée, à la Chambre, par M. Gabriel Deville, le 23 mars 1897, J. O., p. 898).

Protection du travail national. — *Proposition* de loi relative au séjour des étrangers et à la protection du travail national (déposée à la Chambre par M. Paulin-Méry, le 24 novembre 1896).

— *Projet* de loi complétant les dispositions de la loi du 8 août 1893, relative au séjour des étrangers en France et à la protection du travail national (déposé à la Chambre le 21 janvier 1897).

Ce projet de loi est ainsi conçu : « La loi du 8 août 1893, relative au séjour des étrangers en France et à la protection du travail national, est complétée ainsi qu'il suit :

« Les pénalités édictées au paragraphe 1er de l'article 3 de la loi du 8 août 1893 sont applicables à l'étranger qui, en cas de changement de commune, n'aura pas fait viser son certificat d'immatriculation, dans les deux jours de son arrivée, à la mairie de sa nouvelle résidence. »

— *Proposition* de loi relative à l'établissement : 1° d'une taxe militaire sur les étrangers résidant en France ; 2° d'une taxe supplémentaire sur les étrangers y exerçant une profession salariée ou patentée (déposée à la Chambre par M. le vicomte de Montfort, le 8 février 1897).

Inspecteurs du travail. — *Discussion* à la Chambre sur le fonctionnement de l'Inspection du travail dans l'industrie (dans la discussion du budget du ministère du commerce, séance du 1er décembre 1896, J. O., p. 1894).

Contrôleurs du travail. — *Discussion* à la Chambre sur les inspections des contrôleurs du travail sur les chemins de fer (dans la discussion du budget du ministère des travaux publics, séance du 4 décembre 1896, J. O., p. 1973).

Délégués mineurs. — *Proposition* de loi ayant pour objet de modifier la loi du 8 juillet 1890 sur les délégués à la sécurité des mineurs (déposée à la Chambre par M. Basly, le 6 novembre 1896).

— *Discussion* à la Chambre sur la situation des délégués à la sécurité des ouvriers mineurs (dans la discussion du budget du ministère des travaux publics, séance du 4 décembre 1896, J. O., p. 1976).

— *Rapport* sur la proposition de loi tendant à appliquer la loi du 29 juin 1894 aux délégués à la sécurité des ouvriers mineurs (déposé au Sénat par M. Félix Martin, le 14 décembre 1896).

— *Interpellation* sur la réduction du nombre des visites faites par les délégués à la sécurité des ouvriers mineurs dans les mines du Pas-de-Calais (soutenue à la Chambre par M. Basly, le 13 mars 1897, J. O., p. 745).

Ouvriers de l'Etat. — *Discussion* à la Chambre sur les salaires des ouvriers des arsenaux (dans la discussion du budget du ministère de la marine, séance du 15 décembre 1896, J. O., p. 2255).

— *Discussion* à la Chambre sur les salaires des ouvriers civils des magasins centraux de la guerre (dans la discussion du budget du ministère de la guerre, séance du 18 décembre 1896, J. O., p. 2339).

— *Discussion* à la Chambre sur les salaires et les retraites des ouvriers du personnel d'exploitation de l'habillement et du campement (dans la discussion du budget du ministère de la guerre, séance du 18 décembre 1896, J. O., p. 2342).

— *Discussion* à la Chambre sur l'allocation

de secours viagers aux vieux ouvriers licenciés des établissements de l'artillerie (dans la discussion du budget du ministère de la guerre, séance du 19 décembre 1896, J. O., p. 2363).

— *Discussion* à la Chambre sur le régime du travail dans les établissements de la guerre (dans la discussion du budget du ministère de la guerre, séance du 19 décembre 1896, J. O., 2364).

— *Discussion* à la Chambre sur le chômage dans les manufactures d'armes (dans la discussion du budget du ministère de la guerre, séance du 19 décembre 1896, J. O., pp. 2365 et 2372).

— *Discussion* à la Chambre sur les salaires et les retraites des préposés et des ouvriers des manufactures de l'État (dans la discussion du budget du ministère des finances, séance du 11 février 1897, J. O., p. 346).

Placement. — *Discussion* à la Chambre sur diverses propositions de loi relatives au placement des employés et ouvriers (séance du 26 février 1897, J. O., p. 559; séance du 5 mars, J. O., p. 622; séance du 12 mars, J.O., p. 721; séance du 19 mars, J. O., p. 818; séance du 2 avril, J. O., p. 1024; séance du 9 avril, J. O., p. 1139).

— *Projet* de loi sur le placement des ouvriers et employés (déposé à la Chambre le 16 mars 1897).

— *Proposition* de loi sur le placement des ouvriers et employés des deux sexes (déposée à la Chambre par M. Léon Guillemin, le 16 mars 1897).

— *Rapport* supplémentaire sur diverses propositions de loi relatives au placement des employés et ouvriers (déposé à la Chambre par M. Georges Berry, le 18 mars 1897).

— *Rapport* supplémentaire (2ᵉ) sur la proposition et le projet de loi concernant le placement des employés et ouvriers (déposé à la Chambre par M. Georges Berry, le 24 mars 1897).

Chômage. — *Proposition* de loi portant ouverture au ministère de l'intérieur, sur l'exercice 1896, d'un crédit de 4 millions pour venir en aide aux ouvriers victimes du chômage (déposé à la Chambre par M. Edouard Vaillant, le 5 novembre 1896).

— *Rapport* sur la proposition de loi de M. Edouard Vaillant, portant ouverture d'un crédit de 4 millions pour venir en aide aux ouvriers victimes du chômage (déposé à la Chambre par M. Lasserre, le 17 novembre 1896).

— *Proposition* de loi tendant à ouvrir un crédit spécial pour secours aux victimes de l'incendie de la manufacture d'armes de Ligugé, près Poitiers (déposée à la Chambre par M. Bazille, le 11 décembre 1896).

— *Discussion* à la Chambre de la proposition de loi de M. Edouard Vaillant portant ouverture d'un crédit de 4 millions pour venir en aide aux ouvriers victimes du chômage (séance du 17 décembre 1896, J. O., p 2304).

— *Discussion* à la Chambre d'une interpellation sur les mesures à prendre contre le chômage (séances du 23 et du 25 février 1897, J. O., pp. 511 et 534).

— *Proposition* de loi tendant à instituer dans chaque département une commission dite d'enquête sur la situation du travail au point de vue du commerce, de l'industrie et de l'agriculture (déposée à la Chambre par M. Charpentier, le 5 mars 1897).

— *Rapport* sommaire sur la proposition de loi de M. Charpentier tendant à instituer dans chaque département une commission dite d'enquête sur la situation du travail au point de vue du commerce, de l'industrie et de l'agriculture (déposé à la Chambre par M. Odilon Barrot, le 19 mars 1897).

— *Rapport* sur un projet de résolution conférant à la commission du travail le pouvoir de procéder à une enquête sur le chômage (déposé à la Chambre par M. Louis Lacombe, le 1ᵉʳ avril 1897).

— *Proposition* de loi ayant pour objet d'affecter d'urgence un crédit de 50.000 francs aux travaux prévus de la route nationale 107 *bis* pour occuper les ouvriers mineurs du Gard sans travail (déposée à la Chambre par M. de Ramel, le 3 avril 1897).

Médailles d'honneur. — *Discussion* à la Chambre sur l'attribution des médailles d'honneur aux vieux ouvriers (dans la discussion du budget du ministère du commerce, séance du 1ᵉʳ décembre 1896, J O., p. 1889).

— *Discussion* à la Chambre sur l'attribution de médailles d'honneur aux cantonniers comptant plus de trente ans de services ou s'étant distingués d'une manière exceptionnelle (dans la discussion du budget du ministère des travaux publics, séance du 4 décembre 1896, J. O., p. 1977).

— *Discussion* à la Chambre sur les médailles d'honneur décernées aux vieux ouvriers agricoles (dans la discussion du budget du ministère de l'agriculture, séance du 9 décembre 1896, J. O., p. 2110).

Mesures diverses dans l'intérêt des ouvriers. — *Discussion* au Sénat sur un projet de résolution relatif à la nomination d'une Commission annuelle du travail et de la prévoyance (séance du 4 février 1897, J. O., p.83).

— *Discussion* à la Chambre sur le fonctionnement des trains spéciaux pour les ouvriers (dans la discussion du budget du ministère des travaux publics, séance du 4 décembre 1896, J. O., p. 1982).

— *Interpellation* sur les mesures à prendre pour améliorer et étendre le service des trains ouvriers (soutenue à la Chambre par M. Chauvin, le 3 avril 1897, J. O., p. 1030).

— *Proposition* de loi relative aux saisies-exécutions pratiquées pour arriver au payement de créances ne dépassant pas cent cinquante francs (déposée à la Chambre par M. Coudreuse, le 1er avril 1897).

— *Proposition* de loi ayant pour objet d'empêcher, dans ce qu'elle a de contraire au sentiment de l'humanité, l'expulsion brutale des ménages pauvres et de sauvegarder le mobilier insaisi des locataires insolvables (déposée à la Chambre par M. Ernest Roche, le 8 avril 1897).

— *Proposition* de loi tendant à confier tous les travaux d'impressions des ministères et des administrations générales à l'imprimerie nationale et à faire exécuter lesdits travaux d'impressions par une association ouvrière (déposée à la Chambre par M. Paulin-Méry, le 24 novembre 1896).

— *Discussion* à la Chambre sur le choix des délégations ouvrières à l'exposition internationale de Bruxelles (séance du 18 décembre 1896, J. O., p. 2336).

Marchandage. — *Question* sur l'application du décret du 21 mars 1848, relatif à l'interdiction du marchandage (posée, à la Chambre, par M. Renou, le 10 avril 1897, J. O., p. 1156).

Prévention des accidents. — *Proposition* de loi ayant pour objet de protéger l'existence des marins des navires de commerce (déposée à la Chambre par M. Albert Cliché, le 18 mars 1897).

Droit d'association. — *Interpellation* sur la liberté d'association des fonctionnaires civils et en particulier des membres de l'enseignement (soutenue à la Chambre par M. Mirman, le 12 novembre 1896, J. O., p. 1486).

— *Question* relative au renvoi d'ouvriers syndiqués (posée, à la Chambre, par M. Malzac, le 20 mars 1897, J. O., p. 837).

— *Proposition* de loi concernant les maîtres répétiteurs (déposée à la Chambre par M. Couyba, le 26 mars 1897).

Grèves. — *Interpellation* sur l'action gouvernementale à Carmaux dans la journée et dans la soirée du 29 octobre 1896 (soutenue à la Chambre par M. Jaurès, le 5 novembre 1896, J. O., p. 1374).

— *Proposition* de loi ayant pour objet d'accorder l'amnistie à tous les ouvriers condamnés pour faits de grève ou faits connexes (déposée à la Chambre par M. Renou, le 26 janvier 1897).

— *Rapport* sommaire sur la proposition de loi de M. Renou ayant pour objet d'accorder l'amnistie à tous les ouvriers condamnés pour faits de grève ou faits connexes (déposé à la Chambre par M. Dubief, le 9 février 1897).

Coopération. — *Discussion* à la Chambre sur l'attribution de subventions aux sociétés coopératives de production (dans la discussion du budget du ministère du commerce, séance du 1er décembre 1896, J. O., p. 1896).

Retraites ouvrières. — *Proposition* de loi ayant pour objet de modifier la loi du 29 juin 1894 sur les caisses de secours et de retraites des ouvriers mineurs (déposée à la Chambre par M. Basly, le 31 octobre 1896).

— *Discussion* à la Chambre sur les allocations budgétaires aux caisses de retraite et de secours des ouvriers mineurs (dans la discussion du budget du ministère de l'intérieur, séance du 19 novembre 1896, J. O., p. 1628).

— *Discussion* à la Chambre sur les retraites des agents commissionnés des chemins de fer de l'Etat (dans la discussion du budget des chemins de fer de l'Etat, séance du 5 décembre 1896, J. O., p. 2006).

— *Rapport* sur les diverses propositions de loi relatives aux retraites ouvrières (déposé à la Chambre par M. Audiffred, le 19 décembre 1896) (1).

— *Proposition* de loi sur les caisses de retraites et de secours des ouvriers de l'industrie (déposée au Sénat par M. Félix Martin, le 27 février 1897).

— *Proposition* de loi portant obligation pour la Banque de France de gérer gratuitement, au compte de la nation, une banque nationale des retraites ouvrières alimentée par une taxe d'un centime par heure sur quiconque paye le travail personnel d'autrui (déposée à la Chambre par M. Paschal Grousset, le 13 mars 1897).

— *Rapport* sommaire sur la proposition de loi de M. Félix Martin relative aux caisses de retraites et de secours des ouvriers de l'industrie (déposée au Sénat par M. G. Denis, le 1er avril 1897).

— *Proposition* de loi relative aux caisses de retraites et de secours des compagnies et administrations de chemins de fer (déposée à la Chambre par M. Sibille, le 5 avril 1897).

— *Proposition* de loi ayant pour objet la création d'une caisse de retraite pour les ouvriers (déposée à la Chambre par M. Gellé, le 8 avril 1897).

Assurance. — *Rapport* sur le projet de loi ayant pour objet d'autoriser la caisse d'assurances en cas de décès à faire des assurances mixtes (déposé au Sénat par M. Guyot, le 14 décembre 1896).

— *Discussion* au Sénat du projet de loi ayant pour objet d'autoriser la caisse d'assurances en cas de décès à faire des assurances mixtes (séances des 26 janvier et 2 février 1897, J. O., pp. 52 et 72).

Assistance. — *Proposition* de loi ayant pour objet de rendre obligatoire pour les départements l'hospitalisation des vieillards et des infirmes indigents (déposée à la Chambre par M. Michelin, le 5 novembre 1896).

— *Discussion* à la Chambre sur l'assistance publique et l'assistance médicale (dans la discussion du budget du ministère de l'intérieur,

(1) Voir ci-après, p. 18, le texte de ce projet annoté.

séance du 19 novembre 1896, J. O., p. 1624).

— *Discussion* à la Chambre sur le rapatriement des indigents ayant un domicile de secours lointain (dans la discussion du budget du ministère de l'intérieur, séance du 20 novembre 1896, J. O., p. 1652).

— *Discussion* à la Chambre sur l'organisation des secours à domicile en faveur des vieillards et des incurables (dans la discussion du budget du ministère de l'intérieur, séance du 20 novembre 1896, J. O., p. 1653).

— *Discussion* à la Chambre sur les remèdes à la mendicité et au vagabondage professionnel (dans la discussion du budget du ministère de l'intérieur, séance du 20 novembre 1896, J. O., p. 1654).

— *Discussion* à la Chambre sur la répartition entre les œuvres de bienfaisance des subventions imputées sur les fonds du pari mutuel (dans la discussion du budget du ministère de l'agriculture, séance du 10 décembre 1896, J. O., p. 2149).

— *Discussion* à la Chambre sur la participation de l'Etat aux pensions de retraite assurées par les départements et les communes aux vieillards ou infirmes indigents (dans la discussion du budget du ministère de l'intérieur et de la loi des finances, séances des 15 février et 26 mars 1897, J. O., pp. 422 et 943).

— *Discussion* au Sénat sur la participation de l'Etat aux pensions de retraite assurées par les départements et les communes aux vieillards ou infirmes indigents (dans la discussion de la loi de finances, séance du 23 mars 1897, J. O., p. 595).

Habitations à bon marché. — *Discussion* à la Chambre sur l'exemption de la contribution foncière pour les habitations à bon marché (séance du 16 février 1897, J. O., p. 453).

Questions féministes. — *Proposition* de loi tendant à établir un impôt sur les chasses gardées et à en affecter les ressources à la création d'une caisse nationale de maternité (déposée à la Chambre par M. Chauvin, le 14 novembre 1896).

— *Proposition* de loi tendant à modifier l'article 302 du Code pénal, sur l'infanticide (déposée au Sénat par M. Félix Martin, le 15 janvier 1897).

— *Rapport* sur la proposition de loi, adoptée par la Chambre des députés, ayant pour but de donner à la femme majeure et jouissant de ses droits civils le droit d'être témoin dans les actes de l'état civil (déposé au Sénat par M. Jules Cazot, le 18 février 1897).

— *Rapport* sommaire sur la proposition de loi de M. Michelin ayant pour objet l'abolition de l'incapacité légale de la femme mariée (déposé à la Chambre par M. Michelin, le 20 février 1897).

— *Rapport* sommaire sur la proposition de loi de M. Félix Martin tendant à modifier l'article 302 du Code pénal sur l'infanticide (déposé au Sénat par M. Leporché, le 27 février 1897).

— *Proposition* de loi sur la protection de la mère et de l'enfant nouveau-né et le rétablissement des tours (déposée à la Chambre par M. Dulau, le 18 mars 1897).

— *Proposition* de loi tendant à ce que la veuve divorcée d'un fonctionnaire ou d'un officier ait droit à sa pension de retraite après la mort de celui-ci (déposée à la Chambre par M. Beauquier, le 5 avril 1897).

— *Rapport* sommaire sur la proposition de loi de M. Dulau, sur la protection de la mère et de l'enfant nouveau-né et le rétablissement des tours (déposé à la Chambre par M. Bourrillon, le 8 avril 1897).

Recensement professionnel. — *Discussion* à la Chambre sur la préparation du recensement professionnel (dans la discussion du budget du ministère du commerce, séance du 1er décembre 1896, J. O., p. 1898).

Conseil et Office du travail. — *Discussion* à la Chambre sur la centralisation des services administratifs du travail (dans la discussion du budget du ministère du commerce, séance du 1er décembre 1896, J. O., p. 1884).

— *Discussion* à la Chambre sur la composition du Conseil supérieur du travail (dans la discussion du budget du ministère du commerce, séance du 1er décembre 1896, J. O., p. 1891).

— *Discussion* à la Chambre sur les missions de l'Office du travail (dans la discussion du budget du ministère du commerce, séance du 1er décembre 1896, J. O., p. 1897).

Propriété rurale et crédit agricole. — *Discussion* à la Chambre sur l'organisation du crédit agricole (dans la discussion du budget du ministère de l'agriculture, séance du 9 décembre 1896, J. O., p. 2096).

— *Discussion* à la Chambre sur la mise à la disposition des communes de machines pouvant être utilisées en commun par les agriculteurs (dans la discussion du budget du ministère de l'agriculture, séance du 9 décembre 1896, J. O., p. 2116).

— *Proposition* de loi ayant pour objet la création et l'organisation de tribunaux d'agriculture (déposée à la Chambre par M. Cluseret, le 21 janvier 1897).

— *Proposition* de loi relative à l'institution d'une caisse formée en vue de faciliter la mobilisation des biens ruraux (déposée à la Chambre par M. Gaston Bozérian, le 4 mars 1897).

— *Proposition* de loi tendant a faciliter la constitution et le maintien de la petite propriété rurale (déposée à la Chambre par M. Jules Siegfried, le 11 mars 1897).

— *Proposition* de loi ayant pour but la création et la négociation de warrants agricoles (déposée à la Chambre par M. Delaunay, le 13 mars 1897).

— *Rapport* sommaire sur la proposition de M. Siegfried ayant pour but de faciliter la constitution et le maintien de la petite propriété rurale (déposé à la Chambre par M. Brindeau, le 1er avril 1897).

Décentralisation. — *Projet* de loi tendant à modifier les articles 40 et 41 de la loi du 10 août 1871 (déposé à la Chambre le 27 octobre 1896).

— *Projet* de loi tendant à modifier la loi du 5 avril 1884 sur l'organisation communale (déposé à la Chambre le 27 octobre 1896).

— *Projet* de loi concernant les travaux publics à la charge des départements et des communes (déposé à la Chambre le 27 octobre 1896).

— *Proposition* de loi concernant les droits des communes en matière d'enseignement primaire et secondaire (déposée au Sénat par M. Fresneau, le 13 novembre 1896).

— *Rapport* sur la proposition de loi concernant les droits des communes en matière d'enseignement primaire et secondaire (déposé au Sénat par M. Thézard, le 18 décembre 1896).

— *Rapport* sommaire sur la proposition de M. de Lanjuinais relative aux économies budgétaires à réaliser par la décentralisation (déposé à la Chambre par M. Fleury-Ravarin, le 4 mars 1897).

— *Rapport* sur le projet de loi relatif à diverses mesures de décentralisation et de simplification concernant les services du ministère des finances (déposé à la Chambre par M. Camille Krantz, le 4 mars 1897).

PRINCIPAUX PROJETS PARLEMENTAIRES

Sous cette rubrique, la Revue analysera ou commentera les propositions ou les projets de lois particulièrement importants et notamment les rédactions arrêtées par les commissions parlementaires.

S'il peut être nécessaire, lorsqu'une loi est votée, de relever les conséquences et le jeu de ses dispositions essentielles, il n'est pas moins intéressant d'étudier, avant qu'elles ne deviennent pour un temps irrévocables de par le vote législatif, les dispositions soumises à l'examen des Chambres et mûres pour des discussions prochaines.

Appliquant ainsi aux lois en gestation l'un des modes de commentaire usité pour les lois promulguées, on cherchera à signaler avec quelque détail les lacunes et les anomalies qui pourraient avoir échappé à l'examen des commissions ou les difficultés qui ne sembleraient pas avoir été pleinement résolues par elles.

Également dégagées de tout parti pris de louange ou de critique et de toutes tendances doctrinales systématiques, ces simples notes, *aussi modestes au fond qu'en la forme, auront seulement pour but, et peut-être pour avantage, d'éveiller l'attention sur les points qui mériteraient des études nouvelles.*

Proposition de loi sur les retraites ouvrières (1).

ARTICLE PREMIER. — Le capital des pensions

(1) Texte arrêté par la Commission d'assurance et de prévoyance sociales de la Chambre des députés, au rapport de M. Audiffred.

La Commission était saisie de six propositions d'initiative parlementaire : 1° de M. Guieysse, relative à la création d'une Caisse nationale ouvrière de prévoyance (cette proposition n'était elle-même que la reproduction du Rapport déposé dans la précédente législature par M. Guieysse au nom de la Commission du travail sur le projet Constans et les propositions Laisant, Bérard, Papelier, Adam, de Ramel, Isambard, Lacôte, Chassaing); 2° de M. de Ramel, sur l'organisation d'une Caisse de retraites des travailleurs et des invalides du travail et d'une Caisse de capitalisation ou assurances sur la vie ; 3° de M. Michelin, ayant pour objet : A. la constitution d'une rente au profit de tous les citoyens français âgés de soixante ans par la Caisse nationale des retraites, rendue obligatoire ; B. la novation et l'amortissement de la dette publique par la création de la rente nationale ; 4° de M. Isambard, sur l'organisation d'une Caisse nationale de retraites pour les travailleurs des deux sexes ; 5° de M. Brincard, sur l'organisation d'une caisse de retraites pour la vieillesse ; 6° de M. le général Iung, sur la création d'une Caisse d'assurance nationale destinée à permettre d'élever les enfants des indigents et de procurer une retraite aux travailleurs des villes et des champs atteints par l'âge et la maladie.

Dans son rapport, qui comprend d'intéressants développements et d'importantes annexes, M. Audiffred examine de haut les diverses questions générales qui se posent à propos des retraites ouvrières, marque la place des retraites dans l'économie des institutions de prévoyance et tente de dégager, pour ainsi parler, une philosophie des retraites.

Il traite notamment de la nécessité de développer l'esprit de prévoyance, de la nécessité de proportionner l'étendue des retraites à l'augmentation des salaires, et, par suite, à l'accroissement de la production et de la richesse, de la possibilité économique d'amorcer dès maintenant l'institution des retraites par le vote d'une loi « permettant de réaliser de la manière la plus économique, la plus facile et la plus sûre l'assurance contre la vieillesse ou l'invalidité survenue avant la période de la vieillesse ».

Les principes qui ont dirigé le travail de la Commission paraissent pouvoir être réduits à six :

1° Pas d'obligation générale : « Croire, écrit le Rapporteur, que la condition des personnes peut être améliorée par la constitution des retraites sans l'intervention de l'effort individuel, sans cette privation méritoire en vue de l'avenir fondé sur la prévoyance, ce qui s'appelle l'épargne, c'est fermer les yeux à l'évidence et provoquer des illusions dangereuses. »

2° Obligation corrélative pour le patron de contribuer à la retraite de l'ouvrier, à sa requête, et pour l'ouvrier de subir la retenue y afférente, à la requête du patron : « L'État n'imposera aucune obligation, mais les deux facteurs du travail auront la même initiative. Le patron généreux, soucieux de l'avenir de l'employé ou de l'ouvrier, pourra, en effectuant un versement pour son compte, le contraindre à un versement semblable. L'ouvrier occupé chez un patron indifférent à ces créations de pensions pour la vieillesse pourra, en versant lui-même le quantum du salaire prévu par la loi, contraindre ce patron à déposer pour lui dans une caisse de retraites l'équivalent de ce qu'il aura versé. »

3° Majoration par l'État, dans certaines conditions, des pensions inférieures à 360 francs.

4° Adoption du système de capitalisation.

5° Généralisation du système du livret indivi-

de retraites servies par la Caisse nationale des retraites pour la vieillesse, par une caisse syndicale (1) ou patronale, ou par une société de secours mutuels (2) approuvée ou reconnue d'utilité publique, sous les garanties exigées par l'article 3 de la loi du 27 décembre 1895 (3), est formée par les versements des adhérents (4).

Tout versement d'un ouvrier (5), employé ou serviteur à gages entraîne un versement égal du patron ou employeur, et réciproquement tout versement d'un patron entraîne un versement correspondant de la personne employée (6), que le patron est autorisé à retenir sur le salaire.

---

duel.

6° Emploi simultané de la Caisse nationale des retraites, des caisses patronales ou syndicales autorisées et, dans certaines conditions, des sociétés de secours mutuels.

Quant aux mesures d'application de ces principes, la plupart sont la consécration, l'extension ou la combinaison de règles précédemment adoptées soit dans la loi du 20 juillet 1886, sur la Caisse nationale des retraites pour la vieillesse, soit dans la loi du 29 juin 1894, relative aux retraites des ouvriers mineurs, soit dans la loi du 27 décembre 1895, concernant les caisses de retraite, de secours et de prévoyance fondées au profit des employés et ouvriers, soit enfin dans la loi du 31 décembre 1895, relative à la majoration des pensions de la Caisse nationale des retraites.

Sans discuter la conception générale de la Commission, ce qui déborderait de beaucoup le cadre de simples notes, nous signalons ci-après quelques objections de détail ou quelques appels d'éclaircissements.

(1) Quel sens faut-il donner aux mots « Caisse syndicale » ?

Doit-on, comme semble d'abord l'indiquer la référence du texte à l'article 3 de la loi du 27 décembre 1895, entendre par là, comme l'a évidemment prévu cette dernière loi, un groupement de patrons formant entre eux un syndicat d'assurance, une « caisse syndicale » de rentes viagères pour le personnel de leurs divers établissements ?

Doit-on ici, au contraire, traduire le mot « syndical » au sens de la loi du 21 mars 1884 sur les syndicats professionnels ? C'est ce que paraît préjuger expressément un passage du rapport qui commente le texte de l'article 1er (p. 32) : « Les syndicats patronaux, les syndicats ouvriers, les syndicats mixtes... jouiront d'un droit nouveau. » C'est ce que peut paraître aussi confirmer l'introduction des mots « syndicats professionnels » dans le dernier alinéa de l'article 2.

Mais, alors, il est permis de faire observer :

1° Que ce « droit nouveau » introduirait dans le fonctionnement des syndicats professionnels ouvriers (c'est de ceux-là qu'il s'agira presque toujours, ainsi que nous l'indique d'ailleurs le rapport, page 36) des interventions administratives qui, à bien des points de vue, ne seraient point sans inconvénients et qui, en tout cas, seraient en contradiction avec l'esprit qui a dicté la loi du 21 mars 1884 (autorisation des caisses de retraites de syndicats professionnels par décrets en Conseil d'État, surveillance de la gestion de ces caisses par les agents de l'administration des finances) ;

2° Qu'il serait regrettable d'écarter les groupements patronaux opérés, en dehors d'une profession limitée, et par exemple par régions, en vue de la constitution des pensions de retraite ; d'autant plus que ce système a été déjà admis à plusieurs reprises par le Parlement.

Le texte mérite, en tout cas, d'être éclairci.

(2) Il est assez malaisé de bien voir comment, dans les vues de la Commission, se réaliserait cette intervention des sociétés de secours mutuels, dans les deux rôles qui leur sont concurremment prêtés : rôle d'entremise, et, pour ainsi dire, de collecteur dans le dernier alinéa de l'article 2, et, dans le 1er alinéa de l'article 1, rôle d'assureur.

En ce qui concerne le premier de ces rôles, on n'entrevoit point pourquoi le patron, qui est légalement astreint par l'article 2 à « opérer les versements » à l'une des caisses visées par l'article 1er, irait effectuer ces versements à la société de secours mutuels dont feraient partie ses ouvriers, pour qu'elle-même les reversât à l'une des caisses susdésignées, alors qu'il pourrait se décharger lui-même par des versements *directs* à ces mêmes caisses.

En ce qui concerne le second, on peut se demander si les sociétés de secours mutuels qui auront obtenu l'autorisation prévue par l'article 3 de la loi du 27 décembre 1895 seront, de ce seul fait, en droit de compter sur une clientèle suffisante et suffisamment stable pour entreprendre directement par elles-mêmes l'assurance de rente viagère différée. N'ayant pas de circonscription légale, pas de ressortissants légaux (puisque l'article 1er du projet ne parle avec raison que d'une *option*), comment peuvent-elles évaluer l'importance de leurs opérations éventuelles et courir, en connaissance de cause, les risques auxquels on les convie ?

(3) Les patrons, étant chargés des « versements », aux termes de l'article 2, sont-ils exclusivement maîtres de choisir entre les diverses caisses que vise l'article 1er ? Les ouvriers ont-ils voix au chapitre ? Alors, en cas de désaccord, qui départagera les intéressés ?

(4) Cette formule n'est pas d'une rigoureuse exactitude. Les versements des « adhérents », c'est-à-dire des parties qui auront spontanément provoqué par leur propre versement la contribution obligatoire à la pension, ne formeront que la *moitié* du « capital des pensions de retraites ». L'autre moitié sera fournie par les parties qui *subiront* la contribution.

(5) L'obligation légale à imposer ou à subir s'applique-t-elle au *métayer*, qui n'est pas lui-même patron et qu'un partage des fruits rémunère de son « ouvrage » ?

S'applique-t-elle à « l'ouvrier » faisant partie d'une association coopérative de production ?

Si la réponse doit être négative, ni l'un ni l'autre ne bénéficieront des avantages spéciaux inscrits à l'article 5 du projet.

Si la réponse doit être affirmative, il faudra que le texte le spécifie. Le règlement d'administration publique prévu à l'article 10 ne pourrait créer des obligations nouvelles et, si large que soit la délégation contenue au sixième paragraphe de cet article, cette extension de la loi à des bénéficiaires nouveaux ne saurait évidemment être rangée au nombre des « mesures » nécessaires à son exécution.

(6) A partir de quel âge le versement de l'un des intéressés peut-il contraindre l'autre à un versement correspondant ? La loi du 20 juillet 1886 autorisant les versements à la Caisse nationale des retraites pour toute personne âgée de plus de trois ans et la loi du 2 novembre 1892 admettant au travail industriel, dans certaines conditions, les enfants à partir de douze ans, le versement d'un apprenti âgé de douze ans contraindra-t-il son patron à une contribution correspondante, et réciproquement ? Il ne serait peut-être pas superflu de le spécifier.

Inversement, l'obligation de versement est-elle indéfinie, quel que soit l'âge avancé de l'ouvrier ou le taux de la retraite acquise ?

La loi du 29 juin 1894, sur les caisses de retraites des ouvriers mineurs, fixe pour l'entrée en jouissance de la pension l'âge de 55 ans (au lieu de l'âge de soixante ans fixé par l'article 4 du projet actuel) et décide en même temps que « les

Le versement total à effectuer sera de 4 0/0 du salaire (1), dont moitié à la charge du patron et moitié à la charge de l'ouvrier, à moins d'accord intervenu entre eux pour l'augmenter (2).

Art. 2. — En aucun cas, le patron ou employeur ne peut être tenu, sans son consentement, à une contribution supérieure à celle correspondante à un salaire de 2.400 francs par an (3).

Les versements sont effectués pour (4) les mineurs, sans l'autorisation de leurs père et mère ou tuteur, et, pour les femmes mariées, sans l'autorisation de leur mari.

S'il s'agit d'ouvriers ou employés de l'agriculture, de l'industrie ou du commerce, ou de serviteurs à gages payés au mois ou à la semaine, les versements sont opérés, à chaque trimestre, par le patron ou employeur.

S'il s'agit d'ouvriers ou d'employés payés à la journée, les versements sont opérés suivant le mode déterminé par un règlement d'administration publique, prévu à l'article 11. Dans ces deux cas, les versements sont effectués directement ou par l'entremise des sociétés de secours mutuels ou syndicats professionnels, sans qu'il y ait à distinguer si le règlement du salaire a lieu à la journée, à l'heure ou à la tâche.

Art. 3. — Les versements sont effectués à capital aliéné (5).

---

versements cesseront, à partir de cet âge, d'être obligatoires ». La Commission a-t-elle voulu adopter la même mesure, ou, comme y conduirait en définitive dans la pratique le silence de son texte, la mesure contraire?

N'y a-t-il pas inconvénient, dans ce cas, à *astreindre* un ouvrier de 65 ans, par exemple, ou son patron à opérer encore des versements dont la capitalisation ne réserve plus qu'un bénéfice presque illusoire? Le projet devrait alors, en tout cas, modifier a cet égard la loi du 20 juillet 1886, qui n'admet pas de liquidation de rente au delà de 65 ans.

Enfin, si un ouvrier d'état gagnant un fort salaire a pu, avant sa vieillesse, à l'aide de ses versements et de la contribution patronale, s'assurer une retraite relativement importante, voire même, ce qui n'est point impossible, le maximum de la rente viagère inscriptible à la Caisse nationale des retraites, soit douze cents francs, le patron sera-t-il encore tenu de continuer sa contribution?

Ces deux hypothèses paraissent devoir appeler l'attention du législateur.

(1) Le « salaire » sur lequel porte le pourcentage de versement obligatoire ne comprend-il exclusivement que le montant de la *paye* en deniers?

Doit-on y comprendre, pour les ouvriers admis à la participation aux bénéfices, la quotité de cette participation?

Doit-on faire état des avantages *en nature*, qui représentent directement la rémunération du travail effectué, pour un concierge, par exemple?

Autant de questions qui, pour être de détail, n'en requièrent pas moins une solution législative et que ne pourrait trancher le Règlement d'administration publique prévu a l'article 11.

(2) Cette rédaction ne semble admettre qu'une convention légalement possible : celle qui aurait pour objet le relèvement simultané et rigoureusement égal des deux versements.

La loi du 29 juin 1894 prévoit au contraire, pour les ouvriers mineurs, que le patron « pourra prendre a sa charge une fraction supérieure a la moitié du versement ou sa totalité ».

Le rapport (p. 36) admet la même combinaison, pour le cas particulier où le salaire annuel dépasse 2.400 francs.

Il est peut-être désirable que la loi projetée, comme la loi de 1894, fasse dans une disposition expresse cette ouverture aux libéralités patronales.

(3) Traduite dans les faits, cette disposition a pour conséquence de limiter à 48 francs par an le maximum de la contribution patronale.

Si l'ouvrier ou employé a un salaire fixe dépassant 2.400 francs par an, pas de difficulté pour le patron : il ne versera que 2 0/0 de la portion du salaire mensuel ou bi-mensuel ou hebdomadaire correspondant à un total de 2.400 francs par an.

Mais, s'il s'agit d'un ouvrier à la tâche, dont le salaire peut varier sensiblement suivant les saisons industrielles, et si ce salaire est présumé devoir dépasser un total de 2.400 francs pour l'année, que devra faire le patron?

Pourra-t il limiter ses versements au pourcentage d'une portion du salaire périodique, en évaluant *arbitrairement*, d'après les salaires et les chômages *moyens*, le gain annuel de l'ouvrier? Ou sera-t-il tenu de verser 2 0/0 de l'intégralité des salaires successifs, jusqu'à ce qu'un versement total de 48 francs ait épuisé son obligation?

Si la Commission a admis cette seconde hypothèse, autre difficulté. Dans une industrie d'art, ou dans certaines industries du bâtiment, par exemple, un patron embauche un ouvrier gagnant 16 francs par jour, soit, à supposer une année de 300 jours de travail et de 65 jours de chômage, un salaire annuel de 4.500 francs ; il le renvoie au bout de six mois et aura alors versé 48 francs. Il reprend un autre ouvrier au même salaire et, a son regard, pour le second semestre, il devra verser encore 48 francs. La contribution patronale s'élèverait alors pour l'année a 96 francs, au lieu de 48 francs, maximum légal.

(4) En employant deux fois le mot « *pour* » à l'exclusion du mot « par », le texte reconnaît clairement aux patrons le droit d'imposer les versements aux enfants mineurs et aux femmes mariées et dénie non moins clairement aux femmes mariées et aux enfants mineurs la faculté d'imposer par eux-mêmes des versements aux patrons.

Mais le rapport déclare, dans son commentaire sur cet article 2, que « les enfants mineurs et les femmes mariées sont autorisés *à effectuer des versements*, les premiers, sans l'autorisation de leur père, mère ou tuteur, les secondes sans autorisation de leur mari ».

Les intentions définitives de la Commission gagneraient à être précisées.

Dans l'hypothèse où le texte aurait tort, et le rapport raison, et où l'enfant mineur serait admis à contraindre lui-même le patron à opérer une retenue sur son salaire, il faudrait, en théorie, prévoir le cas où le patron ne satisferait point a cette contrainte, où un procès s'engagerait, et définir les conditions dans lesquelles cet enfant mineur pourrait, sans l'autorisation de ses père, mère ou tuteur, suivre une instance.

(5) La loi du 29 juin 1894 avait admis, pour les ouvriers des mines, une alternative plus libérale. Tout en décidant, en principe, que les versements seraient faits « à capital aliéné », elle ajoutait : « Toutefois, si le titulaire du livret le demande, le versement de la part prélevée sur son salaire sera fait à capital réservé ».

La même solution a été adoptée dans les Règlements des retraites pour les ouvriers des manufactures de l'État et pour les ouvriers des établissements de la guerre.

Il est vrai que le Projet organise en même temps, ou plutôt prévoit des assurances en cas de décès. Mais, si cette contre-partie de l'assurance de rente

L'intéressé peut contracter des assurances temporaires ou des assurances Vie entière, pour un capital variant de 500 francs à 1,000 francs, soit auprès de la Caisse d'assurances en cas de décès, instituée par la loi du 11 juillet 1868, soit auprès d'une des Caisses mentionnées à l'article premier (1). Ces assurances sont constituées moyennant des primes annuelles, dont le nombre est fixé de manière que la dernière au plus soit payable l'année même où l'assuré atteint l'âge de soixante ans.

Ces primes peuvent être payées par l'assuré seul, ou être prélevées (2) sur le 4 0/0 du salaire servant à la constitution de la rente viagère (3).

Le patron ne peut obliger un employé ou un ouvrier à contracter l'assurance en cas de décès.

La prime est supportée par chacune des deux parties en parts égales. Elle est prélevée sur le versement de 4 0/0 (4).

Le capital (5) attribué aux ayants droit est bonifié de un dixième par l'Etat (6).

ART. 4 — Les pensions de retraites sont acquises et liquidées dans les conditions prévues par la loi du 20 juillet 1886 à l'aide du livret individuel (7).

---

différée à capital aliéné est financièrement plus avantageuse que la réserve du capital, il ne faut pas se dissimuler qu'elle apparaît plus complexe aux esprits encore peu familiarisés avec les combinaisons d'assurance.

Tout en la recommandant comme préférable, peut-être serait-il sage de ne pas exclure absolument par voie d'autorité les versements à capital réservé.

(1) Cette rédaction aurait pour effet indirect de conférer, sous les conditions posées par l'article 1er, aux Caisses syndicales ou patronales et aux Sociétés de secours mutuels le droit de faire des assurances en cas de décès.

Il est à croire que l'importance particulière de cette disposition n'a point échappé a la Commission ; mais on peut se demander si la brièveté de son texte suffit à trancher les questions que soulèverait ce régime nouveau.

Les Sociétés de secours mutuels peuvent bien aujourd'hui contracter des assurances collectives en cas de décès, mais non en consentir elles-mêmes ; elles agissent comme assurées ou mandataires d'assurés, non comme assureurs. Quant aux Caisses syndicales ou patronales visées par la loi du 27 décembre 1895, elles peuvent être autorisées à constituer des retraites, mais ne sauraient être habilitées à assurer en cas de décès.

Or, a prendre le projet dans sa lettre actuelle, il suffirait, pour faire de plein droit l'assurance en cas de décès, que les Sociétés de secours mutuels et les Caisses syndicales ou patronales fussent admises au bénéfice de l'article 3 de la loi du 27 décembre 1895, en satisfaisant aux trois garanties suivantes : autorisation par décret en Conseil d'Etat, placements en valeurs déterminées, surveillance de la gestion par les inspecteurs des finances et les receveurs des finances.

Si l'intention de la Commission est bien de s'en tenir a cette réglementation spéciale, elle n'a pas dû méconnaître qu'elle faisait échec a toute la législation concernant les assurances sur la vie.

L'article 66 de la loi du 24 juillet 1867, sur les sociétés, dispose expressément que « les sociétés d'assurances sur la vie », quelle que soit leur forme, « restent soumises à l'autorisation et a la surveillance du Gouvernement ». Les formes d'autorisation sont, il est vrai, les mêmes dans le cas visé par la loi de 1867 et dans le cas visé par la loi de 1895, mais la nature de la surveillance diffère profondément.

Dans le régime prévu pour les Caisses de retraites par la loi de 1895, il s'agit d'une vérification financière,exercée par les Agents du Ministère des finances ; dans le régime prévu par la loi de 1867, il s'agit d'une surveillance d'ordre technique sur le mécanisme des assurances et l'aménagement des réserves, exercée par le Ministère du Commerce en vertu de l'ordonnance royale du 12 juin 1842 (*Avis du Conseil d'Etat du* 29 *décembre* 1880).

(2) Quelle proportion ce *prélèvement* peut-il atteindre ? L'ouvrier peut-il, par exemple, contraindre le patron a consacrer à la prime d'assurance 90 0/0 des versements communs ? Dans ce cas, si l'ouvrier survit à sa mise à la retraite, il n'aura en réalité qu'une pension insignifiante, bien que le patron ait subi peut-être un long sacrifice pour la constituer.

(3) Aux termes de l'article 2, c'est le patron qui est chargé d'opérer les versements pour la constitution de la retraite. En est-il de même pour les versements au titre des assurances ? Le texte est muet.

(4) Cet alinéa semble constituer une répétition superflue.

L'obligation de prélèvement est textuellement empruntée à la disposition précédemment contenue dans le troisième alinéa du même article.

Quant à *l'égalité* de la contribution dans le paiement de la prime d'assurance, il ne paraît pas nécessaire de la confirmer, puisque le montant de cette prime, aux termes du troisième alinéa, est « prelevé sur le 4 0/0 du salaire servant a la constitution de la rente viagère » et puisque ce « 4 0/0 », aux termes de l'article 1er, est composé des versements *égaux* du patron et de l'ouvrier.

(5) Le projet de loi ne confère pas a ce capital le bénéfice de l'insaisissabilité et de l'incessibilité. C'est sans doute un oubli.

En effet, si l'assurance dont il s'agit était contractée à la caisse nationale d'assurance en cas de décès, le capital servi au décès serait, suivant sa quotité, intégralement ou partiellement insaisissable et incessible, en vertu de l'article 4 de la loi du 11 juillet 1868.

On n'aperçoit pas pourquoi ce même capital ne serait pas sauvegardé dans la même mesure, s'il était constitué auprès de l'une des autres caisses auxquelles le projet entend confier l'assurance en cas de décès.

(6) Si, par cette disposition, la Commission a voulu instituer une prime indirecte à l'assurance-vie, cette rédaction atteint le but cherché.

Il est évident, en effet, que les intéressés vigilants, dès que les versements leur auront constitué une rente viagère de 288 francs, s'arrêteront pour bénéficier de la bonification maxima de l'Etat (72 fr.) et reporteront leurs versements sur l'assurance en cas de décès, pour faire bénéficier leurs ayants droit de la nouvelle bonification de l'Etat sur le capital assuré (soit 100 fr. pour un capital de 1000 fr.).

Mais, cette incitation à l'assurance mise de côté, le système est-il aussi défendable que celui des bonifications de pensions de retraites?

En majorant les *petites* pensions de retraite, l'Etat est généralement considéré comme tendant à décharger son budget d'assistance par des encouragements budgétaires a la constitution de moyens d'existence viagers. La situation est-elle absolument la même, lorsqu'il s'agit de majorer un *capital* dont hériteront les ayants droit de l'ouvrier décédé ?

(7) Pour les pensions de retraite, comme pour les capitaux assurés au décès, la Commission ne semble point s'être préoccupée de la question d'insaisissabilité et d'incessibilité.

Si la rente est constituée a la Caisse nationale des

L'entrée en jouissance est fixée à soixante ans (1); elle pourra être différée sur la demande de l'ayant droit.

Art. 5. — Les pensions de retraites inférieures à 360 francs, servies par l'une des caisses visées à l'article premier, sont bonifiées par l'État, à l'âge de soixante ans (2) et sous les autres conditions stipulées à l'article 2 de la loi du 31 décembre 1895 (3).

La période transitoire de dix ans, indiquée dans cette loi du 31 décembre 1895, court pour la présente loi à partir de sa promulgation.

Art. 6. — Dans le cas de blessures ou d'infirmités graves entraînant incapacité absolue et permanente de travail, la pension de retraite, prévue à l'article premier, peut être liquidée avant soixante ans, en proportion des versements effectués.

Elle est bonifiée conformément aux dispositions de l'article 11 de la loi du 20 juillet 1886.

Art. 7. — Sont exceptés des dispositions des articles 1, 5 et 6 (4) :

1° Les fonctionnaires, employés et ouvriers de l'État, auxquels continuent à s'appliquer les lois sur les pensions civiles et militaires ;

2° Les fonctionnaires, employés et ouvriers des départements, des communes et des établissements nationaux, départementaux et communaux, au profit desquels fonctionnent des caisses de retraites ;

3° Les inscrits maritimes, qui restent placés sous le régime des demi-soldes, conformément aux lois relatives à la Caisse des invalides de la marine ;

4° Les ouvriers et employés des mines, qui, tout en restant soumis à la loi du 29 juin 1894, bénéficient des bonifications de l'État, prévues aux articles 5 et 6.

Art. 8. — La présente loi s'applique aux étrangers (5) comme aux nationaux, sans que les étrangers puissent jouir des bonifications de l'État.

Art. 9. — La Caisse nationale des retraites pour la vieillesse bénéficiera :

1° Des dons et legs faits à la Caisse ; 2° des ressources de la réserve spéciale des caisses d'épargne, quand elle dépassera 200 millions.

Art. 10. — Un règlement d'administration publique déterminera :

1° Les conditions dans lesquelles sera faite la déclaration par laquelle l'ouvrier manifestera sa volonté d'effectuer des versements pour acquérir une pension de retraite (6) ;

2° Les conditions des versements à effectuer par le patron ou l'employeur en vertu des articles 1 et 2 ;

3° Le mode suivant lequel seront opérés les versements effectués au profit des ouvriers payés à la journée ;

4° Les règles concernant la liquidation et le payement des bonifications à la charge de l'État ;

5° Les formes dans lesquelles seront justifiées les blessures ou infirmités donnant droit à pension anticipée ;

---

retraites, elle sera insaisissable et incessible jusqu'à concurrence de 360 francs, en vertu de l'article 8 de la loi du 20 juillet 1886. Si elle est constituée, au contraire, à l'une des autres Caisses visées par l'article 1er du Projet, elle n'échappera point à la saisie, bien qu'il paraisse impossible de justifier cette disparité de traitement.

(1) Cette fixation obligatoire d'un âge d'entrée en jouissance uniforme pour les ouvriers et employés des deux sexes peut prêter à discussion.

Les règlements de retraites dans les manufactures de l'État et dans les établissements de la guerre ne prescrivent l'entrée en jouissance pour les ouvrières qu'à un âge moins élevé que pour les ouvriers.

(2) A combiner les termes de l'article 4 et de l'article 5, la bonification de l'État accroîtra toutes les pensions qui, d'après leur liquidation *à l'âge de soixante ans*, n'atteignent pas 360 francs.

Mais si, le bénéfice de cette bonification une fois acquis en principe, l'intéressé, usant de la faculté qui lui est réservée, ajourne l'entrée en jouissance de sa pension jusqu'à 65 ans, la pension, ainsi accrue sensiblement du fait de l'ajournement et dépassant alors 360 francs, continuera-t-elle à s'accroître de la bonification de l'État? Indiscutablement, d'après le texte actuel

(3) Du moment où le projet fixe à soixante ans l'âge auquel intervient la bonification budgétaire de la pension, on s'explique malaisément pourquoi il ne généralise pas cette mesure en modifiant corrélativement l'article 1er de la loi du 31 décembre 1895.

Ce projet promulgué, il y aurait, en effet, parmi les petits pensionnaires de la Caisse nationale des retraites et des Sociétés de secours mutuels deux catégories de bénéficiaires, inégalement traités : les ouvriers ayant été employés par des patrons jouiraient de la bonification du cinquième à partir de 60 ans; les artisans qui auraient travaillé et versé pour leur compte ne seraient admis à la même bonification qu'à partir de 70 ans.

(4) Cette rédaction doit évidemment trahir la pensée de la Commission. Elle irait directement, par *a contrario*, à rendre applicables aux diverses catégories de personnes visées dans cet article 7 toutes les dispositions des articles 2, 3 et 4 du Projet.

Ainsi les départements et les communes ne seraient plus tenus de contribuer aux retraites de leurs employés au-dessus d'un traitement annuel de 2.400 francs, les versements des ouvriers départementaux ou communaux pourraient être effectués par l'entremise des syndicats professionnels, les fonctionnaires de l'État pourraient appliquer à une assurance en cas de décès une partie des retenues pour pensions, etc. etc...

(5) La loi du 20 juillet 1886 (art. 14) n'admet à verser à la Caisse nationale des retraites que les « étrangers *résidant en France* ». La Commission paraît avoir voulu étendre cette mesure même aux ouvriers étrangers des frontières, qui résident à l'étranger et viennent chaque jour travailler en France. Le texte ne pourrait prêter à une autre interprétation.

Mais alors pourquoi, dans ce système, ne pas modifier l'article 14 de la loi du 20 juillet 1886 et faire encore ici aux ouvriers étrangers, au regard de la Caisse des retraites, une situation inégale, suivant qu'ils travaillent à leur compte ou aux ordres d'un patron ?

(6) Il semble que la délégation devrait s'étendre au mode de déclaration de l'affectation des versements à des assurances en cas de décès dans les conditions de l'article 3.

6° Et généralement toutes les mesures nécessaires à l'exécution de la présente loi (1).

CONGRÈS.

Parmi les documents que peut consulter l'homme adonné à l'étude des questions sociales, il semble bien qu'on peut mettre presque en première ligne les comptes rendus des congrès : congrès patronaux, congrès ouvriers, congrès de savants, congrès professionnels et confessionnels, où se débattent les lois faites et les lois à faire, les questions d'hier, d'aujourd'hui et de demain.

Si, bien souvent, les discussions de ces congrès se déroulent avec peine devant des auditoires insuffisants, ou inattentifs, ou incompétents, il n'en reste pas moins certain que les résolutions finales, votées au pas de course des dernières séances, ont été presque toujours préparées à l'avance dans la coulisse par les organisateurs ou les bureaux des congrès : elles traduisent a tout le moins les pensées des dirigeants, les objectifs que les partis ou les associations poursuivent. A ce titre, on ne peut les méconnaître ni les dédaigner.

Il n'est pas toujours facile, il est vrai, de se procurer les comptes rendus des congrès. Les uns dorment dans des manuscrits qui n'ont pu arriver jusqu'à l'impression ; d'autres sont de découverte malaisée en quelque petite imprimerie de province, ou s'éparpillent en des entrefilets successifs dans des organes corporatifs ; d'autres enfin sont volontairement celés dans une ombre discrète et dérobés à la discussion publique.

Nous signalerons ici, sans acception de parti ni d'opinions, tous ceux qu'il nous sera donné d'obtenir et qui paraîtraient valoir l'attention.

Et, tout en cherchant, comme il est naturel, à mentionner surtout les congrès de date récente, nous ne craindrons point de remonter parfois un peu dans la série des congrès passés, pour indiquer à qui voudrait relever l'historique d'une question ou les traditionnelles revendications d'une profession la chaîne des vœux formulés et des attitudes prises.

Congrès des ouvriers coiffeurs. — Le premier Congrès national des « syndicats ouvriers des coiffeurs de France et du canton de Genève » s'est ouvert à Lyon, du 3 au 5 septembre 1894. Le deuxième s'est réuni à Bordeaux, du 9 au 11 septembre 1895. Tous deux se tenaient en même temps que les congrès patronaux de la même corporation : les conclusions des délibérations des ouvriers ont pu ainsi être soumises au Congrès patronal et même, à Bordeaux, une séance mixte des deux Congrès a examiné les principales revendications du Congrès ouvrier.

Au Congrès de Bordeaux, comme au Congrès de Lyon, les rapports présentés au congrès ouvrier ont principalement porté sur les points suivants :

Organisation d'une fédération entre tous les syndicats ouvriers de coiffeurs ;

Extension des cours professionnels ouvriers de coiffure (et interdiction d'enseigner la coiffure aux femmes ne faisant point partie de la profession) ;

Classification de la coiffure dans les industries justiciables des conseils de prud'hommes ;

Institution locale de commissions arbitrales par les syndicats patronaux et ouvriers de coiffeurs ;

Suppression des bureaux de placement payants et organisation du placement par les syndicats ouvriers ou par des commissions mixtes ;

Réglementation contractuelle de la durée et des heures du travail journalier, du repos hebdomadaire, des congés payés et des congés facultatifs aux frais des intéressés ;

Remplacement du délai-congé de huitaine par un délai-congé de 24 heures, avec interdiction de congé à certains jours déterminés ;

Limitation des corvées de nettoyage à la partie purement professionnelle ;

Question de la responsabilité de la casse ;

Réglementation des heures des repas et de leur durée ; amélioration de la nourriture, chez les patrons qui continueraient à nourrir leurs ouvriers ;

Amélioration et assainissement du logement, chez les patrons qui continueraient à loger leurs ouvriers ;

Suppression du pourboire, moyennant un relèvement des salaires et un relèvement correspondant des prix demandés à la clientèle.

BIBLIOGRAPHIE SOCIALE (1).

En toute matière et en matière d'études sociales peut-être plus encore qu'en toute autre, une bibliographie large et actuelle, méthodiquement ordonnée et scrupuleusement tenue à jour, est le premier outil de recherches : connaître, en un point donné, les travaux des autres est une condition presque indispensable pour bien travailler soi-même.

Dans la mesure de nos moyens et du concours que les auteurs et éditeurs voudront bien nous prêter (2), nous nous efforcerons de mettre sous

(1) Une dernière réflexion s'impose : quelles seront les sanctions à l'inexécution de la loi projetée, ou à l'inapplication du règlement d'administration publique prévu par elle ?

Il ne semble pas que le texte, ni même le rapport aient suffisamment abordé cette difficulté du problème. Et pourtant, si tout devait exclusivement se résoudre en droit civil par la mutuelle dénonciation du contrat de louage d'ouvrage, la loi serait-elle autre chose qu'un conseil et serait-elle une loi ?

(1) *Seront spécialement signalés sous cette rubrique tous les ouvrages ou tirages à part, de publication récente, relatifs à la législation ouvrière, à l'économie politique et aux questions sociales dont les Auteurs ou les Editeurs voudront bien adresser* un exemplaire à *la Rédaction de la Revue.*

(2) Liste des éditeurs français et étrangers cités dans la *Bibliographie*, avec renvois aux *Numéros entre parenthèses* :

Alcan, 115, 163. — Baratier, 160. — Battei, 140. — Belin, 122. — Berger-Levrault, 26. — Bocca, 123, 157. — Bruylant,

les yeux de nos lecteurs le tableau raisonné des principaux ouvrages de publication récente.

Repoussant toute idée d'exclusion volontaire, nous ferons place à tous les ouvrages ou documents sérieux, quelles que puissent être leurs inspirations ou leurs tendances. Une bibliographie n'est pas un choix prémédité de lectures, mais un ensemble d'indications où le lecteur doit pouvoir puiser à son gré.

Afin d'habituer l'œil et l'esprit à un cadre à peu près uniforme, cette bibliographie comprendra généralement les rubriques suivantes :

I. — Protection des enfants. Education.
II. — Apprentissage. Enseignement professionnel.
III. — Réglementation du travail.
IV. — Placement Chômage
V. — Contrat de travail. Salaires.
VI. — Hygiène industrielle. Accidents.
VII. — Association professionnelle.
VIII. — Coalitions. Arbitrage.
IX. — Coopération.
X. — Epargne. Prévoyance. Assurance. Assistance.
XI. — Habitations ouvrières.
XII. — Alcoolisme.
XIII. — Dépopulation.
XIV. — Criminalité et questions pénitentiaires.
XV. — Questions féministes.
XVI. — Régime industriel et fiscal.
XVII. — Généralités économiques et sociologiques.
XVIII. — Socialisme.
XIX. — Généralités juridiques.
XX. — Enseignement social. Bibliographie.

I. — Protection des enfants. Éducation.

— *Patronage des enfants moralement abandonnés.* Bruxelles, 1896, J. Goemaere, 21, rue de la Limite. In-8, 66 p. : 1 fr. (1)
Rapport annuel (1895) sur les travaux du Comité de Bruxelles. Statistiques, expériences et vœux.

— *De l'administration des enfants assistés*, par Métérié-Larrey. Paris, 1897.

— *Les patronages scolaires*, par Edouard Gillet, instituteur Paris, 1896, Librairie de la France scolaire, 16, rue Guenégaud. In-8, 45 p. : 0 fr. 60. (2)
Modèle de statuts, de règlement et d'organisation des patronages scolaires laïques de jeunes gens et de jeunes filles.

— *Il lavoratore italiano educato alla vita sociale moderna, Parte prima*, par Poli. Milan, 1896, tip. G. B. Colombo, 15, rue Cesare da Sesto. In-16, 96 p. : 0 fr. 50. (3)

37, 51, 53, 55, 169. — Cassel, 114 — Chaix, 105. — Colin, 32. — Constable, 112. — Cormaux, 42. — Cote, 98. — Derourtieux, 21. — Delcsques, 127. — Delhomme et Briguet, 124, 125. — Desclee, 17. — Dombre, 116 — Fontemoing, 16, 120, 121. — Goemare, 1, 89. — Guillaumin, 50, 119, 126, 130. — Hachette, 44 — Haepli, 128, 139 — Hayez, 15 — King, 40 — Lamertin, 73, 77, 84, 92. — Lamulle et Poisson, 168. — Larcier, 86, 87, 90. — Larose, 158. — Le Soudier, 146, 167. — Loprestí, 64. — Marchal et Billard, 62. — Maxwell, 155. — Muller, 142. — Muquardt, 24. — Murray, 113. — Oudin, 28. — Pedone, 94. — Peeters, 106. — Plon et Nourrit, 67. — Roman, 149. — Rouge, 108. — Rousseau, 8, 25, 27, 29, 33, 93, 110, 159, 164. — Schepens, 5, 97, 150, 151. — Simonis-Empis, 143. — Stapelmohr, 95, 96. — Storck, 82 — Téqui, 154. — Valdemoro-Vecchi, 111. — Vicq-Dunod, 107. — Viselé, 54.

Petites lectures sociales pour les cours populaires d'adultes.

— *La scuola e il socialismo in Italia*, par Bono. Naples, 1896.

— *L'éducation populaire.* Paris, 1896, Librairie de la France scolaire, 17, rue Guénégaud. In-8, 316 p. : 2 fr. (4)
Documents officiels sur l'enseignement des adultes. Rapports, discours, résolutions de congrès sur la question.

II. — Apprentissage. Enseignement professionnel.

— *L'Enseignement professionnel des industries artistiques en Europe*, par Eug. Nève, ingénieur-architecte. Bruxelles, 1896. O. Schepens, 16, rue Treurenberg. Pet. In-8, 182 p. (5)
Intéressante étude sur les écoles et les institutions d'art industriel en Angleterre, en Allemagne, en France, en Suisse, en Hollande et particulièrement en Belgique.

— *Rapport sur l'enseignement professionnel en Angleterre*, par Pyfferoen. Bruxelles, 1896.

— *Rapport sur l'Enseignement technique suisse*, par L. Berthein, directeur de l'Ecole nationale professionnelle de Voiron. Voiron, 1896, impr. Berier et Reynaud. In-8, 52 pages. (6)
Compte rendu de visites pédagogiques dans treize écoles professionnelles de la Suisse.

— *Projet d'organisation d'une école professionnelle des pêches maritimes annexée à la station aquicole de Boulogne-sur-Mer*, par Eugène Canu, directeur. Boulogne-sur-Mer, 1896, impr. Bavet, 33, rue Adolphe Thiers. In-4, 21 p. (7)
Projet de programmes, d'études et d'examens.

III. — Réglementation du travail.

— *De la législation internationale du travail*, par G. C. Tabacovici, Paris, 1896.

— *Code pratique de la réglementation du travail dans les industries du bâtiment*, par Jules Brodu, avocat à la Cour de Paris, et Eugène Despagnat, licencié en droit, membre du Conseil de la Chambre syndicale des entrepreneurs de maçonnerie. Paris, 1896, A. Rousseau, 14, rue Soufflot. In-8, 250 p. : 6 francs. (8)
Résumé pratique des lois relatives à la réglementation du travail dans l'industrie et particulièrement dans les industries du bâtiment (enfants, apprentis, adultes, hygiène, accidents, etc.). Textes des lois en vigueur.

— *La législation sur le travail industriel des femmes et des enfants*, par Caire, Paris, 1896.

— *Notes de Suisse : les lois protectrices du travail*, par Waxweiler. Bruxelles, 1896.

— *Le repos du dimanche*, par Fourcade. Rouen, 1896.

La protection du travail national, par Henri Bonne, avocat général près la Cour de Besançon. Besançon, 1896, Impr. Millot, 20, rue Gambetta. In-8, 57 p. (9)
De la concurrence de la main-d'œuvre étrangère. Mesures prises dans certains pays étrangers ; loi française de 1893 et nouveaux projets législatifs à l'étude.

IV. — Placement. Chomage.

— *Etude sur le placement gratuit des employés, ouvriers et domestiques par les bureaux municipaux de Paris*, par Charbonnel. Paris, 1896.

— *Du placement des travailleurs*, par Honnorat. Paris, 1896.

— *Mémoire en réponse au Rapport de M. Georges Berry. Rapports présentés à la Chambre de commerce de Paris et au Syndicat général sur les bureaux de placement.* Paris, 1896, Impr. Alexis Noël, 29, rue Notre-Dame de Nazareth, 2 broch. in 8, 64 et 32 p. (10)
Publications de la *Chambre syndicale des bureaux de placement autorisés de Paris et des départements.*

— *Documents sur la question du chômage.* Paris, 1896, Impr. Nationale, in-4, 398 p. (11)
Notes de l'*Office du travail* sur l'assurance mutuelle officielle contre le chomage, sur les caisses de secours en cas de chômage organisées par les syndicats ouvriers, sur les travaux de secours contre le chômage, sur les sociétés privées d'assistance par le travail, sur la statistique du chômage, sur les causes du chômage.

— *Cultivation of vacant city lots by the unemployed*. New-York, 1896, At 1 of East, 22 d. street, New-York city. Grand in-8, 48 p. (*12*)
Publication de la « New-York association for improving the condition of the poor ».

V. — Contrat de travail. Salaires.

— *Le contrat de travail et l'intervention de l'État*, par Valdrès, avocat général près la Cour de Caen. Caen, 1896, impr. Lanier, 1, rue Guillaume le Conquerant. In-8, 52 p. (*13*)
Historique et résumé des dispositions légales relatives au contrat de travail, à la réglementation du travail industriel et aux salaires.

— *De la résiliation du contrat de louage de services de durée illimitée*, par Alcide Sebilleau, avocat à la Cour de Poitiers. Poitiers, 1896, impr. Bleris, Roy et Cie, 7, rue Victor-Hugo. Gr. in-8, 147 p. (*14*)
Thèse sur les difficultés et les solutions relatives à l'application de la loi du 27 décembre 1890. Aperçu de législation comparée.

— *Traité théorique et pratique du métayage*, par Bouissou. Paris, 1897.

— *Zusammerstellung der Ergebnisse der Ermittelungen über die Verfaltnisse in der Kleider-und Wasche Confection*. Berlin, 1897.

— *La loi belge du 15 juin 1896 sur les règlements d'atelier*, par Vanderkelde. Paris, 1897.

— *Commentaire législatif de la loi sur les règlements d'atelier*, par Théate. Liège, 1896.

— *Loi sur les règlements d'atelier*, par Abel. Gand, 1896.

— *Les règlements d'atelier*, par Wodon. Bruxelles, 1896.

— *Travail et salaires en Angleterre depuis le XIIIe siècle*, par Rogers, traduit par Castelot. Paris, 1897.

— *Salaires et budgets ouvriers en 1853 et en 1891*, par Edm. Nicolai, chef de division au ministère de l'intérieur et de l'instruction publique de la Belgique. Bruxelles, 1895, F. Hayez, 112, rue de Louvain. Gr. in-8, 23 p. (*15*)
Comparaison des budgets ouvriers belges depuis quarante ans.

— *La saisie-arrêt des salaires*, par Ch. César Bru, professeur agrégé à la Faculté de droit de Paris. Paris, 1897, Fontemoing, 4, rue Le Goff. In-8, 47 p. (*16*)
Commentaire de la loi du 12 janvier 1895 ; analyse de la jurisprudence.

— *Salarium minimum et salarium familiale*, par F. X. Godts. Lille, 1896, Desclee, de Brouwer et Cie. In-8, 68 p. (*17*)
Dissertation catholique sur le salaire, d'après les enseignements de l'encyclique *Rerum novarum* et d'après les distinctions théologiques.

— *Rapport tendant à rechercher les moyens de parer aux conséquences funestes du système actuel des adjudications*, par A. Keufer, secrétaire général de la Fédération française des travailleurs du livre. Paris, 1897, impr. Nouvelle, 11, rue Cadet. In-8, 48 p. : 0 fr. 15. (*18*)
L'avilissement de salaires causé par le système actuel de rabais, la clause du minimum de salaire dans certaines adjudications publiques à l'étranger ; projet de réglementation nouvelle pour la France.

— *Le minimum de salaire dans les travaux publics*, par un démocrate chrétien. Liège, 1896, impr. Centrale, 16, rue St-Adalbert. In-8, 36 p. : 0 fr. 25. (*19*)
Réfutation d'un rapport présenté au Conseil communal de Liège et défavorable à l'introduction du salaire minimum dans les cahiers des charges des adjudications.

— *Minimum de salaire. Rapport présenté au Conseil communal de Bruxelles au nom de la commission d'enquête*, par le Bourgmestre. Bruxelles, 1896, impr. Vve J. Baertsoen, 5, Grande Place. In-8, 180 p. (*20*)

— *Fixation du minimum de salaire dans les cahiers des charges des adjudications publiques. Ibid.* In-8, 164 p.
Publications de la ville de Bruxelles sur les résultats constatés de l'introduction du minimum de salaire dans les cahiers des charges de divers gouvernements provinciaux et de plusieurs administrations communales, enquête directe auprès do syndicats patronaux, ouvriers et mixtes et auprès de patrons et d'ouvriers ; rapport du bourgmestre ; discussion au Conseil communal ; documents divers sur la question.

— *Les conditions du travail et le collectivisme*, par U. Bouge. Paris, 1896.

VI. — Hygiène industrielle. Accidents.

— *Les poussières des fabriques de porcelaine*, par J. V. Detroye, médecin vétérinaire de la ville de Limoges. Limoges, 1896, Decourtieux, 7, rue des Arènes. In-8, 83 p. (*21*)
Etude d'hygiène industrielle sur les poussières nocives des manufactures de porcelaine. Production, caractère et dangers des différentes poussières ; leur action sur les divers organes ; moyens de préservation generaux et individuels

— *Le phosphore blanc*, par le D^r Th. Belval. Bruxelles, In-8, 14 p. (*22*)
Discussion des conclusions du Dr Magitot sur le phosphorisme dans les fabriques d'allumettes.

— *L'acide carbonique liquide*, par le D^r Th. Belval. Bruxelles, In-8, 7 p. (*23*)
Observations d'hygiène industrielle.

— *La prévention des accidents du travail dans les usines et les manufactures*, par Félix Jottrand, ingénieur des mines, 2e édit. Bruxelles. 1896, C. Muquardt. In-8, cartonné, 160 p. (*24*)
Exposé des principes techniques qui doivent présider à l'agencement des divers dispositifs de sécurité dans les fabriques et des mesures réglementaires qui doivent intervenir pour maintenir l'ouvrier à l'abri des accidents.

— *De la faute contractuelle en droit romain et en droit français*, par Deffo. Laval, 1896.

— *Essai sur la responsabilité civile*, par Willems. Louvain, 1897.

— *De la responsabilité civile à raison du fait d'autrui*, par Chevalier Paris, 1897.

— *Des clauses de non-responsabilité et de l'assurance de la responsabilité*, par Elie Boutaud, docteur en droit, avocat à la Cour de Paris Paris, 1896, A. Rousseau, 14, rue Soufflot. In-8, VII-498 p. : 10 fr. (*25*)
Etude juridique sur la faute, sur les conditions et l'étendue de la responsabilité, sur l'assurance des fautes et ses limites ; théorie de la validité des exonérations contractuelles de responsabilité. Applications au contrat de travail, aux assurances contre les accidents, etc. Examen des divers projets de lois d'assurances ouvrières en France et à l'étranger (*Ouvrage couronné par la Faculté de droit de Paris*).

VII. — Association professionnelle.

— *De l'association*, par Baillet. Paris, 1896.

— *La liberté d'association*, par Gielkens. Bruxelles, 1896.

— *Etude historique sur les corporations professionnelles chez les Romains*, par Waltzing. Louvain, 1896.

— *Histoire des corporations de métiers depuis leurs origines jusqu'à leur suppression en 1791*, par E. M. Saint Léon. Paris, 1897.

— *De la personnalité juridique*, par Goudy. Paris, 1896.

— *Des dons manuels faits aux personnes morales*, par Gaillard. Paris, 1897.

— *Annuaire des syndicats professionnels*, 8e année (1896). Paris, 1896, Berger-Levrault, 5, rue des Beaux-Arts. In-8, 562 p. (*26*)
Renseignements généraux et statistiques sur le mouvement syndical en 1896, liste de syndicats industriels, commerciaux et agricoles ; institutions des syndicats ; bourses du travail

— *Le syndicat mixte*, par Adéodat Boissard, docteur en droit. Paris, 1897, A Rousseau, 14, rue Soufflot. In-8, 210 p. . 5 fr. (*27*)
La renaissance de l'idée corporative et les cercles catholiques d'ouvriers ; application de la loi du 21 mars 1884 ; organisation, fonctionnement, esprit et résultats des syndicats mixtes dans la grande industrie, dans la petite industrie et dans l'agriculture.

— *Le syndicat de l'aiguille*, par E. Levasnier. Paris, 1896, Oudin, 10, rue de Mezières. In-8, 57 p. : 1 fr. (*28*)
La communauté et la confrérie des couturières de Paris avant 1789 ; aperçu économique, financier et statistique.

— *L'organisation coopérative et l'anarchie*, par Pelloutier. Paris, 1897.

— *Manuel pratique des Sociétés par actions*, par Rodolphe ROUSSEAU, avocat à la Cour de Paris, 2e édit. Paris, 1896, A. Rousseau, 14, rue Soufflot. In-8, 435 p. : 8 fr. *(29)*

Manuel à consulter par les sociétés coopératives, les sociétés de construction d'habitations à bon marché, etc. : état de la législation et de la jurisprudence sur la constitution des sociétés par actions, leurs modalités diverses, leurs nullités, leur fonctionnement, leur transformation, leur régime pénal et fiscal.

— *Régime fiscal des Sociétés*, par Francis LEFEBVRE, docteur en droit. Paris, 1896, chez l'auteur, 8, rue de la Néva. In-plano. *(30)*

Tableau synoptique des droits d'enregistrement et des taxes spéciales applicables en matière de Sociétés.

VIII. — COALITIONS. ARBITRAGE.

— *Statistique des grèves et des recours à la conciliation et à l'arbitrage survenues pendant l'année* 1896. Paris, 1897, impr. Nationale. In-8, XIII-358 p. *(31)*

Statistique des grèves, de leurs causes et de leurs résultats ; cent quatre applications de la loi du 27 décembre 1892, sur la conciliation et l'arbitrage (*Publication de l'office du travail*)

— *Die Warheit über den Streik der hafenarbeiter und Seeleute in Hamburg* (1896-97). Hambourg, 1897.

— *Les grèves et la conciliation*, par Arthur FONTAINE. Paris, 1897, A. Colin, 5, rue de Mézières. In-16 de 92 p. : 1 fr. *(32)*

Etude sur les relations contemporaines entre patrons et ouvriers, sur les grèves et sur le rôle des conseils de conciliation et d'arbitrage.

— *La conciliation et l'arbitrage devant les parlements actuels*, par LAMBRECHTS. Grenoble, 1896.

— *De la conciliation et de l'arbitrage*, par Georges WATTRIOT, avocat, docteur en droit. Paris, 1897, A. Rousseau, 14, rue Soufflot. In-8, 406 p. : 8 fr. *(33)*

La prévention des grèves et les institutions d'arbitrage dans l'industrie. Mesures prises et résultats constatés en Angleterre, aux Etats-Unis, en Allemagne, en Belgique, en Suisse, etc... La conciliation et l'arbitrage en France avant 1892 ; historique et économie de la loi du 27 décembre 1892.

IX. — COOPÉRATION.

— *Le mouvement coopératif*, par GODDYN, Gand, 1896.

— *La coopération, ses bienfaits et ses limites*, par Léopold MABILLEAU, correspondant de l'Institut. Paris, 1896, bureau de la Réforme sociale, 54, rue de Seine. In-8 de 34 p. : 0 fr. 05. *(34)*

Conférence sur le rôle social et les limites utiles de la coopération de consommation, de production et de crédit.

— *Relazione sulla riforma delle Società cooperative*, par Cesare VIVANTE, prof. ord. di diritto commerciale nell'Università di Bologna. Turin, 1897, Unione Tip., 32, via Carlo Alberto. In-8, 34 p. *(35)*

Rapport et projet de loi tendant à la revision du statut juridique des Sociétés coopératives en Italie.

X. — EPARGNE. PRÉVOYANCE. ASSURANCE. ASSISTANCE.

— *De l'éducation de la prévoyance*, par Mlle M. DU CAJU. Bruxelles, 1896.

— *Almanach de l'épargne et de la prévoyance.* Liège, 1897.

— *Note sur l'évaluation de l'actif des institutions de prévoyance*, par ROCCA. Bruxelles, 1896.

— *La Mutualité en Belgique*, par Alph. WORMHOUT, rédacteur en chef du *Mutuelliste*. Bruxelles, 1896, impr. des institutions de prévoyance, 10, rue Saint-Christophe. In-16, 94 p. *(36)*

Historique du développement de la mutualité belge ; situation et statistique actuelles ; fédérations et congrès.

— *La mutualité et la bienfaisance belges en France*, par Eugène ALLARD, vice-président de la Société royale de secours mutuels et de bienfaisance l'*Union belge*. Bruxelles, 1897, E. Bruylant, 67, rue de la Régence. In-12, 160 p. : 2 fr. 50. *(37)*

Situation des œuvres étrangères de bienfaisance et de mutualité au regard des lois françaises. Fondations des colonies étrangères en France ; institutions françaises ouvertes aux étrangers. Rôle spécial et organisation de l'*Union belge*.

— *Compte rendu des opérations de la caisse générale d'épargne et de retraite sous la garantie de l'Etat en* 1895. Bruxelles, 1896. In-8, 110 p. *(38)*

Rapport annuel sur le fonctionnement de la caisse d'épargne, de la caisse d'assurance et de la caisse de retraite de Belgique.

— *Projet de crédit agricole empruntant le concours de la Banque de France*, par CHARLES ROBIN, ancien notaire. Paris, 1897, bureau du journal du lundi, 92, rue Richelieu. In-8, 16 p. *(39)*

Projet de loi tendant à astreindre la Banque de France à ouvrir des comptes globaux à des groupes de cultivateurs solidaires.

— *Le crédit agricole et les caisses rurales système Raiffeisen*, par D'OTREPPE DE BOUVETTE. Liège, 1896

— *Les caisses de crédit agricole système Raiffeisen*, par l'abbé TRIGAUT. Binche, 1896.

— *People's Banks*, by HENRY W. WOLF, 2e édit. Londres, P. S. King and son, 12, king street, Westminster, 1896. In-8, relié, 400 pages : 10 fr. *(40)*

Etude comparée sur les banques populaires allemandes, systèmes Schulze-Delitzsch et Raiffeisen, les banques rurales italiennes, les banques populaires belges et françaises et les combinaisons diverses auxquelles ces différents types ont donné naissance.

— *Les caisses de famille et les sociétés de secours mutuels*, par RACT. Paris, 1896.

— *Notice de la société de secours mutuels de Sanvic*. Havre, 1896. In-8, 64 p. *(41)*

Compte rendu des opérations de la Société de secours mutuels de Sanvic en 1896. Organisation, administration et travaux.

— *Manuel pratique des sociétés de mutualité pour les femmes*, par EUG. CORMAUX. Liège, 1896, Cormaux In-8, de 36 p. : 0 fr. 50. *(42)*

— *Les enfants dans la mutualité*, par l'abbé B. THUYTS, curé de Machelen (Brabant). Vilvorde, 1896, impr. Verelts-Peeters, 15, Grande place. In-8, 18 p. : 0 fr. 50. *(43)*

Organisation des mutualités d'adolescents ; modèles de statuts.

— *Histoire et manuel de l'institution des caisses d'épargne scolaires*, 14e édition, par A. DE MALARCE. Paris, 1897, Hachette, 79, boulevard St-Germain. In-8 48 p. *(44)*

Origines, organisation, développements et résultats moraux des caisses d'épargne scolaires.

— *Mutualité scolaire*, par Alexandre FLAMENT, professeur à l'Ecole industrielle de Dour (Belgique). Dour, impr. A. Vaubert, grand'Rue. In-8, 32 p. : 0 fr. 75. *(45)*

Historique, fonctionnement et statuts de la première mutualité scolaire belge.

— *Sociétés scolaires de retraite*, par L. CAILLE, inspecteur du canton scolaire de Frasnes-lez-Buissenal. Tournai, 1897, impr. Decallonne-Liagre. In-8, 37 p. : 0 fr. 40. *(46)*

Importance de la prévoyance à l'Ecole. Conseils et renseignements pratiques à l'usage des instituteurs.

— *Conférence sur la Caisse de retraite*, par A. FLAMENT. Dour, 1897. A. Vaubert, grand'rue. In-8, 22 p. : 0 fr. 25. *(47)*

Résumé populaire des avantages offerts par la Caisse générale d'épargne et de retraite de Belgique.

— *Observations présentées au nom du Comité central des houillères de France sur la proposition tendant à modifier les articles 22, 23 et 25 de la loi du 29 juin 1894* Paris, 1897. *(48)*

— *Cinquante francs de rente à tous*, par DE MONTAIGNAC. Paris, 1897.

— *Traité théorique et pratique du contrat d'assurance sur la vie, tome III*, par LEFORT. Paris, 1897.

— *Les assurances sur la vie*, par Louis RICHARD, directeur du journal *L'Economie*, *4e édition*. Paris, 1896, bureau de *L'Economie*, 27, rue Labruyère. In-32, 15 p. *(49)*

Du rôle des agents d'assurance.

— *La production des Compagnies françaises et américaines d'assurances sur la vie*, par Eugène ROCHETIN, membre des Sociétés d'économie politique et de statistique de Paris. Paris, 1897, Guillaumin, 14, rue Richelieu. In-8, 24 p. *(50)*

— *Conditions générales et tarifs de la caisse d'assurances fondée en exécution de la loi du 21 juin 1894.* Bruxelles, 1896, Bruylant-Christophe. In-18 de 13 p. (51)

— *Caisse de retraite : résumé de la loi, tarifs des rentes Ibid.* In-18, 12 p. (52)

Publications de la Caisse générale d'épargne et de retraite de Belgique.

— *Les Assurances ouvrières*, par G. PETRO, docteur ès sciences politiques et administratives. Bruxelles, 1896, Bruylant, 67, rue de la Régence. In-8. 36 p. (53)

Thèse sur les lois ou projets d'assurances sociales, notamment en Allemagne et en Belgique.

— *Les lois d'assurance ouvrière à l'étranger : lois d'assurance contre les accidents, deuxième partie*, par BELLOM. Paris, 1896.

— *L'assurance obligatoire contre les accidents en Allemagne*, par Th. M. HEUGNER, avocat à la Cour d'appel de Bruxelles. Bruxelles, 1897, impr. J. Visele, 30, av des Eperons d'or In-8, 90 p (54)

Historique et exposé de la législation allemande sur la réparation des accidents, statistique des résultats généraux ; examen des critiques faites ; projets de réforme allemands.

— *L'assurance contre la maladie et l'invalidité en Allemagne*, par Louis MAINGIE, actuaire adjoint de la Compagnie belge d'assurances générales sur la vie. Bruxelles, 1897, E. Bruylant, 67, rue de la Régence. In-8, 55 p. (55)

Examen mathématique de l'organisation et du fonctionnement de l'assurance obligatoire édictée en Allemagne par la loi du 22 juin 1889.

— *Les assurances ouvrières en Allemagne*, par Charles BROUILHET, chargé de cours à la Faculté de droit de Montpellier. Lyon, 1896, impr. Alexandre Rey, 4, rue Gentil. In-8, 48 p. (56)

Résultats actuels de la législation allemande sur les assurances ouvrières en cas de maladie, d'accidents et d'invalidité ; projets de réorganisation administrative et financière.

— *Was hat die deutsche Arbeiterversicherung im 1e Jahrzehnt ihrer Wirksamkeit für die Arbeiter geleistet*, par FREUND. Berlin, 1897.

— *Bericht über die Thätigkeit der Arbeiter-Unfallversicherungsanstalt für Mähren und Schelsien in Brünn für das Verwaltungsjahr 1895.* Brünn, 1897.

— *Sind die Büreau-Hilfsarbeiter des Magistrats zu Berlin lebenslänglich angestellte Gemeindebeamte M. Pensionsberechtigung*, par SONNENFELD. Berlin, 1897.

— *Les pensions ouvrières : le système allemand et les projets de loi belges.* Arlon, 1896.

— *Proposition de loi relative à la création d'une caisse nationale de prévoyance*, par Jacques ESCUYER. Paris, 1896, impr. Guérin, Derenne et Cie. In-8, 47 p. (57)

Exposé d'un projet de loi destiné à assurer, sans capitalisation, les retraites ouvrières, au moyen d'une triple contribution des ouvriers, des patrons et de l'Etat.

— *De l'assurance obligatoire des marins pêcheurs*, par Eugène PATIN, négociant à Boulogne-sur-Mer. Boulogne-sur-Mer, 1896, impr. Vve Cabre, 16, rue Leuliette. In-16, 30 p. (58)

De la nécessité de faire assurer obligatoirement les marins du commerce, comme les ouvriers de l'industrie, contre les accidents professionnels.

— *Avant-projet de loi sur l'assurance contre la maladie, les accidents, l'invalidité et la vieillesse*, par A. VERTONGEN-GOENS, industriel à Termonde (Belgique). Termonde, 1897, impr. du Caju-Beeckman, 58, rue de l'Eglise. In-8, 26 p. (59)

— *Quelques lignes sur : L'assurance contre la maladie et les accidents, Le régime de la liberté et la réglementation, et Les pensions ouvrières*, par A. VERTONGEN-GOENS, industriel à Termonde. Termonde, 1896, impr. A. du Caju-Beeckman, 58, rue de l'Eglise. In-12, 14 p. (60)

— *Assurance sur la vie avec pension pour employés*, par A. MULLENDER. Liège, 1896. In-4, 56 p. (61)

Nécessité d'assurer des pensions aux employés de commerce, ou à leurs veuves et orphelins ; examen des diverses combinaisons praticables en Belgique ; spécimens et tarifs.

— *Revue d'assistance, année 1896* (tome VII). Paris, 1896, Marchal et Billard, 27, place Dauphine. 1 volume in-8, 516 p. (62)

Travaux et discussions de la Société internationale pour l'étude des questions d'assistance en 1896 A citer notamment : l'alcoolisme en France, le rôle de l'association dans l'assistance, les congrès d'assistance de Genève et de Rouen, l'assistance des enfants idiots et arriérés, l'assistance des femmes enceintes ou récemment accouchées, l'assistance des femmes par le travail, etc...

— *La publica beneficenza*, par GIAMBATTISTA Luè, *vol. I.* S. Colombano al Lambro (Milano), 1896, tip. Giovanni Panzetti. In-8, 220 p. : 4 fr. (63)

Etude sur l'assistance publique en cas d'inaptitude au travail et en cas de chômage par manque de travail. L'assistance dans les conceptions socialistes.

— *Mantenimento e cura degli indigenti inabili al lavoro*, par O. GIUFFRIDA, S. Segretario di prefettora. Palmi, 1896, G. Lopresti. In-8, 220 p. : 3 fr. (64)

Etude administrative sur l'assistance publique en Italie, les autorités compétentes, les imputations de dépenses, le domicile de secours, le concours de la charité privée, etc.

— *La beneficenza genovese*, par Federico DONAVER, Segretario dell' asilio Lollot. Genova, 1896, tip istituto surdomunti. In-8, 444 p. (65)

Recueil de notices historiques et statistiques sur les différentes institutions de bienfaisance publique, de bienfaisance municipale et de bienfaisance privée à Gênes.

— *Etudes sur la législation charitable en Hollande*, par LALLEMAND. Paris, 1896.

— *L'assistance publique en Allemagne*, par le Dr ROLAND, professeur à l'Ecole de médecine de Besançon. Besançon, 1896, impr. Jacquin, in-8, 19 p. (66)

Souvenirs de voyage sur la charité officielle allemande.

— *La charité sociale en Angleterre*, par le Mis COSTA DE BEAUREGARD, de l'Académie française. Paris, 1896, Plon, 8, rue Garancière. in-8, 27 p. (67)

L'œuvre sociale des *College settlements*, des *Social settlements* et de l'*Union sociale catholique* en Angleterre.

— *L'assistance par le travail en Suisse*, par L. D'AGARTIGUE, ingénieur civil. Biarritz, 1896, impr. Lamaignère, 1, rue du Château. In-8, 8 p. (68)

XI. — HABITATIONS OUVRIÈRES.

— *Les logements insalubres et la loi du 13 avril 1896*, par SANLAVILLE. Paris, 1897.

— *Enquête sur l'habitation ouvrière dans le département de la Seine-Inférieure en 1896.* Rouen, 1897. In-8, 100 p. (69)

— *La question des logements ouvriers en Allemagne*, par Albert DE JORFF, de Hambourg. Beaugency, 1896, impr. Leffray. In-8, 7 p. (70)

— *Rapports présentés au Comité officiel de patronage des habitations ouvrières et des institutions de prévoyance d'Etterbeek, Ixelles, etc.* Schaerbeck, 1896, impr. Beauvais, 1, rue Impériale. 3 broch. in-8, 62 p. (71)

Rapports sommaires d'enquête sur les conditions de l'habitation ouvrière et sur les rapports entre les loyers et les salaires.

— *Des promesses de vente en droit civil et en droit fiscal*, par RAVOIRE. Montpellier, 1896.

XII. — ALCOOLISME.

— *Toxicité des alcools*, par RICHE. Paris, 1896.

— *L'alcoolisme*, par POITOU-DUPLESSY. Paris, 1896.

— *L'alcoolisme en Belgique*, 5e et 6e parties. Bruxelles, 1895-1896, secrétariat permanent de la ligue patriotique contre l'alcoolisme, 89, rue Joseph II. 2 vol. in-8, 144 et 88 p. (72)

Rapports, allocutions et conférences aux assemblées générales annuelles de la Ligue en 1895 et en 1896.

— *Un mot sur l'ivresse au point de vue médico-légal*, par le Dr HIPP. BARELLA, membre de l'Académie de médecine de Belgique. Bruxelles, 1896, Lamertin, 20, rue du Marché au bois. In-8, 16 p. : 0 fr. 50. (73)

Du rôle et du caractère de l'ivresse dans la criminalité.

— *L'alcoolisme dans ses rapports avec la criminalité*, par le Dr MASOIN, secrétaire perpétuel de l'Académie de médecine, professeur à l'Université de Louvain. Louvain, 1896, chez l'auteur. in-8, 8 p. : 0 fr. 75. (74)

Statistique de l'ivresse et de l'ivrognerie dans certaines catégories de condamnés internés à la prison centrale de Louvain.

— *Le monopole de l'alcool*, par YVES GUYOT. Paris, 1897.

— *L'initiative privée et la loi en face de l'alcoolisme*, par M. RAU, avocat général à la Cour de cassation de France. Bruxelles, 1896, 89, rue Joseph II. In-8, 32 p. (75)

L'effort privé contre l'alcoolisme et les sociétés de tempérance ; l'intervention nécessaire de la législation dans le domaine repressif, administratif et fiscal.

— *La lutte contre l'alcoolisme*, par le Dr TH. BELVAL. Bruxelles, 89, rue Joseph II. 3 broch. in-8, 30, 43 et 19 p. (76)

Les moyens de lutte contre l'alcoolisme ; les mesures fiscales, les dangers du monopole de l'alcool.

— *Patronage des aliénés et alcoolisme*, par DE BOEK. Bruxelles, 1897.

— *La femme contre l'alcool*, par Louis FRANK. Bruxelles, 1897, H. Lamertin, 20, rue du Marché-au-Bois. In-8, 273 p. : 5 fr. (77)

De l'intervention de la femme dans la lutte contre l'alcoolisme : ses aptitudes, son pouvoir effectif, ses droits nécessaires.

— *Notice historique sur les Sociétés de tempérance en Suisse*, par L. L. ROCHAT. Genève, 1895, 7, rue de l'Evêché. In-8, 36 p. : 30 c. (78)

Développement historique et statistique actuelle des Sociétés suisses de tempérance (lutte contre l'alcoolisme).

— *Etude sur les asiles pour buveurs en Suisse*, par Lucien PUTEAUX. Genève, 1895, impr. Soullier. In-8. 61 p. : 50 c. (79)

Lois et mœurs suisses relatives à la lutte contre l'alcoolisme.

— *Almanach de la tempérance pour 1897*. Bruxelles, 1897, 89, rue Joseph II. In-18, 96 p. (80)

Tract de propagande contre les inconvénients et les dangers de l'alcoolisme.

— *Petit manuel de tempérance*, par Edmond VASLET, 9e *édition*. Bruxelles, 1897, Bureau du *Bien social*, 42, rue Dupont. In-12, 32 p., avec gravures. (81)

Notions pratiques sur les boissons alcooliques ; leurs ravages ; moyens de combattre l'alcoolisme.

XIII. — DÉPOPULATION.

— *La dépopulation de la France*, par DESCLOZEAUX. Paris, 1896.

— *La viriculture*, par DE MOLINARI. Paris, 1897.

XIV. — CRIMINALITÉ ET QUESTIONS PÉNITENTIAIRES.

— *La criminalité professionnelle*, par G. TARDE, directeur de la statistique criminelle au ministère de la justice. Lyon, 1897, A. STORCK. In-8, 23 p. : 1 fr. (82)

Aperçus sur la criminalité comparée des principales professions d'après les comptes rendus de la justice criminelle.

— *La lutte contre la criminalité dans les temps modernes*, par DELVINCOURT Paris, 1896.

— *Criminalité et civilisation*, par Paul ANDRÉ, avocat général près la Cour d'appel de Rouen. Rouen, 1896. Impr. Julien-Lecerf. In-8, 48 p. (83)

Revue et analyse des diverses extensions de la criminalité, envisagées au point de vue du progrès moral et social

— *Degenerescence et criminalité*, par le Dr DALLEMAGNE, professeur de médecine légale à l'Université de Bruxelles. Bruxelles. 1897, H. Lamertin, 20, rue du Marché-au-Bois. In-8, 21 p. : 1 fr. (84)

Le caractère et les stigmates de la dégénérescence et de la criminalité : leurs rapports et leurs pénétrations.

— *De l'adoucissement dans la répression pénale*, par Raoul DUMONTET, substitut du procureur général près la Cour d'appel d'Amiens. Amiens, 1896. In-8, 67 p. (85)

L'adoucissement historique des peines ; la loi Bérenger ; nécessité d'introduire la simple réprimande pour les infractions très légères et les « circonstances très atténuantes » en matière criminelle.

— *Des mesures propres à faire connaître la personnalité de l'inculpé*, par Isidore MAUS, chef de bureau au Ministère de la justice à Bruxelles. Bruxelles, 1896, Vve Larcier, 26, rue des Minimes. In-8, 27 p. (86)

Des mesures propres à renseigner les tribunaux de répression sur l'individualité et la personnalité physique et morale des prévenus.

— *Le IVe Congrès d'anthropologie criminelle*, par Isidore MAUS, docteur en droit et en philosophie. Bruxelles, 1896, veuve Larcier, 26, rue des Minimes. In-8, 20 p. : 0 fr. 50. (87)

Résumé et appréciation des discussions soutenues au Congrès anthropologique tenu à Genève en 1896.

— *Du patronage des condamnés libérés et du sauvetage de l'enfance*, par Gaston ABORD, avocat général près la Cour d'appel de Montpellier. Montpellier, 1896, in-8, 66 p. (88)

Considérations, statistiques et renseignements sur les œuvres de patronage des libérés et de sauvetage de l'enfance.

— *Congrès international des œuvres de patronage*. Bruxelles, 1896, J. Goemare, 21, rue de la Limite. In-8, 215 p. (89)

Rapports présentés au Congrès tenu à Namur en 1896 ; compte rendu des discussions sur les trois questions rapportées (Répression du vagabondage et de la mendicité ; sauvegarde du pécule des libérés ; engagements militaires après libération).

— *La visite à la prison*, par Mme VLOEBERGHS, présidente du Comité des dames de Bruxelles. Bruxelles, 1896, veuve Larcier, 26, rue des Minimes. In-8, 15 p. (90)

Effets immédiats et lointains des visites aux prisonniers.

— *Rapides aperçus sur quelques questions pénitentiaires*, par MESNARDS, secrétaire-administrateur du patronage des détenus et des libérés de Saintes. Angers, juin 1896. In-8, 14 p. (91)

Brèves considérations présentées au Congrès international de Paris (1895) sur la préservation par l'éducation.

XV. — QUESTIONS FÉMINISTES.

— *Les femmes et les féministes*. Paris, 1896.

— *Etude sur la condition juridique des femmes musulmanes*, par HELOU. Paris, 1897.

— *De l'extension des droits de la femme mariée sur les produits de son industrie personnelle*, par GUNTZBERGER. Paris, 1896.

— *Le Témoignage de la femme* ; *L'Epargne de la femme mariée* ; *Les Salaires de la famille ouvrière*, par Louis FRANCK, avocat à la Cour de Bruxelles. Bruxelles, 1896, H. Lamertin, 20, rue du Marché-au-Bois. 3 vol. in-8, 50, 60 et 115 p. (92)

Historique et discussion des dispositions légales qui constituent, en certains points, à la femme une situation juridique inférieure à celle de l'homme. Exposé des lois nouvelles que l'auteur voudrait voir intervenir en Belgique pour garantir aux femmes le droit de témoignage, la sauvegarde de leur épargne personnelle et la libre disposition de leurs salaires.

— *Des Contrats de la femme avec les tiers dans l'intérêt du mari*, par Elie BOUTAUD, docteur en droit, avocat à la Cour de Paris. Paris, 1896. Rousseau, 14, rue Soufflot. In-8, 230 p. : 6 fr. (93)

Etude historique et juridique sur le régime de l'intercession de la femme au profit du mari dans le droit romain et dans le code civil.

— *Rechtsbrevier für deutsche Ehefrauen*, par KEMPIN. Berlin, 1897.

— *Die ausnahmestellung Deutschands in Sachen des Frauenstudiums*, par ICHENHAUSEN. Berlin, 1897.

— *La femme anglaise*, par Thomas BARCLAY, avocat du Barreau anglais. Paris, 1896, Pedone, 13, rue Soufflot. In-8, 90 p. : 5 francs. (94)

Résumé juridique de la législation anglaise concernant la femme mariée (mariage, nationalité, administration des biens, puissance maternelle, divorce, procédures) Contribution indirecte à l'histoire de l'émancipation féminine en Angleterre.

— *Activité de la femme à Genève*. Genève, 1896, Stapelmohr, 24, Corraterie. In-8, 118 p. (95)

Statistique et renseignements pratiques sur la part du travail féminin, à Genève, dans l'industrie et le commerce, dans l'enseignement, dans les lettres, dans les sciences, dans les arts et les industries d'art

— *La question du gagne-pain de la femme*, par H. ROEHRICH, pasteur. Genève, 1897, Stapelmohr, 24, Corraterie. In-12, 64 p. : 0 fr. 60. (96)

Insuffisance des salaires féminins et ses causes diverses ; moyens d'amélioration. Aperçu des institutions feminines suisses.

— *Le travail des couturières en chambre*, par Hector LAMBRECHTS. Bruxelles, 1897, Société belge de librairie, 16, rue Treurenberg. In-18. 113 p. (97)

Abus constatés dans le travail en chambre (insalubrité, excès de travail, avilissement de salaire, immoralité). Recherche des remèdes généraux ou partiels.

— *Les Ouvrières lyonnaises travaillant à domicile*, par L. BONNEVAY, avocat à la Cour de Lyon.

Lyon, 1896, A. Cote, 8, place Bellecour. In-18, 146 p. : 2 fr. 50. *(98)*

Étude sur le budget de recettes et de dépenses des ouvrières dans les principales industries lyonnaises ; recherche des remèdes à l'insuffisance des salaires féminins.

— *La femme morale et la femme criminelle*, par le Dr Crocq fils. Namur, 1896.

— *Des réformes demandées par le parti féministe dans la législation pénale*, par Thuriet, substitut du procureur général près la Cour d'appel de Dijon. Dijon, 1896, impr. Davantière, 65, rue Chabot-Charny. In-8, 44 p. *(99)*

Examen des revendications féministes en matière de droit pénal (adultère, meurtre de la femme par le mari, infanticide)

— *De la recherche de la paternité dans la législation de l'État de New-York*, par Fournier, substitut du procureur général près la Cour de Poitiers. Poitiers, 1896, impr. Millet et Pain, 2, rue Thibaudeau. In-8, 35 p. *(100)*

Exposé de la procédure pour la recherche obligatoire de la paternité dans l'État de New-York. Amendements possibles au droit français.

— *L'infanticide dans les législations anciennes et modernes*, par Emile Bourdon, avocat général près la Cour de Douai. Douai, 1896, impr. Crépin, 23, rue de la Madeleine. In-8, 83 p. *(101)*

Historique législatif de l'infanticide chez les différents peuples ; exposé critique de la législation française actuelle.

— *Le mouvement féministe et le socialisme*, par M. Drioux, substitut du procureur général près la Cour d'Orléans. Orléans, 1896, impr. Morand, 47, rue Baunier. In-8, 18 p. *(102)*

Extension contemporaine de la sphère d'action féminine ; la situation faite à la femme dans les doctrines socialistes.

— *La femme nouvelle*, par O. Bezobrazow. Paris, 1896.

XVI. — Régime industriel et fiscal.

— *Industries and wealth of nations*, par Mulhall. Londres, 1896.

— *Industry in England*, par Gibbins. Londres, 1896.

— *Statistique de l'industrie minérale et des appareils à vapeur en France et en Algérie pour l'année* 1895. Paris, 1897.

— *Statistique des chemins de fer français au 31 décembre* 1895 (*Documents principaux*). Paris, 1896, Impr. Nationale. In-4, 500 p. : 6 fr *(103)*

Situation statistique du réseau français ; conditions des concessions ; capitaux engagés ; matériel et résultats d'exploitation.

— *Statistique rétrospective des mines*, par Hanzé. Bruxelles, 1896.

— *Rapport général sur la situation de l'industrie métallurgique en* 1895, par l'Association des maîtres de forges de Charleroi. Charleroi, 1896, impr. Henry Quinet, 52, rue de Marcinelle. In-8, 275 p. *(104)*

Considérations générales sur la production sidérurgique dans le monde. Exposé de la situation et statistique de la production, en 1895, pour la Belgique, la Grande-Bretagne, l'Allemagne et la France.

— *Manuel statistique des chemins de fer français*, par Germain Delebecque, inspecteur général honoraire des services commerciaux du chemin de fer du Nord. Paris, 1897, Chaix, 20, rue Bergère. In-8, 34 p. : 1 fr. *(105)*

Statistique du réseau français, du matériel des compagnies et des différentes branches de trafic pendant l'exercice 1895

— *Les syndicats industriels*, par Charles Genart, avocat. Louvain, 1896, Ch. Peeters, 20, rue de Namur. Pet. in-8, 230 p. *(106)*

Monographies des principaux syndicats de producteurs dans le monde. Étude d'économie politique et de législation comparée sur l'association de producteurs et sur la coalition d'accaparement.

— *Note sur la mine aux mineurs de Rive-de-Gier*, par M. de Billy, ingénieur des mines. Paris, 1897, Vicq-Dunod, 49, quai des Grands-Augustins. In-8, 54 p. *(107)*

Historique juridique et situation de l'exploitation industrielle.

— *Les impôts en France*, par Caillaux, Touchard et Privat-Deschanel, *tome Ier*. Paris, 1896.

— *L'impôt démocratique sur le revenu*, par Kergall. Paris, 1896.

— *L'impôt sur le revenu appliqué à Verviers*, par Armand. Paris, 1896.

XVII. — Généralités économiques et sociologiques.

— *Les progrès de la science économique depuis Adam Smith*, 2e édit., par Block. Paris, 1897.

— *Supplément au nouveau dictionnaire d'économie politique de Léon Say*. Paris, 1897.

— *Dictionary of political economy (vol. I et II)*, par Palgrave. Londres.

— *Cours d'économie politique professé à l'Université de Lausanne*, par Vilfredo Pareto. Lausanne, 1896, F. Rouge, 2 vol, in-8, 430 et 426 p. : 10 fr. *(108)*

Principes et applications de l'économie politique ; étude des capitaux personnels, mobiliers et fonciers ; l'évolution sociale de la production ; les revenus et la physiologie sociale.

— *Quesnay et la physiocratie*, par Yves Guyot. Paris, 1897.

— *Société d'économie politique et d'économie sociale de Lyon : compte rendu analytique des séances de l'année* 1895-96. Lyon, 1896, impr. Bonnaviat, 13, rue Ste-Catherine. In-8, 770 p. *(109)*

Exposés et discussions relatifs à la condition des femmes veuves ou abandonnées travaillant à domicile, aux expériences de socialisme municipal, aux assurances ouvrières en Allemagne, à l'impôt sur le revenu, aux lois sur l'arbitrage, aux moyens défensifs de l'initiative privée et de l'action locale contre la marche ascensionnelle de l'alcoolisme, etc ..

— *Economic science and pratice*, par Price. Londres, 1896.

— *Deux théories d'équilibre économique*, par Winiarski. Paris, 1897.

— *La loi de substitution et son rôle en économie politique*, par Charles Brouilhet, chargé de cours à la Faculté de droit de Montpellier. Paris, 1896, A Rousseau, 14, rue Soufflot. In-8, 27 p. *(110)*

Les substitutions de besoins et de services ; leur importance pratique et leurs relations avec les lois économiques.

— *La economia sociale*, par M. Lo Savio, profes. d'écon. soc. all'Università di Macerata. Trani, 1896, Valdemoro-Vecchi. In-8, 420 p. : 7 fr. *(111)*

Traité d'économie politique sociologique fondé sur l'idée de solidarité sociale : définition et méthode ; théorie du travail, théorie de la production et de la circulation (*vol. I*).

— *The principles of Sociology* (vol. III), par H. Spencer. Londres, 1896.

— *The principles of Sociology*, par Giddings. New-York, 1896.

— *Principes de sociologie*, par Giddings. Paris, 1896.

— *La sociologia, i suoi methodi, le suo scoperte*, par Asturaro. Genua, 1896.

— *La economia sociale con riguardo ai dati della sociologia contemporanea*, par N. Lo Savio. Turin, 1896.

— *Etudes d'économie sociale*, par Walras. Paris, 1897.

— *La question sociale*, par Vazeille. Paris, 1897.

— *Le problème social*, par L. Ullmo. Paris, 1897.

— *L'évolution sociale*, par Kidd. Paris, 1896.

— *Enquête sur la question sociale en Europe*, par Huret. Paris, 1896.

— *Sept études sur la question sociale*, par Fritsch. Louvain, 1896.

— *Problèmes sociaux contemporains*, par A. Loria. Paris, 1897.

— *Problems of modern democracy*, par E. L. Godkin. Londres, 1896, Archibald Constable and Co. In-8, relié, 332 p. *(112)*

Recueil d'articles relatifs : à l'opinion de l'aristocratie sur la démocratie, à l'homme économique, à la paresse et à l'immoralité, au devoir des hommes élevés dans une démocratie, à la carte à payer des projets socialistes, aux dépenses des riches, aux problèmes vitaux de la démocratie, etc.

— *Methods of social Reform*, by Thomas Mackay. Londres, 1896, John Murray, Albemarle street. In-8, relié, 363 p. : 7 fr. 50. *(113)*

Etude sur la « loi des pauvres » en Angleterre. Tableau raisonné des efforts tentés, des bons et mauvais résultats relevés, des réformes à poursuivre L'assistance publique dans ses rapports avec la charité privée et la liberté du travail.

— *German social democracy*, par B. Russel. Londres, 1896.

— *Social England*, edited by H. D. Traill, volume V. Londres, 1896, Cassel and Co. In-8, relié, 636 p. *(114)*

Dans ce cinquième tome, qui comprend la période comprise entre l'avènement de Georges Ier et la bataille de Waterloo, quatre chapitres sont consacrés aux périodes qui s'ouvrent respectivement en 1714, 1742, 1784 et 1802, et retracent pour chacune de ces périodes la situation politique et sociale de l'Angleterre.

— *Was Wollen die deutschen Handwerker ?* par Dieschen. Hannover, 1897.

— *Das Recht und die soziale Frage*. Leipzig, 1897.

— *Pro societate*, par Wervert. Halle, 1897.

— *Paradoxes sociologiques*, par Max Nordau, traduit de l'allemand par Auguste Dietrich. Paris, 1897, Alcan, 108, boulevard St-Germain. In-18, 187 p. : 2 fr. 50. *(115)*

Causeries philosophiques et humoristiques sur la civilisation contemporaine, les succès usurpés, la suggestion, la reconnaissance, l'état destructeur de caractères, l'idée moderne de nationalité, les perspectives du progrès.

— *Les mensonges conventionnels de notre civilisation*, par M. Nordau. Paris, 1897.

— *Malentendus sociaux et politiques*, par Henry Léon. Havre, 1896, E. Dombre, 10, place de l'Hôtel-de-Ville. In-12, 135 p. : 1 fr. *(116)*

Considérations sur le *laissez faire, laissez passer*, sur l'inégalité des conditions sociales, sur le régime des grandes entreprises industrielles, sur la solidarité par l'initiative privée, etc.

— *Les sociologues improvisés et les études pratiques d'économie spéciale*, par L. Duval-Arnould. Paris, 1896, Bureaux de la *Réforme sociale*, 54, rue de Seine. In-8, 14 p. *(117)*

Rapport sur les travaux des *Groupes d'études pratiques d'économie sociale*.

— *L'idéalisme et l'économie politique*, par Denys Cochin, député. Paris, 1896, Bureaux de la *Réforme sociale*, 54, rue de Seine. In 8, 21 p. *(118)*

Discours principalement consacré au caractère économique de la *valeur*.

— *Études de morale sociale*, par René Lavollée, docteur ès lettres, ancien Consul général de France. Paris, 1896, Guillaumin, 14, rue Richelieu. In-18, 205 p. : 3 fr. *(119)*

Études détachées visant à « mettre à nu nos trois plaies sociales, l'athéisme, l'alcool et le socialisme » : budgets des familles ouvrières et hausse des salaires en Angleterre ; la classe ouvrière en Cisleithanie ; l'impôt des boissons et l'alcoolisme ; la dépopulation de la France ; le socialisme agraire.

— *Quelques mots de morale sociale*, par T. Sleur. Paris, 1897, Fontemoing. In-18, 36 p. : 0 fr. 75. *(120)*

Le progrès moral des sociétés modernes inférieur à leur progrès matériel. Nécessité d'un réveil de l'idée de responsabilité libre ; devoir individuel et social.

— *La question morale à la fin du XIXe siècle*, par Paul Dupuy. Paris, 1897.

— *Sociologie et morale*, par Bernès. Paris, 1897.

— *La responsabilité morale*, par Th. Desdouits, docteur ès lettres. Paris, 1896, Fontemoing, 4, rue Le Goff. In-8, 79 p. : 4 fr. *(121)*

Exposé des doctrines qui suppriment ou entament l'idée de responsabilité personnelle ; leur critique métaphysique ; examen de leurs conséquences pratiques au point de vue moral, juridique et social (*Ouvrage couronné par l'Académie des sciences morales et politiques*).

— *L'emploi de la vie*, par Lubbock, trad. par Hovelacque. Paris, 1896.

— *La virilité intellectuelle*, par Ollé-Laprune. Paris, 1896, Belin, 52, rue de Vaugirard. In-18, 47 p. *(122)*

Conférence sur l'usage du libre arbitre, la défiance des formules fausses, l'initiation aux vraies méthodes scientifiques et la nécessité sociale de répandre les idées vraies.

— *Théories modernes sur les origines de la famille, de la société et de l'État*, par Posada, trad. par de Zeltner. Paris, 1896.

— *L'État comme organisation coercitive de la société politique*, par Balicki. Paris, 1896.

— *La Finanza e la questione sociale*, par Federico Flora, professore pareggiato nella R. Università di Napoli. Torino, 1897, Fratelli Bocca. In-8, 166 p. *(123)*

Conditions d'évolution des doctrines fiscales, au regard des prétentions collectivistes. Théorie moderne de l'impôt dans ses rapports avec les notions nouvelles de l'État, avec les théories socialistes et avec les besoins sociaux.

— *Société, État, Patrie, tome Ier*, par P. Fabreguettes. Paris, 1897.

— *La liberté, l'égalité, la fraternité*, par L. Dumanski. Paris, 1897.

— *La rappresentanza politica degli ordini sociali*, par Ballerini Velfo. Turin, 1897.

— *La synergie sociale*, par Henri Mazel. Paris, 1896.

— *Conscience et volonté sociales*, par J. Novicow. Paris, 1896.

— *La force et l'économie dans le développement social*, par Engels. Paris, 1897.

— *La théorie de l'individualisme*, par Anciaux. Paris, 1896.

— *L'avènement du régime économique moderne au sein des campagnes*, par Kovalewsky. Paris, 1896.

— *La croyance au surnaturel et son influence sur le progrès social*, par Mme Louise Anzoletti, 2e *édition*, traduite de l'italien par Mme Louis Vismara. Lyon, 1896, Delhomme et Briguet, 3, avenue de l'Archevêché. In-12, 421 p. *(124)*

Recherche des effets de la croyance au surnaturel dans les religions et les civilisations antiques et dans le développement de la civilisation européenne ; nécessité de cette croyance dans l'évolution du progrès intellectuel et social.

— *L'action sociale de l'Église*, par A. Rastoul. Lyon, 1897, Delhomme et Briguet, 3, avenue de l'Archevêché. In-8, 383 p. *(125)*

Étude historique sur l'action sociale de l'Église dans le passage des civilisations païennes à la civilisation moderne et contemporaine.

— *Christianity and social problemes*, par L. Abbot. Londres, 1896.

— *Philosophie sociale*, par de Pascal, Paris, 1896.

— *Le catholicisme social*, par P. Lapeyre. Paris, 1897.

— *Les classes ouvrières en Europe*, par René Lavollée, docteur ès lettres, consul général de France. Paris, 1884-1896, Guillaumin, 14, rue Richelieu. 3 vol. in-8, 562, 600 et 624 p. *(126)*

Étude comparée de la situation morale et matérielle dans les principaux pays. Statistique des ouvriers, législation du travail, salaires, mœurs industrielles, habitations, associations, instruction, tendances socialistes.

Tome I : Allemagne, Pays-Bas, États scandinaves, Russie.
Tome II : Suisse, Belgique, Autriche-Hongrie, Italie, Espagne, Portugal.
Tome III : Angleterre.

— *Le travail*, par Emmanuel Chovet, professeur honoraire de la Faculté des lettres de Caen. Caen, 1896, Delesques, 2, rue Froide. In-8, 44 p. *(127)*

Étude spéciale sur la « domesticité » ; historique et organisation de la domesticité ; améliorations morales à réaliser.

— *I cittadini lavoratori dell'attica nel secoli V et IV A. C.*, par Angelo Mauri. Milan, Ulrico Haepli. In-8, 96 p : 3 fr. *(128)*

Historique et statut juridique du travail libre à Athènes ; sa situation en face du travail servile.

— *La main-d'œuvre aux colonies*. Paris, 1896.

— *Les ouvriers des deux mondes : paysan métayer de la commune de Roccasanrasciano*, par Assirelli, docteur en droit. Paris, 1897.

— *Revenu, salaire et capital*, par le duc de Noailles, *nouvelle édition*. Paris, 1896, Téqui, 33, rue du Cherche-Midi. In-32, 152 p. : 1 fr. *(129)*

Ouvrage de vulgarisation sur l'utilité solidaire du capital et du travail. Les combinaisons et les effets de la liberté économique en regard des systèmes de liquidation socialiste.

— *Le morcellement des valeurs mobilières, les salaires, la part du capital et du travail*, par A. Neymarck. Paris, 1896.

— *Les bénéfices comparés du travail et du capital dans l'accroissement de la richesse depuis cinquante ans*, par Adolphe Coste, ancien président de la Société de statistique de Paris. Paris, 1897, Guillaumin, 14, rue Richelieu. In-8, 19 p. *(130)*

Évaluations des profits respectifs du capital et du travail dans les accroissements de richesse contemporains.

— *A chacun selon son travail*, par Emilie Jannin. Paris, 1896, impr. Allemanne, 51, rue St-Sauveur. In-8, 14 p. *(131)*

Illégitimité des revenus du capital et des profits de la capacité ; le travail seule base de répartition.

— *La population et le système social*, par Fr. S. Nitti. Paris, 1896.

— *La décadence de la puissance paternelle*, par de Casabianca. Aix, 1896.

— *La criminalité, la charité et la peine*, par Artus, substitut du procureur général près la Cour d'appel de Toulouse. Toulouse, 1896, Impr. Lagarde et Sebille, 2, rue Romignières. In-8, 48 p. (132)

Considérations sur la préservation de l'enfance, sur la nécessité d'une charité et d'une justice clairvoyantes, sur la sauvegarde de l'idée de libre arbitre.

— *La question sociale et la mendicité*, par Saint-Aubin, avocat général près la Cour d'appel de Grenoble. Grenoble, 1896, Impr. Allier, 26, Cours Saint-André. In-8, 82 p. (133)

La mendicité dans ses rapports avec l'histoire et avec les doctrines socialistes. Les inconvénients de la charité légale ; répression de la mendicité vagabonde et développement de l'assistance par le travail.

— *Documents sociologiques : les classes moyennes*, par Lambrechts. Grenoble, 1897.

— *Le quartier : études d'économie sociale*, par L. Laboulais. Paris, 1897.

— *Le propriétariat*, par Saint-Ferréol. Paris, 1896.

— *La propriété dans une démocratie chrétienne*, par l'abbé Charles Calippe, docteur en théologie. Lille, 1896, Bureau de la *Démocratie chrétienne*, 25, rue Nicolas Leblanc. In-8, 60 p. (134)

Mémoire couronné dans un concours ouvert par la *Démocratie chrétienne* : le droit de propriété au regard de la Révolution française, du socialisme et du christianisme.

— *Brissonnet, ou entretiens avec un ouvrier*, par Bertheau. Paris, 1897.

— *Projets de réforme sociale*, par Paul North. Nice. 1896, Bureau du *Petit Poète*, 21, rue d'Angleterre. In-8, 38 p. : 1 fr. 50. (135)

Plaidoyer pour l'émancipation de la femme, l'abandon du mariage, l'instruction et l'assistance universelles.

XVIII. — Socialisme.

— *Le socialisme et la science sociale*, par Gaston Richard, agrégé de philosophie, docteur ès lettres. Paris, 1896, Alcan, 108, Boulevard St-Germain In-12, 200 p. : 2 fr. 50 (136)

Du développement simultané de l'idée de solidarité et de l'idée de propriété et d'initiative individuelles : analyse des théories socialistes en général et spécialement de la théorie du capital ; détermination de prévisions rationnelles en matière sociologique.

— *Le socialisme au XVIIIe siècle*, par Henry Clément. Paris, 1896, Bureau de la *Réforme sociale*, 54, rue de Seine. In-8, 34 p. (137)

Exposé critique des principales conceptions et tendances socialistes au XVIIIe siècle.

— *Socialismo sistematico e socialisti inconscienti*, par Gerolamo Boccardo, senatore del regno. Rome, 1896, tip. Forzani e/C. In-8, 165 p. : 2 fr. (138)

La part du vrai et du faux dans la constatation des maux sociaux, examen des théories socialistes et des tendances inconscientes au socialisme ; les périls actuels et les moyens de défense.

— *Socialisme*, par G. Biraghi. Milan, 1896, Ulrico Hoepli. In-12, cart. 285 p. : 3 fr. (139)

Etude historique sur le socialisme français et allemand, sur le collectivisme et sur la situation actuelle du parti socialiste dans les divers pays.

— *Se il socialismo abbia fondamenti scientifici*, par Enrico Seletti. Parme, 1896, Luigi Battei. In-8, 106 p. (140)

Etude sur les doctrines socialistes. Rapports du socialisme avec l'individualisme et le darwinisme ; considérations sur le salariat et la propriété ; le socialisme envisagé au point de vue de la philosophie, du droit et des lois de l'évolution

— *Le promesse filosofiche del socialismo*, par Chiappelli. Florence, 1896.

— *Socialisme et science positive : Darwin, Spencer, Marx*, par Ferri. Paris, 1896.

— *The economics of socialism*, by H. M. Hyndman. Londres, the twentieth century press, 37, Clerkenwell green, E. C. In-18, relié, 257 p. (141)

Exposé des doctrines marxistes dans leurs rapports avec les conceptions et les doctrines de l'économie politique libérale. Etude critique des théories de la valeur et de la plus-value, de la répartition des profits et des crises industrielles et commerciales.

— *Sozialistische Briefe aus Amerika*. Würzburg, 1897.

— *Ferd. Lassale's Briefe an Georg Herwegh*, par Marcel Herwegh. Zurich, 1896, Albert Muller. In-8, 163 p. : 3 fr. 75. (142)

Collection de lettres adressées par Ferdinand Lassalle à son ami et confident, le poète Georges Herwegh.

— *Almanach socialiste*, par Charnay. Paris, 1897.

— *Almanach de la question sociale pour 1897*, par Argyriadès.

— *Le credo socialiste*, par E. Grimaux. Lille, 1896.

— *En Marche*, par Séverine. Paris, 1897, Simonis-Empis, 21, rue des Petits-Champs. In-18, 324 p. : 3 fr. 50. (143)

Recueil d'articles au jour le jour sur les questions, les inégalités et les injustices sociales, sur la vie des ouvriers mineurs, sur les anarchistes, etc.

— *Bibliothèque des Temps nouveaux*. Bruxelles, 1895-1896, 51, rue des Eperonniers. Brochures in-16. (144)

Publications anarchistes : 1. Aux anarchistes qui s'ignorent, par Charles Albert. — 2 L'anarchie dans l'évolution socialiste, par Pierre Kropotkine. — 3. L'évolution legale et l'anarchie, par Elisée Reclus. — 4. Un anarchiste devant les tribunaux, par G. Etiévant. — 5. Burch Mitsu, par Georges Eekhond. — 6 L'inévitable anarchie, par Pierre Kropotkine. — 7. La guerre et le service obligatoire, par Léon Tolstoï.

— *Anarchisme et socialisme*, par G. Plekhanoff. Toulouse, 1897.

— *La vérité sur la démocratie socialiste allemande*. Lille, 1896.

— *Variations guesdistes*, par Pouget. Paris, 1897.

— *Le socialisme et le congrès de Londres*, par A. Hamon. Paris, 1897.

— *Les révolutionnaires au Congrès de Londres*. Paris, 1897, bureaux des *Temps nouveaux*, 140, rue Mouffetard. In-18, 23 p. (145)

Critique des agissements des socialistes marxistes français au Congrès de Londres.

— *Le triomphe du socialisme*, par Hippolyte Verly. Paris, 1897, H. Le Soudier, 174, boulevard St-Germain. In-18, 242 p. : 2 fr. 50. (146)

Journal supposé d'un ouvrier révolutionnaire dans une société reconstituée conformément aux doctrines collectivistes ; réfutation familière des théories socialistes dans leurs conséquences.

— *Le socialisme démasqué*, par Th. Simon. Bruxelles, 1896.

— *Les gaietés du socialisme*, par de Castellane. Paris, 1896.

— *L'agriculture et le socialisme*, par Daniel Zolla, 3e *édition*. Paris, 1896, bureaux de la *Réforme sociale*, 54, rue de Seine. In-8, 28 p. : 0 fr. 05 (147)

Conférence sur le régime de la propriété rurale et les modes d'exploitation du sol au regard des théories socialistes.

— *Les solutions socialistes et le fonctionnarisme*, par Eugène Rostand, président de la caisse d'épargne des Bouches-du-Rhône. Paris, 1896, bureaux de la *Réforme sociale*, 54, rue de Seine. In-8, 36 p. : 0 fr. 05. (148)

Conférence sur les développements de fonctionnarisme qu'impliquerait la réalisation des systèmes socialistes.

— *Le collectivisme*, par Henri La Fontaine, sénateur du Hainaut. Namur, 1897, M. Louis Roman. 2 vol, de 31 et 32 p. : 0 fr. 20. (149)

Exposé et défense du collectivisme ; données d'organisation future.

— *Le parti socialiste et le régime parlementaire en Belgique*, par Vauthier. Bruxelles, 1896.

— *Les collectivistes belges*, par A Van den Braeck. Bruxelles, 1896, Société belge de librairie, 16, rue Treurenberg. In-18, 82 p. : 0 fr. 40. (150)

Examen critique des *Déclarations de principes du parti socialiste* en Belgique.

— *Ecole de propagandistes*, par Carton de Wiart. Bruxelles, 1896, Société belge de librairie, 16, rue Treurenberg, 6 broch. in-8, 16 à 24 p. (151)

Publications de la Fédération démocratique chrétienne de l'arrondissement de Bruxelles ; Lois électorales et représentation professionnelle ; Résumés économiques et législatifs sur la réglementation du travail dans les divers pays ; sur la détermination et les modalités du salaire, sur la sécurité des ateliers, sur les institutions de nationalité et de patronage, sur l'association professionnelle.

— *Edouard le Tyran ou les dessous d'une coopérative socialiste*. Bruxelles, 1896, bureaux du *XXe Siècle*, 16, Montagne aux herbes potagères. In-8, 0 fr. 05. (152)

— *Le socialisme au point de vue religieux*, par Omer COPPIN, curé de Velaine-sur-Sambre. Namur, 1896, impr. V. Delvaux, 23, rue de la Croix. In-16, 51 p. : 0 fr. 30. *(153)*

Canevas de sermons sur le socialisme considéré au point de vue des dogmes catholiques.

— *Socialisme et catholicisme*, par SODERINI, trad. par LE MONNIER. Bruxelles, 1896.

— *Le sermon sur la montagne et le socialisme contemporain*, par THIÉRY. Bruxelles, 1896.

— *Les causes et les remèdes du socialisme*, par M. A. ONCLAIR, prêtre. Paris, 1896, Téqui, 33, rue du Cherche-Midi. In-18, 281 p. : 2 fr. *(154)*

Etude catholique sur les causes philosophiques et politiques du socialisme et sur les remèdes religieux à l'hérésie socialiste.

— *Le socialisme et le droit de propriété*, par A. CASTELEIN. Paris, 1896.

— *La propriété devant le socialisme contemporain*, par P. Th. CALMES. Paris, 1896.

XIX. — GÉNÉRALITÉS JURIDIQUES.

— *Lois et décrets au courant jusqu'au 1er janvier 1897*, par CARPENTIER. Paris, 1897.

— *Dictionnaire pratique du droit comparé*, par LAMBRICHTS. Paris, 1896.

— *Encyclopaedia of the law of England being a new abridgment by the most eminent legal authorities under the general editership of A. Wood Renton, Vol. I.* Londres, 1897, Sweetand Maxwell, 3, Chancery lane. In-8 relie, 530 p. *(155)*

Revue méthodique du droit positif anglais et de la jurisprudence, sous forme de répertoire alphabetique A citer notamment dans ce premier volume (*Abandonment-Bankrupties*) les rubriques : accession à la propriété, assurances contre les accidents, apprentissage, artisans, saisies, etc.

— *Codes des lois politiques et administratives annotées et expliquées d'apres la jurisprudence et la doctrine*, par Ed. DALLOZ, Ch. VERGÉ, Ch. VERGÉ fils et G. GRIOLET, *tome III, 6e livraison*. Paris, 1896, Bureaux de la *Jurisprudence générale*, 19, rue de Lille. In-4, 1612 p. *(156)*

Ce nouveau volume des codes Dalloz traite de nombreuses matières intéressant par plusieurs côtés la législation ouvrière, notamment des marchés de l'Etat, du régime des mines, de la police des voies publiques, de l'exploitation des chemins de fer, etc.

— *I doveri sociali del diritto giudiziario civile*, par Carlo LESSONA, libero docente di Procedura civile et ordinamento giudiziario all' Universita di Roma. Turin, 1897, fratelli Bocca. In-8. 86 p. : 2 fr. 50. *(157)*

L'égalité devant la justice, dans la conciliation préalable ou dans les instances. Nécessité sociale de certaines réformes dans l'organisation judiciaire et la procedure civile en Italie.

— *Les lois ouvrières*, par BOSCH. Bruxelles, 1896.

— *Des lois protectrices du travail*, par GLESDE. Lille, 1896.

— *Les origines et le fonctionnement des lois sociales aux Etats-Unis*, par STOCQUART. Bruxelles, 1896.

— *Die Behandlung der Arbeit im Privatrecht*, par ENDEMANN. Iéna, 1897.

— *L'assistance judiciaire et sa réforme*, par Fernand ROUX, substitut du procureur de la République à Laval. Paris, 1896, Larose, 22, rue Soufflot. In-8, 230 p. : 4 fr. *(158)*

Historique de l'idée d'assistance judiciaire dans les différentes législations modernes ; études de droit comparé Historique et exposé de la loi française de 1851 ; examen des projets de réforme ; progrès récents.

— *Facilités apportées au mariage*, par Gustave GRANDJEAN, procureur de la République a Sens et Isidore GIARD, substitut du procureur de la République à Sens. Paris, 1896, A. Rousseau, 14, rue Soufflot. In-8, 53 p. *(159)*

Commentaire de la loi du 20 juin 1896 ; exposé des innovations légales ; renseignements pratiques.

— *Revue catholique des institutions et du droit*, année 1896. Grenoble, J. Baratier, 24, av. Alsace-Lorraine, 2 vol. in-8, 1166 p. *(160)*

Dans ces volumes, où l'étude juridique des questions sociales au point de vue catholique tient une place importante, figurent notamment des articles sur : le socialisme et les capitalistes ; le travail, principal agent de la production ; la question du salaire ; quelques thèses sur le juste salaire, etc...

— *Renseignements pratiques sur les Conseils de prud'hommes*, par Ferdinand MOCQUARD, conseiller prud'homme. Paris, 1896, chez l'auteur, 179, rue St-Honoré. In-8, 32 p. : 3 fr. 50. *(161)*

Renseignements juridiques et pratiques sur la juridiction des prud'hommes, notamment en ce qui concerne les patrons et ouvriers boulangers

— *Les Conseils de prud'hommes : nouvelles observations sur le projet de loi soumis au Parlement*, par Ch. CONSTANT, avocat à la Cour de Paris. St-Dizier, 1897, impr. Thevenot. In-8, 8 p. *(162)*

Observations sur le projet arrêté par la Commission de la Chambre des députes

XX. — ENSEIGNEMENT SOCIAL. BIBLIOGRAPHIE.

— *Les Sciences sociales en Allemagne*, par C. BOUGLÉ, agrégé de philosophie. Paris, 1896, F. Alcan, 108, boulevard Saint-Germain. In-12, 172 p. : 2 fr 50. *(163)*

Étude historique et philosophique sur les méthodes et le mouvement des sciences sociales en Allemagne la science de la morale, l'économie politique, la philosophie du droit

— *Les sciences sociales et politiques dans les Universités allemandes*, par Th. RUYSSEN. Paris, 1897.

— *L'Enseignement social à Paris*, par Dick MAY. Paris, 1896. A. Rousseau, 14, rue Soufflot. In-18 de 117 p. : 2 fr *(164)*

Indication sommaire des écoles chaires et publications d'enseignement social à Paris, historique et programmes du collège libre des sciences sociales.

— *Société internationale des études pratiques d'économie sociale fondée en 1856*, par F. LE PLAY. Paris, 1896, Bureaux de la Société, 54, rue de Seine. In-32, 160 p. *(165)*

Historique et annuaire de la société. Discussions de 1856 à 1896.

— *Notice et programme des groupes d'études sociales*. Lyon, 1897, Fédération régionale des groupes d'etudes sociales de l'Union Nationale, 10, quai Tilsitt. In-16, 32 p. : 0 fr. 15. *(166)*

Programme catholique d etudes sur différents sujets d'économie politique et sociale, avec indications bibliographiques.

— *Bibliographie française*. Paris, 1896, Le Soudier, 174, boulevard Saint-Germain. 6 vol. in-8, envir. 7.008 p. : 30 fr. *(167)*

Recueil systématique des catalogues des éditeurs français, avec table alphabétique de tous les auteurs et table méthodique des éditeurs par spécialités.

Cette véritable encyclopédie de la librairie française permet, notamment en matière sociale, de relever rapidement les titres des divers ouvrages édités en France, avec l'indication des auteurs, des éditeurs et des prix.

— *Catalogue de livres choisis à l'usage des gens du monde*, 2e édit. publiee par la Société bibliographique. Paris, 1896, Lamulle et Poisson, 14, rue de Beaune. In-12, VII-297 p. : 2 fr. 50. *(168)*

Répertoire méthodique de livres de vulgarisation scientifique ou littéraire a l'usage du grand public, avec l'indication des éditeurs et des prix. Contient notamment une bibliographie succincte de la jurisprudence et de l'économie politique et sociale

— *Handbuch der landwirtschaftlichen litteratur*, par GUNTZ. Leipzig, 1897.

— *Rapport sur la 62e année académique de l'Université libre de Bruxelles*. Bruxelles, 1896, Bruylant, 67, rue de la Régence. In-8, 110 p. *(169)*

Compte rendu des travaux de l'Université en 1895-96 Liste des ouvrages et articles publiés par le corps enseignant.

Le Gérant : H. LE SOUDIER.

Imp. G. St-Aubin et Thevenot. — J. Thevenot, successeur, St-Dizier (Hte-Marne).

REVUE DE LÉGISLATION OUVRIÈRE
ET SOCIALE

LES CONDITIONS DU TRAVAIL pour L'EXPOSITION DE 1900.

I. Historique. — Déjà pour la préparation de l'Exposition internationale de 1889 s'était posée la question des garanties spéciales à réserver aux ouvriers et à insérer dans les cahiers des charges des adjudications.

Sans aller jusqu'à introduire dans la convention financière qu'il concluait avec l'Etat des clauses formelles à cet égard, le Conseil municipal de Paris, fidèle aux tentatives qu'il essayait vainement de faire prévaloir pour les adjudications de la Ville, avait voté, dans sa séance du 31 mars 1886, un vœu ainsi conçu :

« Les conditions qui sont ou seront proposées par le Conseil municipal pour l'exécution des travaux de la Ville seront observées dans l'exécution des travaux relatifs à l'Exposition. »

Lors de la discussion du projet de convention financière relative à l'Exposition internationale de 1900, la même préoccupation se fit jour devant le Conseil municipal ; elle parut trouver satisfaction dans les déclarations que fit au Conseil M. Bouvard. Mais à la Chambre des députés, lors de la discussion du projet de loi relatif à l'Exposition, M. Édouard Vaillant et plusieurs de ses collègues proposèrent d'ajouter à la rédaction présentée par le Gouvernement un article final ainsi conçu :

« Dans tous les travaux, dans toutes les commandes de matériel et de fournitures ayant pour objet la construction des bâtiments, l'organisation, l'installation de l'Exposition de 1900, des conditions humaines de travail ouvrier seront établies pour l'exécution des travaux en régie de la Ville de Paris et de l'Etat, ou inscrites aux cahiers des charges des entrepreneurs, des industriels et des fournisseurs.

Ces conditions seront :

1° La journée de huit heures et un jour de repos par semaine ;

2° Les prix de série de la Ville de Paris pour les professions auxquelles ils se rapportent ; le tarif syndical pour les autres professions dont les ouvriers sont syndiqués, et pour tous autres travailleurs un salaire minimum en rapport avec les frais de l'existence ;

3° L'application stricte des décrets-lois de mars 1848 interdisant le marchandage ;

4° L'inspection ouvrière organisée par délégation des syndicats ouvriers pour veiller à l'exécution de ces conditions du travail, les délégués inspecteurs ayant un salaire quotidien égal au plus haut salaire des ouvriers employés aux travaux de l'exposition. »

M. Vaillant, en soutenant l'idée générale de cet amendement (séance du 17 mars 1896), faisait surtout valoir qu'il s'agissait d'une expérience à tenter, d'une épreuve concluante à faire dans une occasion déterminée et sur un terrain limité. « Ceux qui s'opposent à nos propositions, remarquait-il, ont toujours dit que nous proposions des lois qui avaient un effet définitif, tandis qu'ils ne voulaient pas s'engager dans l'inconnu. Ils ont dit qu'ils étaient prêts à faire une expérience, si ce n'était qu'une expérience qu'on leur proposait, d'où sortirait pour eux la règle de conduite ultérieure. Eh bien, nous venons vous proposer une expérience telle que celle à laquelle vous prétendez faire appel ; nous venons vous proposer à l'occasion de l'Exposition de mettre à l'épreuve les conditions de travail que réclament les socialistes et la classe ouvrière. »

M. Jules Guesde développait le même argument. « Il est impossible, selon moi, disait-il, à une chambre républicaine de se refuser à l'expérience limitée que nous lui demandons relativement et à la journée de huit heures et à un minimum de salaires. Il ne s'agit pas, en effet, de bouleverser, comme le disent les antisocialistes, les conditions générales de l'industrie française ; il s'agit d'une expérience étroite, d'une expérience localisée, qui ne met en jeu aucun des intérêts vitaux du pays... Contre la journée de huit heures introduite dans les travaux de l'exposition universelle de 1900, vous ne pouvez pas faire intervenir la concurrence étrangère, comme vous le feriez certainement, s'il s'agissait de nos industries textiles, ou de nos industries minières, ou de nos industries métallurgiques. Il n'y a pas de concurrence possible, puisque l'industrie est unique. » Et, précisant sa pensée en la poussant au défi, il ajoutait : « Remarquez que c'est beaucoup nous avancer, beaucoup nous découvrir, que de vous proposer cette expérience. Ne sommes-nous pas des utopistes ? Et c'est nous qui demandons qu'on nous mette à l'épreuve des faits ! »

Le Ministre des finances, suppléant le Ministre du commerce retenu au Sénat, fit observer que, sur un des points visés tout au moins, sur le marchandage, aucune difficulté ne s'élevait : « Je puis donner l'assurance, disait-il, que la loi qui en a prononcé la suppression sera appliquée par M. le Commissaire général de l'exposition. » Quant aux autres garanties réclamées, il les admettait en principe et les promettait en fait : « Il est bien évident, et j'en renouvelle l'engagement au nom du Gouvernement, que, dans les cahiers des charges, comme dans les entreprises de régie, on inscrira des conditions humaines de travail. » Mais il estimait, en même temps, qu'il n'y avait pas lieu de légiférer sur ce point d'une manière spéciale en vue des travaux de l'Exposition et qu'il était préférable d'attendre la discussion approfondie du projet de loi général sur les conditions du travail en matière de travaux publics, dont était saisie une Commission de la Chambre et sur lequel un rapport devait être incessamment déposé.

Malgré cette intervention et sans autre discussion d'ailleurs, le premier alinéa de l'amendement fut voté par 214 voix contre 188.

L'expression fort vague « conditions humaines de travail » appelait un éclaircissement. M. Vaillant le donnait dans les autres articles de son projet en demandant : 1° « La journée de huit heures et un jour de repos par semaine » ; 2° « un salaire minimum, qui rende l'existence ouvrière possible pendant le travail de l'exposition, laissant aux ouvriers le soin d'obtenir librement de meilleures conditions, mais empêchant qu'elles ne s'abaissent au-dessous du niveau humain et vital » ; « 3° l'application stricte du décret contre le marchandage » ; 4° enfin l'établissement d'un « contrôle exercé par les intéressés », l'institution d' « inspecteurs délégués par la classe ouvrière, par ses syndicats, pour ce travail spécial » et « représentant directement les corporations intéressées », parce que, « de même qu'il y a une inspection naturelle, normale, nécessaire de la part de l'État, de l'administration, pour vérifier si les travaux qui ont été commandés ont été bien exécutés, de même il doit y avoir une inspection des ouvriers pour constater que les conditions qui les intéressent sont remplies ».

Le Gouvernement, par l'organe du Président du Conseil, repoussa l'adoption de ces diverses dispositions : « Il est certain, disait-il, que non seulement l'application stricte des décrets interdisant le marchandage sera assurée, mais que des caisses de secours pour les malades, comme il y en a déjà eu lors de l'Exposition de 1889, seront établies ; qu'un appel aussi large que possible sera fait aux associations coopératives ouvrières... » ; mais, ajoutait-il, « si l'on veut, à l'occasion d'une question particulière, édicter ici une sorte de code du travail, pour le mettre en expérience sur les chantiers de l'Exposition », mieux vaudrait, « avant de décider sur un sujet de cette nature, attendre que la commission du travail ait apporté des propositions mûrement, sagement et longuement étudiées ». D'ailleurs, aborder immédiatement et au fond la discussion de « ces problèmes étrangers à la loi de l'exposition », c'était reculer le vote de cette loi et risquer de compromettre le succès même de l'Exposition.

Se rendant à cet argument, la Chambre, après un court débat consacré au choix du jour de repos, n'adopta que l'obligation d' « un jour de repos hebdomadaire » et rejeta tout le surplus de l'amendement ; d'où la forme un peu étrange et tronquée du texte définitif.

Deux propositions additionnelles furent présentées, qui tendaient à exclure ou à limiter l'embauchage des ouvriers étrangers. Le Président du Conseil montra ce que cette disposition avait de particulièrement délicat, lorsqu'il s'agissait précisément de la préparation d'une Exposition internationale ; mais il laissa entendre que l'idée mise en avant serait retenue. « Dans les travaux de la ville de Paris, disait-il, le cahier des charges est ainsi rédigé, qu'un maximum d'ouvriers étrangers est imposé à l'entrepreneur. Il ne peut en employer plus de 10 0/0 sur l'ensemble de ces ouvriers. L'administration de l'Exposition pourra introduire dans les divers cahiers des charges une disposition de cette nature. Nous limiterons ainsi le nombre des ouvriers au chiffre qui peut être nécessaire à certaines natures de travaux pour lesquels on pourrait trouver difficilement de la main-d'œuvre française, par exemple pour les terrassements. On mesurera la part qui doit être faite à la main-d'œuvre étrangère. » Il suffit, je pense, ajoutait-il, « de la déclaration faite et de l'engagement pris par le Gouvernement pour que la Chambre repousse la disposition additionnelle ».

Cette disposition fut, en effet, rejetée et le Sénat, saisi du projet de la Chambre, le vota intégralement, y compris l'article 10 dont il s'agit, et sur lequel le Rapporteur avait d'ailleurs fait les réserves suivantes :

« En ce qui concerne l'article 10, introduit en cours de délibération à la Chambre des députés, votre Commission n'a pas été sans s'apercevoir qu'il laissait à désirer tant au point de vue de la forme qu'au point de vue du fond. Il n'est point douteux que son application ne va pas sans de très grandes difficultés. Aussi la Commission aurait-elle reculé devant les inconvénients de toute nature que présente cette disposition, si le Gouvernement n'avait insisté sur les inconvénients plus grands encore que présenterait le retour du projet à la Chambre des députés et n'avait instamment demandé à la Commission de voter le projet sans modifications. »

II. Loi du 13 juin 1896, *relative a l'Exposition universelle de 1900* (art. 10) :

« *Dans tous les travaux, dans toutes les commandes de matériel et de fournitures ayant pour objet la construction des bâtiments, l'organisation, l'installation de l'Exposition de 1900, des conditions humaines de travail ouvrier seront établies pour l'exécution des travaux en régie de la Ville de Paris et de l'Etat ou inscrites aux cahiers des charges des entrepreneurs, des industriels et des fournisseurs.*

Ces conditions seront :

Un jour de repos par semaine. »

Dans son texte définitif, on le voit, les « conditions humaines de travail ouvrier » ne visent qu'une seule mesure : l'obligation d'un jour de repos par semaine ; ce jour de repos peut d'ailleurs varier pour chaque ouvrier, la Chambre ayant écarté dans la discussion le repos uniforme du dimanche. Il faut observer, d'autre part, que la loi ne stipule pas au profit des jeunes ouvriers âgés de moins de 18 ans, ni des ouvrières de tout âge, pour lesquels l'obligation du repos hebdomadaire se trouve déjà inscrite à titre normal dans l'article 5 de la loi du 2 novembre 1892. Cette mesure nouvelle ne s'applique donc, en réalité, qu'aux ouvriers du sexe masculin âgés de plus de 18 ans.

Les ouvriers ainsi protégés sont ceux qui sont employés :

1° dans les travaux organisés en régie par l'État pour la préparation de l'Exposition ;

2° dans les travaux organisés en régie par la Ville de Paris pour le même objet ;

3° dans les entreprises de travaux publics et les entreprises de fournitures, soit au compte de l'État, soit au compte de la Ville.

Peu importe, d'ailleurs, que les travaux en régie, les cahiers des charges ou les commandes se rapportent « à la construction des bâtiments de l'Exposition », ou à l' « installation » intérieure, ou aux « matériaux » nécessaires soit à la construction soit à l'installation (1).

On peut seulement se demander si les travaux d'aménagement collectif entrepris par les groupements d'exposants, par l'entremise des « comités d'installation » rentrent dans la catégorie des travaux protégés. Il semble que la question doit être résolue négativement, puisqu'il s'agit là de travaux payés par des particuliers, alors que la loi vise exclusivement les travaux directement entrepris ou commandés par l'État et par la Ville. C'est dans ce sens que s'est prononcé le Ministre du commerce devant la Chambre des députés, le 25 février 1897.

(1) Le Ministre du commerce a soutenu devant la Chambre, le 25 février 1897, que les « conditions humaines du travail » ne « s'appliquent qu'aux travaux en régie ou faits par des entrepreneurs *dans l'Exposition* même ».

Pour difficile et peut-être impraticable que soit l'exécution de la loi sur ce point, il paraît impossible, en droit, de se rallier à cette interprétation, en présence des termes formels du texte.

III. Arrêté ministériel du 25 septembre 1896. — Sans entrer dans l'examen des différentes mesures d'application que prescrivait ainsi la loi ci-dessus, on peut trouver intéressant d'étudier l'une d'elles et de rechercher ce que l'État a fait pour l'espèce la plus fréquente, pour les adjudications de travaux à la charge du budget de l'Exposition.

Les « Clauses et conditions générales » de ces travaux ont été réglées par un arrêté ministériel du 25 septembre 1896. On y trouve, en ce qui concerne les ouvriers, les dispositions suivantes :

1° L'article 9 reproduit les dispositions de l'article 9 du cahier des charges type de 1892 et dispose notamment que « l'entrepreneur ne peut céder à des sous-traitants une ou plusieurs parties de son entreprise sans le consentement de l'Administration ». Mais il introduit cette clause finale nouvelle : « Le *marchandage* est *également* interdit à l'entrepreneur, conformément au décret du 2 mars 1848 et à l'arrêté du Gouvernement du 21 mars 1848. » A cette place et sous cette forme, cette disposition semble indiquer nettement l'interprétation que l'Administration de l'Exposition donne à la législation si controversée sur le marchandage.

On sait que trois thèses sont en présence : les uns tiennent les décrets de 1848 pour tacitement abrogés ; d'autres estiment, non seulement qu'ils sont en vigueur, mais qu'ils interdisent d'une manière absolue et sans distinction tout sous-traité de main-d'œuvre ; d'autres enfin, tout en reconnaissant les décrets de 1848 en vigueur, estiment qu'ils interdisent, non le marchandage en lui-même, mais seulement les *abus* du marchandage, c'est-à-dire « l'exploitation de l'ouvrier » par le marchandeur » (2).

En se décidant à interdire d'une manière absolue « le marchandage » en lui-même, c'est évidemment du deuxième système que s'est inspiré le Commissariat général dans la disposition qu'il a rédigée, et cette rédaction, tout en rappelant la sanction *pénale* édictée par l'Arrêté du Gouvernement du 21 mars 1848, introduit une sanction *civile*, puisque, dans les mêmes conditions que pour une sous-entreprise de travaux non autorisée (« *également* »), la sous-entreprise de main-d'œuvre est « interdite » à titre contractuel, sous peine de résiliation ou de réadjudication à l'encontre de l'entrepreneur.

2° L'article 11 se borne à reproduire, en la localisant, l'unique condition impérativement imposée par la loi de 1896 et décide que « *sur les chantiers* le ouvriers auront un jour de repos par semaine » ;

3° L'article 14 ajoute à la formule du cahier des charges type relative à la « liste nominative des ouvriers » la disposition suivante :

(2) C'est la solution adoptée par un récent jugement du tribunal de la Seine (9 avril 1897).

« Cette liste indique la nationalité des ouvriers. Le Ministre se réserve le droit de fixer la proportion maximum d'*ouvriers étrangers* que l'entrepreneur pourra occuper pour chaque nature de travaux. »

Cette disposition vague, inspirée des préoccupations qui s'étaient fait jour à la Chambre lors de la discussion de la loi, présente à coup sûr l'avantage de ne point prêter le flanc à des observations diplomatiques ; mais, si le diplomate peut y applaudir, le juriste, malgré les précédents, n'en saurait faire autant. Elle introduit dans le cahier des charges, c'est-à-dire, en définitive, dans un contrat, le pouvoir discrétionnaire du Ministre et laisse théoriquement l'adjudicataire sous le coup de mesures arbitraires.

Il convient toutefois d'ajouter que le Ministre du commerce semble avoir pris l'engagement moral de renoncer, dans la pratique, à ce pouvoir exorbitant. Un député lui ayant demandé à la Chambre, le 25 février 1897, si « les entrepreneurs seraient avertis, avant de soumissionner, du chiffre maximum d'ouvriers étrangers que fixe le Gouvernement, ou bien s'ils n'en auraient connaissance qu'après, il répondit catégoriquement : « Il me semble tout à fait nécessaire que le coefficient approprié aux travaux adjugés soit *antérieurement fixé*. »

4° L'article 16, concernant les mesures de sécurité et d'hygiène et les secours aux ouvriers blessés ou malades, remanie le texte correspondant du cahier des charges type ; mais ce remaniement, presque calqué d'ailleurs sur les mesures correspondantes adoptées pour la préparation des expositions universelles de 1878 et de 1889, concerne plus les rapports entre l'administration et l'entrepreneur que la responsabilité de celui-ci vis-à-vis de ses ouvriers.

Telles sont les seules dispositions des « Clauses et conditions générales » intéressant les ouvriers.

Le plus piquant, c'est qu'elles ont donné lieu à de très vives récriminations des syndicats patronaux du bâtiment et que plusieurs journaux sérieux ont appuyé la campagne menée contre l'arrêté ministériel.

Les protestataires trouvaient « inopportune » la faculté que se réservait le Ministre de limiter le nombre des ouvriers étrangers. Sans méconnaître que les décrets de 1848 sur le marchandage n'étaient point abrogés, ils constataient que « jamais les pouvoirs publics, malgré les récriminations de socialistes intransigeants, n'ont cru devoir l'appliquer » et ils déclaraient ne pouvoir « trop protester contre cette tendance des pouvoirs publics à vouloir réglementer le travail ». Ils s'élevaient contre l'obligation du repos hebdomadaire : « Puisque ce repos du dimanche, disaient-ils, n'est pas encore dans nos mœurs et que, dans le cas actuel, il ne pourra être appliqué, pourquoi l'imposer et ne pas laisser à chacun la liberté d'organiser son chantier comme il l'entend dans l'intérêt de tous ? » Enfin, les clauses et conditions générales ayant rappelé, en simple note sous leur article 5, les faveurs réservées dans les adjudications aux associations ouvrières par le décret du 4 juin 1888, ils dénonçaient ces dispositions comme « contraires à la justice et portant atteinte à l'égalité de tous les citoyens ».

Le premier grief, relatif aux ouvriers étrangers, paraît absolument fondé, bien qu'en fait une clause identique ait déjà figuré, sans soulever, semble-t-il, de réclamations, dans l'article 15 du cahier des clauses et conditions générales de l'Exposition Universelle de 1889.

Si l'on pouvait discuter *l'interprétation* que faisait l'arrêté ministériel des décrets de 1848 sur le marchandage, comment contester *au fond* l'application de ces textes « non abrogés », au dire même des intéressés, et dont on n'a jamais demandé sérieusement du reste l'abrogation régulière?

Quant aux deux derniers griefs, on n'en peut rester que stupéfait.

Les syndicats intéressés semblaient presque dire et les journaux qui les ont soutenus disaient tout à fait que le Ministre du commerce avait innové ces dispositions, périlleuses à leur gré; ils lui en faisaient reproche personnel, comme s'il avait été libre de faire autre chose. Or l'obligation du repos hebdomadaire était inscrite expressément dans la loi du 13 juin 1896, votée et publiée plus de trois mois avant l'arrêté ministériel incriminé; elle avait d'ailleurs déjà figuré dans l'article 11 du cahier des clauses et conditions générales de l'Exposition Universelle de 1878, qui interdisait « à l'entrepreneur de faire travailler les dimanches et jours fériés ». D'autre part, la situation privilégiée faite aux associations ouvrières avait fait l'objet de débats préparatoires retentissants dans une commission et avait été consacrée par un décret en conseil d'Etat plus de huit ans auparavant.

Que ces divers points puissent prêter à de nouvelles discussions, à une nouvelle réglementation, ce n'est pas la question. Ce qui reste incompréhensible, c'est que l'arrêté ministériel du 25 septembre 1896, en reproduisant purement et simplement ces dispositions législatives ou réglementaires, qu'il ne pouvait légalement ni infirmer ni délaisser (1), ait, au témoignage des syndicats pro-

(1) A propos du rappel des dispositions contenues dans les décrets de 1848 sur le marchandage, l'*Economiste français* du 30 janvier 1897 (p. 132) manifestait ainsi son indignation contre le gouvernement . « Il tire de l'oubli cette disposition, qui jamais n'a été exécutée, *et il exige qu'on l'observe* ! Il fait sien ce malheureux décret et il en exige l'application ! »

Ces applications des lois existantes étaient ingenument qualifiées par un grand journal quotidien

testataires,« causé une grande émotion dans le monde du bâtiment ».

Des réclamations aussi tardives, aussi insouciantes du droit en vigueur, semblent regrettables à tous les points de vue.

A se multiplier inconsidérément, elles risqueraient de donner raison à ceux qui reprochent aux groupements patronaux de ne point assez étudier les lois ouvrières lorsqu'elles se préparent et de ne s'en inquiéter que lorsque l'on essaie de les appliquer.

LA MAJORATION DES PENSIONS DE RETRAITES.

Une loi du 31 décembre 1895 (1) a réglé l'emploi de crédits précédemment ouverts au budget du ministère du commerce et destinés à la majoration des rentes viagères constituées au profit des titulaires de livrets individuels de la Caisse nationale des retraites pour la vieillesse et des membres des sociétés de secours mutuels ou de toute autre société de secours et de prévoyance servant des pensions de retraite.

Ces majorations paraissant constituer le prélude et l'essai d'une organisation plus générale des retraites ouvrières, il n'est pas sans intérêt d'examiner dans quelles conditions elles étaient prévues et dans quelles conditions elles ont été réalisées.

La loi posait les conditions suivantes :

1° les intéressés devaient être âgés de soixante-dix ans au moins ;

2° ils devaient justifier qu'ils n'avaient pas un revenu personnel supérieur à 360 francs, viager ou non, y compris la rente à majorer ;

3° ils devaient justifier, en 1895, de quinze années de versements ou de cotisations, consécutives ou non ;

4° s'ils n'étaient pas titulaires de livrets de la caisse nationale des retraites, les sociétés auxquelles ils avaient versé leurs cotisations devaient produire les comptes annuels du fonds de retraite, fonctionnant depuis quinze ans au moins.

Pour les demandes faites en 1896, le nombre d'années de versements nécessaire était porté à seize, pour 1897 à dix-sept, et ainsi de suite jusqu'à la période normale, où le nombre d'années de versements exigible serait de vingt-cinq.

La loi mettait, en même temps, une limite à l'attribution des rentes complémentaires, en spécifiant que la rente définitive, comprenant la rente primitive et la majoration, ne pourrait dépasser 360 francs.

Restait à déterminer le mode d'affectation des crédits votés. « Ces crédits, disposait la loi, seront versés à la Caisse nationale des retraites à capital aliéné. Les arrérages de ce capital ne pourront être dépassés. »

Cette formule était inapplicable dans la pratique ; on ne conçoit pas d'assurance sans indication des têtes sur lesquelles elle repose. Aussi force fut de renoncer à réaliser la séduisante illusion qui s'était fait jour au sénat (séance du 26 décembre 1895), lorsqu'on avait envisagé le crédit voté comme « un capital définitivement constitué », qui « fonctionnerait par lui-même, produirait des intérêts d'une façon continue », pour « servir un nombre de pensions ou de majorations toujours égal au nombre de retraites ».

On dut, plus modestement, rechercher par voie d'enquête les bénéficiaires éventuels, pour calculer ensuite, d'après l'âge de chacun, le sacrifice correspondant à consentir définitivement sur les crédits ouverts.

L'article 3 de la loi avait délégué à un règlement d'administration publique le soin de « déterminer la répartition au marc le franc » de ces crédits. Le Gouvernement et le Conseil d'Etat avaient à prendre parti entre deux systèmes : ou bien proportionner le sacrifice budgétaire au chiffre de la rente à majorer, attribuer par exemple un capital de 1.000 francs à une rente de 100 fr. et un capital de 2.000 fr. à une rente de 200 francs et, dans ce cas, les deux rentiers, d'âge différent, auraient obtenu, avec ces subventions budgétaires proportionnelles, des majorations non proportionnelles à leurs rentes respectives ; ou bien ménager aux rentes primitives des majorations proportionnelles, majorer de vingt-cinq francs, par exemple, une rente de cent francs, et de cinquante francs une rente de deux cents francs, et, dans ce cas, la valeur des majorations à instituer s'élevant ou s'abaissant avec l'âge des rentiers, réserver sur les crédits budgétaires des allocations variables pour réaliser des effets proportionnels.

Ce second système a prévalu ; on a vraisemblablement considéré que les bénéficiaires, étrangers aux calculs d'assurance, ne pourraient comprendre et admettre des relèvements de rentes non proportionnels et que, s'agissant en définitive de compléter les ressources annuelles des petits prévoyants et d'attribuer, comme le disait le Rapporteur au Sénat, « une récompense à l'esprit d'économie et de prévoyance », on devait, au vœu de la loi, prendre pour objectif, non la proportionnalité des sacrifices consentis par l'Etat, mais la proportionnalité des résultats obtenus au profit des titulaires.

Le décret du 9 juin 1896 (2) décida, en conséquence, que la répartition aurait lieu « au marc le franc de la *valeur en capital* des rentes à majorer, d'après l'âge des bénéficiaires à la

---

d'« *imprudences* commises dans la rédaction du cahier des charges ».

(1) Voir le texte de cette loi ci-après, page 39, en note.

(2) Voir le texte de ce décret ci-après, page 39, en note.

date de l'entrée en jouissance des rentes supplémentaires ».

Le même décret édictait certaines mesures de détail nécessitées par le travail de répartition et disposait notamment, pour simplifier les opérations, que la répartition effectuée en 1896 comprendrait à la fois les postulants âgés de 70 ans en 1895 et ceux parvenus à leur 70e année en 1896. La loi d'affectation n'étant intervenue qu'au dernier jour de l'année 1895, il devenait, en effet, inutile d'affronter les complications d'une double répartition parallèle en 1896 ; il suffisait, en enveloppant tous les intéressés dans une enquête unique, de maintenir à chaque catégorie ses droits respectifs.

Ainsi se trouvait engagée l'application de la loi du 31 décembre 1895, lorsqu'une loi survenante vint en modifier assez profondément le caractère.

Le législateur de 1895, estimant que 25.000 parties prenantes environ auraient à se partager les deux crédits de 2 millions ouverts pour 1895 et pour 1896 par les lois de finances des 16 avril et 28 décembre 1895, n'avait mis à l'allocation des majorations qu'une limite : les rentes majorées ne devaient jamais dépasser 360 francs, y compris les majorations.

Mais plus tard, les résultats provisoires de l'instruction administrative montrant que le nombre de parties prenantes primitivement prévu se trouverait très sensiblement réduit, le Parlement voulut prévenir l'allocation de majorations disproportionnées, par exemple, l'élévation d'une rente de 20 francs à 360 fr., et introduisit une seconde limitation.

Aux termes de l'article 25 de la loi du 13 juillet 1896, « la majoration ne pourra excéder le *cinquième* de la rente à majorer (1) ».

Dans ces conditions nouvelles, étant données et la limitation au cinquième et la réduction du nombre des parties prenantes, l'opération primitive changeait complètement de face, pour la répartition de 1895-1896 ; il ne s'agissait plus, en réalité, de ventiler un crédit forfaitaire entre un nombre indéterminé de bénéficiaires et dans une proportion aléatoire. Désormais toute rente viagère inférieure à 300 francs allait être uniformément majorée de 20 0/0 ; toute rente viagère de 300 à 360 francs allait être élevée à 360 francs.

Un dernier point restait en suspens La loi du 31 décembre 1895, dans son article 3, avait prévu que, sur l'avis de la Commission supérieure de la Caisse nationale des retraites pour la vieillesse, des *bonifications spéciales* pourraient être attribuées aux parents de plus de trois enfants. C'était une faculté laissée au Gouvernement ; il en usa et, dans le décret du 9 juin 1896 (art. 1er), il décida que le Ministre du commerce mettrait en réserve sur les crédits votés la somme nécessaire pour ces bonifications.

Ces bonifications spéciales n'étaient évidemment pas soumises à la limitation du cinquième introduite par la loi du 13 juillet 1896. Mais devaient-elles, comme les majorations normales, et avec elles, ne jamais accroître la rente primitive au delà de 360 francs ? D'autre part, sur quelles bases pouvaient-elles être calculées ? Devaient-elles, puisqu'elles étaient exclusivement attribuables aux pères ayant plus de trois enfants, n'entrer dans le barème à intervenir que pour une unité à raison des quatre premiers enfants, cette unité se multipliant ensuite par le chiffre des enfants subséquents ? Pouvait-on, au contraire, dans l'émolument à déterminer pour quatre enfants, faire implicitement état de ce nombre d'enfants et affecter ensuite chaque augmentation, pour chaque enfant en plus, du quart de ce premier coefficient ? L'augmentation, dans tous les cas, devait-elle ensuite rester simplement proportionnelle au nombre d'enfants ou devenir progressive au bénéfice des familles les plus nombreuses ? Fallait-il enfin combiner entre eux ces divers éléments de calcul ?

L'arrêté ministériel du 23 décembre 1896 (2), pris conformément à l'avis de la Commission supérieure de la Caisse nationale des retraites, a résolu ces différentes questions :

1° En décidant, par son silence, que la limite de 360 francs n'était pas opposable, en ce qui concerne les bonifications spéciales ;

2° En attribuant aux pères ayant élevé quatre enfants 16 0/0 des rentes à majorer et en ajoutant 4 0/0 des mêmes rentes à raison de chaque enfant au-dessus de quatre, ce qui revient à prendre pour base générale une allocation uniforme de 4 0/0 par enfant.

On ne connaît point encore les résultats définitifs de l'opération menée en 1896 ; mais le petit nombre de demandes encore à l'instruction (90) ne saurait modifier sensiblement le caractère des résultats provisoires.

La Caisse des dépôts et consignations, chargée par le Gouvernement de procéder à l'enquête préparatoire et d'assurer la liquidation des rentes complémentaires, a reçu 18.200 demandes. Plus de 2.400 ont dû être rejetées, les postulants ne justifiant point remplir toutes les conditions légales.

Le nombre des demandes admises jusqu'ici

(1) C'est cette limitation qui a également prévalu, pour les bonifications de l'Etat, dans le projet parlementaire sur les Retraites ouvrières : voir dans la *Revue*, 1er trimestre, page 18.

(2) Cet arrêté est ainsi conçu :

« Les bonifications spéciales prévues par l'article 3, second alinéa, de la loi susvisée du 31 décembre 1895 pour les parents ayant élevé quatre enfants sont fixées à 16 0/0 des rentes à majorer.

Il est attribué, à raison de chaque enfant au-dessus de quatre, une bonification supplémentaire de 4 0/0 des mêmes rentes. »

est de 15.648 ; le chiffre total des rentes complémentaires attribuées, de 320.305 francs, dont environ 78.000 fr. à titre de « bonifications spéciales ».

En ce qui concerne ces bonifications spéciales, le nombre de pères ayant élevé plus de trois enfants atteint une proportion imprévue : ils sont au nombre de 4.300 environ et représentent près du tiers des parties prenantes. Il paraîtrait que, sur ce chiffre, le nombre des pères de *cinq* enfants dépasserait 2.500 et que le nombre des pères ayant élevé de *six* à *dix* enfants atteindrait près de 2.000.

A bien des points de vue, les renseignements que dégage cette expérience de liquidation valaient d'être signalés ; ils jaugent pour la première fois la consistance et l'importance relative de la petite prévoyance individuelle. Avec les indications complémentaires que fournira prochainement la répartition normale des majorations pour l'année 1897 (1), ils éclaireront utilement l'élaboration finale de la loi projetée sur les Retraites ouvrières (2).

LÉGISLATION (3).

Majoration des pensions de retraite en 1897 (4). — *Décret du 22 juin 1897* :

« Le Président de la République française,

Sur le rapport du ministre du commerce, de l'industrie, des postes et des télégraphes et du ministre des finances ;

Vu la loi du 31 décembre 1895, relative à la majoration des pensions de la Caisse nationale des retraites (5) ;

Vu l'article 25 de la loi de finances du 13 juillet 1896, modifiant l'article 3 de la loi du 31 décembre 1895 (6) ;

Vu le décret du 9 juin 1896, portant règlement d'administration publique pour l'exécution de la loi du 31 décembre susvisée (7) ;

---

(1) Sur les mesures spéciales à cette répartition, voir ci-après le décret du 22 juin 1897.

(2) Ce projet a été reproduit et commenté dans la *Revue* (n° du 1er trimestre, page 18).

(3) Bien que quelques-uns des documents cités sous cette rubrique n'appartiennent point à l'année 1897, il a paru utile de les reproduire dans la *Revue*, pour faciliter les références ultérieures.

(4) Sur les conditions générales d'attribution des majorations, voir ci-dessus, page 37.

(5) « *Loi du 31 décembre 1895, relative à la majoration des pensions de la Caisse nationale des retraites* :

« Art. 1er. — Le crédit ouvert au chapitre 13 du budget du Ministère du Commerce et de l'Industrie est affecté à la majoration des rentes viagères constituées au profit des titulaires de livrets individuels de la Caisse nationale des retraites pour la vieillesse et des membres des sociétés de secours mutuels ou de toute autre société de secours et de prévoyance servant des pensions de retraite, qui justifieront de la continuité des versements exigés par la présente loi, âgés d'au moins soixante-dix ans.

Art. 2. — Pour avoir droit à cette majoration, les titulaires de ces rentes, outre la condition d'âge indiquée à l'article précédent, devront :

1° Justifier qu'ils ne jouissent pas, y compris ladite rente viagère, d'un revenu personnel, viager ou non, supérieur à 360 francs ;

2° Avoir effectué, pendant vingt-cinq années consécutives ou non, des actes de prévoyance, soit par vingt-cinq versements annuels au moins opérés sur un livret de la Caisse des retraites, soit par vingt-cinq cotisations régulières en qualité de membre participant d'une des sociétés visées à l'article 1er, ayant, depuis le même temps, établi un fonds de retraites.

Des comptes annuels seront produits par ces sociétés à l'appui de leur demande.

A titre transitoire et pendant une période de dix années, à partir de 1895, le nombre d'années de prévoyance exigées de chaque pensionnaire sera toutefois abaissé ainsi qu'il suit :

Quinze ans de prévoyance pour les pensionnaires qui demanderont la bonification de retraite en 1895 et, d'ailleurs, réuniront à cette date les conditions exigées ;

Seize ans pour ceux qui feront la demande en 1896, et ainsi de suite, en exigeant une année de plus à chaque exercice nouveau, jusqu'en 1905, date à laquelle la condition de vingt-cinq ans sera définitivement exigée de tous.

Art. 3. — Un règlement d'administration publique déterminera la répartition au marc le franc des crédits ouverts pour la bonification des retraites. Ces crédits seront versés à la Caisse nationale des retraites à capital aliéné. Les arrérages de ce capital ne pourront être dépassés et les pensions servies, majoration comprise, ne devront pas s'élever à une somme annuelle supérieure à 360 francs.

Sur l'avis de la commission supérieure de surveillance de la Caisse nationale des retraites pour la vieillesse, des bonifications spéciales pourront être attribuées aux parents ayant élevé plus de trois enfants.

Art. 4. — Indépendamment des crédits ouverts annuellement au budget, le revenu de la moitié du produit de la vente des joyaux de la couronne formera une dotation spéciale affectée au service des pensions exceptionnelles créées en vertu de l'article 11 de la loi du 20 juillet 1886.

Le bénéfice de l'article 11 de la loi du 20 juillet 1886 est applicable aux membres participants des sociétés de secours mutuels.

La dotation mentionnée au paragraphe 1er du présent article est versée à la Caisse des dépôts et consignations, qui lui bonifiera un intérêt égal à celui qu'elle sert aux fonds des caisses d'épargne. »

(6) « *Loi du 13 juillet 1896* :

« Art. 25. — Le premier alinéa de l'article 3 de la loi du 31 décembre 1895, relative à la majoration des pensions de la Caisse nationale des retraites, est complété ainsi qu'il suit :

« La majoration ne pourra excéder le cinquième de la rente à majorer. »

(7) *Décret du 9 juin 1896* :

« Art. 1er. — Avant la répartition des crédits ouverts pour la majoration de rentes viagères dans les conditions prévues par la loi du 31 décembre 1895, le ministre du commerce déterminera le montant de la somme à réserver sur ces crédits en vue des bonifications spéciales prévues au paragraphe 2 de l'article 9 de ladite loi.

Il sera prélevé, en outre, sur les crédits susvisés la somme nécessaire pour indemniser la caisse nationale des retraites des intérêts courus depuis le 1er janvier 1896 jusqu'à la date du versement du montant des crédits à son compte à la caisse des dépôts et consignations, afin de permettre la délivrance des rentes dans les conditions indiquées à l'article 4 ci-après. Ces intérêts seront calculés au taux du tarif en vigueur.

Art. 2. — Seront compris dans la répartition à effectuer en 1896, conformément à l'article 3 du

Vu la loi de finances du 29 mars 1897 (1);

Décrète :

ART. 1er. — Les demandes de majoration de rentes viagères constituées au profit des titulaires de livrets individuels de la caisse nationale des retraites pour la vieillesse et des membres des sociétés de secours mutuels ou de toute autre société de secours et de prévoyance servant des pensions de retraites devront être produites (2) par les intéressés, avec les justifications réglementaires à l'appui, avant le 31 décembre 1897 au plus tard, sous peine d'exclusion (3).

ART. 2. — L'attribution des majorations et des bonifications spéciales sera faite dans les conditions spécifiées (4) par l'article 25 de la loi du 13 juillet 1896 et par l'article 1er, § 1er, du décret du 9 juin 1896 (5).

présent décret, les pensionnaires de la caisse nationale des retraites pour la vieillesse et des sociétés désignées à l'article 1er de la loi du 31 décembre 1895, âgés de soixante-dix ans au moins en 1896 et qui, indépendamment des autres conditions exigées par l'article 2 de la loi, justifieront du nombre d'années de prévoyance spécifié par ledit article, savoir :

Quinze années de prévoyance au 31 décembre 1895, pour les pensionnaires âgés de soixante-dix ans au moins à cette date ;

Seize années de prévoyance, en 1896, pour les rentiers devant atteindre soixante-dix ans au plus tard le 31 décembre 1896.

ART. 3. — La répartition des crédits sera faite sur l'ensemble des sommes disponibles après les prélèvements mentionnés à l'article 1er ci-dessus. Elle aura lieu au marc le franc de la valeur en capital des rentes à majorer, d'après l'âge des bénéficiaires à la date de l'entrée en jouissance des rentes supplémentaires et suivant les tarifs en vigueur pour la caisse nationale des retraites, de telle façon que toutes les rentes à majorer se trouvent augmentées dans la même proportion.

ART. 4. — Les rentes supplémentaires seront émises, savoir :

Pour les rentiers âgés de soixante-dix ans au moins au 31 mars 1896, avec jouissance du 1er janvier 1896 ;

Pour les rentiers qui devront atteindre soixante-dix ans pendant les trois derniers trimestres de l'année 1896, avec jouissance du premier jour du trimestre dans lequel ils atteindront soixante-dix ans.

Dans ce dernier cas, il devra être justifié de l'existence du postulant à la date d'entrée en jouissance.

ART. 5. — Les demandes de majoration et les justifications à l'appui devront avoir été produites par les intéressés le 30 juin 1896, au plus tard, sous peine d'exclusion de la répartition. »

(1) Cette loi a ouvert au budget du ministère du commerce un crédit de 2 millions, comme en 1895 et en 1896.

(2) Les conditions de cette production seront déterminées par des instructions de la Caisse des dépôts et consignations : voir l'article 5 du décret.

(3) Il faut entendre : sous peine d'exclusion de la répartition de 1897 ; mais ceux des intéressés qui ne se seraient point mis en instance en 1897 garderaient évidemment le droit de se présenter à la répartition de l'année suivante, s'ils continuaient à remplir les conditions légales.

(4) C'est peut-être par suite d'une simple erreur de rédaction que le décret se réfère uniquement, pour les conditions d'attribution des majorations, à l'article 25 de la loi du 13 juillet 1896 et omet de rappeler l'article 3 de la loi du 31 décembre 1895 ou l'article 3 du décret du 9 juin 1896. C'est peut-être aussi et plus vraisemblablement une omission volontaire, interprétative, qui aurait pour but d'indiquer que l'article 3 de la loi du 31 décembre 1895 se trouve tacitement abrogé par l'article 25 de la loi du 13 juillet 1896. Le cas doit donc être examiné.

Ainsi qu'on l'a vu plus haut (page 38), la disposition primitive contenue dans l'article 3 de la loi du 31 décembre 1895 prévoyait une *répartition* du crédit budgétaire entre les intéressés *au marc le franc* et le décret du 9 juin 1896 précisait le mode d'exécution de cette répartition. La loi du 13 juillet 1896 a ajouté que « la majoration ne pourra excéder le cinquième de la rente à majorer ».

En fait, c'était pour la répartition de 1895-1896 et ce sera encore pour la répartition de 1897 un changement complet de système : étant donnés le nombre des bénéficiaires et la quotité surabondante des crédits ouverts, on a donné et on donnera à tout intéressé, dans la limite de 360 francs, le cinquième de sa rente initiale ; la répartition au marc le franc se trouve donc, en réalité, remplacée par un pourcentage.

Mais on ne saurait confondre le fait avec le droit et la distinction a d'autant plus d'utilité que, les circonstances de fait venant à se modifier, la question de droit se reposerait, non plus seulement en théorie, mais en pratique.

Supposons qu'une année le Parlement réduise sensiblement le crédit actuel (qui se trouve déjà très sensiblement abaissé au projet de budget pour l'exercice 1898) et que, d'autre part, il se présente cette année-là un nombre d'ayants droit supérieur aux prévisions : il sera impossible d'assurer uniformément à toutes les parties prenantes une majoration d'un *cinquième*, on devra de toute nécessité recourir à une « répartition » de rentes moindres et, pour le faire, on se trouvera contraint, soit d'appliquer l'article 3 de la loi du 31 décembre 1895 et l'article 3 du décret du 9 juin 1896, s'ils sont réputés encore en vigueur, soit de demander aux Chambres une loi nouvelle.

On peut répondre sans hésitation, et malgré le parti contraire que semble prendre le décret actuel, que ces textes demeurent en vigueur.

Il est d'abord certain que le décret, qui est un décret simple, statuant sur les mesures à prendre en 1897 pour l'application de la loi du 31 décembre 1895, n'a pu porter atteinte à l'article 3 du règlement d'administration publique du 9 juin 1896, qui statuait, sur ce point, en vertu d'une délégation directe du législateur.

Cette disposition n'aurait donc pu tomber qu'avec la disposition législative initiale contenue dans l'article 3 de la loi du 31 décembre 1895 et cette abrogation tacite ne pourrait résulter que du seul texte législatif survenu, c'est-à-dire de l'article 25 de la loi du 13 juillet 1896.

Or cette dernière loi abroge si peu l'article 3 de la loi du 31 décembre 1895, qu'elle déclare expressément le « compléter ». Elle le complète, au surplus, par une disposition qui n'a absolument rien d'inconciliable avec la première, puisqu'elle se borne à décider que « la majoration *ne pourra excéder* le cinquième de la rente à majorer ». C'est imposer clairement un nouveau *maximum* à l'attribution des rentes complémentaires, sans exclure pour cela, le cas échéant, le mécanisme de la répartition.

Il paraît donc indubitable que dorénavant, en l'état de la législation sur les majorations, la situation juridique reste la suivante :

1° Si la quotité des crédits annuels permet, en fait, l'attribution à tous les intéressés de majorations atteignant 20 0/0 des rentes primitives, c'est-à-dire le *maximum*, il n'y a point lieu de faire matériellement une répartition ;

2° Si la quotité des crédits annuels devient insuffisante pour attribuer ce maximum, l'administration doit procéder à une répartition, conformément à l'article 3 du décret du 9 juin 1896, qui demeure en vigueur.

(5) Cette référence au paragraphe 1er de l'arti-

Art. 3. — Auront droit à cette attribution, en 1897, les personnes visées à l'article 1er du présent décret, qui, n'ayant point reçu de rente supplémentaire en 1896, seront âgées de soixante-dix ans au moins en 1897 et qui, indépendamment des autres conditions exigées par l'article 2 de la loi du 31 décembre 1895, justifieront de dix-sept années de prévoyance.

Art. 4. — Les rentes supplémentaires seront émises avec jouissance du 1er janvier 1897 pour les rentiers âgés de soixante-dix ans au moins au 31 mars 1897, et, pour les rentiers atteignant leur soixante-dixième année du 1er avril au 31 décembre 1897, avec jouissance du premier jour du trimestre dans lequel ils atteindront cet âge, à charge de justifier de leur existence à cette date.

Pour les rentiers ayant atteint l'âge de soixante-dix ans en 1896 ou antérieurement, et produisant leur demande régulière seulement en 1897, l'entrée en jouissance de la rente supplémentaire sera exceptionnellement fixée dans les conditions indiquées à l'article 4 du décret du 9 juin 1896 (1).

Art. 5. — L'administration de la Caisse des dépôts et consignations est chargée de l'instruction des demandes tendant à l'obtention des majorations visées par la loi du 31 décembre 1895 et de la liquidation de ces majorations (2).

cle 1er du décret du 9 juin 1896 vise les « bonifications spéciales » qui peuvent être attribuees « aux parents ayant élevé plus de trois enfants ».

Cette disposition a un premier effet incontestable : c'est d'astreindre le ministre du commerce à user encore en 1897 de la *faculté* qu'ouvrait au Gouvernement l'article 3, § 2 de la loi du 31 décembre 1895 et à « determiner le montant de la somme à réserver » pour ces bonifications, conformement au décret du 9 juin 1896.

A-t-elle également pour effet de maintenir les dispositions contenues dans l'arrêté ministériel du 23 décembre 1896 (voir le texte de cet arrêté ci-dessus, page 38, en note)? il serait difficile de le soutenir. Il semble qu'un nouvel arrêté ministeriel devra fixer en 1897, après avis de la Commission supérieure de la Caisse des retraites, les conditions d'attribution des bonifications speciales.

(1) Cette disposition institue une mesure de faveur au profit des requérants qui, ayant atteint l'âge de 70 ans en 1896 ou en 1897, ne s'étaient pourtant pas mis régulièrement en instance l'annee dernière.

Ils avaient incontestablement, en vertu de l'article 1er de la loi du 31 décembre 1895, le droit de se présenter à la repartition faite au titre de l'exercice 1897 ; mais la jouissance de leur rente complémentaire n'eût commencé qu'au 1er janvier 1897.

Le décret, par mesure bienveillante, fait remonter rétroactivement pour eux la jouissance de ces rentes complementaires : 1° au 1er janvier 1896, pour tous ceux qui avaient atteint l'âge de 70 ans en 1895 ou antérieurement ; 2° au premier jour du trimestre dans lequel ils ont atteint cet âge, s'ils ne l'ont atteint qu'en 1896.

(2) Le Gouvernement avait déjà delégué en 1896 à la Caisse des dépôts et consignations l'exécution des mesures nécessaires à l'attribution des majorations et des bonifications speciales. Le décret confirme réglementairement cette délégation.

Art. 6. — Les ministres du commerce, de l'industrie, des postes et des télégraphes et des finances, sont chargés de l'exécution du présent décret, qui sera inséré au Bulletin des lois et publié au Journal officiel de la République française. »

Maximum de retraite des cantonniers de l'Etat. — Aux termes d'un *décret du* 28 *avril* 1897, « Le maximum de la rente viagère totale à laquelle les cantonniers pourront avoir droit, par application du deuxième paragraphe de l'article 9 du décret du 22 février 1896, est fixé, pour l'exercice 1897, aux deux tiers du salaire (3) ».

Liquidation des pensions civiles. — *Décret du* 27 *mai* 1897 (4) :

« Le Président de la République française,

Sur le rapport du ministre des finances,

Vu la loi du 9 juin 1853 ;

Vu le décret du 9 novembre 1853, portant règlement d'administration publique pour l'exécution de ladite loi ;

Le conseil d'État entendu,

Décrète :

Art. 1er. — L'article 47 du décret du 9 novembre 1863 est modifié ainsi qu'il suit :

« Le fonctionnaire admis à faire valoir ses droits à la retraite pour ancienneté, par application des paragraphes 1 et 2 de l'article 5 de la loi du 9 juin 1853, continue à exercer ses fonctions jusqu'à la délivrance de son brevet de pension (5), à moins de décision

(3) Le décret du 22 février 1896 dispose que la rente viagère garantie aux cantonniers de l'Etat, y compris les bonifications budgétaires, est calculée, pour chaque année de services effectifs, à un soixantième du salaire moyen annuel, *sans pouvoir toutefois excéder la fraction de ce salaire qui sera fixee chaque annee par décret rendu en conseil d'Etat dans la limite des crédits ouverts au budget* ».

Cette fraction, maintenue aux deux tiers pour 1897 par le décret actuel, avait été ainsi fixée pour 1896 par le décret du 10 avril 1896.

Il est à remarquer que le présent décret, dans le texte inseré au Journal officiel, ne mentionne pas qu'il ait eté rendu en Conseil d'Etat, ainsi que l'exigeait le règlement d'administration publique du 22 février 1896.

(4) On avait souvent signalé ce qu'avait d'anormal et de pénible la situation des fonctionnaires et employés de l'Etat, qui, faute de crédits budgetaires d'inscription suffisants, attendaient de longs mois, parfois même plus d'une année, la liquidation de leur pension, se trouvant ainsi dénués de toute ressource, entre le traitement qu'ils ne touchaient plus et la retraite qu'ils ne touchaient point encore.

Les justes critiques qu'appelait ce procédé s'étaient fait jour une fois de plus à la Chambre des députés lors de la discussion du budget de 1897 et le Gouvernement avait pris l'engagement d'y remédier par voie réglementaire. C'est l'objet du décret.

(5) Aux termes de l'ancien article 47, le fonctionnaire admis à faire valoir ses droits à la retraite ne peut « être maintenu momentanément en activité » que « lorsque l'intérêt du service

contraire rendue sur sa demande ou motivée soit par la suppression de son emploi, soit par l'intérêt du service (1).

« Après la délivrance de son brevet de pension, il peut encore, lorsque l'intérêt du service l'exige, être maintenu momentanément en activité.

« En cas de prolongation de ses services, conformément aux deux paragraphes précédents, il ne peut y avoir lieu à un supplément de liquidation, et la jouissance de la pension part du jour de la cessation effective du traitement.

« Les dispositions du présent article ne sont pas applicables aux fonctionnaires tenus de produire un certificat de non-débet » (2).

Art. 2. — Le présent décret ne sera appliqué qu'aux fonctionnaires admis à faire valoir leurs droits à la retraite après sa promulgation (3).

Art. 3. — Le ministre des finances est chargé de l'exécution du présent décret, qui sera publié au Journal officiel et inséré au Bulletin des lois. »

---

l'exige ». Cette exception dans l'intérêt du service est transformée en règle dans l'intérêt du retraité.

(1) Ainsi que l'explique le rapport présenté au Président de la République à l'appui du projet de décret, il ne pouvait être question de créer, en faveur des fonctionnaires admis à la retraite, « un droit absolu de continuer dans tous les cas leurs fonctions, postérieurement à leur admission à la retraite ». Ainsi, « il n'est pas possible d'autoriser le maintien provisoire en activité de fonctionnaires admis à la retraite, soit par suite d'invalidité, soit par suite d'accident ou d'infirmités, puisque, dans ces divers cas, le droit d'une pension exceptionnelle n'est ouvert, aux termes de la loi de 1853, que si l'intéressé a été reconnu hors d'état de continuer ses fonctions ».

Comme l'indique nettement le décret, les mesures nouvelles ne sont donc applicables qu'aux fonctionnaires admis à la retraite « pour ancienneté ». Mais, dans ce cas, ainsi que le spécifie le rapport, « la prolongation des services, pour les agents en instance de pensions », devient « la règle pour l'avenir ».

Cette règle ne comporte que trois exceptions : 1° le désir de l'intéressé, agréé par l'administration ; 2° la suppression de l'emploi ; 3° l'intérêt du service.

Dans les trois hypothèses, même dans la deuxième, si l'on applique à la lettre le décret, il faut une décision spéciale et motivée pour justifier la cessation immédiate des services.

(2) Ainsi que le rappelle le Rapport, « pour tous les agents qui ont un maniement de deniers ou de matières, la liquidation de la pension ne peut être effectuée que sur la production d'un certificat de non-débet, ce qui implique la cessation des fonctions ».

(3) Il est évident qu'on ne pouvait songer à réintégrer dans leurs emplois les agents en instance de retraite qui les ont déjà quittés. Mais il semble que les agents admis à faire valoir leurs droits à la retraite et momentanément conservés au service devaient logiquement bénéficier des mesures nouvelles.

Quoi qu'il en soit, le texte est formel et ces agents ne peuvent attendre leur maintien au service jusqu'à la liquidation de leur pension que d'une décision gracieuse de l'Administration ; ils n'ont aucun droit.

Etablissements dangereux pour le travail des enfants. — *Décret du* 21 *juin* 1897 :

Ce décret ajoute un « tableau additionnel au tableau C annexé au décret du 13 mai 1893 et concernant les établissements dans lesquels l'emploi des enfants au-dessous de dix-huit ans, des filles mineures et des femmes est autorisé sous certaines conditions. »

Il dispose pour le « cordage des déchets de soie » et en raison des « poussières nuisibles » qu'il dégage, que « les enfants au-dessous de dix-huit ans ne seront pas employés dans les ateliers où les poussières se dégagent librement ».

Médailles d'honneur. — *I. Décret du* 1er *mai* 1897 (4) :

« Le Président de la République française,

Sur le rapport du ministre des travaux publics,

Décrète :

Art. 1er. — Des médailles d'honneur en argent peuvent être décernées par le ministre des travaux publics aux agents inférieurs et aux cantonniers des routes nationales employés depuis plus de trente ans dans les services ressortissant à son département.

Art 2. — La durée des services exigée pour l'obtention de cette médaille peut être réduite en faveur des agents qui, dans des circonstances spéciales, se seront distingués d'une manière exceptionnelle (5).

Art. 3. — Un arrêté ministériel déterminera les mesures de détail relatives à cette distinction et précisera les catégories d'agents qui pourront concourir pour son obtention.

Art. 4. — Le ministre des travaux publics est chargé de l'exécution du présent décret. »

---

(4) Ce décret applique aux agents subalternes du ministère des travaux publics les dispositions générales contenues dans le décret initial du 16 juillet 1886, rendu sur la proposition du ministre du commerce et relatif aux « médailles d'honneur à donner aux vieux ouvriers et employés ».

Ce dernier décret avait été d'ailleurs déjà suivi de décrets d'espèce pour les agents de plusieurs administrations publiques.

(5) La médaille d'honneur donnée aux vieux ouvriers et employés par le ministre du commerce en vertu du décret du 16 juillet 1886 ne pouvait primitivement être attribuée qu'après « plus de trente années consécutives dans le même établissement industriel ou commercial ». Le décret du 12 février 1893 avait dispensé de cette ancienneté : 1° les ouvriers justifiant « n'avoir pu accomplir ces trente années dans le même établissement industriel ou commercial pour une cause de force majeure absolument indépendante de leur volonté » ; 2° « sur l'avis du Comité consultatif des arts et manufactures », les ouvriers « qui auront rendu des services exceptionnels à l'industrie, notamment par l'invention de nouveaux procédés de fabrication ».

La rédaction du nouveau décret est beaucoup plus vague ; elle n'indique aucunement les « circonstances spéciales » qui pourront faire « réduire » le temps de services théoriquement exigible.

II. Arrêté du 1er mai 1897 :

« Le ministre des travaux publics,

Vu le décret en date du 1er mai 1897, qui institue des médailles d'honneur en faveur des cantonniers et agents inférieurs dépendant de l'administration des travaux publics ;

Sur la proposition du directeur du personnel et de la comptabilité,

Arrête :

Art. 1er. — Les médailles d'honneur en argent décernées par le ministre des travaux publics, en exécution du décret ci-dessus visé, sont du module de 32 millimètres. Elles portent d'un côté l'effigie de la République entourée des mots « République française. — Ministère des travaux publics », et, sur l'autre face, divers attributs entourés des mots : « Travail, Honneur, Dévouement », avec une inscription relatant les nom et prénoms du titulaire, ainsi que le millésime.

Art. 2. — Les titulaires sont autorisés à porter la médaille suspendue à un ruban composé de deux bandes tricolores disposées verticalement et séparées par une bande blanche. Chacune des sept bandes a une même largeur de 6 millimètres.

Ils reçoivent un diplôme portant leurs nom, prénoms et qualités.

Art. 3. — Peuvent concourir pour l'obtention de ces médailles :

1° Les chefs cantonniers et cantonniers des routes nationales ;

2° Les maîtres de port ;

3° Les maîtres et gardiens des phares et fanaux ;

4° Les brigadiers et gardes-pêches dépendant de l'administration des travaux publics ;

5° Les gardes de navigation, éclusiers, pontiers, cantonniers et autres agents attachés au service de la navigation intérieure et au service des ports maritimes de commerce ;

6° Les ouvriers employés d'une façon permanente sur les chantiers dépendant de l'administration des travaux publics (1).

Art. 4. — Les médailles dont il s'agit seront décernées sur la proposition des chefs de service et après avis des préfets. »

Réorganisation de l'office du travail. — *Décret du 6 juin 1897* (2) :

« Art. 1er. — Sont modifiés ainsi qu'il suit les articles 2, 3, 4, 5 et 6 du décret du 19 août 1891 :

Art. 2. — L'office du travail se divise en service central et service extérieur.

Le personnel du service central est soumis aux mêmes règles et conditions d'organisation que le personnel de l'administration centrale du ministère du commerce et de l'industrie (3).

Art. 3. — Le personnel du service extérieur de l'office du travail se compose d'enquêteurs permanents et d'enquêteurs temporaires.

Art. 4. — Le nombre des enquêteurs permanents ne peut être supérieur à deux (4). Ils sont nommés par le ministre et pris parmi les enquêteurs temporaires ayant rempli des missions spéciales pendant trois ans au moins.

Ils reçoivent un traitement de 4,000 à 8,000 francs et débutent au minimum d'appointements. Les conditions d'avancement sont réglées par arrêtés ministériels.

Art. 5. — Les enquêteurs temporaires sont désignés par le ministre, qui fixe l'indemnité à leur attribuer et la durée de la mission spéciale qui leur est confiée.

Art. 6. — Des fonctionnaires ou agents des diverses administrations publiques peuvent, avec l'autorisation du ministre duquel ils relèvent, être attachés à l'office du travail en qualité d'enquêteurs temporaires.

Les allocations qu'ils reçoivent à cette occasion sont imputées sur les crédits de l'office.

Art. 2. — Sont supprimés les alinéas 1 et 2 (5) de l'article 8 du décret du 19 août 1891.

Art. 3. — Sont abrogés les décrets susvisés des 4 février 1892 et 13 juin 1894 (6).

Art. 4. — Le ministre du commerce, de l'industrie, des postes et des télégraphes est chargé de l'exécution du présent décret, qui sera publié au Journal officiel et inséré au Bulletin des lois. »

---

(1) Cette dernière disposition pourra présenter certaines difficultés.

Les ouvriers employés sur les chantiers d'entreprise rentrent évidemment déjà dans les conditions du décret général du 16 juillet 1886 ; ils rentreront, en outre, dans les conditions de ce nouveau décret spécial, quand ils y seront employés *d'une façon permanente*. Qu'entendra-t-on par cette expression et comment fera-t-on pratiquement en la matière la démarcation entre les attributions respectives du ministère des travaux publics et du ministère du commerce ?

(2) Ce décret a été rendu à la suite du vote de la loi de finances du 29 mars 1897, qui rattachait les crédits intéressant le personnel du service central de l'office du travail aux crédits du personnel de l'administration centrale du ministère du commerce.

Il a pour effet de transformer l'Office du travail d'organisme autonome en Direction assimilée aux autres directions du ministère.

(3) D'après l'ancien texte, au contraire, l'Office du travail constituait « un service distinct placé sous l'autorité immédiate du ministre ».

(4) Les « enquêteurs permanents », précédemment dénommés « délégués permanents », étaient au nombre de *trois*, d'après le décret du 19 août 1891 et le décret du 4 février 1892.

(5) Les deux alinéas supprimés définissaient les fonctions des anciens « délégués temporaires » et plaçaient ces agents « sous l'autorité immédiate du directeur » de l'Office du travail.

(6) Aux termes d'un second décret du 6 juin 1897, la nouvelle « Direction de l'office du travail » comprend trois bureaux. « 1er bureau : statistique du travail et des assurances sociales ; 2e bureau : syndicats professionnels et études d'économie sociale ; 3e bureau : statistique générale ».

Réglementation des crèches. — *Décret du 2 mai* 1897 :

« Le Président de la République française,

Vu le décret du 26 février 1862, concernant les crèches ;

Vu l'arrêté ministériel du 30 juin 1862, ayant le même objet ;

Vu les délibérations du conseil supérieur de l'assistance publique, en dates des 10 et 11 mars 1897 ;

Sur le rapport du ministre de l'intérieur,

Décrète :

ART. 1er. — La crèche a pour objet de garder et de soigner les enfants en bas âge pendant les heures de travail de leur mère.

Les enfants y reçoivent, jusqu'à ce qu'ils puissent entrer à l'école maternelle ou jusqu'à ce qu'ils aient accompli leur troisième année, les soins hygiéniques et moraux qu'exige leur âge.

ART. 2. — Nulle crèche n'est ouverte sans l'autorisation du préfet ; cette autorisation n'est refusée que lorsque les locaux destinés à la crèche ne satisfont pas aux conditions indispensables d'hygiène ou lorsque les personnes qui doivent être préposées à l'établissement ne présentent pas des garanties suffisantes.

ART. 3. — L'arrêté préfectoral qui autorise l'ouverture d'une crèche fixe le nombre des enfants qui pourront y être réunis.

ART. 4. — Les personnes ou les sociétés qui possèdent une crèche désignent au préfet un représentant auquel sont adressées les notifications prévues par le présent décret et par le règlement édicté en exécution de l'article ci-dessous.

ART. 5. — Le ministre de l'intérieur et le préfet ont le droit de faire inspecter les crèches par leurs délégués ; ils se font rendre compte périodiquement du fonctionnement des crèches et s'assurent qu'elles se conforment aux conditions qui leur sont imposées.

ART. 6. — Si le préfet juge que, par une installation défectueuse ou par défaut de soins, une crèche met en danger la vie ou la santé des enfants, il ordonne la fermeture provisoire de cette crèche. Le représentant de l'établissement est mis en demeure de remédier aux défectuosités signalées. Après trois mises en demeure restées sans effet et sur avis conforme du Conseil départemental d'hygiène, l'autorisation accordée à la crèche est retirée.

ART 7. — En cas d'épidémie survenue dans une crèche, cette crèche est fermée soit par les personnes ou les sociétés qui la possèdent, soit d'office par le préfet : elle n'est réouverte qu'apres que le préfet a fait constater qu'elle a été désinfectée.

ART. 8. — Le ministre de l'intérieur détermine par un règlement : 1° les conditions d'hygiène que doit remplir tout local affecté à une crèche, ainsi que celles qui doivent être observées dans la tenue de l'établissement ;

2° Les garanties exigées des directrices de crèches et des personnes qui, dans les crèches, donnent les soins aux enfants ;

3° Les registres que les directrices de crèches doivent tenir.

ART. 9. — Le décret susvisé du 26 février 1862 est abrogé. »

Réglementation du travail des enfants et des femmes. — *Application judiciaire de la loi du 2 novembre 1892. — Circulaire du ministre de la justice du 28 novembre 1896* :

« M. le Procureur général, l'article 26 de la loi du 2 novembre 1892 sur le travail des enfants, des filles mineures et des femmes dans les établissements industriels, fixe à 5 francs le minimum de l'amende qui doit être appliquée pour chacune des infractions aux dispositions que cette loi renferme. Deux arrêts de la Cour de cassation, en dates des 12 juillet et 9 novembre 1894, ont, en conséquence, décidé que c'est à tort que des tribunaux avaient fait, en pareille matière, application de l'article 463 du Code pénal, en abaissant à 1 franc chacune des amendes prononcées.

Par une circulaire du 28 avril 1894, l'un de mes prédécesseurs vous a invité à appeler l'attention des juges de paix sur cette violation de la loi.

J'ai constaté que ces instructions sont fréquemment perdues de vue et qu'un certain nombre de tribunaux de simple police persistent à accorder le bénéfice des circonstances atténuantes à accorder à des individus poursuivis pour contraventions à la loi précitée.

En outre et bien que, aux termes de l'article 365 du Code d'instruction criminelle et d'une jurisprudence constante, la prohibition du cumul des peines soit inapplicable aux contraventions de simple police, certains tribunaux omettent de prononcer autant d'amendes qu'il y a de contraventions constatées à ladite loi.

Je vous prie de vouloir bien rappeler aux magistrats cantonaux de votre ressort les prescriptions de la loi sur ces deux points, et les inviter à s'y conformer strictement. »

Délivrance des livrets aux enfants protégés. — Dépêche du ministre du commerce du 18 janvier 1897 :

« M. le Préfet, M. l'inspecteur divisionnaire du travail dans l'industrie vient de me faire connaître que dans une ville de votre département les livrets prescrits par l'article 10 de la loi du 2 novembre 1892 continuaient à être délivrés par le commissaire central de police agissant au lieu et place du maire.

Cette manière de procéder présente des inconvénients. C'est avec intention que la loi a désigné les maires pour délivrer les livrets et il n'est pas possible de leur substituer des commissaires de police. L'intervention de ces officiers de police changerait le caractère de la mission confiée aux maires et il est indispensable de ne pas s'écarter des termes de la loi... »

Appareils protecteurs. — Circulaire du ministre du commerce du 1er février 1897 :

M. l'Inspecteur divisionnaire, l'article 2 du décret du 13 mai 1893 interdit d'employer les enfants au-dessous de 18 ans, les filles mineures et les femmes dans les ateliers où se trouvent des machines actionnées à la main ou par un moteur mécanique *dont les parties dangereuses ne sont point couvertes* de couvre-engrenages, garde-mains et autres appareils protecteurs.....

Le Comité consultatif des arts et manufactures... fait remarquer que l'article 2 du décret du 13 mai 1893 ne dit pas que les parties dangereuses seront *enveloppées*, mais qu'elles seront *couvertes* d'organes protecteurs, de telle sorte que les ouvriers ne puissent, de leur poste de travail, toucher involontairement les instruments dangereux.

D'après le Comité, ces prescriptions ne doivent nullement empêcher l'ouvrier d'obtenir de l'appareil le résultat désirable ni rendre cet appareil inaccessible et impropre au travail auquel il est destiné... »

Tolérances pour le travail de nuit. — Dépêche du ministre du commerce du 23 novembre 1896 (1) :

« M. l'Inspecteur divisionnaire, j'ai soumis au Comité consultatif des arts et manufactures, avec les pétitions qui y étaient jointes, une demande tendant à obtenir que l'industrie consistant dans le triage des amandes soit assimilée à la confiserie, pour les tolérances accordées à cette dernière, en ce qui concerne le travail de nuit.

Le Comité reconnait que le travail dont il s'agit est beaucoup plus actif à certaines époques de l'année qu'à d'autres ; mais il ne croit pas que cette raison suffise à motiver une tolérance quelconque. En effet, dans le triage des amandes, le travail immédiat, sans interruption, ne s'impose nullement ; la remise au lendemain, sans veillée, n'occasionne ni perte ni détérioration du produit. Il serait d'ailleurs aisé, au moment du surcroît de travail, d'y satisfaire sans avoir recours à une dérogation à la loi.....

Pour satisfaire à ce travail, il suffirait de 18 ouvrières supplémentaires, au temps d'activité. Ces ouvrières peuvent certainement se recruter facilement. Il ne m'est pas possible dans ces conditions de donner satisfaction à la demande dont j'ai été saisi. »

(1) Cette décision d'espèce mérite d'être relevée, entre beaucoup d'autres, par le caractère général de la fin de non-recevoir qu'elle oppose à la requête en cause. Le même motif pourrait évidemment être mis en avant pour presque toutes les industries réclamantes.

Repos journalier. — Dépêche du ministre du commerce du 5 mars 1897 :

« M. l'Inspecteur divisionnaire, j'ai pris connaissance du rapport que vous m'avez adressé au sujet de l'organisation du travail dans un établissement industriel.

Il en résulte que, dans cette manufacture, où le travail commence à 6 heures du matin et finit à 7 heures du soir, les repos sont de deux sortes : à savoir un repos d'une heure et demie pendant lequel le travail est interdit et l'autre d'une demi-heure pendant lequel le personnel est libre de travailler ou de se reposer.

J'estime, comme vous, que cette dernière demi-heure ne peut être considérée comme un repos véritable au point de vue de la loi. Il s'ensuit que la journée de travail dans cet établissement dépasse la durée légale.

Je ne puis donc prendre en considération la demande de l'industriel tendant à obtenir la faculté de maintenir chez lui le mode de travail ci-dessus. »

Repos hebdomadaire. — Dépêche du ministre du commerce du 22 janvier 1897 :

« M. l'Inspecteur divisionnaire, vous m'avez signalé que des industriels qui font marcher leur usine pendant douze jours suivis de deux jours de repos pour la réparation des fours, demandaient à adopter cette organisation pour les enfants, estimant que deux jours de repos consécutifs par quinzaine pourraient équivaloir à un jour de repos hebdomadaire.

C'est avec raison que vous avez pensé que la loi, qui ne permet de faire travailler les enfants que six jours par semaine, ne se prêtait pas à une pareille interprétation. »

Calcul de la journée de repos hebdomadaire. — Extrait d'un avis du Comite consultatif des arts et manufactures du 18 mars 1896, annexé a une circulaire du ministre du commerce du 18 février 1897 :

« L'article 5 de la loi du 2 novembre 1892 est ainsi conçu :

« Les enfants âgés de moins de 18 ans et les femmes de tout âge ne peuvent être employés dans les établissements énumérés à l'article 1er plus de six jours par semaine... une affiche apposée dans les ateliers indiquera le jour adopté pour le repos hebdomadaire. »

M. le ministre du commerce invite le Comité à rendre un avis sur le sens qu'il convient d'attribuer au mot *jour*, employé dans cet article.

« Mon attention, dit M. le ministre, a été appelée sur le point de savoir s'il serait conforme à la loi de faire reposer le personnel depuis le dimanche midi jusqu'au lundi midi. Peut-on admettre qu'il y ait équivalence et considérer que deux demi-journées consécutives, qui constituent en fait 24 heures de repos continu, puissent être regardées comme un jour de repos dans le sens de la loi. D'autre part, lorsque l'ouvrier cesse de travailler par exemple le samedi à 9 heures du soir pour ne rentrer à l'atelier que le lundi à 5 heures du matin au plus tôt, la durée du repos, pris dans ces conditions, est de 32 heures environ .. »

M. le ministre demande si la première interprétation est bien celle qui résulte de l'étude du texte. Il communique au Comité les avis des inspecteurs,qu'il a consultés par circulaire sur la question.

Ces avis sont à peu de chose près également partagés, de sorte qu'il y a peu d'enseignements à retirer de l'enquête administrative.

En premier lieu, il est certain que le mot *jour* dans son sens le plus général signifie espace de 24 heures de minuit à minuit.

Cela étant, peut-on admettre que le *jour* de repos soit compris entre les deux *midis*, comme l'expose M. le ministre, ou entre deux *minuits*, ainsi qu'il résulte de la seconde alternative soumise au Comité.

Plusieurs inspecteurs soutiennent que la loi, en imposant aux patrons l'obligation d'accorder un jour de repos, a voulu désigner *un jour ayant un nom*, ou autrement dit une *journée* dans le sens qu'on attribue généralement à ce mot. D'autres inspecteurs font aussi valoir, en faveur de la même opinion, que le jour civil commence à minuit, que par suite le jour de repos doit être compris entre deux minuits.

Votre Commission s'est rangée à cette manière de voir. Elle estime que, en limitant la durée du travail à 6 jours par semaine, la loi interdit implicitement de prendre des heures sur les demi-journées; par suite,l'intervention des demi-journées dans le temps de repos est aussi interdite. Ce repos doit comprendre au moins une journée pleine, de minuit à minuit.... »

Emploi des enfants dans les théâtres et cafes-concerts (1). — *I. Dépêche du ministre du commerce du 7 novembre* 1896 :

« M. l'Inspecteur divisionnaire, M. le ministre de l'instruction publique et des beaux-arts vient de me faire connaître qu'à la suite de scandales qui lui ont été signalés, son département a décidé de ne plus autoriser les enfants à interpréter la chansonnette de café-concert. Mon collègue ajoute que la loi du 2 novembre 1892 ayant pour but d'empêcher l'exhibition d'enfants dans les rôles obscènes ou dangereux pour leur santé, l'obligation imposée aux directeurs de demander l'autorisation préalable permet à l'autorité de tenir la main à ce que les lois de la morale et de la décence soient observées. Cette décision, dont MM. les préfets ne manqueront pas de s'inspirer, aura pour conséquence de mettre fin aux abus sur lesquels vous avez appelé mon attention. »

II. Circulaire du ministre de l'instruction publique du 25 *janvier* 1897 :

« M. le Préfet, il ressort de la statistique dressée dans son rapport annuel par le service de l'inspection du travail et relative à l'application de la loi du 2 novembre 1892, dans les théâtres et cafés-concerts, que les autorisations de jouer, données dans les départements à des enfants *âgés de moins de treize ans*, ont été, en général, beaucoup trop nombreuses. Afin d'éviter, dans la mesure du possible, ces exhibitions le plus souvent inutiles et toujours regrettables, je vous prie de restreindre les autorisations qui vous seront demandées et de ne les concéder que pour des rôles que vous reconnaîtrez absolument indispensable de confier à de tout jeunes enfants. Ces observations s'appliquent surtout à la chansonnette de café-concert, pour laquelle, à la suite de véritables scandales, un de mes prédécesseurs a dû, à Paris, interdire l'intervention de l'enfant... »

Limitation du travail des adultes. — *I. Dépêche du ministre du commerce du* 24 *mars* 1897 :

« M. l'Inspecteur divisionnaire, j'ai l'honneur de vous informer que j'ai soumis à l'examen du Comité consultatif des arts et manufactures la question de savoir si la loi du 9 septembre 1848, qui limite à douze heures la journée de l'ouvrier dans les usines et manufactures, s'applique au travail à la tâche aussi bien qu'au travail à la journée.

La loi n'ayant fait aucune distinction entre ces deux genres de travaux, le Comité a émis l'avis qu'elle s'applique également dans les deux cas. »

II. Dépêche du ministre du commerce du 11 *décembre* 1896 :

« M. le Préfet, j'ai reçu une lettre d'un groupe d'habitants de votre département au sujet de la durée du travail journalier dans les moulins de la localité. D'après les renseignements que j'ai recueillis, vous avez déjà été saisi d'une plainte analogue, dont vous avez entretenu M. l'inspecteur divisionnaire

(1) Dans les derniers rapports de l'Inspection du travail, on avait signalé la facilité blâmable avec laquelle les préfectures autorisaient parfois de tout jeunes enfants à figurer sur les scènes de cafés-concerts : par exemple, en 1894, dix garçons et huit fillettes de 6 à 14 ans a l'*Olympia* et a l'*Eden-concert* de Paris, un garçon de douze ans dans un café-concert de l'Allier, 6 garçons et 5 fillettes de six à huit ans dans un casino de Meurthe-et-Moselle, etc.

La résolution prise par le département de l'Instruction publique et l'invitation contenue dans la dépêche du ministre du commerce ont eu pour but de prévenir désormais les autorisations de ce genre.

du travail. Ainsi que ce fonctionnaire vous l'a fait connaître, l'action de la loi du 9 septembre 1848 ne s'étend pas à la mouture des grains et le service de l'inspection ne peut intervenir pour limiter la durée du travail journalier dans cette industrie (décret du 17 mars 1851).

Quoi qu'il en soit et bien que ce fontionnaire ait acquis la conviction que les faits relatés dans ces réclamations successives sont fort exagérés, il a engagé le directeur des moulins dont il s'agit à augmenter son personnel. Son intervention tout officieuse ne pouvait aller au delà (1). »

Sécurité des ateliers. — *Réclamations contre les mises en demeure adressées par les inspecteurs. — Circulaire du ministre du commerce du 24 novembre* 1896 :

« Aux termes des instructions générales du 27 mars 1894, relatives à l'application de la loi du 12 juin 1893 et du décret du 10 mars 1894, le service de l'inspection doit, lorsqu'il met un industriel en demeure de se conformer aux prescriptions dudit décret, lui rappeler que la loi lui donne la faculté d'adresser au ministre du commerce une réclamation dans un délai de quinze jours, passé lequel son recours ne serait plus recevable.

Les réclamations qui parviennent en vertu de ces dispositions et les rapports des inspecteurs qui s'y rapportent ne sont pas toujours assez explicites pour que le Comité consultatif des arts et manufactures puisse émettre un avis en connaissance de cause. »

Les inspecteurs du travail doivent donc « inviter dorénavant les intéressés à joindre, le cas échéant, à leur réclamation, la copie de la mise en demeure qui leur a été signifiée, ainsi que les documents, notes, plans des ateliers ou des machines, etc., qui seraient de nature à éclairer le Comité ».

---

(1) La disposition du décret du 17 *mai* 1851, maintenue par le décret du 3 avril 1889, est formelle : elle porte que la « mouture des grains » n'est point « comprise dans la limite de durée du travail fixée par la loi du 9 septembre 1848 ».

On peut dès lors se demander si un inspecteur du travail, exclusivement chargé par la loi du 2 novembre 1892 « d'assurer l'exécution de la loi du 9 septembre 1848 », avait qualité, en ce qui concerne le travail des ouvriers adultes, pour inspecter les moulins et pour mener, même officieusement, une instruction à la suite de plaintes adressées à l'administration.

Si l'intervention nécessaire de l'inspection doit être louée et soutenue partout où la loi l'appelle et la prescrit, ne doit-on pas rigoureusement lui fermer toutes les initiatives, même généreuses, qui pourraient aisément conduire à des empiétements d'autorité ou à des ingérences abusives ?

Dans l'espèce, telle que l'expose la dépêche ministérielle, au lieu de constater que cette « intervention tout officieuse ne pouvait aller au delà », on serait plutôt tenté d'observer que, légalement, elle ***ne pouvait aller jusque-là***.

Déclaration des accidents par les compagnies de chemins de fer d'intérêt local et de tramways. — Circulaire du ministre du commerce du 27 octobre 1896 :

« M. l'Inspecteur divisionnaire, vous avez eu connaissance, par le Bulletin de l'inspection du travail de la circulaire adressée par M. le ministre des travaux publics, le 27 février dernier (2), aux compagnies de chemins de fer d'intérêt local au sujet des déclarations d'accidents survenus aux ouvriers adultes *dans les ateliers* dépendant de ces compagnies.

J'ai l'honneur de vous adresser, ci-jointe, la liste des compagnies de chemins de fer d'intérêt local et de tramways en exploitation, afin que les inspecteurs départementaux puissent, le cas échéant, rappeler à ces compagnies qu'elles ont été invitées à déclarer les accidents survenus *dans leurs ateliers* aux ouvriers adultes et à fournir un relevé mensuel desdits accidents.

La liste que je vous communique renferme non seulement les chemins de fer d'intérêt local, mais encore les tramways à traction mécanique et à traction animale ; ces derniers sont, en effet, comme les compagnies d'intérêt local, soumis au contrôle des préfets, sous l'autorité du ministre des travaux publics. Il n'y a donc, au point de vue des déclarations d'accidents, aucune distinction à établir entre les diverses compagnies de chemins de fer d'intérêt local et de tramways... »

Délivrance des certificats médicaux a la suite d'accidents — Dépêche du ministre du commerce du 30 *mars* 1897 :

« M. l'Inspecteur divisionnaire, à plusieurs reprises, la question s'est posée de savoir si les certificats médicaux délivrés en exécution des articles 2 et 15 de la loi du 2 novembre 1892 et 11 de la loi du 12 juin 1893 étaient passibles du timbre, et si les médecins qui les établissent sur papier non timbré pouvaient encourir l'amende édictée par l'article 22 de le loi du 2 juillet 1862.

M. le ministre des finances, que j'ai consulté à ce sujet, vient de me faire connaître que, à son avis, ces certificats paraissent devoir être considérés comme rédigés dans un intérêt d'ordre public et admis, par suite,

(2) Dans cette circulaire, le ministre des travaux publics rappelait qu'aux termes d'un avis du Conseil d'État les déclarations d'accidents visées par la loi du 12 juin 1893, en ce qui concerne les ouvriers du sexe masculin âgés de plus de 18 ans, n'étaient point imposées aux compagnies de chemins de fer, mais que les compagnies de chemins de fer d'intérêt général, pressenties à ce sujet, consentaient à adresser, pour les accidents survenus dans leurs ateliers à cette catégorie de travailleurs, des états mensuels au service de l'Inspection. Il prescrivait aux préfets d'inviter les compagnies de chemins de fer d'intérêt local et de tramways à satisfaire au même desideratum, pour permettre l'établissement d'une statistique plus complète des accidents professionnels.

à bénéficier de l'immunité d'impôt prévue par l'article 16 (n° 1, dernier alinéa) de la loi du 13 brumaire an VII. »

Expertises à la suite d'accidents. — Dépêche du ministre du commerce du 9 *novembre* 1896 :

« M. l'Inspecteur divisionnaire, vous m'avez demandé de vous faire savoir si un inspecteur départemental du travail, qui a eu à connaître d'un accident survenu dans sa section, peut accepter la mission d'expert, au cours des poursuites que le Parquet exerce, d'autre part, à l'occasion du même accident.

La négative n'est pas douteuse. Un inspecteur du travail ne peut être expert dans une affaire qui se rattache, d'une manière quelconque, à l'exercice de ses fonctions. En dehors de cette hypothèse, j'estime même qu'il ne saurait remplir une semblable mission qu'avec l'autorisation de l'Administration. »

Mainlevée des saisies-arrêts sur salaires. — *Circulaire du ministre de la justice du* 5 *novembre* 1896 :

« M. le Procureur général, mon attention a été appelée sur deux difficultés auxquelles donne lieu l'application de la loi du 12 janvier 1895 sur la saisie-arrêt des salaires et petits traitements des ouvriers et employés.

La première, d'ordre fiscal, concerne l'interprétation de l'article 15 de la loi susvisée. Cet article est ainsi conçu : « Tous les exploits, autorisations, jugements, décisions, procès-verbaux et états de répartition qui pourront intervenir en exécution de la présente loi seront rédigés sur papier non timbré et enregistrés gratis. Les avertissements ou lettres recommandées et les copies d'état de répartition sont exempts de tout droit de timbre et d'enregistrement. »

En présence de cette énumération, on pouvait se demander si la *mainlevee*, qui n'y est pas comprise explicitement, devait bénéficier de l'immunité d'impôt.

J'ai consulté sur ce point M. le ministre des finances, et il s'est prononcé dans le sens de la négative. Les dispositions législatives portant dérogation à la règle générale en matière d'impôts doivent être strictement appliquées selon leurs termes. Or les mainlevées des saisies-arrêts, lorsqu'elles ne sont contenues ni dans un exploit, ni dans une décision du juge, ne sauraient rentrer dans l'énumération de l'article 15 précité.

Il résulte de cette décision que les mainlevées ne devront être reçues par le greffier que si elles sont rédigées sur timbre et enregistrées.

La seconde difficulté signalée à mon examen provient de ce que la loi n'a pas prévu par quel moyen le tiers saisi serait averti de la mainlevée de la saisie-arrêt formée entre ses mains.

Il m'a paru qu'il convenait de procéder ainsi qu'il suit : la mainlevée sera apportée au greffe par le débiteur ou par son mandataire. La signature devra être certifiée par l'officier ministériel qui a pratiqué la saisie, ou légalisée soit par le maire, soit par le commissaire de police.

Le greffier mentionnera cette mainlevée sur le registre prévu par l'article 14 et il la classera dans les archives du greffe avec l'original de l'exploit de saisie-arrêt. Il devra, sans aucun délai, en donner avis au tiers saisi par lettre recommandée.

Dans le cas où, postérieurement à la saisie-arrêt, des créanciers auraient fait au greffe la déclaration prescrite par l'article 7, le greffier n'aura encore à adresser au tiers saisi qu'une seule lettre d'avis qui sera préparée lorsque le débiteur lui aura remis la mainlevée de toutes les oppositions.

Il sera alloué au greffier pour cette lettre d'avis et en dehors des frais d'affranchissement une indemnité de 50 centimes, en vertu de l'article 1er du décret du 9 février 1895. Les frais seront à la charge du débiteur, par application de l'article 13 de la loi du 12 janvier 1895. Le greffier pourra en exiger le versement avant d'expédier la lettre d'avis qui doit suivre la remise de la mainlevée. »

Mesures municipales contre le chômage. — *Circulaire du ministre de l'intérieur du* 23 *février* 1897 (1) :

« M. le Préfet, le conseil supérieur du travail a, dans sa dernière session, commencé l'étude de la question du chômage et émis le vœu que le gouvernement portât à la connaissance des préfets et des maires les résultats des travaux de secours contre le chômage entrepris déjà par les municipalités pendant les années 1890 à 1895 avec les observations auxquelles a donné lieu l'exécution de ces travaux.

Le nombre des communes ayant un revenu de plus de 100,000 francs qui, au cours de la période ci-dessus indiquée, ont organisé, à titre de secours contre le chômage, des travaux de natures diverses et en toutes saisons s'élève à 114. La dépense totale occasionnée par ces entreprises a été de 4,903,749 fr. 94. Quant aux observations suggérées au conseil supérieur par l'étude de ces résultats, en voici le texte :

1° Les travaux entrepris doivent être des travaux d'utilité générale, mais non urgents, pouvant être ajournés et repris sans préjudice de leur bonne exécution : construction et entretien des routes et chemins, défrichement, labourage à la bêche, reboisement, curage

---

(1) Cette circulaire a été adressée à la suite d'un vœu émis par le Conseil supérieur dans sa session de décembre 1896.

des cours d'eau, cassage de pierres pour l'entretien des chaussées, etc. ;

2° Pour éviter l'encombrement des chantiers par les habitants des localités voisines, exiger une durée déterminée de domicile dans la commune ;

3° Donner dans tous les cas où cela est possible la préférence au travail à la tâche. Le travail à la journée exige un surcroît de surveillance, surtout dans les chantiers de secours, et donne presque toujours des résultats inférieurs au travail à la tâche.

D'autre part, lorsque dans certains cas spéciaux on est obligé d'avoir recours au travail à la journée, comme on ne peut donner à des chômeurs, ouvriers inhabiles, le prix de journée normal des professionnels, on risque d'encourir le reproche de spéculer sur le chômage pour faire exécuter les travaux au rabais.

Il est nécessaire, dans tous les cas, d'appeler l'attention des administrations intéressées sur la nécessité d'une ferme discipline et d'une grande vigilance ayant pour but de prévenir les abus qui se glissent aisément dans les chantiers de cette nature ;

4° Laisser à l'ouvrier le temps de chercher du travail dans l'industrie privée et, pour cela, n'ouvrir les chantiers de secours que six ou huit heures par jour, ou ne faire travailler à journée pleine que par périodes alternatives de trois, quatre ou six jours ;

5° La création de chantiers pour chômeurs est préférable à la distribution de secours en nature ou en argent. Les avantages moraux qu'elle présente sont incontestables : elle conserve la dignité de l'ouvrier, qui a conscience de faire œuvre utile ; elle le garde de l'oisiveté, de l'intempérance, et permet de combattre efficacement la paresse et la mendicité ;

6° Les communes doivent éviter, dans la mesure du possible, d'entreprendre des travaux publics importants lorsque les travaux particuliers sont très actifs ; il est préférable qu'elles réservent leur exécution pour les périodes de ralentissement des constructions privées ;

7° Un rapport annuel fera connaître les résultats et les conditions d'exécution des travaux de secours contre le chômage, organisés par les municipalités et les départements.

Je vous prie de porter ces indications à la connaissance des maires par la voie du *Recueil des actes administratifs* de votre préfecture.

Dans le même ordre d'idées, je vous prie de vous référer aux instructions de mes prédécesseurs du 8 novembre 1894 et du 19 avril 1895. Dans la première de ces circulaires, l'administration manifestait sa sympathie pour les œuvres d'assistance par le travail, vous invitait à encourager ces œuvres, à en faciliter les débuts là où l'on s'efforcerait d'en constituer de nouvelles, à développer l'action de celles qui existent déjà. La seconde avait pour objet de provoquer l'étude des conseils généraux sur la question du vagabondage et de la mendicité d'après les données d'un rapport qu'avait rédigé une commission mixte constituée par la *société générale des prisons* et la *société internationale pour l'étude des questions d'assistance*. Cette commission recommandait l'institution d'œuvres d'assistance par le travail comme un des meilleurs moyens de prévenir les conséquences qu'entraîne le chômage. »

Allocations municipales aux bourses du travail. — *Circulaire du ministre de l'intérieur du 13 février 1897 :*

« M. le Préfet, je suis consulté assez fréquemment sur la suite à donner à des votes de crédits en faveur des bourses du travail. Bien que la circulaire du 8 décembre 1894 vous ait prescrit de me soumettre, avec vos observations, toute demande de renouvellement, d'augmentation ou d'ouverture de crédits de ce genre, j'estime qu'il n'y a pas lieu, à l'avenir, de prendre l'avis de l'Administration supérieure en pareil cas. La circulaire précitée de 1894 vous a tracé, d'une manière assez précise, la ligne de conduite à suivre en ce qui concerne les bourses du travail, pour que vous puissiez prendre, dans chaque espèce, une décision, sous votre responsabilité, sauf les cas où le règlement du budget a lieu par décret, de manière à assurer la stricte exécution des instructions de mon prédécesseur, auxquelles je me réfère et que je maintiens de la manière la plus expresse (1). »

---

(1) Les instructions de la circulaire ministérielle du 8 décembre 1894, ainsi consacrées à nouveau, étaient les suivantes :

« Depuis plusieurs années, il s'est créé dans un certain nombre de villes des établissements dits : *Bourses du Travail*, en vue de faciliter les transactions relatives à la main-d'œuvre. Diverses assemblées locales ont alloué des subventions à ces établissements et, à cette occasion, certains de vos collègues m'ont consulté sur la conduite qu'ils auraient à tenir lorsqu'ils seraient saisis, en vertu de l'article 68 de la loi du 5 avril 1884, de votes de crédits émanant de conseils municipaux en faveur de Bourses du Travail. Je crois utile de vous donner à cet égard des indications générales, me réservant de vous adresser, le cas échéant, des instructions particulières.

En premier lieu, les Bourses du Travail ne peuvent s'occuper que de l'embauchage des travailleurs, du placement gratuit et des renseignements concernant l'offre et la demande du travail. Il est, en conséquence, formellement interdit de s'y livrer à des discussions politiques, religieuses, ou même économiques d'un caractère général. Les Bourses du Travail ne sauraient devenir avec votre assentiment, tout au moins tacite, des réunions de théoriciens plus ou moins autorisées, et encore moins une tribune pour les agitateurs de profession ; il importe de leur conserver le caractère que leur ont attribué à l'origine les amis les plus sincères de la classe ouvrière, celui de *marché libre du travail*.

En second lieu, les Bourses doivent être ouvertes, pour l'embauchage, indistinctement aux patrons et aux employés ou ouvriers syndiqués ou non syndiqués ; il en est de même en ce qui concerne l'accès des bureaux de placement et des

Retraites des vieillards infirmes et incurables. — *Circulaire du ministre de l'intérieur du* 20 *avril* 1897 (*Extrait*) :

« La question n'est pas neuve pour la plupart des assemblées départementales. Une circulaire ministérielle en date du 1er août 1888 a recommandé à tous les départements les essais d'organisation d'un service de secours à domicile que plusieurs avaient spontanément tentés : quelques-uns seulement ont répondu à l'appel du ministre, mais il en est bien peu qui n'aient reconnu en principe la légitimité de cette assistance.

L'article 43 de la loi du 29 mars 1897 (1) donne le moyen de faire partout une expérience plus étendue, qui sera l'application partielle du principe de l'obligation légale, en ce sens que l'Etat se trouve astreint à parfaire par ses subventions les allocations annuelles volontairement constituées par les départements et les communes.

Les départements ont ainsi un droit ouvert aux subventions de l'Etat dans la mesure précisée par les règles ci-après :

1° L'allocation doit revêtir la forme d'une pension, c'est-à-dire qu'elle doit consister en secours à domicile et non en payement de journées d'hospitalisation.

2° L'allocation ne doit pas consister en secours précaires et passagers, mais en une pension annuelle, telle qu'il convient de l'attribuer à des personnes qui ne sont pas temporairement, mais définitivement, dans l'impossibilité physique de subvenir aux nécessités de l'existence.

3° L'allocation doit être constituée par le département et la commune, c'est-à-dire que les fonds appelant la participation de l'Etat doivent figurer dans des budgets locaux.

4° La contribution de l'Etat est acquise, d'après les termes mêmes employés par le législateur, « dans les conditions de la loi sur l'assistance médicale et conformément aux barêmes A et B de cette loi » ; elle ne peut donc porter que sur la part de la dépense couverte au moyen de ressources extraordinaires. Cette dépense pourra en effet être atténuée, au bénéfice de la commune et du département, par des contributions du bureau de bienfaisance ou de l'hospice ; et il est bien naturel que le bureau de bienfaisance surtout consacre à cet objet une portion de ses recettes, ce qui diminuera d'autant les sacrifices à demander aux contribuables ;

5° Les allocations servies par les communes ne leur ouvriront un droit à la subvention du barème A qu'autant que le département aura préalablement consenti à fournir son contingent. Il ne peut dépendre d'un Conseil municipal de créer une dépense obligatoire pour le département. Lorsque le département aura consenti, à l'égard de la commune, à l'application du barème A, il aura droit, de la part de l'Etat, au bénéfice du barème B.

6° La contribution de l'Etat n'ira en effet directement qu'au département, par cette raison que le calcul n'en pourra être fait que par application du barème B, le barème A s'appliquant exclusivement aux rapports du département avec les communes. La loi dit bien que le département pourra constituer la pension à lui seul. Mais cette disposition est subordonnée à l'indication générale que le calcul de la subvention de l'Etat doit être fait conformément aux barèmes A et B, et doit donc s'entendre des cas où le département consentirait à prendre à sa charge la part de la commune suivant le barème A, sans qu'il soit tenu compte dans l'application du barème B de cette charge supplémentaire acceptée par lui.

7° Les pensions départementales ou communales, pour appeler la participation de l'Etat, devront n'être ni inférieures à 90 francs,

---

offices de renseignements. J'insiste particulièrement sur cette condition essentielle, qui a pour objet de maintenir aux Bourses du Travail leur caractère propre et d'assurer à tous les citoyens une égale liberté et une jouissance égale des droits que la loi leur confère. Toutes distinctions contraires à ce principe ne sauraient être tolérées.

Mais, si l'accès de la Bourse du Travail doit être ouvert à tous ceux qui recherchent individuellement de l'emploi, ou qui en offrent aux travailleurs, on doit évidemment exiger des garanties de la part des groupes ou associations qui désirent installer à la Bourse un bureau de placement. Il va sans dire d'abord que le placement doit être gratuit ; d'autre part, les associations ou groupes, qui se livrent à cette opération dans l'intérêt général, ne peuvent être que les syndicats professionnels d'ouvriers, de patrons ou mixtes, également constitués et les autres institutions, légalement existantes, telles que les sociétés de secours mutuels, les sociétés d'assistance par le travail et les sociétés de compagnons. Cette énumération n'est pas limitative, mais elle ne saurait être étendue qu'à des institutions similaires, jouissant de l'existence legale et se proposant, comme but principal ou accessoire, le placement gratuit des travailleurs.

Enfin les hôtes de la Bourse du Travail, accidentels ou permanents, doivent se conformer, comme tous les citoyens, aux lois générales sur l'ordre public et aux règles de la police particulière des Bourses. La loi du 5 avril 1884 (art. 97) confie d'une manière générale aux maires le soin « d'assurer le bon ordre..... 3° dans les endroits où il se fait de grands rassemblements d'hommes, tels que les foires, marchés, réjouissances et cérémonies publiques, spectacles, jeux, cafés, églises et *autres lieux publics* ». Ce texte donne donc aux maires le droit d'intervenir, *pour le maintien du bon ordre*, dans les Bourses du Travail. « Mais cette disposition n'est pas exclusive du droit qui vous appartient, Monsieur le Préfet, de veiller à la police générale. Le maintien de l'ordre dans les Bourses du Travail sera donc l'une de vos principales préoccupations. D'autre part, les Bourses du Travail ne fonctionnent actuellement ni comme établissements, ni comme services publics ; elles n'ont pas une autonomie distincte et définie par la loi elle-même ; c'est donc à vous exclusivement qu'il appartient d'en régler le fonctionnement, de prononcer l'exclusion des agitateurs et, au besoin, de fermer l'établissement. Dans le cas cependant où vous estimeriez qu'une mesure de ce genre s'impose, vous devriez m'en référer avant de prendre une décision définitive. »

(1) Voir le texte et le commentaire de cet article dans la *Revue* (1er trimestre, p. 6).

ni supérieures à 200 francs. Le législateur a estimé qu'un secours annuel inférieur à 90 fr. ne devait pas être encouragé parce qu'il ne représente pas une assistance efficace et que, d'autre part, l'élévation de la pension au-dessus de 200 francs supprimait la nécessité de l'intervention de l'Etat, l'assistant étant supposé recevoir alors du département et de la commune le minimum indispensable aux besoins de l'existence.

8° Tout bénéficiaire d'une pension que l'Etat complétera par sa subvention doit réunir les conditions suivantes :

a) Etre Français ;

b) Etre indigent. Pour apprécier si, en fait, cette condition est réalisée, vous vous entourerez de tous les renseignements que vous croirez utiles de recueillir ; vous exigerez notamment l'avis du bureau d'assistance ;

c) Etre dans l'impossibilité de subvenir par le travail aux nécessités de la vie. Le bureau d'assistance s'assurera que cette condition est réalisée en exigeant un certificat le constatant et signé du médecin ou d'un des médecins du service de l'assistance médicale gratuite ;

d) Etre, soit âgé de plus de 70 ans, soit atteint d'une infirmité ou d'une maladie incurable. Pour cette dernière catégorie, le médecin de l'assistance médicale certifiera en même temps l'infirmité ou la maladie et l'incapacité de travail.

9° Le nombre des pensions auxquelles l'Etat contribuera ne devra pas dépasser sur l'ensemble du département deux pour mille habitants et dans aucun cas l'Etat ne fournira plus de 50 francs par pension. Vous aurez à tenir compte de cette double restriction dans les propositions que vous adresserez au conseil général.

10° La loi dit que « la pension est toujours révocable ». Il est probable que la révocation sera rarement prononcée ; les raisons qui pourront amener le bureau d'assistance à la proposer seront, sans doute, soit le changement de situation de l'assisté (guérison imprévue, survenance de ressources, hospitalisation), soit la constatation que le secours serait détourné de son but (mésusage de la pension ou emploi de tout ou partie de celle-ci au profit d'autres personnes que le titulaire).

Dans ces limites, la liberté la plus entière est laissée au conseil général pour régler la participation du département aux dépenses. Il pourra, par exemple, déléguer à sa commission départementale ou confier au préfet la désignation des bénéficiaires en faveur desquels il acceptera de participer au paiement de la pension, subdiviser le crédit voté par lui entre les arrondissements proportionnellement à leur population ou en affecter une part déterminée à certaines catégories de communes (par exemple à celles qui n'ont pas d'hospice). »

Hospitalisation des enfants rachitiques ou scrofuleux. — *Circulaire du ministre de l'intérieur du* 30 *avril* 1897 (*Extrait*) :

« M. le Préfet, j'ai l'honneur de vous signaler ci-après les conditions dans lesquelles les enfants indigents atteints de rachitisme ou de scrofule doivent, quand leur mal est curable, profiter de la loi du 15 juillet 1893 sur l'assistance médicale gratuite.

Vous remarquerez d'abord qu'il ne s'agit pas d'étendre, par une bienveillante interprétation, l'assistance médicale à cette catégorie d'enfants ; ce bénéfice leur est dû en conformité de la règle générale que l'article 1er de la loi du 15 juillet 1893 a édictée.

Aux termes du premier paragraphe de cet article, « tout Français malade, privé de ressources, reçoit gratuitement de la commune, du département ou de l'Etat, suivant son domicile de secours, l'assistance médicale à domicile, ou, s'il y a impossibilité de le soigner utilement à domicile, dans un établissement hospitalier.

L'enfant rachitique ou scrofuleux, dont le mal est curable, n'est pas un infirme, un de ceux pour qui l'action thérapeutique ne peut s'exercer et auxquels en conséquence l'assistance créée par la loi du 15 juillet 1893 n'est pas due : il est un malade ; et, s'il est « privé de ressources », il doit bénéficier de cette loi.

Comment pourra-t-il en bénéficier, être « soigné utilement » ? Ce ne sera ni à domicile, ni dans un hôpital ordinaire : ce sera dans un hôpital marin. Les médicaments donnés aux rachitiques et aux scrofuleux peuvent atténuer les manifestations du mal ; ils ne l'enrayent que pour de courtes périodes, ils ne le guérissent pas. Une expérience décisive, poursuivie aussi bien en France, et notamment à l'hôpital de Berck, qu'à l'étranger, prouve qu'il n'y a contre le rachitisme et la scrofule qu'un remède efficace : ce remède est le traitement marin, la cure par les bains de mer et surtout par l'air de mer. Il est d'ailleurs évident que plus le traitement est institué à une époque voisine du commencement de la maladie, plus sont nombreuses, toutes autres choses égales, les chances d'une complète guérison. Elle n'est souvent obtenue même à l'égard des malades soignés au début, que par un séjour prolongé à l'hôpital marin ; et de ce chef la dépense sera, je le reconnais, relativement élevée. Mais les scrofuleux et les rachitiques sont sujets à des maladies incidentes plus fréquentes et plus graves que celles qui atteignent la population. Si le traitement marin leur est refusé, ils deviendront les clients les plus assidus des hôpitaux ordinaires. Il est moins coûteux de guérir maintenant un rachitique ou un scrofuleux que de l'hospitaliser plus tard à des intervalles de plus en plus rapprochés : le traitement marin imposera aux présents budgets de l'assistance médicale des dépenses inférieures à celles qu'il épargnera aux budgets futurs.

En dehors et au-dessus des considérations financières, vous serez frappé de l'intérêt social qui est ici engagé.

Les rachitiques et les scrofuleux, quand ils ne sont pas voués à une mort prématurée, ne peuvent se livrer qu'à un travail intermittent dont le rendement est très faible ; et, s'ils ont une descendance, elle n'échappe que rarement à la tare héréditaire. Guérir un de ces malades, c'est à la fois exonérer d'une charge ultérieure l'assistance publique et transformer une non-valeur en une force.

Vous savez d'ailleurs que la scrofule prédispose à la maladie qui est de beaucoup la plus meurtrière, à la tuberculose pulmonaire. L'extension du traitement marin contribuera au relèvement numérique de notre population et lui apportera de nouveaux éléments de santé, de bien-être et de richesse.

Je vous recommande instamment de faire assurer, autant que vous le pourrez, ce trai- à ceux des enfants inscrits sur la liste d'assistance médicale pour lesquels il est indiqué ; j'ai à peine besoin d'ajouter que le contingent de l Etat est acquis, suivant la mesure fixée par la loi du 15 juillet 1893, aux frais de séjour de ces malades dans des hôpitaux marins. »

Sociétés de constructions d'habitations à bon marché : emprunts aux Caisses d'épargne. — *Circulaire du ministre du commerce du* 30 *mars* 1897 (aux directeurs des Caisses d'épargne ordinaires) :

« Messieurs, aux termes de l'article 6 de la loi du 30 novembre 1894, relative aux habitations à bon marché, « la Caisse des dépôts et consignations est autorisée à employer jusqu'à concurrence du cinquième la réserve provenant de l'emploi des fonds des Caisses d'épargne qu'elle a constituée en obligations négociables » des « Sociétés de construction de maisons à bon marché » et des « Sociétés de crédit qui, ne construisant pas elles-mêmes, ont pour objet de faciliter l'achat ou la construction de ces maisons (1) ». D'autre part, l'article 10 de la loi du 20 juillet 1895, sur les Caisses d'épargne, autorise ces Caisses, en principe, et sous réserve des modifications statutaires qui pourraient être au préalable nécessaires (2), à « employer la totalité du revenu de leur fortune personnelle et le cinquième du capital de cette fortune en acquisition ou construction d'habitations à bon marché », en « prêts hypothécaires aux

---

(1) Les conditions générales de ces emprunts avaient été fixées par la Caisse des dépôts et consignations dans une *Notice* du 22 septembre 1895. Elles se trouvent aujourd'hui consignées dans une nouvelle *Notice* du 10 août 1896, ainsi conçue :

« *Renseignements concernant les emprunts à la caisse des dépôts et consignations pour la construction ou l'achat des habitations à bon marché.* — Aux termes de la loi du 30 novembre 1894, la Caisse des dépôts et consignations est autorisée a employer, jusqu'a concurrence du cinquième, la réserve provenant de l'emploi des fonds des Caisses d'épargne, en obligations negociables des sociétés de construction de maison a bon marché et des societes qui, ne construisant pas elles-mêmes, ont pour objet de faciliter l'achat ou la construction de ces maisons. Pour être admises a emprunter à la Caisse des dépôts, les sociétés doivent être constituées conformement à l'article 9 du décret du 21 septembre 1895 portant règlement d'administration publique pour l'exécution de la loi du 30 novembre 1894. Elles ont, en consequence, à produire leurs statuts a l'appui de leurs demandes d'emprunt. Les prêts consentis par la Caisse des dépôts sont, en outre, soumis aux conditions ci-après : Les obligations négociables doivent être du type des obligations de chemin de fer, au capital de 100 francs au moins, émises au pair. L'intérêt des obligations est fixé à 3 fr. 25 0/0 net de tous frais accessoires et impôts, lesquels restent à la charge des societés, il est payable par semestre et le jour même de l'échéance a la Caisse des préposés de la Caisse des dépôts. L'amortissement des obligations doit être régulier et avoir lieu annuellement, par voie de tirage au sort, dans un delai à déterminer au moment du prêt. Le remboursement au pair d'émission, sans aucune retenue, des titres sortis au tirage annuel doit être effectué à la date coincidant exactement avec celle du premier semestre d'intérêts qui suit le tirage. Les fonds empruntés sont mis sans frais à la disposition des sociétés par l'entremise du trésorier-payeur général du département et contre remise d'un nombre d'obligations correspondant au capital réalisé. Les realisations ont lieu sur la justification par les sociétés de l'emploi des sommes empruntées ; elles peuvent être faites par fractions au fur et à mesure de l'avancement des travaux qui motivent l'emprunt. Le remboursement anticipé d'une, de plusieurs ou de la totalité des obligations peut avoir lieu à toute époque et sans payement d'indemnité. Les societes qui empruntent à la Caisse des dépôts sur obligations doivent s'interdire par leurs statuts la faculte d'emprunter sur hypothèque jusqu'au complet amortissement des obligations émises en garantie du prêt consenti par la Caisse des depôts. »

« *Pieces à produire à l'appui d'une demande d'emprunt.* — 1° Demande au directeur général de la Caisse des dépôts (il n'est pas nécessaire d'affranchir) ; 2° Copie certifiée conforme par le Président du Conseil d'administration des statuts de la société ; 3° Copie d'une délibération du Conseil d'administration de la société, votant la réalisation de l'emprunt à la Caisse des dépôts aux conditions de cet établissement (voir modèle de délibération, page 4) ; 4° Liste des membres composant le Conseil d'administration avec l'indication de leur qualité et du nombre d'actions possédé par chacun d'eux ; 5° Dernier bilan arrêté appuyé de renseignements detaillés sur les comptes de l'actif et notamment sur la valeur, la nature, la situation et l'importance des immeubles ; 6° Etat détaillé des recettes et des dépenses annuelles (année courante et année antérieure si la société a plus d'un an d'existence) ; 7° Copie figurée des obligations à émettre en garantie de l'emprunt ; 8° Tableau d'amortissement des obligations, certifié par le Président du Conseil d'administration »

(2) Aux termes du paragraphe 17 de l'Instruction ministérielle du 20 decembre 1895, deux cas peuvent se produire en l'espèce : 1° si les statuts de la caisse d'épargne n'ont determine aucun mode de placement de la fortune personnelle, les dispositions de l'article 10 de la loi du 20 juillet 1895 sont de plein droit applicables et les opérations visées dans la circulaire peuvent être realisees; 2° si les statuts ont déterminé un ou plusieurs placements, sans y comprendre ces opérations, il faut que la caisse obtienne sur ce point une modification de ses statuts par décret rendu en Conseil d'Etat.

sociétés de construction de ces habitations » existant dans le département ou aux « Sociétés de crédit qui, ne les construisant pas elles-mêmes, ont pour objet d'en faciliter l'achat ou la construction » et enfin « en obligations de ces sociétés ». — Ces deux dispositions successives disent assez et l'intérêt que le législateur porte au développement des sociétés de construction d'habitations à bon marché et le concours qu'il attend des réserves de l'épargne en faveur de ce développement. — Sans méconnaître le rôle qui revient en cette matière à la Commission de surveillance de la Caisse des dépôts et consignations, gérante du fonds de réserve et de garantie des caisses d'épargne, et sans douter du bon vouloir qu'elle mettra à réaliser les intentions du Parlement, j'incline à croire que c'est surtout auprès des caisses d'épargne elles-mêmes que les sociétés de construction d'habitations à bon marché pourraient et devraient trouver l'appui financier qui leur est indispensable, surtout à leurs débuts. — Connaissant exactement la situation des localités, se trouvant en contact direct avec une clientèle de déposants dans laquelle se recruteraient vraisemblablement les futurs acquéreurs ou locataires de maisons à bon marché, rapprochés par leurs relations administratives ou personnelles de ceux qui pourraient utilement provoquer et mener à bien la création de sociétés de construction, les administrateurs des caisses d'épargne sont mieux placés que quiconque pour susciter ou soutenir les premières tentatives et pour faciliter, par des prêts sagement consentis, la réalisation des projets correspondant à des besoins avérés. Sans rien sacrifier des sûretés que réclame toujours la gestion des fonds de l'épargne publique, sans rien délaisser d'un contrôle que leur rendra facile leur séjour sur place, ils peuvent ainsi participer activement à une œuvre sociale de haute portée et doubler, pour ainsi dire, l'utilité de la mission qu'ils ont généreusement assumée, puisque, en provoquant d'un côté à l'épargne, ils font concourir, d'un autre côté, cette épargne locale à l'amélioration des conditions locales du logement ouvrier. — Déjà de grandes caisses, celles de Paris, de Lyon, de Marseille, sont entrées délibérément dans cette voie. Je veux espérer qu'elles seront suivies et que les autres grandes caisses, les caisses moyennes elles-mêmes, dans la mesure variable de leurs ressources et des nécessités, tiendront à honneur de ne point se désintéresser d'une question qui, pour être résolue, appelle leur initiative et leur collaboration effective. — Désireux de bien mettre en relief cette action féconde des caisses d'épargne sur les transformations de l'habitation ouvrière, je prescris même dès maintenant l'insertion d'une rubrique spéciale à cet objet dans les prochains comptes rendus annuels de leurs opérations. — Je suis, d'ailleurs, tout disposé à étudier sans délai les modifications statutaires qui, en ce point particulier, pourraient être nécessaires à l'application de l'article 10 de la loi du 20 juillet 1895 et à vous fournir toutes les indications utiles sur le régime des habitations à bon marché, déterminé par la loi du 30 novembre 1894. — Vous voudrez bien, Messieurs, m'accuser réception de la présente circulaire et me faire savoir si, pour la caisse que vous administrez, vous entrevoyez l'utilité et la possibilité des interventions auxquelles elle vous convie. »

DISCUSSIONS PARLEMENTAIRES

Dépots de Projets et Rapports

Protection de l'enfance. — *Discussion* à la Chambre des propositions de loi tendant à la répression plus sévère des violences, voies de fait, actes de cruauté et attentats commis envers les enfants (séance du 11 juin 1897, J. O., p. 1457).

Enseignement professionnel. — *Interpellation* sur l'insuffisance de l'Enseignement agricole dans les écoles primaires (soutenue au Sénat par M. Le Play, le 4 juin 1897, J. O, p. 934).

Régime du travail. — *Proposition* de loi ayant pour objet de compléter les dispositions du code civil sur le contrat de louage d'ouvrage et d'industrie, dans le but d'assurer aux ouvriers et employés le produit intégral de leur travail par la participation aux bénéfices (déposée à la Chambre par M. Michelin, le 18 mai 1897, n° 2434).

— *Interpellation* sur les mesures à prendre pour assurer le respect des décrets et des lois dites *lois ouvrières* (soutenue à la Chambre par M. Renou, le 22 mai 1897, J. O., p. 1244).

— *Proposition* de loi sur le Code du travail, livre 1er, titre 1er : Contrat de travail (déposée à la Chambre par M. Groussier, le 28 mai 1897, n° 2464).

— *Rapport* sur la proposition de M. Vaillant ayant pour objet la création d'un ministère du travail, de l'hygiène et de l'assistance publique (déposé à la Chambre par M. Dutreix, le 10 juin 1897, n° 2498).

Protection du travail national. — *Proposition* de loi relative à la protection douanière du travail des ouvriers, portant modification à l'article 190 du tarif du 11 janvier 1892 (déposée à la Chambre par M. de Ramel, le 29 mai 1897, n° 2468).

Conseils de Prud'hommes. — *Proposition* de loi ayant pour objet de laisser siéger tout conseiller prud'homme dont l'élection est contestée jusqu'au jour où le Conseil d'État aura statué en dernier ressort (déposée à la Chambre par M. Mirman, le 21 juin 1897, n° 2546).

Chômage. — *Proposition* de loi tendant à l'ouverture d'un crédit extraordinaire de 100,000 francs afin de venir en aide aux ouvriers mineurs de la Grand'Combe, victimes du chômage (déposée à la Chambre par M. Dejeante, le 21 mai 1897, nº 2441).

— *Rapport* sur la proposition de M. Dejeante, tendant à l'ouverture d'un crédit extraordinaire de 100,000 francs afin de venir en aide aux ouvriers mineurs de la Grand'Combe victimes du chômage (déposé à la Chambre par M. Lasserre, le 14 juin 1897, nº 2517).

— *Discussion* à la Chambre sur la proposition de M. Dejeante tendant à l'ouverture d'un crédit extraordinaire de 100,000 francs afin de venir en aide aux ouvriers mineurs de la Grand'Combe, victimes du chômage (séance du 21 mai 1897, J. O., p. 1213 ; séance du 9 juillet, J. O., p. 1918).

— *Proposition* de loi ayant pour objet d'accorder une indemnité aux ouvriers privés de leur travail à la suite d'expropriation pour cause d'utilité publique (déposée à la Chambre par M. Deville, le 24 mai 1897, nº 2456).

— *Discussion* à la Chambre sur le droit à indemnité des ouvriers victimes du chômage à la suite d'expropriation pour cause d'utilité publique (séance du 24 mai 1897, J. O., p. 1267).

— *Interpellation* au sujet de la décision prise par la compagnie des mines de la Grand'Combe vis-à-vis de son personnel ouvrier (soutenue à la Chambre par M. Basly, le 5 juin 1897, J. O., p. 1416 et le 12 juin, J. O., p. 1475).

Mesures diverses dans l'intérêt des ouvriers. — *Proposition* de loi tendant à modifier le paragraphe 3 de l'article 23 de la loi du 15 juillet 1889 sur le recrutement de l'armée (déposée à la Chambre par M. Gruet, le 17 juin 1897, nº 2522).

Accidents de fabrique. — *Question* relative à la législation sur les accidents de fabrique (posée, à la Chambre, par M. Charpentier, le 29 mai 1897, J. O., p. 1322).

Retraites ouvrières. — *Discussion* à la Chambre sur l'organisation des retraites ouvrières (dans la discussion sur le privilège de la Banque de France, séance du 14 juin 1897, J. O., p. 1501).

Assurance. — *Projet* de loi sur les assurances en faveur des sapeurs-pompiers victimes d'accidents en service commandé (déposé à la Chambre, le 5 juin 1897, nº 2490).

— *Proposition* de loi ayant pour objet la création d'une Caisse d'assurances agricoles obligatoire contre la gelée, les inondations, trombes, cyclones et ouragans (déposée à la Chambre par M. Augé, le 11 juin 1897, nº 2505).

— *Rapport* sur le projet de loi ayant pour objet d'autoriser la Caisse d'assurances en cas de décès à faire des assurances mixtes (déposé à la Chambre, le 25 juin 1897, nº 2557).

Questions féministes. — *Discussion* au Sénat d'une proposition de loi ayant pour objet de donner à la femme majeure et jouissant de ses droits civils le droit d'être témoin dans les actes de l'état civil (séance du 17 juin 1897, J. O., p. 1007).

— *Rapport* sur la proposition de loi de M. Rivet relative à la recherche de la paternité et sur la proposition de loi de M. Groussier tendant à donner les mêmes droits aux enfants naturels qu'aux enfants légitimes et à permettre la recherche de la paternité (déposé à la Chambre par M. J. Goujon, le 17 juin 1897, nº 2524).

Propriété rurale et crédit agricole. — *Interpellation* sur les réformes et solutions pour remédier à la crise agricole (soutenue à la Chambre par M. Jaurès, les 19, 26 juin, 3 et 10 juillet, J. O., p. 1586, p. 1688, p. 1801, p. 1933.)

— *Discussion* à la Chambre sur l'organisation du crédit agricole (dans la discussion sur le privilège de la Banque de France : séance du 25 mai 1897, J. O., p. 1294 ; séance du 31 mai, J. O., p. 1342 ; séance du 14 juin, J. O., p. 1499 ; séance du 17 juin, J. O., p. 1546 ; séance du 21 juin, J. O., p. 1596 ; séance du 22 juin, J. O., p. 1613 ; séance du 24 juin, J. O., p. 1635 ; séance du 28 juin, J. O., p. 1701).

Décentralisation. — *Rapport* sur le projet de loi tendant à modifier les articles 40 et 41 de la loi du 10 août 1871 (déposé à la Chambre par M. Lebret, le 21 mai 1897, nº 2445).

— *Proposition* tendant à compléter la loi de 1884 sur l'organisation municipale (déposée à la Chambre par M. J. Goujon, le 29 mai 1897, nº 2471).

Moralité publique. — *Projet* de loi ayant pour objet de modifier la loi du 2 août 1882 sur la répression des outrages aux bonnes mœurs (déposé au Sénat, le 18 mai 1897, nº 130).

— *Rapport* sur le projet de loi ayant pour objet de modifier la loi du 2 août 1882 sur la répression des outrages aux bonnes mœurs (déposé au Sénat par M. Bérenger, le 1er juin 1897, nº 142).

— *Discussion* au Sénat du projet de loi ayant pour objet de modifier la loi du 2 août 1882 sur la répression des outrages aux bonnes mœurs (séance du 11 juin 1897, J. O., p. 970 ; séance du 18 juin, J. O., p. 1017).

CONGRÈS

Congrès des ouvriers et employés des chemins de fer. — Sans remonter à l'origine des congrès corporatifs organisés par la Chambre syndicale des ouvriers et employés des chemins de fer de France et des colonies, nous devons noter ci-après les derniers de ces congrès :

Congrès de 1894 (5e congrès national) (1) tenu à Paris, salle du Concert parisien, du 24 au 27 mai ;

Congrès de 1895 (6e congrès national).

Congrès de 1896 (7e congrès national) tenu à Paris, maison du peuple, du 4 au 7 juin 1896.

Ces divers congrès ont été surtout consacrés, dans les séances publiques, à la discussion du règlement de la corporation, du rôle du conseil d'administration, du rôle des sections locales, de la rentrée des cotisations, de l'établissement de la comptabilité, de l'instruction des procès à soutenir en faveur des syndiqués ; à la publication et à la diffusion du journal syndical; aux réclamations à adresser aux compagnies et aux pouvoirs publics ; à l'exercice du droit de coalition ; à la préparation éventuelle d'une grève générale.

Cette dernière question et les questions relatives à l'action syndicale immédiate semblent avoir été plus particulièrement débattues dans les séances à huis clos, dont ne rendent pas compte les procès-verbaux des congrès.

Parmi les vœux rendus publics au congrès de 1896, et en dehors des vœux partiels assez nombreux qui ne concernent que des compagnies déterminées, on peut signaler notamment les suivants :

1° Que, lors d'un accident, le double des procès-verbaux soit remis à l'intéressé ;

2° Que les chefs soient obligés à respecter la dignité de leurs subordonnés et à s'interdire à leur égard tout propos injurieux ;

3° Qu'il soit tenu dans chaque dépôt un registre de contrôle relatant les heures d'arrivée et de départ des mécaniciens, des chauffeurs, des chefs de trains et des conducteurs, en vue de la limitation effective de leurs heures de présence ;

4° Qu'il soit créé des livrets individuels de retraites, communiqués chaque année aux intéressés ;

5° Que tous les agents logés soient chauffés et éclairés par les Compagnies ;

6° Que les agents dont la constitution se trouve affaiblie par suite d'une maladie ou d'une blessure contractée au service soient obligatoirement conservés par les compagnies avec les mêmes appointements, même dans des postes différents, ou reçoivent une retraite entière ;

7° Que les trains de détail (petite vitesse) soient supprimés le dimanche, afin de permettre aux agents intéressés de se reposer à partir de dix heures du matin.

---

(1) En dehors de ces congrès nationaux, la Chambre syndicale a provoqué ou secondé l'organisation de « Congrès internationaux des travailleurs des voies ferrées ».

Le deuxième congrès international s'est tenu à Paris du 3 au 6 octobre 1894; le troisième congrès national, à Milan, du 29 au 31 août 1895.

Congrès de la fédération des Sociétés coopératives P.-L.-M. — La fédération des Sociétés coopératives de consommation de la Compagnie des chemins de fer Paris-Lyon-Méditerranée a tenu ses derniers congrès aux lieux et dates ci-après :

Troisième congrès, à Lyon, le 26 avril 1891 ;

Quatrième congrès, à Lyon, le 24 avril 1892 ;

Cinquième congrès, à Lyon, les 15 et 16 avril 1893 ;

Sixième congrès, à Lyon, le 6 mai 1894 ;

Septième congrès, à Lyon, le 28 avril 1895 ;

Huitième congrès, à Grenoble, les 5 et 6 mai 1896.

En dehors de certaines questions intéressant la coopération en général, telles que le vote d'une loi spéciale sur la coopération, la comptabilité des coopératives, etc., ces congrès ont été surtout consacrés à l'examen annuel de la gestion, des marchés passés, des économies réalisées ou réalisables, du fonctionnement et des avantages de la Fédération.

Congrès de l'Union coopérative des Sociétés françaises de consommation. — Le dernier de ces congrès (le neuvième) s'est tenu à Paris, au Musée social, du 25 au 27 octobre 1896.

En outre des questions générales intéressant la coopération de consommation et du compte rendu des travaux du comité central, le congrès a notamment étudié les questions suivantes :

Éducation coopérative dans les sociétés de consommation ;

Application de la patente aux sociétés coopératives ;

Rééligibilité aux conseils d'administration des coopératives de consommation ;

Rapports initiaux des coopératives de consommation avec les fournisseurs locaux.

Congrès des ouvriers mouleurs en métaux. — La « Fédération corporative des mouleurs en métaux de France » a tenu son premier congrès a Paris, du 14 au 26 juillet 1894, et son deuxième congrès à Saint-Quentin, du 7 au 9 septembre 1895.

Sans parler des questions relatives au recrutement de la Fédération, à son administration intérieure, à la rentrée des cotisations, à la publication du journal corporatif, à la propagande syndicale, aux grèves partielles, à l'éventualité d'une grève générale, on peut noter particulièrement dans le compte rendu du congrès de 1895 les résolutions suivantes :

1° Que les syndicats fédérés convoquent périodiquement les apprentis de leur localité, les questionnent sur l'exécution de leur contrat d'apprentissage et les abus auxquels elle pourrait donner lieu et communiquent leurs observations aux parents ou protecteurs des apprentis ;

2° Que les patrons ne puissent retenir sur le salaire le montant des primes à verser aux compagnies d'assurances contre les accidents du travail ;

3° Que le « déplorable système de travail » *aux pièces* soit supprimé et que toutes les grèves ultérieures inscrivent cette suppression au nombre de leurs revendications.

Congrès démocratique chrétien. — Ce congrès, tenu par les « travailleurs français », a eu lieu à Reims, du 23 au 26 mai 1896, et a entendu des rapports sur un programme social agricole, sur un programme social des petits métiers, sur « quelques abus faciles à réformer dans la grande industrie ».

Parmi les vœux très nombreux qu'il a émis à la suite de ces divers rapports, signalons les suivants :

1° Que la loi établisse le bien de famille incessible et insaisissable;

2° Que le législateur entreprenne la réforme des frais de justice à tous les degrés, en commençant par la création de prud'hommes ruraux ;

3° Que les pouvoirs publics protègent les métiers contre les grands magasins purement capitalistes par des taxes plus considérables, surtout pour les liquidations fictives et les déballages ;

4° Qu'il soit interdit aux ouvriers de l'Etat de travailler pour le compte des particuliers;

5° Que des mesures soient prises dans les usines pour la séparation complète des sexes;

6° Qu'il soit institué dans la grande industrie des conseils d'usine et que ces conseils soient composés d'ouvriers élus par leurs camarades et ayant au moins six mois de présence à l'usine, à l'exclusion des contre-maîtres et des étrangers.

BIBLIOGRAPHIE SOCIALE (1).

[*Seront spécialement signalés sous cette rubrique tous les ouvrages ou tirages à part de publication récente relatifs à la Législation ouvrière, à l'Economie politique et aux Questions sociales dont les auteurs ou éditeurs voudront bien adresser* un exemplaire *à la Rédaction de la Revue.*]

I. — PROTECTION DES ENFANTS. ÉDUCATION.

— *Annuaire-bulletin de la Société protectrice de l'enfance.* Paris, 1896, 5, rue de Surène. In-8, 136 p.

— *L'enfant et l'adolescent dans la société moderne*, par Louis DEFERT. Paris, Montgredien, 8, rue St-Joseph. In-18, 223 p. : 2 fr. (170)

Résumé de la législation tendant à la protection des enfants et des adolescents ; enfants trouvés ; crèches, asiles ; protection de la personne, des biens et du travail de l'enfant. Liste et objet des principales œuvres spécialement consacrées à l'enfance.

— *L'hygiène moderne et l'assistance aux mères et aux nouveau-nés*, par le Dr Ad. THIERRY, professeur à l'école de médecine de Tours. Tours, 1896, imp. Deslis. In-8, 38 p. (171)

Mesures prises et mesures à prendre contre la mortalité puerpérale et infantile.

— *L'éducation nationale*, par M. WOLFF. Paris, 1897.

— *L'éducation publique et la vie nationale*, par F. PÉCAUT. Paris, 1897.

— *L'éducation de la démocratie*, par Léon BOURGEOIS. Paris, 1897, Cornély, 8, rue du 4 Septembre. In-18, 288 p. : 2 fr. (172)

Discours prononcés de 1890 à 1896 sur les universités et l'enseignement supérieur, la réforme des méthodes pédagogiques, l'instruction des adultes, l'enseignement professionnel, l'éducation artistique l'éducation civique et morale.

— *Education et autorité paternelle*, par A. GIRARD. Paris, 1897, 140, rue Mouffetard. In-8, 16 p. : 0 fr. 10.

— *Des limitations à la puissance paternelle*, par Marcel GÉGOUT. Paris, 1897.

— *De l'administration des enfants assistés*, par MÉTERIÉ-LARREY, inspecteur du service des enfants assistés, et DUMON, sous-inspecteur. Paris, 1897, Berger-Levrault et Cie, 5, rue des Beaux-Arts. In-16, VIII-318 p. (173)

Exposé de la législation et de la réglementation administrative applicables aux enfants trouvés ou abandonnés, aux enfants maltraités ou moralement abandonnés, aux enfants secourus temporairement, au service d'inspection des enfants assistés, textes des lois et règlements en vigueur.

— *La spedalità infantile in Italia*, par A. MANDELLI, presidente dell'ospedale dei bambini di Cremona. Milan, 1887, M. Hoepli. In-8 illustré, 648 p. : 12 fr. (174)

Exposé et historique des institutions italiennes consacrées à l'assistance médicale de l'enfance. Statistiques. Bibliographie.

— *L'enfance devant la justice répressive*, par Ferdinand DREYFUS. Paris, 1897, 110, rue de l'Université. In-8, 16 p. (175)

Relevé de divers efforts récents en vue de la protection judiciaire de l'enfance.

— *Société de patronage des jeunes adultes libérés du département de la Seine*, assemblée générale de 1896. Paris, 1894, 14, rue Dauphine. In-8, 47 p.

II. — APPRENTISSAGE. ENSEIGNEMENT PROFESSIONNEL.

— *Annuaire de la jeunesse*, par H. VUIBERT. Paris, 1897, Nony, 17, rue des Ecoles, In-8, relié, 979 p. (176)

Nombreux renseignements sur l'enseignement professionnel, sur les programmes et le fonctionnement des écoles industrielles et commerciales, etc.

— *Sulla instruzione professionale*, par In. GOLFORELLI, Direttore scientifico dell'officina Galileo.Florence, 1897, imp. Ricci, in-8, 63 p. (177)

Conférences sur les écoles professionnelles en Italie et en Europe.

---

(1) Quelques-uns des ouvrages mentionnés dans le numéro précédent ont été repris dans cette bibliographie pour complément d'indications.

— *Rapport sur l'enseignement professionnel en Angleterre*, par Oscar PYFFEROEN, chargé de cours à l'Université de Gand. Bruxelles, 1896, Société belge de Librairie, 16, r. Treurenberg. In-8 relié, 321 p. (*178*)

Rapport adressé au Ministère de l'industrie et du travail de Belgique sur la préparation à l'industrie en Angleterre : législation ; rôle des administrations locales et de l'administration centrale ; encouragements budgétaires ; rôle de l'initiative privée Revue des écoles, des cours et des musées techniques. Bibliographie.

— *Rapport sur l'enseignement professionnel en Allemagne*, par Oscar PYFFEROEN, chargé de cours à l'Université de Gand. Bruxelles, 1897, Société belge de Librairie, 16, r. Treurenberg. In-8, relié, 354 p. (*179*)

Rapport adressé au Ministère de l'industrie et du travail de Belgique sur la préparation à l'industrie en Allemagne : conditions générales de la législation ; organisation de l'enseignement professionnel dans les principaux Etats ; objet et fonctionnement des écoles industrielles, des écoles techniques spéciales, des cours d'adultes ; ateliers d'apprentissage, musées, expositions scolaires. Bibliographie.

— *L'enseignement industriel en Suisse*, par Aug. GODEAUX, ingénieur. Liège, 1897, imp. Desoer. In-8, 7 p.

— *Les écoles ménagères en Belgique*, par Eugène ROMBAUT, inspecteur général des écoles techniques de Belgique. Paris, 1896, Secrétariat de la Société d'économie sociale, 54, rue de Seine. In-8, 16 p. (*180*)

Organisation, programmes et résultats des écoles ménagères belges pour les jeunes filles.

— *La société pour l'amélioration du travail national en Russie*, par P. DE MESSOYÉDOFF, conseiller d'Etat actuel. Bordeaux, 1896, imp. Gounouilhou. In-8, 8 p.

— *Les écoles techniques fondées en Russie dans le but de former des agents techniques de degré inférieur pour les chemins de fer*, par Pierre DE MESSOYÉDOFF, conseiller d'Etat actuel. Bordeaux, 1896, imp. Gounouilhou. In-8, 12 p. (*181*)

Historique, organisation et statistique des 29 écoles techniques des chemins de fer russes.

III. — RÉGLEMENTATION DU TRAVAIL.

— *Réglementation du travail dans l'industrie, législation française.* Paris, 1897, imp. nationale. In-8, 55 p.

— *Code annoté de la réglementation du travail dans l'industrie*, par DUPRAT, rédacteur au Ministère des Travaux publics et SAILLARD, sous-chef au Ministère de l'Agriculture. Paris, 1897, Berger-Levrault, 5, rue des Beaux-Arts. In-8 : 5 fr. (*182*)

Historique de la réglementation du travail en France ; texte annoté des lois, décrets, décisions et circulaires en vigueur. Notice de législation comparée ; renseignements statistiques.

— *Notes de Suisse : Les lois protectrices du travail*, par Emile WAXWEILER, ingénieur honoraire des ponts et chaussées, attaché à l'office du travail. Bruxelles, 1896, E. Bruylant, 67, rue de la Régence. In-8, 21 p. (*183*)

Les lois fédérales et cantonales suisses sur la limitation de la journée de travail.

— *La réglementation du travail du dimanche en Suisse*, par E. WAXWEILER, attaché à l'office du travail. Bruxelles, 1896, J. Lebègue, 46, rue de la Madeleine. In-8, 146 p. (*184*)

Rapport au Ministère de l'industrie et du travail de Belgique sur la législation suisse relative à la réglementation du travail dominical et sur ses résultats. Bibliographie.

— *Le droit au dimanche*, par Aug. ARNAUTS. Bruxelles, 1897, 1, rue des Prairies. In-12, 31 p. : 0 fr. 20.

IV. — PLACEMENT. CHOMAGE.

— *Rapport sur les opérations de la Bourse du travail de Bruxelles.* Bruxelles, 1896, Alliance typographique. In-8, 24 p. (*185*)

Statistique détaillée du placement à la Bourse du travail de Bruxelles pendant l'exercice 1895-96.

V. — CONTRAT DE TRAVAIL. SALAIRES.

— *Essai sur la rémunération du travailleur et du capitaliste dans l'œuvre de la production*, par A. NOGUES. Paris, 1897, imp. Gainche, 15, rue de Verneuil. In-8, 32 p. (*186*)

Rapports historiques et contemporains du capitaliste et du travailleur ; nécessité d'une organisation corporative.

— *Il contratto di lavoro nell'ecconomia e nel diritto*, par BETOCHI. Naples, 1897.

— *Commentaire législatif de la loi sur les règlements d'atelier*, par Th. THÉATE. Liège, 1896, J. Godenne, in-12, 76 p. : 1 fr. (*187*)

Historique, texte et commentaire de la loi belge du 15 juin 1896 sur les règlements d'atelier.

— *Les règlements d'atelier*, par Constant DUPONT, avocat. Liège, 1896, D. Cormaux, 22, rue Vinave-d'Ile. In-18, 31 p. : 0 fr. 40. (*188*)

Texte et commentaire de la loi belge du 15 juin 1896.

— *De la protection des salaires contre l'insolvabilité des patrons*, par J.-D. NOÉ. Toulouse, 1897.

— *Etude sur la loi du 12 janvier 1895, relative à la saisie-arrêt des salaires*, par DESSAILLY. Paris, 1897.

— *Emploi des fonds dans la participation aux bénéfices*, par René HOCQUET. Paris, 1897.

— *Les conditions du travail et le collectivisme*, par A. BOUGE, député des Bouches-du-Rhône. Paris, 1896. A. Colin, 5, rue de Mézières. In-8, 124 p. : 1 fr. 50. (*189*)

Les conditions du travail dans les adjudications de la ville de Paris ; critique des revendications socialistes sur la durée du travail et le minimum de salaire, l'aboutissement collectiviste.

VI. — HYGIÈNE INDUSTRIELLE. ACCIDENTS.

— *Igiene industriale e polizia sanitaria delle manifatture, fabbriche e depositi*, par C. A. REVELLI. Turin, 1897.

— *Etudes sur le phosphore et le phosphorisme professionnel*, par le Dr ARNAUD. Paris, 1897.

— *Saturnisme professionnel des ouvriers poudreurs*, par le Dr Albert THOLVENET, professeur suppléant à l'école de médecine. Limoges, 1896, Ducourtieux, 7, rue des Arènes. In-8, 24 p. (*190*)

Observations sur les dangers du poudrage dans l'industrie porcelainière.

— *Législation et contrôle des appareils à vapeur*, par T. Cuvilier, contrôleur principal des mines. Paris, 1897, Vicq-Dunod, 49, quai des Grands-Augustins. Pet. in-8 relié, 388 p. : 8 fr. (*191*)

Texte et commentaire des lois et règlements applicables aux appareils à vapeur fonctionnant à terre ou sur l'eau ; statistique du développement des machines à vapeur ; renseignements administratifs et techniques sur l'épreuve et le contrôle des appareils à vapeur et des chaudières.

— *Association des propriétaires d'appareils à vapeur du Nord de la France* (Exercice 1895-96). Lille, 1896, impr. Danel. In-8, 192 p. (*192*)

Opérations effectuées et résultats obtenus par l'association en 1895-96 ; mémoires techniques.

— *Compte-rendu des séances du quinzième congrès des ingénieurs en chef des associations de propriétaires d'appareils à vapeur*, tenu à Bruxelles en 1891. Paris, imp. Capiomont. In-8, 140 p. et 8 planches. (*193*)

Notes techniques sur divers essais, accidents ou procédés relatifs aux machines à vapeur.

— *Gli infortuni di lavoro*, par Fabris. Milan, 1897.

— *L'art de s'assurer contre les accidents du travail*, par A. Petit, avocat. Paris, Hetzel, 18, r. Jacob. In-18, 159 p. : 2 fr. (*194*)

Renseignements familiers et pratiques sur les assurances contre les accidents du travail, les obligations et les droits de l'assuré, les droits et les obligations des compagnies d'assurance. Textes principaux ; spécimen de police ; solutions de jurisprudence.

VII. — Association professionnelle.

— *La liberté d'association*, par Emile Gielkens. Bruxelles, 1897.

— *Le droit à l'association*, par Marcel Basseville, docteur en droit. Beaugency, 1897, imp. Laffray. In-8, 239 p. (*195*)

Nature et étendue du droit d'association ; historique du droit d'association sous les législations qui se sont succédé en France depuis la Révolution. Notions sommaires de législation comparée.

— *De la capacité juridique des associations en droit civil français*, par E. Didier Rousse. Paris, 1897.

— *Note sur le projet de loi Goblet concernant la liberté des associations*, par Barthélemy Terrat, professeur à l'Institut catholique de Paris. Abbeville, 1897, imp. Paillart. In-8, 16 p. (*196*)

Critique du projet de loi sur la liberté d'association ; nécessité de la personnalité civile pour l'exercice utile du droit d'association.

— *Histoire du Trade-unionisme*, par Sidney Webb (Trad. Métin), Paris, 1897.

— *Etudes théoriques et pratiques sur les syndicats professionnels ouvriers*, par G. Malherbe, secrétaire du Cercle d'études sociales de Binche. Bruxelles, 1897, Société belge de librairie, 16, rue Treurenberg. In-8, 47 p. : 0 fr. 50. (*197*)

Nature, buts et moyens d'action des associations professionnelles ; guide pratique pour la fondation et le fonctionnement des syndicats ouvriers catholiques.

— *Commentaires des principales revendications du syndicat national des travailleurs des chemins de fer*. Paris, 9, cité Riverin. In-8, 24 p. : 0 fr. 05.

— *Corporation et prudhomie des pêcheurs de Martigues* par Tr. Escard. Paris, 1896. 49, rue de La Tour. In-8, 22 p

— *Le mouvement syndical dans l'agriculture*, par le comte de Rocquigny, membre du conseil de l'union centrale des syndicats des agriculteurs de France. Paris, 1897. Guillaumin, 14, rue Richelieu. In-8, 35 p. (*198*)

Rapport sur l'organisation des syndicats et des unions de syndicats agricoles et sur les divers services organisés par eux.

— *Du rôle économique des syndicats agricoles*, par Paul Salles. Montpellier, 1896.

— *Le syndicat agricole mixte paroissial*, par l'abbé Léon Noel, curé d'Hervelinghen. Arras. Brunet, in-8, 95 p. : 0 fr. 25. (*199*)

De l'utilité de grouper les agriculteurs en syndicats mixtes par circonscriptions paroissiales et de l'organisation de ces syndicats Examen des reformes administratives et fiscales nécessaires à l'agriculture.

VIII. — Coalitions. Arbitrage.

— *Der Streik der hafenarbeiter u. Seeleute in Hamburg-Altona: Darstellung der ursachen und des Verkaufs des Streiks, sowie der arbeits und Lohnverhäeltnisse derim Hafenwerker beschäftigen arbeiter*, par E. Legien, Hamburg, 1897, Ver. des General kommission der Gewerkschaften Deutschland. In-8, 103 p. :

— *La conciliation et l'arbitrage*, par Ch. Péronnet. Paris, 1897.

IX. — Coopération.

— *La coopération devant les écoles sociales*, par E. B. Bancel. Paris, 1897, 31, rue Bonaparte. In-8, 118 p. : 1 fr. 50. (*200*)

Critique de la participation aux bénéfices, de la coopération de production et de la coopération de crédit ; défense de la coopération de consommation.

— *Le mutualisme et la question sociale*, par A. Laterrade, sénateur, ingénieur en chef en retraite. Paris, 1896, 78, passage Choiseul. In-16, 63 p. : 0 fr. 50. (*201*)

Vues sur les réformes à réaliser ; réorganisation de la société sur la base de « mutualités » de travail manuel.

— *Le rôle de la coopération et son application pratique*, par H. Buisson, directeur de l'association d'ouvriers peintres *Le travail*. Paris, 1897, imp. Nouvelle. In-18, 48 p.

— *Les laiteries coopératives*, par Aug Debra, ingénieur agricole. Namur, 1897, imp. V. Delvaux In-18, 35 p. : 1 fr. (*202*)

Organisation, avantages et avenir des laiteries coopératives ; modèle de statuts.

— *De l'état actuel du crédit coopératif en France*, par Maurice Dufourmantelle. Nancy, 1897, imp. Berger-Levrault. In-8, 16 p.

— *Etudes théoriques et pratiques sur les mutualités pour femmes*, par G. Malherbe. Binche, 1897.

— *Le crédit agricole et les caisses rurales*, par le baron d'Otreppe de Bouvette, conseiller provincial. Liège, 1896, Cormaux, 22, rue Vinave-d'Ile. In-8, 39 p. (*203*)

Historique et défense sommaire des caisses Raiffeisen ; modèles de statuts.

— *Le crédit personnel de l'agriculture et les so-*

ciétés de crédit agricole, par GOBBE. Paris, 1897.

— *La caisse rurale*, par l'abbé Léon NOEL, curé d'Hervelinghem. Lille, 1896. Imp. Le Bigot. In-8, 19 p. (*204*)

Conférence catholique pour les paysans.

X — ÉPARGNE. PRÉVOYANCE. ASSURANCE. ASSISTANCE.

— *De l'utilité des sociétés de secours mutuels dans les campagnes*, par BAIN. Paris, 1897.

— *Les sociétés de secours mutuels de Rouen au XIXe siècle*, par H. VERMONT, avocat. Rouen. In-8, 16 p. (*205*)

Historique et statistique des sociétés de secours mutuels rouennaises.

— *Rapport de la Commission supérieure de la caisse nationale des retraites pour la vieillesse, année* 1896. Paris, 1897, imp. nationale. In-4, 132 p.

— *La question des retraites ouvrières dans les pays étrangers*, tome II, par BELLOM. Paris, 1897.

— *Affiliation des ouvriers à la caisse de retraite de l'Etat*, par J. VERCAUTÈRE, typographe, *nouv. édit.* Gand, 1897, imp. Hoste. In-8, 32 p. (*206*)

Organisation de la caisse nationale de retraites belge ; moyen d'en profiter ; modèle de reglement d'usine.

— *Une institution utile*, par J. VERCAUTÈRE, typographe. Gand, 1897. Imp. Hoste. In-8, 31 p. (*207*)

Entretiens familiers sur les retraites ouvrières en Belgique.

— *Les retraites ouvrières et le chômage*, par Paul HÉRY, président du conseil des prud'hommes du Mans. Paris, 1896, A. Rousseau, 14, rue Soufflot. In-8, 22 p. (*208*)

Insuffisance des mesures présentées contre le chômage ; nécessité de l'institution de retraites obligatoires.

— *Les pensions de retraite des instituteurs*. Paris, 1897.

— *Répartition et capitalisation*, par L. MAINGIE, actuaire-adjoint de la Cie belge d'assurances sur la vie. Bruxelles, 1897, Weissenbruch, 45, rue du Poinçon. In-8, 22 p.

— *La caisse de retraites des chemins de fer de l'Ouest (critique du nouveau règlement projeté par la compagnie)*. Paris, 9, cite Riverin. In-8, 25 p. : 0 fr. 10.

— *Studio sulle assicurazioni*, par P. SANTANERA. Turin, 1897, S. Lattes. In-8, 133 p. : 3 fr. 50. (*209*)

Etude historique et financière sur les différentes assurances: transports, incendie, vie, accidents, etc,

— *L'assurance sur la vie, ses diverses transformations*, par E. ROCHETIN. Paris, 1897, imp. Alcan-Lévy. In-12, 20 p.

— *Conférence sur les assurances sur la vie*, par P. DE CHAMBERET, 8e edition. Paris, 1896, Warnier, 30, rue Le Peletier. In-8, 36 p.

— *Fourmi et Fourmilière : l'assurance à la portée de tous*, par Francisque SARCEY. Angers, 1896.

— *Pourquoi l'assurance ne doit jamais être obligatoire*, par A. THOMEREAU. Paris, 1897, Warnier, 30, rue Le Peletier. In-18, 29 p. : 0 fr. 50.

— *Rapport de la commission supérieure des caisses d'assurances en cas de décès et en cas d'accidents, année* 1896. Paris, 1897, imp. nationale. In-4, 27 p.

— *Les assurances ouvrières*, par Paul GUILLOT, avocat. Paris, 1897, Chaix, 20, rue Bergère. In-8, IX-320 p. : 6 fr. (*210*)

Etude de la législation française, des projets parlementaires français et des principales législations etrangères sur : la responsabilité des accidents de fabrique et l'assurance ; les sociétés de secours mutuels ; les retraites ouvrieres ; l'assurance contre le chômage.

— *Etude sur les pensions ouvrières d'invalidité et de vieillesse*, par J. DALLEMAGNE. Bruxelles, 1897.

— *Die soziale und ethische Wirkung der arbeiterversicherung*, par H. UNGER, versicherungtechniker. Berlin, 1897. Simenroth u. Troschel, 106, w. Lutzowstrasse. In-8, 78 p. : 1,20 Mr. (*211*)

Exposé et critique du système des assurances ouvrières en Allemagne.

— *Neue Beitrage zur Frage der arbeitslosenversicherung*, par SCHANZ. Berlin, 1897.

— *Warum ist das Invalidenversicherungs-gesetz unbeliebet*, par HOCHSTETTER. Suttgartt, 1897.

— *Statistik der Krankenversicherung im J.* 1894. Berlin, 1897.

— *Avant-projet de loi sur l'assurance contre la maladie, les accidents, l'invalidité et la vieillesse*, par VERTONGEN-GOENS. Termonde, 1897.

— *Handbuch der Unfallversicherung*. Leipzig, 1897.

— *Die Berufskrankheiten und ihre Stellung in der Staatlichen arbeiterversicherung in national œkonomischer Beleuchtung*, par KLEY. Cassel. 1897.

— *Die finanzielle Entwickelung der Invaliditats und Altersversicherungsanstalten und der zugelaffenen besonderen Kasseneinzichtungen Denkschrift*. Berlin, 1897.

— *Zur Revision des Invaliditatsund alters Versicherungs-gesetzes*, par SCHOENEBERG. Konigsberg, 1897.

— *Etudes théoriques et pratiques sur les sociétés mutuelles d'assurances contre la mortalité du bétail*, par BOLZIN. Binche, 1897.

— *L'assistance médicale dans la Grèce antique*, par O. CAMBIER. Dour, 1897, bureau des Annales médico-chirurgicales du Hainaut. In-8, 32 p. (*212*)

Mémoire sur l'exercice de la médecine, et notamment de la médecine gratuite, chez les Grecs.

— *La charité catholique en France avant la Révolution*, par Arthur LOTH. Trouin, 1897, Mame. In-8, 392 p. (*213*)

Etude catholique sur le concours du clergé séculier, des instituts religieux et des autorités civiles aux œuvres charitables en France avant 1789 : assistance, établissements hospitaliers, œuvres de patronage, institutions de prévoyance.

— *L'assistance publique à Bâle au XVIe et au XVIIe siècle*, par J. FEUVRIER. Bâle, 1897.

— *Les charités de la ville de Felletin au XVe siècle*, par F. AUTORDE, archiviste de la Creuse. Guéret, 1897. In-8, 121 p. (*214*)

Publication du « terrier des charités » de la ville de Felletin au XVe siècle ; introduction sur le fonctionnement de l'assistance communale visée par ce document.

XI. — Habitations ouvrières.

— *Rapport du conseil supérieur des habitations à bon marché, année* 1896. Paris, 1897, imp. nationale. In-8.

— *Note du conseil supérieur des habitations à bon marché sur la mission des comités locaux.* Paris, 1897, imp. nationale. In-8, 9 p.

— *Le logement de l'ouvrier*, par G. Beer. Paris, 1897.

— *Les logements insalubres et la loi du 13 avril* 1850, par T. Sanlaville. Paris, 1897, Berger-Levrault, 5, rue des Beaux-Arts. (215)

Résumé de la législation et de la jurisprudence permettant aux municipalités de remédier à l'insalubrité des habitations.

— *Zur Wohnungsfrage*, par Carl Landolt. Bern, 1897, Steiger. In-8, 21 p. : 0 fr. 30. (216)

Considérations économiques, hygiéniques et morales sur la question du logement.

— *Les sociétés d'habitations ouvrières*, 2e *édit.* par Pourbaix. Bruxelles, 1897, Société belge de Librairie, 16, rue Treurenberg. In-8, 16 p. : 0 fr. 50. (217)

Exposé théorique et guide pratique en vue de la formation de sociétés d'habitations ouvrières en Belgique.

— *De l'habitation dans le département de l'Oise*, par G. Baudran, secrétaire du conseil central d'hygiène. Paris, 1897, Didot, 56, rue Jacob. In-8, 195 p. (218)

Monographies sur la constitution et la situation hygiénique des habitations dans les divers centres du département de l'Oise.

XII. — Alcoolisme.

— *L'alcoolisme*, par Adrien Basile. 31, av. de la Motte-Piquet. In-8, 42 p. : 0 fr. 50. (219)

Lectures de vulgarisation sur les causes, les effets et les remèdes de l'ivresse.

XIV. — Criminalité et questions pénitentiaires.

— *La lutte contre la criminalité dans les temps modernes*, par Delvincourt. Paris, 1897.

— *La répression pénale et les intérêts populaires*, par Henri Joly, 3e édition. Paris, 1897, 54, rue de Seine. Pet. in-8, 28 p. (220)

Nécessité de réformer les poursuites, l'instruction et les peines criminelles.

— *Les modes d'éducation correctionnelle dans les différents pays de l'Europe*, par Henri Joly, doyen honoraire de Faculté. Paris, Marchal et Billard, 27, place Dauphine. In-8, 24 p. (221)

Rapport, à la suite de missions à l'étranger, sur la clientèle, le fonctionnement, le budget et les débouchés des maisons d'éducation correctionnelle ou réformatrice.

— *Pourquoi la criminalité monte en France, et baisse en Angleterre*, 2e édition, par Eugène Rostand. Paris, 1897, 54, rue de Seine. Pet. in-8, 40 p.

XV. — Questions féministes.

— *Le mouvement féministe et la décadence romaine*, par Paul Allard. Paris, 1897, imp. de Soye. In-8, 24 p. (222)

Le mariage et la situation des femmes dans l'empire romain ; leçons de l'histoire sur les revendications féministes.

— *Zur frauenfrage*, par Schirmacher. Paris, 1897.

— *Zur Psychologie der Frau*, par Laura Marholm. Berlin, 1897.

— *Intellektuelle grenzlinien zwischen Mann und Frau*, par Helène Lange. Berlin, 1897, B. Moeser, 34, Stallschreiberstrasse. In-8, 43 p. : 60 Pf. (223)

Etude féministe sur les aptitudes comparées de l'homme et de la femme et sur le droit de suffrage pour les femmes.

— *Les femmes dans la science*, 2e édition, par A. Rebière. Paris, 1897, Nony, 17, rue des Ecoles, In-8, IX-361 p. (224)

Notices, par ordre alphabétique, sur les femmes qui se sont consacrées ou se sont associées à des travaux scientifiques ; portraits et autographes. Recueil d'opinions sur les aptitudes scientifiques de la femme et le féminisme.

— *Die Stellung der Frau Zur sozialen aufgabe*, par Mulinen. Berne, 1897.

— *Die Frau im öffentlichen Recht*, par M. Ostrogorski (trad. de Franziska Steinitz). Leipzig, 1897, O. Wigand. In-8, 212 p. (225)

Etude sur la situation juridique des femmes dans les principaux pays au point de vue de l'exercice du gouvernement, du suffrage politique, de la participation à l'administration locale, etc.

— *Das Recht der Frau nach dem bürgerlichen Gesetzbuch*, par Gastrow. Berlin, 1897.

— *La femme normale et la femme criminelle*, par le Dr Crocq, fils, agrégé de la Faculté de médecine de Bruxelles. Namur, 1896. (226)

Défense de la femme contre les conclusions de l'ouvrage de Lombroso et Ferraro *La femme criminelle et la prostituée.*

— *Gedanken und Erfahrungen uber Frauenbildung und Frauenberuf*, par Anna Kuhnow. Leipzig, 1897.

— *Protokoll der Enquete uber Frauenarbeit.* Vienne, 1897.

— *Erwerbsmaglichkeiten für Frauen*, par Eliza Ichenhaeuser. Berlin, 1897, F. Ebhardt und Co, W. 50, in-8, 199 p. : 2.60 Mr. (227)

Renseignements sur l'exercice et les gains des diverses professions ouvertes aux femmes dans les différents centres de l'Allemagne.

— *Guide des travaux et professions de la femme en France*, par Morga Chéliga. Paris, 1897.

— *De l'extension des droits de la femme mariée et les produits de son industrie personnelle*, par A. Guntzberger. Paris, 1897.

— *Des produits des biens des époux, de leur travail et de leur industrie sous les régimes matrimoniaux*, par J. Colin de Verdière. Paris, 1897.

— *Etude sur les valeurs mobilières des femmes mariées*, par Léopold Braqua, docteur en droit. Toulouse, 1897. In-8, VII-185 p. (228)

Condition juridique des valeurs mobilières de la femme commune, de ses valeurs mobilières propres, de ses valeurs mobilières dotales, examen de la jurisprudence

— *Prostitution und Frauenbewegung*, par Fred. Scholz. Leipzig, 1897. In-8, 88 p. : 1.50 Mr. (229)

Historique, causes, effets et réglementations de la prostitution; son étude au point de vue du mouvement féministe actuel.

— *L'infanticide*, par P. Brouardel. Paris, 1897.

— *L'émigration des femmes aux colonies*, par J. Chailley-Bert. Paris, 1897, Colin, 5, rue Mézières. In-16, 53 p. : 1 fr. (230)

Conférence sur l'intérêt du peuplement féminin des colonies; procédés employés; nouvelle Société d'émigration féminine.

— *La Revue féministe*, année 1896, par Clotilde Dissard. Paris, 1896, Giard et Brière, 16, rue Soufflot. In-8, 970 p. (231)

Etudes féministes sur l'éducation et l'instruction des jeunes filles, la réglementation du travail des ouvrières, les projets législatifs intéressant les droits des femmes, les congrès féminins, etc.

XVII. — Généralités économiques et sociologiques.

— *La science sociale*, par Th. Funck-Brentano, professeur à l'Ecole des sciences politiques. Paris, 1897, Plon, 10, rue Garancière. In-8, 479 p. : 7 fr. 50. (232)

De l'application des méthodes des sciences exactes et des sciences spéculatives aux faits économiques et sociaux; la méthode de la science sociale. Application à l'étude du Travail, du Socialisme, de l'Anarchisme, etc.

— *La logique des sciences morales*, par Stuart Mill. trad. par Bélot. Paris, 1897.

— *Etudes d'économie sociale*, par Léon Walras. Lausanne, 1897. Rouge, 4, rue Haldimand. In-8, 464 p. : 7 fr. 50. (233)

Recueil d'études sur l'économie sociale : examen critique des différents principes directeurs de la science sociale, leur synthèse, théorie de la propriété; théorie mathématique du prix des terres et de leur rachat par l'Etat; l'organisation des cadastres fonciers, l'impôt sur le revenu et sur le capital.

— *L'emploi de la vie*, par sir John Lubbock, membre de la société royale de Londres, traduit par Emile Hovelacque, agrégé de l'Université. Paris, 1896, Alcan, 108, boulev. St-Germain. In-8, 215 p. : 2 fr. 50. (234)

Etude morale et économique sur les conditions et la conduite de la vie humaine, notamment sur la vie sociale et le devoir social.

— *Sociale essais*, par Will. Pastor. Berlin, 1897.

— *Sozialpolitische Studien*, par Hirsch. Berlin, 1897.

— *Les doctrines économiques*, par Luigi Cossa. Paris, 1897.

— *La philosophie de la science économique*, par le R. P. Forbes, Paris, 1897.

— *L'évolution régressive en biologie et en sociologie*, par Demoor, Massart et Vanderwelde. Paris, 1897.

— *La sociologie*, par A. Comte, résumé par E. Rigolage, agrégé de l'Université, ingénieur des arts et manufactures. Paris, 1897, Alcan, 108, boulev. St-Germain. In-8, 472 p. : 7 fr. 50. (235)

Résumé méthodique de la philosophie sociale d'Auguste Comte, caractères des phénomènes sociaux et de la science sociale, étapes historiques du statut social; l'évolution de la société moderne et la méthode positive.

— *Saxon and celt Sociology*, par J. Robertson. Londres, 1897.

— *The theory of Socialisation*, par F. H. Giddings. Londres, Macmillan. In-8, 49 p. (236)

Résumé des principes applicables à la formation et à l'organisation des sociétés.

— *La synergie sociale*, par Henri Mazel. Paris, 1896, A. Colin, 5, rue Mézières. In-8, 356 p. : 4 fr. (237)

Etude sur la direction des idées et des forces sociales dans l'antiquité et dans les temps modernes; l'esprit et les résultats de la Révolution sociale; état présent de la France sociale; son avenir.

— *La loi du travail en regard de la question sociale*, par A. de Jong. Bruxelles, 1897.

— *La liberté intégrale*, par Camille Léger, licencié en philosophie. Paris, 1897, Alcan, 108, Boul. Saint-Germain. In-18, 95 p. : 1 fr. 50. (238)

Du caractère de la liberté politique et de ses rapports avec les droits de la femme et de l'enfant, avec le droit de propriété, avec le droit d'association.

— *La crise de l'état moderne*, par Charles Benoist. Paris, 1897, Didot, 56, rue Jacob. In-8, 453 p. : 10 fr. (239)

Critique du suffrage universel dans son fonctionnement actuel en France; recherche des palliatifs praticables; étude d'une organisation rationnelle aboutissant à une représentation réelle du pays par la formation de groupements professionnels. Statistiques électorales et documents de législation comparée.

— *Deux théories d'équilibre économique*, par Léon Winiarski, privat docent à l'Université de Genève. Paris, 1897, Giard et Brière. In-8, 27 p. : 1 fr. 50. (240)

Examen de deux théories de détermination de la valeur : théorie du travail socialement nécessaire; théorie du degré final d'utilité.

— *Salariés et capitalistes*, 3e édition, par Daniel Zolla. Paris, 1897, 54, rue de Seine. Pet. in-8, 30 p.

— *Über die wirkliche Entstehung der Capitalien*, par Jarnitschek. Berlin, 1897.

— *Unternehmergewinn und Arbeitslohn*, par Wagner. Göttingen, 1897.

— *Die humanitaren Bestrebungen der Gegenwart*, par Seydel. Berlin, 1897.

— *Volkswirtschaftliche Betrachtungen*, par Offner. Leipsig, 1897.

— *Die Rettung aus dem socialem Elend*, par Pfenner. Vienne, 1896.

— *Arbeiterschutzvorschriften*. Berlin, 1897.

— *Die arbeiterfrage*, par Herkner. Berlin, 1897.

— *De la nécessité de l'intervention de l'Etat en matière économique*, par Demètre N. Comsa. Paris, 1897.

— *System der Volkswirkschaft : ein Hand-und Lesebuch f. Geschäftsmanner und Studierende*, par Roscher. Stuttgart, 1897.

— *Des communautés rurales dans l'ancienne France*, par A. L'Elfu. Paris, 1897.

— *Les communautés de famille en France*, par Fr. Escard. Paris, 1896, 49, rue de la Tour. In-8, 20 p. (241)

Monographie de paroisses communautaires aux environs de Thiers.

— *Paroisses et communes autonomes*, par Fr. Escard. Paris, 1897, 49, rue de la Tour. In-8, 24 p. (242)

Etude sur les anciennes communautés agraires des îles de Hœdic et de Houat.

— *De la mainmorte au moyen âge*, par le Dr J. Bertin, médecin honoraire des hospices de Gray. Gray, 1896, imp. G. Roux. In 8, 44 p. (243)

Publication de trois actes relatifs à la mainmorte ; éclaircissements sur le caractère de la mainmorte et sur les charges fiscales des mainmortables dans le comté de Bourgogne.

— *Etude sur les classes rurales en Bretagne au moyen âge*, par Henri Sée, professeur adjoint à la Faculté des lettres de Rennes. In-8, 135 p. (244)

Monographie sur la situation du paysan breton au moyen âge : le régime féodal et le régime économique de la propriété ; le servage et le vilainage ; l'administration et les redevances des domaines ruraux ; les situations consécutives au servage (domaine congéable, censives, métayage). Bibliographie.

— *Deux livres de raison* (1517-1550), par Louis de Santi et Auguste Vidal. Paris, 1896, A. Picard, 82, rue Bonaparte. In-8, 302 p. avec planches : 12 fr. (245)

Publication de deux livres de raison, l'un de 1517 à 1538, l'autre de 1518 à 1550 Introduction historique et critique sur les deux familles en cause et sur la situation économique de leur milieu : l'industrie et le commerce ; la banque et l'usure ; l'agriculture, les cultures ; les fermages et le métayage ; les salaires.

— *Etude sur les populations rurales de l'Allemagne*, par Georges Blondel, docteur en droit et docteur ès-lettres, professeur agrégé de l'Université, avec la collaboration de MM. Brouilhet, Julhiet, de Sainte-Croix et Quesnel. Paris, 1897, Larose, 22, rue Soufflot. In-8, 522 p. : 12 fr. (246)

Description et étude des principales régions agricoles de l'Allemagne : régime de propriété, de culture et de travail ; industries agricoles, condition des paysans et des ouvriers. La législation agricole allemande, l'association rurale et le crédit rural, l'action des pouvoirs publics, la crise agraire. Statistiques ; bibliographie.

— *La question agraire en Belgique*, par Emile Vandervelde. Paris, 1897.

— *Rapport sur la situation des classes agricoles*, 2e édition, par l'abbé Léon Noel. Arras, 1896, Brunet. In-18, 52 p. : 0 fr. 25. (247)

Etude catholique sur la situation actuelle des propriétaires fonciers, des fermiers et des ouvriers agricoles.

— *Voyage social en Allemagne*, 3e édit., par G. Blondel. Paris, 1897, 54, rue de Seine. In-16, 32 p.

— *L'œuvre sociale du Reichstag allemand en 1896*, par Hector Lambrechts. Bruxelles, 1897.

— *Chronik der Sozialen Bewegungen von 1750-1896*, par Sombart. Iéna, 1897.

— *Le mouvement social aux Etats-Unis*, par J. M. Vincent. Paris, 1897.

— *Ein Beitrag zur Geschichte der baugewerblichen Arbeiter schutz Gesetzgebung in Deutschland*, par Heinke. Hambourg, 1897, General Kommission der Gewerkschaften Deutschlands. In-8, 40 p. (248)

Enquête et statistiques pour la ville de Dresde.

— *Protokoll der Verhandlungen des 2e Kongresses der Gewerkschaften Deutschands*. Hambourg, Generalkomission der Gewerkschaften Deutschlands. In-8, 140 p. (249)

Compte rendu du Congrès tenu à Berlin du 4 au 8 mai 1896.

— *Druchsachen der Kommission für arbeiterstatistik : Bericht uber die Erhebung betr. die Arbeitsverhältnisse in der Kleider und Wäschekonfection*. Berlin, 1897.

— *Rapport de la délégation ouvrière typographique à l'Exposition de Bordeaux en 1895*, par Victor Breton, professeur technique à l'Ecole Estienne. Bordeaux, 1896, Mandavy, 15, rue de la Rousselle. In-4, 50 p. (250)

Rapport de délégation sur les arts de l'imprimerie et sur les expositions ouvrières et sociales à l'Exposition de Bordeaux.

— *Le Congrès de Londres*, par Eugène Guérard, délégué du syndicat national des travailleurs des chemins de fer. Paris, 1896, 51, rue St-Sauveur. In-8, 32 p. : 0 fr. 20. (251)

Historique et résolutions du Congrès ouvrier tenu à Londres en 1896.

— *A quoi tient la supériorité des anglo saxons*, par Edmond Demolins. Paris, Didot, 56, rue Jacob. In-18, 412 p. (252)

Etude comparée sur l'Anglais et le Français dans leur formation scolaire, dans leur éducation, dans l'organisation de leur vie et de leurs intérêts privés, dans leur vie politique et publique, dans leur conception de la patrie et de l'état social.

— *Life and Labour of the people in London*, vol. IX, par C. Booth. Londres, 1897. Macmillan and Co. In-8, relié (253)

Volume principalement consacré aux conclusions générales de l'ouvrage ; caractère et concentration du commerce et de l'industrie à Londres, régime de production et de travail, associations ouvrières, modes de rémunération du travail, salaires, chômage, etc.

— *Le mécanisme de la vie moderne* (2e série), par le Vte G. d'Avenel. Paris, 1897, Colin, 51, rue Mézières. In-8, 345 p. : 4 fr. (254)

Etudes de vulgarisation économique et technique sur la fabrication du papier, les industries d'éclairage, les compagnies de navigation, le commerce et les industries de la soie, l'assurance et les compagnies d'assurance sur la vie.

— *Du parti que l'on peut tirer de la colonisation pour résoudre le problème social*, par P. Verdad-Lessart. Nantes, 1897, J. Lessard. In-16, XXV-58 p. : 1 fr. (255)

Des moyens d éviter une révolution par l'accession des non-propriétaires à la propriété de notre domaine colonial mieux aménagé.

— *Le rôle social de la colonisation*, 3e édit., par J. Chailey-Bert. Paris, 1897, 54, rue de Seine. Pet. in-8, 32 p.

— *Introduction comptable à la science sociale*, par Eug. Léautey, ancien chef de division au Comptoir national d'escompte de Paris. Paris, 1897, 5, rue Geoffroy-Marie. In-8, 248 p. : 2 fr. (256)

Etudes sur les comptes, les inventaires et les bilans et sur l'intérêt social d'une refonte de la législation française en matière de comptabilité commerciale.

— *Le comptabilisme social de M. Solvay*, par Dupont. Bruxelles, 1897.

— *Concours sur la monographie des communes institue par la société des agriculteurs de France*, par E. Cheysson, inspecteur général des ponts et chaussées. Paris, 1897, 8, rue d'Athènes. In-8, 32 p. (257

Rapport sur les mémoires présentés au concours.

— *Dégénérescence individuelle et dégénérescence collective*, par le Dr Dallemagne. Bruxelles, 1897, Lamertin, 20, rue du Marché-aux-Bois. In-8, 53 p. (258)

Caractère et effets de la dégénérescence, lois de régression ; venir des sociétés modernes.

— *Entretiens familiers sur la question reli-*

gieuse et sociale, par G. Bovier-Lapierre, professeur honoraire de l'Université. Lyon, 1897, Delhomme et Briguet, 3, avenue de l'archevêché. In-12, 141 p. (259)

Causeries familières et leçons de choses sur la religion et la solidarité chrétiennes au regard du socialisme et du collectivisme.

— *Œuvre nationale des retraites fermées pour ouvriers*. Bruxelles, 1897, Société belge de librairie, 16, rue Treuremberg. In-8, 63 p.: 0 fr. 50. (260)

Historique et organisation des retraites catholiques de propagande sociale pour les ouvriers en Belgique.

— *Les protestants et les anciennes corporations ouvrières*, par Hippolyte Blanc. Blois, 1897.

— *Autour du catholicisme social*, par G. Goyau. Paris, 1897.

— *Décentralisation*, par Grivart. avocat. Rennes, 1896, imp. Marie Simon. In-8, 39 p. (261)

Conférence sur les périls et les remèdes de la centralisation.

— *La décentralisation*, par Ferdinand Dreyfus. Paris, 1897, rue des Saints-Pères. In-8, 27 p. (262)

Examen des projets de décentralisation en France.

— *Le self-Government, ou la décentralisation*, par A. Guignard. Paris, 1897, à la Ligue nationale de décentralisation, 3, rue de Bourgogne. In-18, VIII-64 p. (263)

Etude de vulgarisation et références aux principaux publicistes sur les projets de décentralisation en France.

XVIII. — Socialisme.

— *Le socialisme et le mouvement social au XIX*e *siècle*, par Werner Sambart. Paris, 1897.

— *L'éternelle utopie*, par A. von Kirchenheim, trad. par Chazaud des Granges. Paris, 1897, Le Soudier, 174, boulevard St-Germain. In-18, 348 p.: 3 fr. 50. (264)

Histoire des conceptions socialistes ou utopiques depuis Platon jusqu'à nos jours sur la toute-puissance et la perfection de l'Etat; résumé des systèmes et des romans politiques, avec nombreuses références bibliographiques.

— *Das Schicksal aller Utopien od Socialen Charlatanerien u. das verstandesgemäss Reformatorische*, par Doll. Leipsig, 1897, C. G. Naumann. In-8, 31 p.: 75 Pf. (265)

Considérations sur les anciens systèmes socialistes et sur les doctrines marxistes.

— *Il socialismo e il pensiero moderno*, par A. Chiappelli. Florence, 1897, Le Monnier. In-8, 343 p.: 4 fr. (266)

Le socialisme considéré dans ses rapports avec l'idée de patrie, avec l'idée d'évolution, avec les arts, avec la philosophie, avec l'idee morale et l idee religieuse.

— *Les origines du socialisme d'Etat*, par Ch. Andler, Paris, 1897.

— *La vérité sur le socialisme*, par Grisard. Bruxelles, 1897.

— *Le socialisme en danger*, par Doméla Nieuwenhuis. Paris, 1897.

— *Geschichte der deutschen Soziademokratie* (fascicules 1 à 10), par Fr. Mehring. Stuttgart, 1897, J. H. W. Dietz. In-8 (p. 1 à 320): 7.20 Mr.; la livraison: 20 pf. (267)

Histoire du parti marxiste de 1830 à 1896.

— *Gegen die Sozial demokratie*, par Eug. Richter. Berlin, 1897.

— *Städteverwaltung und Munizipdl Sozialismus in England*, par Hugo. Stuttgart, 1897.

— *Dialogues socialistes*, par A. Etiévant. Paris, 7, rue Androuet. In-8, 30 p.

— *Pages d'histoire socialiste*, par W. Tcherkesoff. Paris, 1896, 140, rue Mouffetard. In-8, 64 p.: 0 fr. 25. (268)

Critique anarchiste du Marxisme de 1830 à 1896.

— *Variations guesdistes*, par E. Pouget. Paris, 15, rue Lavieuville. In-8, 36 p.: 0 fr. 10.

— *Patrie et internationalisme*, par A. Hamon. Paris, 1896, 140, rue Mouffetard. In-8, 24 p.: 0,10.

— *Le parti socialiste et le régime parlementaire en Belgique*, par M. Vauthier, professeur à l'Université de Bruxelles. Bruxelles, 1896, Bruylant, 67, rue de la Régence. In-8, 23 p. (269)

Du rôle du parti socialiste en Belgique et des périls qu'il fait courir au régime parlementaire.

— *La morale socialista*. Milan, 1897, Bibliotechina del Lavoratore italiano. In-12, 27 p.: 0 fr. 05.

— *I socialisti e l'insegnamento religioso*, par Negri. Imola, 1897.

— *Il socialismo in famiglia*, par Edm. de Amicis. Milan, 1897.

— *La famille chrétienne et le socialisme*, par Omer Coppin, curé de Velaine-sur-Sambre. Namur, 1897, V. Delvaux, 23, rue de la Croix. In-12, 43 p.: 0 fr. 20.

— *Massoneria e socialismo*. Milan, 1897, Bibliotechina del lavoratore italiano. In-12, 31 p. 0 fr. 05.

— *Philosophie de l'anarchie*, par C. Malato. Paris, 1897.

— *L'individu et la Société*, par Jean Grave. Paris, 1897.

— *L'individu et le communisme*. Paris, 140, rue Mouffetard. In-18, 46 p.: 0 fr. 15.

— *Misère et mortalité*. Paris, 1897, 140, rue Mouffetard. In-8, 32 p.

— *Entre paysans*, par E. Malatesta (traduction). Paris, 1897, 140, rue Mouffetard. In-8, 32 p.: 0 fr. 10.

— *Etudes sur Ferdinand Lassalle*, par Seillière. Paris, 1897.

— *Une citadelle socialiste*, par J. Van den Heuvel, professeur à l'Université de Louvain. Paris, 1897, Secrétariat de la Société d'économie sociale, 54, rue de Seine, 37 p. (270)

Histoire, organisation, fonctionnement et avenir du *Vooruit* de Gand; son rôle socialiste.

XIX. — Généralités juridiques.

— *Rechtsgeschäfte der Wirthschaftlichen organisation*, par Steinbach. Vienne, 1897. Manz, I, Kohlmorkt, 20. In-8, 184 p. (271)

Etude des principes juridiques présidant aux relations économiques ; applications spéciales aux questions actuelles que soulèvent le contrat de louage de services, la liberté du travail, les coalitions, etc.

— *Wesen und ziele der modernen arbeiterschutz-gesetzgebung*, par M. Reichesberg, docent für Nationaloekonomie und statistik an der Universität Bern. Berne, 1897. Schmid et Franke. In-8, 76 p. (272)

Etude sur les tendances des législations ouvrières modernes.

— *La législation ouvrière en Italie*, par Virgilii, Paris, 1897.

— *Labor Laws of the united states, prepared under the direction of Carroll D. Wright, commissionner of Labor*. Washington, 1896. In-8 relié, 1383 p.

— *Recueil méthodique de législation minérale*, par Léon Michel, chef du contentieux des houillères de St-Etienne. St-Etienne, 1896, Chevalier, 4, rue Gérentet. In-8, 742 p. : 14 fr. (273)

Recueil méthodique des principaux textes législatifs, réglementaires ou administratifs applicables à l'exploitation des mines. Régime général ; concessions ; redevances ; écoles des mines. Mesures préventives des accidents dans les mines ; délégués mineurs ; accidents ; caisses de secours et de retraites. Législation générale sur la réglementation du travail dans l'industrie, la durée du travail, les syndicats, etc. Législation minérale en Algérie et aux Colonies. Législations spéciales à l'exploitation du sel, aux eaux minérales, aux appareils à vapeur, etc.

— *Recueil de législation et de jurisprudence des conseils de prud'hommes de Belgique, année 1895*, par G. Piérard, greffier du conseil de prud'hommes de Charleroi, Charleroi, 1896, imp. Henry-Quenet. In-8, 192 p.

— *Guide pour les électeurs aux Conseils de prud'hommes (en Belgique)*. Gand, 1897.

XX. — Enseignement social. Bibliographie.

— *Le musée social à Paris*, par V. Muller, avocat à la Cour de Liège. Bruxelles, 1897, Société belge de librairie, 16, rue Treuremberg. In-8, 27 p. : 0 fr. 50. (274)

Historique, but et fonctionnement du Musée social.

— *Bibliographie de l'anarchie*, par M. Nettlau Paris, 1897.

Le Gérant : H. Le Soudier.

Imp. G. St-Aubin et Thevenot. — J. Thevenot, successeur, St-Dizier (Hte-Marne).

REVUE DE LÉGISLATION OUVRIÈRE

ET SOCIALE

LÉGISLATION (1).

Caisse d'assurances en cas de décès : assurances mixtes.— *Loi du 17 juillet 1897* (2).

ART. 1er. — La Caisse d'assurances en cas de décès, instituée en vertu de la loi du 11 juillet 1868, est autorisée à passer, soit avec les Sociétés de secours mutuels, au profit de leurs membres participants, soit avec des contractants individuels, faisant ou non partie des Sociétés de secours mutuels (3), soit avec les chefs d'industrie au profit de leurs ouvriers (4), des contrats d'assurances mixtes, ayant pour but le payement d'un capital déterminé, soit aux assurés eux-mêmes, s'ils sont vivants à une époque fixée d'avance, soit à leurs ayants droit, et aussitôt après le décès, si les assurés meurent avant cette époque.

Ces assurances ne pourront se cumuler avec d'autres assurances individuelles (5), en cas de décès, que jusqu'à concurrence de 3.000 fr.

La durée du contrat devra être fixée de manière à ne pas reporter le terme de l'assurance après l'âge de soixante-cinq ans.

L'assuré pourra stipuler que moitié seulement de la somme assurée sera payable à ses ayants droit s'il décède au cours du contrat (6).

ART. 2. — Pour pouvoir être l'objet d'une proposition d'assurance mixte, les intéressés devront répondre aux questions et se soumettre aux constatations médicales qui seront

---

(1) *L'abondance des règlements et circulaires survenus depuis le dernier numéro nous contraint de remettre au numéro prochain la publication d'un article résumant la législation et la réglementation récentes sur les caisses patronales de retraite, de secours et de prévoyance.*

(2) Ce projet de loi a été déposé à la Chambre par le Gouvernement le 27 décembre 1895 (n° 1713). Il a été rapporté par M. Drake (6 février 1896, n° 1776) et voté, avec modifications, le 7 mars 1896.

Déposé au Sénat le 13 mars 1896 (n° 59) et rapporté par M. Guyot (14 décembre 1896, n° 46), il a été voté, avec modifications, le 2 février 1897.

Rapporté de nouveau à la Chambre par M. Drake (25 juin 1897, n° 2557), il a été voté, sans modifications, le 9 juillet 1897.

Le projet avait été primitivement préparé dans l'intérêt des Sociétés de secours mutuels qui, aux termes de l'article 7 de la loi du 11 juillet 1868, ne pouvaient contracter leurs assurances collectives auprès de la Caisse nationale d'assurances qu'en cas de décès et jusqu'à concurrence de mille francs. On voulait leur réserver la facilité de recourir à des assurances mixtes, pour garantir leurs membres participants contre le double risque de vieillesse, dans l'intérêt des assurés, et de mort prématurée, dans l'intérêt de leurs familles.

La même faculté était toutefois ouverte par le projet du Gouvernement aux assurés *individuels* ne faisant point partie des sociétés de secours mutuels.

(3) Le projet primitif n'admettait que deux catégories d'assurances mixtes : les assurances collectives souscrites par les sociétés de secours mutuels au profit de leurs participants, les assurances individuelles souscrites par les contractants *ne faisant point partie d'une société de secours mutuels.*

Le Sénat a étendu la facilité d'assurance mixte individuelle aux membres participants d'une Société de secours mutuels agissant isolément pour leur compte personnel, en dehors ou en outre de l'assurance collective de la Société.

(4) Cette adjonction a été également faite par le Sénat.

En dehors de l'assurance collective annuelle spéciale aux Sociétés de secours mutuels approuvées, la loi du 11 juillet 1868, portant création de deux caisses d'assurances, l'une en cas de décès, et l'autre en cas d'accidents résultant de travaux agricoles et industriels, n'avait expressément prévu l'assurance collective que pour les accidents.

La loi nouvelle l'admet, pour l'assurance mixte.

Il convient, au surplus, de remarquer que ces nouvelles assurances collectives, à la différence de l'assurance collective annuelle en cas de décès pratiquée par les Sociétés de secours mutuels et liquidée à la fin de chaque exercice, ne sont *collectives* qu'au regard du public et au point de vue des facilités de groupement des assurés.

Elles représentent, en réalité, une série de contrats individuels et d'assurances personnelles, avec les réserves mathématiques que requiert l'assurance mixte.

(5) D'après ce texte, une Société de secours mutuels peut constituer au profit de ses membres participants, soit une assurance mixte de 3.000 fr., soit une assurance mixte complétant à 3.000 fr. l'assurance mixte ou l'assurance en cas de décès *individuellement* contractée par eux.

En outre, elle peut constituer sur les mêmes têtes des assurances *collectives* en cas de décès, jusqu'à concurrence de mille francs, conformément à la loi du 11 juillet 1868.

Cette disposition concorde avec la disposition initiale de la loi de 1868, qui, dans son article 7, admettait le cumul de l'assurance individuelle et de l'assurance collective, c'est-à-dire, en définitive, l'assurance totale d'une somme de quatre mille francs.

(6) Cette combinaison a été introduite par le Sénat, sur la demande de M. Félix Martin. Elle correspond à une double opération : assurance mixte pour la première moitié, payable soit à l'assuré lui-même en cas de survie, soit à ses ayants droit en cas de décès ; assurance de capital différé, pour la seconde moitié.

Le rapporteur du projet au Sénat, tout en reconnaissant le double caractère de ces assurances, calculées d'après des tarifs différents, a fait valoir que les intéressés trouveraient plus de facilité à contracter « une seule assurance pour arriver au même but ».

prescrites par les polices(1). En cas de rejet de la proposition, la décision ne devra pas être motivée.

L'assurance produira son effet dès la signature de la police (2).

Art. 3. — Un règlement d'administration publique déterminera les conditions dans lesquelles la Caisse d'assurances en cas de décès pourra organiser les assurances mixtes aux termes de l'article 1er de la présente loi, ainsi que les modalités du payement de la première prime et des primes ultérieures.

Art. 4. — La Caisse nationale des retraites pour la vieillesse est autorisée à recevoir en un seul versement le capital, à quelque somme qu'il s'élève (3), qui proviendrait d'une assurance mixte contractée dans les conditions qui précèdent. Ce capital servira à la constitution d'une rente viagère immédiate ou différée sur la tête de l'assuré et de son conjoint, ou, en cas de décès au cours de l'assurance, sur la tête du conjoint survivant, dans les conditions prévues par la loi du 20 juillet 1886 (4).

Réglementation du travail des femmes et des enfants. — *Tolérance pour la durée du travail et pour le travail de nuit. — Décret du 29 juillet 1897 :*

Le président de la République française,

Sur le rapport du ministre du commerce, de l'industrie, des postes et des télégraphes,

Vu les articles 4, 5, 6 et 7 de la loi du 2 novembre 1892, sur le travail des enfants, des filles mineures et des femmes dans les établissements industriels ;

Vu les décrets des 15 juillet 1893 et 26 juillet 1895 ;

Vu l'avis du comité consultatif des arts et manufactures ;

Vu l'avis de la commission supérieure instituée par l'article 22 de la loi précitée ;

Le Conseil d'État entendu,

Décrète :

Art. 1er. — Est complétée comme suit la nomenclature des industries énumérées aux articles 1, 3 et 5 du décret du 15 juillet 1893, modifié par le décret du 26 juillet 1895 et admises à bénéficier des tolérances prévues par la loi du 2 novembre 1892 en ce qui concerne le travail de nuit, le repos hebdomadaire et la durée du travail, savoir :

Art. 1er. — Chapeaux (fabrication et confection de) en toutes matières pour hommes et pour femmes (5).

Art. 3. — Colles et gélatine (fabrication de). Durée de la tolérance, 60 jours (6).

Art. 5. — Appareils orthopédiques (fabrication d'). Chapeaux (fabrication et confection de) en toutes matières pour hommes et pour femmes. Colles et gélatine (fabrication de). Chaussures (fabrication de). Parfumerie (fa-

---

(1) Le mode de sélection des risques a fait l'objet d'une divergence entre la Chambre et le Sénat.

Entre le délai suspensif, prescrit pour la Caisse nationale d'assurance en cas de décès (loi du 11 juillet 1868, art. 3) et l'examen médical, généralement pratiqué par les compagnies d'assurances sur la vie, le projet du Gouvernement prenait parti pour le second système.

La Chambre y substitua l'alternative entre les deux systèmes, au gré de l'assuré, en spécifiant seulement que l'option devrait être préalable à la proposition d'assurance et qu'en cas de décès pendant le délai suspensif les versements effectués ne seraient point restitués.

Malgré cette précaution, la Commission du Sénat jugea qu'il pouvait être imprudent de faire de la caisse de l'État « l'asile des valétudinaires », en la laissant à la merci de tous les mauvais risques. Le Sénat, puis la Chambre, ratifièrent le retour au projet du Gouvernement.

Il n'en reste pas moins bizarre que la même caisse nationale d'assurances se trouve soumise à deux systèmes parallèles de sélection : délai suspensif pour les assurances en cas de décès ; examen médical pour les assurances mixtes.

(2) Une assurance ne produit, en principe, son effet qu'à compter du paiement de la première prime. Cette dérogation, déjà consacrée pour les acquéreurs d'habitations à bon marché par la loi du 30 novembre 1894, était ainsi justifiée par l'Exposé des motifs :

« Dès le début, le travailleur rencontrera une difficulté insurmontable : le paiement de la première prime. Il n'aura pas à sa disposition une somme suffisante pour faire le versement réclamé ; d'un autre côté, si, en vue d'une assurance à souscrire dans un délai plus ou moins éloigné, il essaie de pratiquer quelques économies, un imprévu quelconque (maladie, chômage, etc.) viendra souvent troubler ses combinaisons. Les ouvriers ne pourraient donc profiter de l'assurance qui serait mise à leur disposition que si les deux conditions suivantes étaient réalisées : 1° le payement de la première prime ne serait pas exigé lors de la signature du contrat ; 2° l'assurance produirait néanmoins son effet dès la signature de ce contrat. »

Insistant sur la même difficulté, le rapporteur de la Chambre des députés ajoutait : « nous espérons que des facilités seront accordées pour payer la prime par fractions. »

La question devra être tranchée par le règlement d'administration publique prévu à l'article 3.

(3) Cette disposition est une dérogation à la loi du 26 juillet 1893, limitant à 500 francs le maximum des versements qui peuvent être faits pour une même personne la même année.

(4) Cette référence à la loi du 20 juillet 1886 ne laissera sans doute pas de présenter quelques difficultés pour l'application de l'article 4 de la loi nouvelle.

Y aura-t-il maintien absolu des règles fixées par la loi de 1886, ou exceptions faites au profit des versements provenant d'assurances mixtes ?

Il serait difficile de le préjuger dès maintenant, le règlement d'administration publique qui doit intervenir en vertu de l'article 3 ayant délégation générale pour déterminer l'*organisation* des assurances mixtes.

(5) Cette faculté de faire travailler les femmes et les filles âgées de plus de dix-huit ans jusqu'à 11 heures du soir et jusqu'à concurrence de 60 jours par an n'était ouverte par le décret du 15 juillet 1893 et par le décret du 26 juillet 1895 qu'aux ateliers de « confection » de chapeaux. Les ateliers de « fabrication » s'y trouvent maintenant admis.

(6) Cette industrie est ainsi admise à déroger temporairement aux dispositions concernant le travail de nuit.

brication de). Bonneterie fine (fabrication de) (1).

Art. 2. — Le ministre du commerce, de l'industrie, des postes et des télégraphes est chargé de l'exécution du présent décret, qui sera inséré au *Bulletin des lois* et au *Journal officiel* de la République française.

Tolérance du travail de nuit en cas de chômage de force majeure. — Dépêche du Ministre du commerce du 13 avril 1897 :

« M. l'Inspecteur divisionnaire, j'ai reçu d'un industriel de votre circonscription, dont vous trouverez la lettre ci-jointe, une demande tendant à obtenir l'autorisation de faire travailler les enfants et les femmes qu'il emploie pendant une heure supplémentaire par jour, afin de regagner le temps perdu par suite d'un chômage dû à des réparations urgentes.

Je vous prie d'informer, tout d'abord, le pétitionnaire que les tolérances qui sont inscrites dans la loi du 2 novembre 1892 ne peuvent être accordées que par l'inspecteur divisionnaire du travail de la circonscription.

La loi n'a donné au ministre aucun pouvoir propre à cet effet (2).

Vous devrez lui faire observer, d'autre part, que, si l'article 4, § 7, de la loi du 2 novembre 1892 autorise dans certains cas déterminés le travail de nuit au moyen d'équipes spéciales n'ayant pas travaillé le jour, il ne permet pas, par contre, de prolonger la durée du travail journalier au delà de la durée légale. Il ne saurait, dès lors, appartenir ni au ministre, ni au service de l'inspection, d'autoriser des dérogations à la loi que le législateur n'a pas prévues. »

Limitation du travail de nuit et du travail de jour combinés. — Dépêche du Ministre du commerce du 1er septembre 1897:

« M. l'Inspecteur divisionnaire, vous m'avez demandé mon avis sur la question de savoir si une équipe d'ouvrières délaineuses qui a travaillé de 2 heures du soir à 1 heure du matin, par application de l'article 3 du décret du 26 juillet 1895, peut reprendre le travail à 8 heures du matin, le même jour.

Permettez-moi de vous faire remarquer que l'article 3 précité n'autorise le travail de nuit qu'à la condition expresse que la durée du travail ne dépasse pas dix heures par vingt-quatre heures. Or l'équipe qui a travaillé de 2 heures du soir à 1 heure du matin et qui reprend à 8 heures du matin travaille plus de dix heures dans les vingt-quatre heures comprises entre 2 heures du premier jour et la même heure du lendemain. Or cette durée de travail est en opposition avec les règles consignées dans les articles 3 et 4 de la loi du 2 novembre 1892.

Il est vrai que, d'après l'article 5 du décret du 26 juillet 1895, les délaineurs peuvent être autorisés à faire des heures supplémentaires ; mais cette disposition n'est applicable que lorsque les industriels n'ont pas fait travailler leur personnel la nuit. Dès qu'il y a travail de nuit, celui-ci ne saurait dépasser dix heures.

Telles sont les considérations qui ont déterminé le Comité consultatif des arts et manufactures à exprimer l'avis, que j'adopte, que l'organisation du travail que vous m'avez soumise est interdite par la loi. »

Autorisations temporaires de prolongation de travail données par les inspecteurs. — Dépêche du Ministre du commerce du 29 juillet 1897 :

« M. l'Inspecteur divisionnaire, un industriel de votre circonscription m'a demandé si, en vertu de l'article 5 du décret du 15 juillet 1893 modifié par celui du 26 juillet 1895, vous pouviez autoriser les industries désignées à cet article à faire travailler les femmes et les enfants plus de douze heures par jour.

J'estime, M. l'Inspecteur divisionnaire, que vous devez vous abstenir de donner des autorisations de ce genre.

Lorsque la loi du 2 novembre 1892 a, par son article 4, § 4, accordé à certaines industries, à déterminer par un règlement d'administration publique, la faculté de prolonger la durée du travail jusqu'à 11 heures du soir, c'est à la condition que la durée du travail effectif ne dépasserait pas douze heures. Si le législateur n'a pas cru devoir aller plus loin et prolonger, pour le personnel protégé, la journée de travail au delà des douze heures fixées pour les adultes par la loi du 9 septembre 1848, je suis d'avis que le service de l'inspection ne saurait, sans faire des textes une interprétation qui ne manquerait pas d'être critiquée, accorder des dérogations que la loi n'a pas prévues. Telle est, d'ailleurs, la manière de voir de la Commission supérieure du travail, qui n'a jamais vu dans les tolérances qui sont demandées en vertu de l'article 7 de

(1) Cette disposition confère aux inspecteurs du travail, pour les industries qu'elle énumère, le droit de dispenser temporairement de l'exécution des prescriptions légales relatives au repos hebdomadaire et à la durée du travail.

(2) Cette interprétation, conforme à celle de la circulaire du 17 juin 1897, paraît plus exacte que celle qui avait d'abord prévalu dans les « Instructions générales » du 19 décembre 1892.

Aux termes de ces instructions, l'inspecteur divisionnaire, toutes les fois qu'il croyait nécessaire de lever, dans le cas spécifié, l'interdiction du travail de nuit pendant plus d'un mois, devait « en référer » par rapport spécial au ministre, qui « statue ». Que l'Administration supérieure, en cette hypothèse, dût statuer par voie de décision directe ou par voie d'instructions impératives à l'inspecteur divisionnaire sur la décision à prendre, il y avait toujours déplacement d'attributions et, comme le reconnaît catégoriquement la dépêche ci-dessus, méconnaissance de la loi.

la loi de 1892 que l'autorisation de faire une ou deux heures supplémentaires suivant qu'il s'agit des femmes ou des enfants. C'est en ce sensque vous devez appliquer cette disposition légale. »

Emploi des enfants de moins de 18 ans à l'effilochage et au triage des chiffons. — Dépêche du Ministre du commerce du 15 avril 1897 :

« M. l'Inspecteur divisionnaire, j'ai reçu d'un industriel une demande tendant à obtenir l'autorisation d'employer des enfants de moins de 18 ans à l'effilochage et au triage des chiffons humides après qu'ils ont été lessivés et dégraissés à la sortie de l'essoreuse.

Le Comité consultatif des arts et manufactures, saisi de la question, vient de me faire connaître que, à son avis, l'emploi des enfants de moins de 18 ans n'est interdit que lorsqu'ils opèrent sur des chiffons bruts et secs (tableaux A et C du décret du 13 mai 1893). Il ne croit pas, dès lors, que le travail aux chiffons lavés et humides leur soit interdit.

J'ai l'honneur de vous informer que j'ai adopté cet avis, qui donne satisfaction à la demande dont j'ai été saisi. Mais il est bien entendu que l'on ne devra, en aucun cas et sous aucun prétexte, employer ces enfants, sous peine de contravention, dans les salles affectées au déballage des vieux chiffons, ni à leur manipulation avant le lavage et l'épuration. »

Emploi d'enfants dans les théâtres. — Circulaire du Ministre du commerce du 29 mai 1897 :

« M. le Préfet, aux termes de l'article 8 de la loi du 2 novembre 1892, vous pouvez exceptionnellement autoriser l'emploi, dans les théâtres, pour la représentation de pièces déterminées, d'enfants des deux sexes, âgés de moins de 13 ans.

Dans un certain nombre de départements, et notamment dans celui de la Seine, les autorisations dont il s'agit sont portées à la connaissance du service de l'inspection du travail, qui peut ainsi suivre l'application de la loi. Le vœu ayant été exprimé que cette manière de procéder fût généralisée, je vous serais obligé de donner les instructions nécessaires pour qu'à l'avenir le service de l'inspection du travail ait immédiatement connaissance des noms et de l'âge des enfants autorisés exceptionnellement par vous à paraître sur la scène, ainsi que des pièces qui seraient représentées » (1).

Application de la loi du 2 novembre 1892. — *Liste municipale des établissements soumis aux lois réglementant le travail. — Circulaire du Ministre du commerce du 12 juin 1897 :*

« M. le Préfet, plusieurs de vos collègues, désirant faciliter la tâche qui incombe au service de l'inspection du travail, en vertu des lois des 2 novembre 1892 et 12 juin 1893, ont invité les maires de leur département à dresser, dans leurs communes respectives, la liste des établissements soumis aux lois réglementant le travail ; les états statistiques qui ont pu être ainsi envoyés au service de l'inspection lui ont permis de régler sa tâche et de choisir, pour ainsi dire, les pays qui ont le plus besoin de sa présence.

La Commission supérieure a, dans son dernier rapport, exprimé le vœu que cet exemple fût suivi dans tous les départements. Dans le cas où ce travail n'aurait pas été encore effectué dans le vôtre, je vous serai obligé d'inviter les municipalités à l'entreprendre sans retard et à le mener à bien dans le plus bref délai possible... »

Attributions des commissions départementales du travail. — Dépêche du Ministre du commerce du 13 septembre 1897 :

« M. l'Inspecteur divisionnaire, vous m'avez informé qu'un Préfet de votre circonscription vous avait demandé de lui fournir un programme détaillé indiquant les attributions et les fonctions des membres des Commissions départementales et vous m'avez demandé des instructions à ce sujet avant de répondre.

Les attributions et les fonctions des Commissions dont il s'agit ont été limitativement fixées par l'article 24 de la loi du 2 novembre 1892. Elles consistent à présenter des rapports sur l'exécution de la loi et les améliorations dont elle est susceptible.

Ces Commissions se méprendraient, si elles croyaient avoir mission de contrôler la façon dont la loi est appliquée par les inspecteurs et si elles s'érigeaient en juges de la conduite de ces fonctionnaires, qui relèvent exclusivement du ministre.

Si ces Commissions peuvent prêter un concours utile à l'Administration en lui présentant des vœux sur les modifications qu'il leur semblerait nécessaire d'apporter à la législation, elles ne sauraient, en aucun cas, s'arroger le droit de discuter les instructions ministérielles et d'en surveiller l'application » (2).

(1) Voir, dans le même ordre de préoccupations, les circulaires citées au numéro du *deuxième trimestre*, p. 46, et la note.

(2) En présence des dispositions formelles de l'article 24 de la loi du 2 novembre 1892, il est certain que les « Commissions départementales » n'ont pas le droit de s'immiscer dans la surveillance directe de l'application de la loi et, par suite, dans la visite des ateliers inspectés ou le contrôle des actes des inspecteurs.

Les anciennes « Commissions locales », que la

Institution des comités de patronage des apprentis. — *Dépêche du Ministre du commerce du 20 avril* 1897 :

« M. le Préfet, le Conseil général de votre département, préoccupé de l'application de l'article 25 de la loi du 2 novembre 1892, relatif à l'institution de comités de patronage ayant pour objet la protection des apprentis et le développement de leur instruction professionnelle, a proposé de doter quelques villes importantes de plusieurs comités en les spécialisant à certains groupes d'industries.

Tout en approuvant les observations que vous avez présentées au Conseil général pour définir le caractère des comités de patronage et limiter leur sphère d'action, qui ne peut et ne doit s'exercer qu'en dehors de l'atelier, je ne verrais pas d'inconvénients à ce qu'il y eût dans une même ville plusieurs comités de patronage, surtout si le nombre des enfants employés dans l'industrie y est considérable (1).

Rien ne doit entraver les efforts et les bonnes volontés, lorsqu'il s'agit de l'amélioration morale et matérielle des enfants occupés dans les usines et les manufactures et ce n'est pas sur ce terrain que nous devons redouter la concurrence.

Mais la coexistence, dans une même ville ou dans un arrondissement, de plusieurs comités de patronage doit être subordonnée à une condition *sine qua non*, c'est que la protection de ces comités, quelle que soit la classification adoptée, s'étende à *tous* les enfants employés dans *toutes* les industries de cette ville ou de cet arrondissement (2). Il ne serait pas possible de limiter cette tutelle aux apprentis d'une ou plusieurs branches de la production, à l'industrie de la laine, par exemple, comme on propose de le faire dans une certaine région.

Je ne doute pas que les principaux chefs d'industrie ne tiennent à honneur de revendiquer la place qui leur appartient et qui doit leur être réservée dans ces comités, puisqu'ils poursuivent, non seulement une œuvre de protection et de moralisation dans les milieux industriels, mais encore, suivant les termes de la loi que j'ai rappelés plus haut, le développement de l'instruction professionnelle des apprentis et des enfants employés dans les ateliers et manufactures. »

Inspection du travail. — *Interdiction aux fonctionnaires de se livrer à des opérations commerciales.* — *Dépêche du Ministre du commerce du* 15 *mai* 1897 (3) :

« M. l'Inspecteur divisionnaire, plusieurs administrations ont constaté que certains fonctionnaires se livraient à des opérations commerciales, soit ouvertement, soit sous le couvert de prête-noms. Le Gouvernement ne saurait admettre une telle situation.

Je tiens donc à rappeler d'une manière générale aux agents de mon Département que les fonctionnaires doivent toute leur activité au service de l'État.

Ils ne pourraient que perdre une partie de leur autorité dans cette confusion des fonctions administratives et des affaires commerciales; ils s'exposeraient à être accusés de subordonner leurs devoirs professionnels à des préoccupations personnelles et à être suspectés d'employer une autorité qui leur est

---

loi du 19 mai 1874 (art. 20) chargeait « de contrôler le service de l'inspection » ont été « abolies » à dessein et en termes exprès par la loi de 1892.

La même loi ne charge plus les nouvelles « Commissions départementales » que de présenter des rapports sur « l'exécution de la loi et les améliorations dont elle serait susceptible ».

Elles ne peuvent donc exercer un droit de contrôle ni sur l'application de la loi ni, par conséquent, sur *l'application des instructions ministérielles*. Mais il semble que la dépêche ministérielle aille un peu loin en leur déniant le droit de *discuter* dans le domaine théorique ces mêmes instructions ministérielles.

Appelées à présenter des rapports sur l'exécution de la loi, il faut qu'elles puissent émettre librement leur avis sur l'exécution des instructions ministérielles qui régissent précisément les détails de cette exécution.

Invitées, d'autre part, à transmettre au ministre leurs conclusions sur les « améliorations » que le législateur pourrait apporter à son œuvre, il paraît évident qu'elles doivent pouvoir, *a fortiori*, exprimer leur avis sur les améliorations que l'Administration pourrait d'elle-même apporter à ses propres instructions, c'est-à-dire, en définitive, « discuter ces instructions ».

(1) Sur ce point le pouvoir du conseil général ne saurait, en effet, faire doute : il est illimité. La loi ne remet qu'à lui seul le soin de « déterminer le nombre » des comités de patronage.

(2) Il convient de rappeler que l'article 25 de la loi de 1892 assigne aux comités de patronage une double mission : « 1° la protection des apprentis et des enfants employés dans l'industrie ; 2° le développement de leur instruction professionnelle. »

La première peut s'exercer à la rigueur indifféremment par les mêmes personnes pour l'ensemble des industries ; la seconde, au contraire, implique une expérience *professionnelle* des industries dans lesquelles doit être guidée l'instruction de l'apprenti et a très bien pu paraître appeler la constitution de comités de patronage spécialisés.

Quoi qu'il en soit du fait, la dépêche ministérielle interprète en droit et traduit exactement le texte légal, d'après lequel le Conseil général doit déterminer les « circonscriptions » des Comités de patronage, c'est-à-dire, il faut bien le reconnaître, des sphères d'action *territoriales* et non *techniques*.

Mais alors on ne voit pas pourquoi la solution serait limitée au cas de coexistence de plusieurs comités « dans une même ville ou dans un arrondissement » : elle doit évidemment prévaloir pour le département tout entier.

(3) Des instructions analogues ont été simultanément adressées aux divers agents relevant des différents départements ministériels.

Celle que nous citons indique l'esprit dans lequel toutes les autres ont été conçues. Elle présente d'ailleurs un intérêt tout particulier, puisqu'il s'agit ici de prévenir des actes commerciaux de la part des agents qui sont chargés du contrôle direct des exploitations industrielles.

déléguée pour assurer une juste et prompte administration à favoriser des intérêts particuliers et à créer au commerce une concurrence facile.

Je vous prie donc, M. l'Inspecteur divisionnaire, de renouveler expressément ces prescriptions aux agents de tous ordres placés sous votre direction. Vous mettrez en demeure d'opter ceux qui ne s'y seraient pas conformés. »

Prise de brevets d'invention par les inspecteurs du travail. — Dépêche du Ministre du commerce du 19 *juillet* 1897 :

« M. l'Inspecteur divisionnaire, vous m'avez demandé de vous faire connaître si un inspecteur du travail pouvait prendre à son nom un brevet pour un appareil de son invention.

Je ne vois aucun inconvénient à ce que ce fonctionnaire se réserve, conformément aux dispositions de la loi du 5 juillet 1844, la propriété de son invention par l'obtention d'un brevet ; mais, comme il s'agit, en l'espèce, d'une découverte concernant la protection des ouvriers, je prends note de son engagement de ne pas préconiser, au cours de ses visites, l'emploi, et par suite, l'achat de son système. »

Réglementation du travail des adultes. — *Repos des mécaniciens et chauffeurs de chemins de fer. — Circulaire du Ministre des travaux publics du* 4 *novembre* 1897 (aux administrateurs des compagnies) :

« Depuis longtemps mon administration se préoccupe du service des mécaniciens et chauffeurs, qui intéresse à un si haut degré la sécurité et, par plusieurs circulaires, elle a réglementé la durée du travail de ces agents, en leur assurant un repos minimum. Mais la fixation de ce minimum de repos serait illusoire, si les intéressés ne pouvaient toujours en jouir d'une manière effective et complète dans les gares où les nécessités de l'exploitation les forcent fréquemment à séjourner. Il m'a donc paru indispensable de compléter à ce point de vue les dispositions libérales des circulaires antérieures.

J'ai, dans ce but, prescrit aux différents services de contrôle de procéder à une enquête minutieuse sur la situation, en ce qui concerne l'hygiène et le confort des dortoirs mis à la disposition des mécaniciens et chauffeurs dans les divers dépôts. Les résultats de cette enquête ont été soumis au Comité de l'exploitation technique des chemins de fer.

Le Comité a reconnu qu'il serait difficile de tracer avec une entière précision le programme des conditions que les dortoirs doivent remplir, les données du problème variant en effet avec le climat, la situation géographique des locaux, leur mode de construction et aussi avec les mœurs et les habitudes des agents qui les fréquentent. Mais il a pensé qu'il y avait des règles dont il importe de ne jamais s'écarter dans l'intérêt du bien-être et même de la santé des agents, savoir :

Suppression absolue des dortoirs établis à titre provisoire dans des wagons couverts, où la chaleur est excessive en été et le froid très rigoureux en hiver ; — Adjonction à chaque dortoir d'un lavabo alimenté par un robinet d'eau propre et pourvu d'un écoulement d'eaux sales ; — Installation, à proximité de tout dortoir, de water-closets établis d'après les principes de l'hygiène ; — Mise à la disposition et à la portée des agents d'eau potable, naturelle ou filtrée.

A côté de ces règles fondamentales, le Comité a formulé un certain nombre de desiderata qui se justifient d'eux-mêmes, mais dont la réalisation ne lui a pas semblé pouvoir être imposée par voie de formule générale, à raison des conditions particulières à chaque espèce.

Ces desiderata sont les suivants : — Fixation d'une moyenne de 12 à 15 mètres cubes d'air par lit ; — Ventilation facile et rapide des dortoirs ; — Maintien des locaux en bon état d'hygiène, de propreté et d'entretien ; — Indépendance des réfectoires et des dortoirs, à moins d'exceptions dûment justifiées ; — Installation de salles de bains, de douches ou de bains-douches, qui peuvent être très utiles, notamment dans les pays chauds du Midi de la France et en Algérie.

Telles sont les règles générales et les considérations qui ont guidé le Comité dans le choix des améliorations qui lui ont paru pouvoir être réclamées immédiatement des Administrations de chemins de fer et qui, pour votre réseau, consistent dans les mesures ci-après... » (*suit la designation des dortoirs, réfectoires, etc., par Compagnie*).

Sécurité des ateliers. — *Responsabilité des mesures imposées en vue de la sécurité.*

I.— *Dépêche du Ministre du commerce du* 15 *avril* 1897. — « M. l'Inspecteur divisionnaire, j'ai été saisi par un industriel de votre circonscription d'une réclamation contre la mise en demeure qui lui a été faite d'avoir à se conformer, pour l'installation de son usine, aux prescriptions de l'article 12 du décret du 10 mars 1894. Il demandait, notamment, que la mise en demeure fût faite au nom du propriétaire qui lui a loué son matériel et la faculté de l'utiliser.

Le Comité consultatif des arts et manufactures, appelé à examiner cette requête, vient d'exprimer l'avis que c'est l'exploitant d'une usine, et non le propriétaire, qui est responsable de l'observation dans ses ateliers des dispositions relatives à l'hygiène et à la sécurité des travailleurs. »

II. — *Depêche du Ministre du commerce du 29 mai* 1897. — « M. l'Inspecteur divisionnaire, vous m'avez transmis une réclamation au sujet de la mise en demeure qui a été faite par le service de l'inspection du travail à un industriel, pour lui prescrire de mettre les cabinets d'aisances de ses ateliers en règle avec l'article 4 du décret du 10 mars 1894. Cet industriel excipe, pour se soustraire aux injonctions de l'Administration, du refus du propriétaire d'effectuer aucune transformation dans l'immeuble.

Le Comité consultatif des arts et manufactures, auquel j'ai soumis les explications de l'intéressé, par application de l'article 6 de la loi du 12 juin 1893, concernant l'hygiène et la sécurité des travailleurs dans les établissements industriels, a fait remarquer que c'est aux chefs d'industries, directeurs, gérants ou préposés que ladite loi crée des obligations et que le service de l'inspection n'a pas à intervenir dans les contestations qui peuvent surgir entre les chefs d'industries et les propriétaires des immeubles qu'ils occupent.

Quant à l'opportunité de la mise en demeure, le Comité a considéré que, si l'on peut quelquefois admettre certaines tolérances, il ne semblait pas que cela fût possible dans l'espèce, l'insalubrité des locaux susdésignés ne permettant pas de prolonger pendant une période si courte qu'elle soit une pareille désobéissance à la loi. »

Appareils protecteurs des parties dangereuses. — Depêche du Ministre du commerce du 20 avril 1897 :

« M. l'Inspecteur divisionnaire, vous m'avez demandé des renseignements sur la portée de la circulaire du 1er février 1897 (1) relative à l'application de l'article 2 du décret du 13 mai 1893, qui dispose que le personnel protégé ne pourra être employé dans les ateliers où se trouvent des machines dont les parties dangereuses ne sont point couvertes de couvre-engrenages, etc.

C'est sur le mot « couvertes » que mon attention a été appelée à la suite de plaintes basées sur ce que des inspecteurs étendraient cette interdiction à tous les ateliers où se trouvent des machines dont les parties dangereuses ne sont point couvertes, dans l'acception propre du terme, et cela, sans distinguer s'il s'agit de l'outil même ou de la partie travaillante qui doit être accessible pour produire la besogne en vue de laquelle elle a été installée.

C'est dans ces conditions que le Comité consultatif des arts et manufactures, interprétant le décret du 13 mai 1893, a fait remarquer que ce décret ne dit pas que les parties dangereuses seront enveloppées, mais qu'elles seront couvertes, c'est-à-dire, suivant les termes correspondants du décret du 10 mars 1894, munies d'organes protecteurs, de telle sorte que les ouvriers ne puissent de leur poste de travail toucher involontairement les outils dangereux. Mais il faut nécessairement que cette condition de sécurité soit réalisée.

La circulaire du 1er février n'avait pas d'autre objet que de porter cette interprétation à votre connaissance. »

(1) Voir cette circulaire au numéro du *deuxième trimestre*, p. 45.

Ouverture des portes des ateliers de dedans en dehors. — Dépêche du Ministre du commerce du 20 avril 1897 :

« M. l'Inspecteur divisionnaire, conformément à l'article 6 de la loi du 12 juin 1893, j'ai soumis à l'examen du Comité consultatif des arts et manufactures une réclamation qui m'a été adressée au sujet d'une mise en demeure ayant pour objet d'enjoindre à un industriel de se conformer aux prescriptions du décret du 10 mars 1894 et notamment à l'article 16 dudit décret prescrivant que les portes des ateliers doivent s'ouvrir de dedans en dehors.

Cette affaire soulevait une question d'interprétation de l'article 16 du décret précité pour la solution de laquelle le Comité s'est appuyé sur les considérations suivantes :

D'une part, il a constaté que les nombreuses portes qui desservent les ateliers donnent, sauf deux, sur de vastes cours et que, dans ces conditions, l'évacuation des locaux serait facile en cas d'incendie.

D'autre part, il a observé que le décret ne spécifie pas que *toutes* les sorties doivent être munies de portes s'ouvrant de dedans en dehors. S'inspirant en fait et en droit de ces deux motifs, le Comité a émis l'avis que l'Administration pouvait se borner à imposer les deux obligations suivantes :

1° Faire ouvrir vers le dehors les deux portes des ateliers qui seules ne donnent pas sur de vastes cours ;

2° Pour les autres ateliers, dont les dégagements ne sont pas si faciles, pratiquer dans chacun d'eux une porte ou deux ouvrant du dedans en dehors.

J'ai l'honneur de vous informer que j'ai adopté l'avis du Comité consultatif, qui aura l'avantage de permettre de continuer le service d'alimentation des machines par des wagonnets, service qui exige l'ouverture des portes en dedans. Je ne doute pas que l'industriel ne prenne sans retard des mesures dans le but de s'y conformer. »

Mesures de sécurité dans les ateliers des écoles techniques. — Circulaire du Ministre du commerce du 17 juillet 1897 (aux directeurs de ces écoles) :

« M. le Directeur, j'ai l'honneur de vous

adresser un fascicule renfermant le texte des lois et règlements, actuellement en vigueur, sur le travail des enfants mineurs et l'hygiène et la sécurité des travailleurs employés dans les ateliers de tout genre.

Les prescriptions contenues dans ces lois et règlements, notamment en ce qui concerne les mesures de précautions à prendre pour éviter les accidents causés par certaines machines-outils, les transmissions, etc., et pour assurer la salubrité des ateliers, trouveront leur application dans l'établissement placé sous votre direction.

Je n'ignore pas que dans la plupart des écoles et avant même la promulgation de la loi du 12 juin 1893 des mesures de précaution ont été prises et qu'aucun accident présentant quelque caractère de gravité ne s'y est produit. Je n'en appelle pas moins toute votre attention sur l'importance que présente la question et je vous prie de veiller par vous-même à l'exécution des prescriptions réglementaires. »

Responsabilité des accidents — *Accidents survenus à des personnes étrangères à un chantier. — Dépêche du Ministre du commerce du 12 mai* 1897 :

« M. l'Inspecteur divisionnaire, le jugement du tribunal de simple police de Tinchebray (1).

qui a relaxé M. X..., entrepreneur, des poursuites dirigées contre lui à raison d'un accident dont avait été victime une personne étrangère à son chantier, me paraît avoir fait une saine interprétation de la loi du 12 juin 1893. Cette loi ne vise, en effet, que la sécurité des travailleurs. Quant aux accidents survenus à des tiers, les questions de responsabilité qu'ils soulèvent doivent être tranchées suivant les règles du droit commun (art. 1382, C. civ. ; — art. 319 et 320. C. P.), dans l'application desquelles l'inspection n'a pas à intervenir. »

Responsabilité des accidents dans les entreprises de la marine. — I. Arrêté du Ministre de la marine du 20 octobre 1897 :

Le ministre de la marine,

Arrête :

Art. 1er. — Les ouvriers à la solde des entrepreneurs (2) qui seront atteints de blessures ou de maladies (3) occasionnées par les travaux exécutés sur les chantiers ou dans les établissements de la marine recevront les soins nécessaires et les secours pécuniaires (4)

---

(1) « *Jugement du* 2 *février* 1897. — Les principaux motifs de ce jugement sont ainsi conçus :

« Attendu qu'aux termes de la loi du 12 juin 1893 aucune contravention ne peut être relevée contre le sieur X... ; qu'elle a pour but de garantir la sécurité des travailleurs dans les établissements industriels et non de protéger le public contre sa propre imprudence ; que, d'après les procès-verbaux, l'installation du monte-charge était suffisante et garantissait les ouvriers de tout danger ; que, si l'accident dont s'agit s'est produit, il est dû exclusivement à une imprudence de la victime qui, à l'insu des ouvriers, est venue par un chemin au chantier, dont l'accès était ouvert, mais qui ne se trouvait pas sur la voie publique ; que, dans son procès-verbal, l'inspecteur déclare que l'engin élévateur de matériaux n'était pas installé et tenu dans les meilleures conditions possibles de securité, alors qu'il résulte de celui de M. le commissaire de police, en date du 18 septembre, que le tout fonctionnait bien et que la corde d'ascension était en bon état; — Attendu qu'il s'agit de l'application de l'art. 2 de la loi du 12 juin 1893 et qu'il y avait lieu, non point de dresser le procès-verbal qui sert de base à la poursuite, mais bien de mettre au préalable, conformément à l'article 6 de la même loi, le sieur X... en demeure de se conformer, le cas échéant, aux prescriptions du règlement qui, suivant lui, n'auraient pas été observées, mise en demeure qui n'a pas eu lieu ; — Attendu qu'il résulte de ce qui précède que l'inculpé n'a commis aucune contravention et qu'il doit être, en conséquence, renvoyé purement et simplement de la prévention... »

On pourrait faire des réserves sur plusieurs des considérants de ce jugement. Le point signalé par la dépêche ministérielle n'en est pas moins constant.

Il est hors de conteste que l'inspection du travail contrôle l'exécution de la loi du 12 juin 1893 dans l'intérêt des ouvriers employés et non dans l'intérêt des *tiers*.

(2) L'arrêté ne vise que les accidents survenus aux ouvriers employés par les entrepreneurs et non aux ouvriers employés directement par l'administration. En outre, ces dispositions s'appliquent aux ouvriers des entrepreneurs de *travaux*, et non à ceux des entrepreneurs de *fournitures*.

(3) Pour les ouvriers des entreprises de travaux de la marine, comme déjà pour les ouvriers des entreprises des travaux publics, la *maladie professionnelle* occasionnée par le travail se trouve ainsi assimilée à l'*accident*.

(4) L'arrêté, comme le spécifie d'ailleurs la circulaire d'envoi, reproduite ci-après, ne règle pas et ne pouvait pas régler les charges finales de la responsabilité civile encourue par les patrons à l'égard de leurs ouvriers blessés ou malades, dans les termes de l'article 1382 du Code civil.

Il se borne à assurer et à imposer comme une des clauses contractuelles de l'adjudication ou du marché l'attribution de *secours* alimentaires temporaires, de « premiers secours » aux intéressés, sauf à ceux-ci ou à leurs ayants droit à obtenir à l'amiable ou à requérir de justice la réparation définitive du dommage subi.

Il assigne toutefois à la transaction ou à la décision judiciaire un *minimum* dans deux cas : 1° si l'ouvrier est mort de l'accident, l'indemnité allouée à sa veuve ou à sa famille ne peut être inférieure à 1000 francs (art. 5) ; 2° si l'accident rend l'ouvrier impropre au travail de sa profession, l'indemnité comprend au moins l'allocation des trois quarts du salaire pendant une année à compter de l'accident (art. 4).

A la vérité, cette double clause ne met point obstacle à la décision judiciaire ; elle ne lie le juge que comme intervention contractuelle d'un tiers dans la cause. L'Etat, en l'espèce, fait une stipulation pour autrui.

Mais, si cette disposition est admissible au point de vue juridique, il semble que, dans la pratique, elle recèle d'assez grosses difficultés d'application

Si, par exemple, le décès d'un ouvrier est attribué à une maladie professionnelle résultant du travail (et l'on sait si la détermination d'une maladie professionnelle est chose délicate et contestable), si l'administration de la marine, en vertu du contrôle que lui ouvre et lui impose l'article 8, exige en conséquence le paiement de l'indemnité dans les conditions déterminées par le présent règlement.

Art. 2. — Ils seront soignés, soit dans les hôpitaux civils ou à domicile aux frais de l'entrepreneur, soit dans les hôpitaux de la marine, dans les conditions énoncées à l'article 6 ci-après.

Art. 3. — Pendant la durée de l'interruption du travail, constatée par un certificat du médecin traitant (1), les ouvriers recevront de l'entrepreneur les trois quarts du salaire qu'ils auraient pu gagner (2) s'ils avaient continué à travailler.

Art. 4. — Si, par suite de leurs blessures, les ouvriers sont devenus impropres au travail de leur profession (3), l'allocation des trois quarts du salaire se prolongera pendant un laps de temps d'au moins une année à partir du jour de l'accident.

Art. 5. — Lorsqu'un ouvrier marié ou ayant des charges de famille (4) aura été tué sur les travaux ou aura succombé à la suite, soit de blessures, soit d'une maladie occasionnée par les travaux (5), sa veuve ou ses ayants droit recevront de l'entrepreneur une indemnité qui ne sera pas inférieure à 1.000 fr.

Art. 6. — Les ouvriers blessés ou malades seront admis et traités dans les hôpitaux de la marine, dans les conditions spécifiées par l'article 16 des conditions générales du 1er juillet 1884, imposées aux entrepreneurs des travaux hydrauliques et bâtiments civils (6).

Toutefois, la présence d'au moins deux mois sur le chantier, prévue au second paragraphe dudit article, ne sera pas exigée pour les ouvriers atteints de maladies occasionnées par les travaux.

Art. 7. — Lorsqu'un accident aura occasionné la mort d'un ouvrier, un procès-verbal en sera dressé immédiatement par les agents de la marine. Ce procès-verbal fera connaître les causes et les circonstances de l'accident.

Art. 8. — Les soins et les secours pécuniaires seront accordés à l'ouvrier dans les conditions fixées par le présent règlement, sous le contrôle de l'administration de la marine, à laquelle l'entrepreneur devra fournir les justifications qui lui seront demandées.

Au cas où l'entrepreneur ne se conformerait pas à ces dispositions, il y sera pourvu d'office par les soins de la marine, sur l'ordre du préfet maritime, après simple avis à l'entrepreneur.

Celui-ci sera tenu de rembourser au Trésor public le montant total des sommes dont la marine aura fait l'avance, sur un ordre de reversement dressé par l'ordonnateur. La mainlevée de son cautionnement ne sera accordée à l'entrepreneur qu'après justification de ce reversement. Si l'entrepreneur n'a pas été astreint au dépôt d'un cautionnement, ou si ce cautionnement est insuffisant, le ministre peut décider qu'un recours sera exercé sur les biens de l'entrepreneur défaillant, par

---

minima prévue par l'article 5 et si enfin la justice, saisie par les intéressés, rejette définitivement la prétention des ayants droit de l'ouvrier, quelle sera la responsabilité de l'Etat pour le paiement indû ?

La même difficulté se présentera, quoique plus rarement, à propos de l'allocation de l'indemnité temporaire prolongée pendant une année au moins au profit de l'ouvrier dont la blessure, à la suite d'une instance judiciaire, ne sera pas finalement reconnue de nature à le rendre impropre à l'exercice de la profession.

(1) Lorsque l'ouvrier blessé ou malade est soigné dans les hôpitaux de la marine ou dans les hôpitaux civils, on conçoit aisément que le certificat du médecin traitant suffise à faire foi de l'état de cet ouvrier et de l'obligation de l'entrepreneur.

Mais, lorsque l'ouvrier sera soigné « à domicile », il sera beaucoup moins compréhensible que le simple certificat du « médecin traitant », c'est-à-dire dans certains cas du médecin qu'il aura lui-même et seul choisi, puisse, sans contradiction possible de la part de l'entrepreneur, lui constituer en quelque sorte un titre de créance à l'encontre de ce dernier.

(2) Bien que l'arrêté ne le dise point expressément, l'entrepreneur devra sans doute les trois quarts du salaire courant que touchait l'ouvrier *au moment de l'accident*, et non du salaire quelconque « qu'il aurait pu gagner » dans telles ou telles conditions plus ou moins hypothétiques.

Mais faudra-t-il tenir compte d'un relèvement général de salaire, survenu après l'accident, dans la paye des ouvriers similaires ? ou, inversement, d'un abaissement de la même paye ? ou encore du chômage partiel que comportait normalement la suite des travaux ?

Autant de difficultés qui ne manqueront pas de naître et pour lesquelles il faudra faire appel aux appréciations de l'administration de la marine et, le cas échéant, aux décisions de justice.

(3) Pour que cette allocation soit due, il n'est donc pas nécessaire que l'ouvrier se trouve dans une incapacité *absolue* de travail. Il suffit d'une incapacité *relative*, lui interdisant la reprise de la profession qu'il exerçait.

Mais, d'autre part, d'après le texte, il faut : 1° que cette incapacité soit *définitive* ; 2° qu'elle soit consécutive à un *accident* (et non à une maladie professionnelle).

(4) L'expression « charges de famille » ne présente peut-être pas la précision si désirable en semblable matière.

En réalité, l'administration de la marine — sous la réserve de recours en justice, que les entrepreneurs n'oseront pas souvent affronter — restera maîtresse d'apprécier s'il y a lieu, ou non, à l'application de l'article 5 dans ce cas.

(5) Même remarque qu'à la note ci-dessus, sous l'article 3 : qui déterminera, au regard de l'administration, le caractère de la maladie professionnelle et, par suite, la responsabilité de l'entrepreneur ?

(6) Cet article est ainsi conçu :

« Les ouvriers à la solde de l'entrepreneur qui reçoivent sur les travaux des blessures dûment constatées sont admis et traités aux frais de l'Etat dans les hôpitaux de la marine, sans toutefois que cette admission puisse donner lieu à aucune allocation de solde par la marine en faveur desdits ouvriers. — Les ouvriers à la solde de l'entrepreneur qui contractent des maladies sur les chantiers, après y avoir été employés pendant deux mois au moins, sont également admis dans les hôpitaux de la marine, mais à la charge par l'entrepreneur de rembourser au Trésor public les frais du traitement desdits ouvriers, d'après les états arrêtés par le commissaire aux hôpitaux et approuvés par le commissaire général. »

l'intermédiaire de l'agent judiciaire du Trésor.

Art. 9. — Les dispositions du présent arrêté ne sont pas applicables aux ouvriers victimes d'accidents qui proviendraient d'une cause étrangère au travail salarié et ordonné par l'entreprise, ou qui seraient survenus par suite de désobéissance aux lois, règlements et ordres de police.

II. — *Circulaire du Ministre de la marine du 26 octobre* 1897 (aux préfets maritimes, etc.):

« Messieurs, il m'a paru nécessaire d'assurer par une réglementation analogue à celle en vigueur dans d'autres départements ministériels les secours à accorder aux ouvriers des entrepreneurs de la marine victimes d'accidents ou de maladies et les indemnités à allouer, au cas où ils viennent à décéder, à leurs veuves ou à leurs ayants droit.

J'ai pris, à cet effet, l'arrêté ci-après qui porte la date du 20 octobre courant et dont l'économie repose sur les bases suivantes :

Les ouvriers à la solde des entrepreneurs, blessés ou atteints de maladie sur les chantiers, seront soignés, soit dans les hôpitaux civils, soit à domicile, soit dans les hôpitaux de la marine. Les frais seront à la charge des entrepreneurs, sauf en cas d'admission dans les hôpitaux de la marine après blessure reçue sur les travaux, auquel cas le traitement restera a la charge de l'État.

Durant toute la période de l'incapacité de travail, l'ouvrier recevra de l'entrepreneur les trois quarts de son salaire. S'il devient impropre à l'exercice de sa profession, cette allocation se prolongera pendant un laps de temps d'au moins une année.

En cas de décès, la veuve ou les ayants droit de l'ouvrier recevront de l'entrepreneur une indemnité qui ne sera pas inférieure à 1,000 francs.

Ces dispositions sont destinées à garantir aux ouvriers malades ou victimes d'accidents un premier secours permettant de parer aux besoins les plus pressants : elles ne doivent préjudicier en rien aux revendications pécuniaires que ces ouvriers ou leurs ayants droit ont toujours la faculté de faire valoir contre les entrepreneurs suivant les règles du droit commun.

L'arrêté du 20 octobre 1897 sera rendu applicable à tous les marchés d'entreprise du service des travaux hydrauliques par l'insertion, au cahier des charges, d'une clause rédigée comme suit :

« Pour le fonctionnement du service médical et l'allocation de secours aux ouvriers atteints de blessures ou de maladies occasionnées par les travaux, à leurs veuves et à leurs ayants droit, l'entrepreneur sera soumis aux obligations résultant, soit de l'arrêté ministériel du 20 octobre 1897, soit des lois et décrets en vigueur au moment de l'adjudication » (1).

Médailles d'honneur pour les ouvriers. — En réponse à une question que lui posait à la Chambre M. Vacher sur la manière de décompter les services industriels ou commerciaux en vue de l'attribution des médailles d'honneur instituées par le décret du 16 juillet 1886, M. le Ministre du commerce a fait la déclaration suivante (2) :

« Messieurs, je n'hésite pas à donner satisfaction à l'honorable M. Vacher. De tout temps on a calculé les années de services industriels ou commerciaux sans tenir compte de l'interruption causée par les services militaires. Mais je considère qu'on peut faire entrer en ligne sans aucun inconvénient le temps passé sous les drapeaux (3), et des

(1) L'insertion de cette clause dans les cahiers des charges ne paraît pas sans danger.

Les nouvelles clauses et conditions générales des travaux des Ponts et Chaussées ont distingué avec beaucoup plus de prudence les obligations ultérieures des entrepreneurs, suivant qu'elles proviendraient de *lois* ou, au contraire, de *décrets* ou arrêtés ministériels. Les décrets ou arrêtés, c'est-à-dire les actes du Pouvoir exécutif contractant, ne peuvent, comme il est naturel et juste, rien ajouter en ce point aux charges des entrepreneurs ; l'entreprise, au contraire, comme les autres *exploitations industrielles*, reste soumise à toutes les obligations que le législateur peut éventuellement définir.

Cette distinction n'est pas de vaine théorie. Si demain la loi sur la responsabilité des accidents, depuis longtemps étudiée par les Chambres, venait à être votée, elle serait évidemment applicable aux entrepreneurs de la marine, en tant que loi d'ordre public, malgré les termes restrictifs de la clause insérée au cahier des charges. Mais le soumissionnaire serait peut-être en droit d'arguer de cette clause même pour rejeter sur l'Administration le supplément de charge que lui imposerait cette loi, postérieure à l'adjudication.

(2) Séance du 11 novembre 1897.

(3) Le décret du 16 juillet 1886 a réservé les médailles d'honneur « aux ouvriers et employés français qui comptent plus de trente années de services *consécutifs* dans le même établissement industriel ou commercial situé sur le territoire de la République française ».

M. Vacher s'élevait contre l'application littérale de ce texte et précisait ainsi son grief : « Non seulement l'administration compétente, qui fait une enquête, ne tient pas compte du temps passé sous les drapeaux, mais elle néglige de compter les années passées dans la même usine antérieurement à leur départ pour l'armée. » Et il ajoutait : « Il est au moins étrange qu'en la circonstance les ouvriers qui ont payé leur dette à la patrie en accomplissant leur service militaire soient primés par ceux qui, pour une raison ou pour une autre, n'ont pas payé cette dette, toujours très lourde pour l'ouvrier. »

La réponse du ministre promet des « prescriptions nouvelles », qui n'ont point encore été publiées. Sans préjuger la portée de ces instructions, il semble qu'on peut dès maintenant, en présence de la déclaration ministérielle, tenir quatre points pour constants.

1° Les services industriels ou commerciaux antérieurs à l'appel sous les drapeaux entrent dans le décompte des trente années exigibles, si l'ouvrier ou l'employé intéressé est rentré immédiatement après sa libération dans le *même éta-*

prescriptions nouvelles seront données en ce sens à l'administration. »

Fonds des Caisses de retraite, de secours et de prévoyance. — *Décret du 14 octobre 1897* (1).

Retraites des gardes forestiers des communes, des établissements et des départements. — *Décret du 25 septembre 1897* (2) :

Le Président de la République française,

Vu l'inscription au budget général des dépenses de l'exercice 1897 d'un crédit de 120,000 francs pour la bonification de la pension des préposés forestiers communaux ;

Vu la loi du 20 juillet 1886, relative à la caisse nationale des retraites pour la vieillesse ;

Vu le décret du 28 décembre 1886, portant règlement d'administration publique sur le fonctionnement de ladite caisse ;

Sur le rapport du président du conseil, ministre de l'agriculture, et du ministre des finances,

Décrète :

Art. 1er. — Des versements à la caisse nationale des retraites pour la vieillesse sont effectués au profit des brigadiers et gardes forestiers des bois des communes, des établissements publics et des départements soumis au régime forestier.

Ces versements proviennent :

1° De la retenue opérée sur le traitement de ces préposés ;

2° De la part contributive de l'Etat.

Art. 2. — Les retenues à opérer sur le traitement des préposés sont les suivantes (3) :

1° Une somme annuelle de 20 francs pour les traitements inférieurs à 500 francs ;

Une somme annuelle de 30 francs pour les traitements de 500 à 599 francs ;

Une somme annuelle de 40 francs pour les traitements de 600 francs et au-dessus ;

2° Lors de l'entrée en fonctions des préposés nouvellement nommés :

Une somme de 20 francs pour les traitements inférieurs à 500 francs ;

Une somme de 30 francs pour les traitements de 500 à 599 francs ;

Une somme de 40 francs pour les traitements de 600 francs et au-dessus ;

3° Lors d'une augmentation de traitement par avancement :

Une somme de 10 francs pour une augmentation de 50 à 100 francs ;

Une somme de 20 francs pour une augmentation de 100 francs et au-dessus.

Ne subissent pas les retenues ci-dessus :

1° Les préposés mixtes ;

2° Les préposés dont le traitement est inférieur à 300 francs. Ceux-ci pourront toutefois effectuer volontairement des versements dans les conditions ci-dessus indiquées (4).

---

blissement que celui auquel il appartenait au moment de son départ pour l'armée. Son absence involontaire et légalement obligatoire n'interrompt pas la continuité de ses services.

2° En outre, dans la même hypothèse, ses services militaires sont assimilés aux services industriels ou commerciaux et comptent comme tels pour l'obtention de la médaille.

3° Les services industriels ou commerciaux antérieurs et les services militaires semblent devoir même être comptés aux ouvriers et employés qui n'ont pu, au sortir du régiment, rentrer dans l'établissement auquel ils appartenaient, s'ils justifient d' « une cause de force majeure absolument indépendante de leur volonté », conformément à la disposition exceptionnelle introduite par le décret du 12 février 1895.

On pourrait même soutenir qu'il suffit, sans autre justification, qu'ils aient vainement sollicité dès leur libération leur rentrée dans l'établissement auquel ils appartenaient, le départ au régiment, qui les a privés de leur emploi, constituant alors par lui-même la « cause de force majeure » qui excuse la discontinuité de leurs services industriels ou commerciaux dans la même maison.

4° Ne sauraient, au contraire, entrer en ligne les services militaires antérieurs aux services industriels ou commerciaux ininterrompus qu'on fait valoir pour l'obtention de la médaille, puisque dans ce cas les « services consécutifs dans le même établissement industriel ou commercial » spécifiés par le décret de 1886 ne peuvent évidemment dater que de l'entrée dans l'établissement.

(1) Le texte et le commentaire de ce décret, rendu en exécution de la loi du 27 décembre 1895, seront publiés au prochain numéro de la *Revue*, avec un résumé de l'ensemble des nouvelles dispositions législatives et réglementaires sur la matière.

(2) Comme déjà pour les cantonniers de l'Etat et pour le personnel civil des établissements de la Guerre, les retraites des gardes forestiers sont désormais constituées à la caisse nationale des retraites pour la vieillesse à l'aide de retenues sur les traitements et de parts contributives de l'Etat.

Mais il n'y a point, pour eux, garantie par l'Etat d'une pension *minima*, au moyen de l'allocation d'une rente complémentaire sur ressources budgétaires.

Il faut remarquer, d'autre part, qu'ici les engagements pris ne s'appliquent plus à des agents directs de l'Etat, mais à une catégorie d'agents rétribués, en principe, sur les budgets communaux.

(3) Dans le système adopté, les intéressés, c'est-à-dire les préposés recevant un traitement d'au moins 300 francs, subissent une retenue qui varie avec la quotité de leur traitement, mais qui n'est pas rigoureusement proportionnelle : elle représente de 5 à 7 0/0 pour les traitements qui ne dépassent pas 600 francs et descend progressivement au-dessous de 5 0/0 pour les traitements supérieurs.

Les parts contributives de l'Etat suivent exactement la même échelle (art. 3) et ainsi les subventions budgétaires vont principalement aux traitements de 300 à 600 francs.

(4) Cette faculté de versements volontaires n'est point une faveur comme pourrait le laisser croire une lecture trop rapide du décret. Elle est ouverte à « toute personne » par la loi du 20 juillet 1886.

Ce qui peut paraître étrange et ce que n'éclaircit point, en tout cas, l'économie du décret, c'est que l'obligation de la prévoyance et le concours financier de l'Etat soient précisément mis de côté lorsqu'il s'agit des préposés ayant les plus petits traitements et, par conséquent, le plus grand be-

ART. 3. — La part contributive de l'Etat est fixée, savoir :

A 20 francs pour les traitements de 300 fr. à 499 francs ;

A 30 francs pour les traitements de 500 fr. à 599 francs ;

A 40 francs pour les traitements de 600 fr. et au-dessus.

ART. 4. — Les retenues sont opérées par les trésoriers-payeurs généraux par moitié sur le montant des mandats délivrés pour les mois de juin et de décembre de chaque année.

Les retenues annuelles de 30 francs seront réparties ainsi qu'il suit : 16 francs sur les mandats de juin ; 14 francs sur les mandats de décembre.

Les retenues ainsi réalisées sont versées à la caisse nationale des retraites pour la vieillesse, à la diligence des agents forestiers intermédiaires.

La part contributive de l'Etat est mandatée collectivement par semestre au nom des agents forestiers intermédiaires ; ceux-ci remettent, après les avoir acquittés, les mandats délivrés en leur nom à la trésorerie générale avant l'expiration des premier et troisième trimestres. Les intermédiaires prennent les mesures nécessaires pour que la part contributive de l'Etat soit portée au compte de chaque préposé en même temps que le versement provenant de la retenue.

ART. 5. — Les versements sont faits à capital aliéné. L'âge normal d'entrée en jouissance de la pension est fixé à soixante ans.

L'entrée en jouissance de la pension de la femme du préposé doit coïncider avec l'entrée en jouissance de la pension du mari, à moins qu'à cette époque la femme n'ait dépassé soixante-cinq ans ou n'ait pas encore atteint cinquante ans.

ART. 6. — Tout préposé maintenu en activité de service après soixante ans continue à subir la retenue indiquée à l'article 2. Les retenues exercées après soixante ans sont, au gré du préposé et par les soins de l'agent intermédiaire, soit déposées en son nom à la caisse nationale d'épargne, soit versées, à son compte, à la caisse nationale des retraites.

La part contributive de l'Etat est également acquise aux préposés qui subissent des retenues après l'âge de soixante ans. Cette part est, suivant le cas, versée à la caisse d'épargne ou à la caisse des retraites pour la vieillesse.

ART. 7. — Les titulaires des livrets de retraite peuvent accroître volontairement leurs versements en ajoutant au prélèvement opéré sur leurs traitements telles sommes qu'ils indiquent en temps utile, sous la réserve que le versement total annuel ne dépasse pas le maximum admis par la caisse nationale des retraites (1).

Les versements supplémentaires effectués volontairement se feront par l'entremise des intermédiaires en même temps que les versements ordinaires. Ils n'entraîneront, dans aucun cas, une contribution correspondante de l'Etat (2).

ART. 8. — Le président du conseil, ministre de l'agriculture, et le ministre des finances sont chargés, chacun en ce qui le concerne, de l'exécution du présent décret.

Retraites d'employés civils de l'Administration des colonies. — *Décret du 31 juillet* 1897, *portant constitution de retraites au personnel auxiliaire des magasins du service colonial en France* (3).

Règlement de la Caisse de retraites des employés de la préfecture de la Seine (*1er juillet* 1897) (4).

---

soin d'aide morale et pécuniaire.

Il est possible que la faiblesse du résultat à atteindre ait découragé l'Administration Cependant, à supposer un traitement de 250 francs, un versement annuel de 16 francs et une part contributive égale de l'Etat, de 30 à 60 ans, on obtient encore à cet âge une rente viagère d'environ 210 francs, qui ne paraît pas absolument négligeable pour un ancien préposé forestier qui touchait, en cette qualité, un traitement d'activité inférieur à 300 francs.

Au surplus, il semble qu'en cette matière, et à moins de raisons bien fortes, l'égalité s'imposait et que, en théorie tout au moins, l'exclusion des préposés les moins rétribués peut prêter à critique.

(1) Le maximum des versements annuels est actuellement de *cinq cents francs* (*loi du* 26 *juillet* 1893, *art.* 61).

(2) Les dispositions des articles 5, 6, 7 et 8 sont presque identiques à celles qui régissent déjà les retraites des cantonniers de l'Etat.

(3) Ce décret publié au *Journal officiel* du 5 août, institue à compter du 1er janvier 1898 les retraites du personnel auxiliaire des magasins du service colonial, comprenant : 1° des « auxiliaires commissionnés », au nombre maximum de trente ; 2° des « journaliers », en nombre variable, suivant les besoins du service.

Les retraites sont organisées au moyen d'une retenue de 4 0/0 sur les salaires et d'une part contributive égale de l'Etat versées à la caisse nationale des retraites pour la vieillesse, mais sans minimum garanti par l'Etat.

A quelques détails près, le texte de ce décret est d'ailleurs identique à celui du décret du 26 février 1897 (art. 2 à 9), qui a été précédemment rendu pour le personnel civil des établissements de la guerre et que nous avons commenté dans la *Revue*, numéro du *premier trimestre*, p. 8.

Le décret du 31 juillet 1897 emprunte également à celui du 26 février précédent ses dispositions sur les indemnités en cas de licenciement et les retenues disciplinaires.

(4) Ce règlement remplace les dispositions antérieurement approuvées par le décret du 1er février 1813 et les actes subséquents Délibéré par le Conseil municipal de Paris le 29 mars 1895 et par le Conseil général de la Seine le 11 juillet de la même année, il a été homologué par décret en Conseil d'Etat du 1er juillet 1897.

Nous nous bornons à publier en note ses dispositions les plus importantes, c'est-à-dire celles qui caractérisent le fonctionnement nouveau de la

Service international d'épargne entre la France et la Belgique. — *Decret du 6 septembre* 1897, promulguant la convention signée à Paris, le 4 mars 1897, entre la France et la Belgique, pour l'exécution du service de la caisse d'épargne entre les deux pays (1).

Caisse de retraites.

On pourra instituer des comparaisons interessantes entre ces dispositions et celles qui sont appliquées aux pensions civiles des fonctionnaires et employés de l'Etat par la loi du 9 juin 1853 et le décret du 9 novembre de la même année.

« ART. 1er. — La Caisse des retraites, instituée par l'ordonnance du 13 novembre 1822, a pour but d'assurer le paiement des pensions obtenues par les employés, tant de la préfecture de la Seine que des services départementaux et municipaux relevant directement de cette administration.

Sa dotation se compose : 1° Du produit des dons et legs qui doivent lui profiter ; 2° Des rentes nominatives acquises pour son compte ; 3° Du montant des retenues opérées sur les traitements fixes et annuels, à l'exclusion de toutes indemnités ou allocations supplémentaires ; 4° Du montant des retenues par suite de mesure disciplinaire ; 5° Des fonds disponibles en fin d'exercice sur les crédits du personnel ; 6° Du prélèvement prescrit sur les revenus communaux par l'ordonnance du 13 novembre 1822 (art. 3) et d'un prélèvement analogue et proportionnel sur les revenus departementaux ; 7° Des subventions qui peuvent lui être allouées.

ART. 2. — Il sera fait, chaque année, un emploi en rentes sur l'Etat des fonds libres de la Caisse, après reserve de la somme jugée nécessaire pour servir un trimestre de pensions.

ART. 3. — Les retenues mentionnées au 3°, § 2, de l'art. 1er comprennent :

1° Un prelèvement de 5 1/2 0/0 ;

2° La retenue du premier mois sur toute augmentation.

ART. 4. — Les allocations prévues aux nos 6° et 7° du paragraphe 2 de l'art. 1er sont versées par trimestre. Elles servent à fixer, concurremment avec les produits enumerés aux nos 1e et 5° du même paragraphe, l'existence et la valeur des disponibilités dont il doit être fait emploi, conformement à l'article 2.

ART. 5. — Nul ne peut devenir tributaire de la Caisse des retraites, s'il a depassé l'âge de 40 ans, à moins qu'il ne compte des services étrangers valables pour la retraite.

Dans ce cas, son admission au nombre des participants peut être prononcée, au delà de 40 ans, dans une limite d'âge qui, combinée avec la période de services valables anterieurement accomplis, permettrait à l'intéressé de parfaire, à 70 ans, les 30 années de services exigees pour la constitution du droit à pension.

Toutefois la limite d'âge de 40 ans ne peut être opposée aux candidats reçus aux examens d'expeditionnaire et de rédacteur qui, à defaut de vacances, n'auront pu être titularises avant d'avoir dépassé 40 ans.

ART. 6. — Ont droit à pension les employes titulaires dûment investis par le préfet de la Seine de fonctions permanentes rémunérées par un traitement fixe et annuel, et exclusives de toute autre occupation professionnelle, pourvu qu'ils remplissent les conditions ci-apres reglées.

ART. 7. — Le droit à pension est acquis :

1° Au titre d'ancienneté, après 30 ans révolus de services valables et 60 ans d'âge ;

2° Après 10 ans de services et sans condition d'âge, pour cause de suppression d'emploi, d'infirmités ou d'affections chroniques graves contractées pendant la durée des fonctions et mettant l'employé hors d'état de les continuer ;

3° Sans condition d'âge, ni de duree de services, en cas d'accident résultant notoirement de l'exercice des fonctions et mettant l'employé hors d'etat de les continuer.

ART. 8. — Sont également admissibles à recevoir pension, après 30 ans de services, les employés que le prefet de la Seine déclare, dans les formes etablies par le décret du 9 novembre 1853, hors d'état de continuer utilement leurs fonctions...

ART. 11. — La veuve, pour recevoir pension, doit justifier : 1° Qu'elle était mariée avant la cessation d'activité de son mari ; 2° Qu'à l'époque ou est survenu son veuvage, il n'existait pas contre elle de jugement separatif de corps.

Dans le cas ou le mari aurait été ou pu être admis à la retraite pour ancienneté de services, la veuve devra en outre établir qu'elle etait mariée cinq ans au moins avant la cessation d'activité de son mari.

ART. 12. — L'enfant mineur n'entre en compte, dans la liquidation de la somme revenant à sa mère, que jusqu'à l'âge de dix-huit ans révolus.

Toutefois la pension qui pourrait revenir d'après les dispositions precédentes à l'enfant mineur âgé de moins de dix-huit ans lui sera continuce pendant toute sa vie, s'il est atteint d'infirmités reconnues incurables et le rendant incapable de tout travail.

Art. 13. — Pour déterminer le chiffre de la pension d'un employé, il est fait une moyenne des traitements fixes dont le titulaire a joui pendant les trois dernières années, sauf déduction des retenues disciplinaires qu'il aura subies durant cette période.

La pension est égale, pour chaque année de services, à 1/60 de cette moyenne ; après trente ans d'activité, elle s'accroit pour chaque annee en sus de 1/40 du traitement moyen ci-dessus specifié, sans pouvoir excéder les deux tiers dudit traitement, ni en aucun cas depasser la somme de 6.000 francs.

En cas d'accident, tel qu'il est prévu à l'article 7, § 3°, la pension est réglée à raison de 1/40 du traitement moyen par année de services, sans pouvoir jamais être inférieure au 1/6 dudit traitement, ni dépasser les maxima indiqués au paragraphe précedent.....

ART. 14. — La pension à laquelle a droit la veuve d'un pensionnaire ou d'un employé decédé en activité de services dans les conditions ci-dessus déterminées est égale au tiers de celle dont son mari jouissait, ou que celui ci aurait obtenue s'il eût eté admis à la retraite au moment de son décès.

Elle s'accroît, pour chaque enfant dont la présence doit compter d'après l'article 10, de 5 0/0 du montant de la pension qui a été ou qui aurait pu être réglée au profit du décédé, sans que l'ensemble puisse depasser la moitié de cette pension.

Lorsque l'employé laisse des orphelins dont la mère était décedée avant lui, la pension attribuée à chaque enfant est de 10 0/0 de la pension du père.

Cette disposition s'applique également : 1° Aux enfants issus d'un précedent mariage ; 2° A ceux dont la mère vient à décéder en jouissance de pension ; 3° Enfin à ceux dont la mère ne réunit pas les conditions d'aptitudes prescrites pour recevoir pension.

Dans le cas où le total des pensions calculées dans les conditions ci-dessus excéderait le maximum prévu au paragraphe 2 du présent article, les pensions des enfants seraient réduites proportionnellement.

ART. 15. — Les pensions de veuves ne peuvent être inférieures à 100 francs.

Il en est de même de l'ensemble des pensions, attribuées personnellement aux orphelins... »

(1) Cette convention, dont la ratification avait été autorisée par la loi du 13 juillet 1897, reproduit dans ses grandes lignes la convention déjà

Accès des associations ouvrières aux adjudications publiques. — *Circulaire du Ministre du commerce du 6 octobre 1897* (1):

« M. le Préfet, j'ai été saisi à plusieurs reprises de réclamations relatives à l'inapplication du décret du 4 juin 1888, qui fixe les conditions exigées des sociétés d'ouvriers français pour soumissionner les travaux et fournitures faisant l'objet des adjudications de l'État.

Je crois donc devoir vous rappeler qu'en matière d'adjudications le décret du 4 juin 1888 confère aux associations coopératives de production entre ouvriers français les trois avantages suivants :

1° Lorsque le montant prévu des travaux ou des fournitures faisant l'objet de l'adjudication ne dépasse pas 50,000 fr., ces associations sont dispensées de tout cautionnement ;

2° A égalité de rabais consenti par un entrepreneur ou fournisseur et par une société d'ouvriers, cette dernière doit être déclarée adjudicataire ;

3° Les sociétés d'ouvriers doivent recevoir « tous les quinze jours » des acomptes sur les ouvrages exécutés ou les fournitures livrées (2).

J'ajoute que ces prescriptions, spécifiées pour les adjudications de l'État par le décret du 4 juin 1888, sont applicables par analogie aux adjudications des départements (avis du conseil d'État du 27 juin 1889) et qu'elles ont été expressément étendues aux adjudications communales par la loi du 29 juillet 1893.

Vous trouverez ci-inclus le texte de cette loi, avec le texte du décret du 4 juin 1888. Je fais appel à toute votre vigilance pour en assurer désormais l'exécution et je vous prie d'en rappeler les dispositions aux autorités compétentes par voie d'insertion au Bulletin administratif de votre département. »

Les coopératives et la patente. — En réponse à une question de M. Lemire (3) sur la situation des caisses rurales et des banques populaires au regard du fisc, le président du conseil, ministre de l'agriculture, étendant sa réponse aux sociétés coopératives en général, a fait les importantes déclarations ci-après (4):

« Il est de l'essence de la coopérative que les opérations qu'elle pratique n'aient lieu qu'entre ses membres ; aussitôt que la société coopérative fait des affaires avec des tiers, avec des étrangers, elle perd son caractère et ses immunités. C'est alors que le fisc intervient.

Tant que la société coopérative reste enfermée dans ses limites naturelles, ne fait d'opérations qu'entre ses membres, le fisc n'a pas à se mêler de ses affaires, et je n'éprouve aucun embarras à déclarer du haut de cette tribune que, dans un cas pareil, on ne peut songer à imposer la patente à cette société. Mais aussitôt qu'une société coopérative fait des opérations avec des tiers, dans un but commercial, en vue d'un bénéfice, à partir de ce moment cette société change de caractère, et il est absolument naturel et juste qu'elle soit soumise au droit commun...

Ainsi, j'ai dans mon dossier l'exemple d'une prétendue société coopérative de consommation, qui ne prend que cette simple précaution, quand un acheteur se présente : c'est de lui faire signer un papier d'admission à la coopérative, sans même que sa présentation ait été admise et contrôlée par le conseil d'ad-

---

conclue pour le même objet entre la France et la Belgique le 31 mai 1882.

La nouvelle rédaction avait notamment pour but : 1° de permettre la circulation postale directe, en franchise, entre la Caisse générale d'épargne et de retraite de Belgique et la Caisse nationale d'épargne postale de France ; 2° de tenir compte de certaines innovations de la loi française du 20 juillet 1895, sur les caisses d'épargne, particulièrement de la limitation des dépôts à 1500 fr.

Les principales dispositions de l'arrangement sont ainsi conçues :

« Art. 1er. — Les fonds versés à titre d'épargne, soit à la Caisse nationale d'épargne de France, soit à la Caisse générale d'épargne et de retraite de Belgique, pourront, sur la demande des intéressés et jusqu'à concurrence d'un maximum de 1,500 francs, être transférés, sans frais, de l'une des caisses dans l'autre, et réciproquement.

Les demandes de transferts internationaux seront reçues, en France et en Belgique, dans tous les bureaux de poste ou agences chargés, dans ces pays, du service de la caisse d'épargne.

Les fonds transférés seront, notamment en ce qui concerne le taux et le calcul des intérêts, les conditions de remboursement, d'achat et de revente de rente ou d'acquisition de carnets de rentes viagères, soumis aux lois, décrets, arrêtés et règlements régissant le service de l'administration dans la caisse de laquelle ces fonds auront été transférés.

Art. 2. — Les titulaires de livrets de la Caisse nationale d'épargne de France, ou de la Caisse générale d'épargne et de retraite de Belgique pourront obtenir, sans frais, le remboursement, dans l'un de ces pays, des sommes déposées par eux à la caisse d'épargne de l'autre pays. »

(1) Cette circulaire ne traite que de l'accès des sociétés ouvrières aux *adjudications* publiques.

A un autre point de vue, le décret du 4 juin 1888 prévoit pour ces sociétés le bénéfice de marchés de gré à gré, dans les limites fixées par le décret du 18 novembre 1882.

(2) Il va de soi que ces acomptes ne peuvent, d'après les règles générales de la comptabilité publique, être payés qu'à raison de « services faits » et jusqu'à concurrence des cinq sixièmes des droits régulièrement constatés (Voir décret du 31 mai 1862, art. 13).

(3) Séance de la Chambre du 27 novembre 1897.

(4) Au moment où cette question de la patente pour les diverses sociétés coopératives est si vivement disputée et où le Sénat paraît disposé à reprendre la discussion du projet de loi sur la coopération, il a semblé particulièrement intéressant de signaler l'interprétation et la doctrine affirmées par le Président du Conseil.

Cette déclaration écarte par prétérition les coopératives de production qui, créées en vue d'opérations industrielles, sont incontestablement assujetties à la patente. Elle place ensuite dans la recherche d'un gain extérieur à l'objet même de la coopération entre véritables associés le critérium fiscal pour l'application ou l'exemption de l'impôt.

ministration. Il est évident que le fisc ne peut s'arrêter devant l'emploi de procédés semblables...

C'est dans cette mesure et d'après ces principes que la question des banques locales doit être traitée. Il est évident que les banques mutuelles qui pratiquent le crédit entre leurs membres seulement, qui ne font pas participer à leurs opérations le public, les étrangers, qui ne songent pas à réaliser des bénéfices commerciaux, échappent à l'application de la patente ; mais lorsque ces sociétés et ces banques prennent le caractère d'une banque ordinaire, il est certain que les agents des finances sont autorisés à leur appliquer le droit commun.

Voilà la distinction fondamentale à laquelle il faut tout ramener...

Le conseil d'État est saisi d'un certain nombre de ces faits. Plusieurs banques mutuelles, se prétendant injustement frappées par la patente, ont formé des pourvois devant lui ; il les examinera, et je suis convaincu qu'il fera l'application des règles que je viens d'exposer devant la Chambre. Lorsqu'il lui sera démontré que ces banques sont de véritables banques mutuelles opérant au profit de leurs membres, il est probable qu'il les dispensera de l'application de la patente ; lorsque, au contraire, il lui sera prouvé qu'il se trouve en présence de banques véritables opérant avec le public et faisant des profits commerciaux, il leur appliquera un traitement différent...

Il faut que chacun reste à sa place. Les sociétés coopératives ont leurs avantages : c'est d'avoir une clientèle assurée ; le commerce a les siens : c'est d'être plus libre dans ses mouvements. Une société coopérative ne peut pas avoir la prétention de posséder à la fois les avantages de la coopération et ceux du commerce. »

Déchéance de la puissance paternelle à l'encontre des étrangers. — *Circulaire du Garde des sceaux du* 3 *février* 1897 :

« M. le Procureur général, quelques tribunaux ont refusé d'appliquer aux étrangers la loi du 24 juillet 1889, sur la protection des enfants maltraités ou moralement abandonnés.

Il semble qu'il y ait là, de leur part, une appréciation erronée du caractère de cette loi. Édictée dans un but de sécurité et de moralité publiques, elle entre dans la catégorie des lois de police et de sûreté visées dans le paragraphe 1er de l'article 3 du Code civil.

Il est désirable qu'une jurisprudence uniforme s'établisse à ce sujet aussi promptement que possible et il importe, par suite, que la Cour de cassation soit appelée à se prononcer.

Vous voudrez bien inviter vos substituts à user du droit que leur confère l'article 7 de la loi en question et à interjeter appel de tout jugement qui refuserait de prononcer la déchéance contre des parents étrangers, par le motif que la loi précitée serait, dans ce cas, inapplicable. Vous auriez soin de votre côté de saisir la Cour de cassation d'un pourvoi contre l'arrêt qui déciderait dans le même sens »

Protection des nourrissons transportés par chemins de fer. — *Circulaire du Ministre des travaux publics du* 30 *septembre* 1897 (aux administrateurs des Compagnies de chemins de fer) :

« M. le Ministre de l'Intérieur a appelé mon attention sur les conditions défectueuses dans lesquelles s'effectuerait généralement le transport en chemin de fer des enfants envoyés en nourrice par les services d'assistance publique. Il fait observer que les cloisons séparatives des voitures de 3e classe, dans lesquelles voyagent les nourrices, ne montent pas toujours jusqu'au plafond et que, par suite, les nourrissons sont exposés à la fumée de tabac et aux courants d'air, inconvénients qui, ajoutés à la fatigue du voyage, sont des plus préjudiciables à leur santé. Je vous prie de vouloir bien examiner cette importante question et de me faire connaître, le plus tôt possible, les mesures que vous vous proposez de prendre pour remédier à la situation signalée par M. le Ministre de l'Intérieur. »

DISCUSSIONS PARLEMENTAIRES

Dépots de Projets et Rapports (1)

Instruction populaire. — *Discussion* à la Chambre sur la création de nouvelles écoles primaires et de nouveaux emplois d'instituteurs (dans la discussion du budget du Ministère de l'Instruction publique, séance du 30 novembre 1897, J. O., p. 2657).

— *Discussion* à la Chambre sur la laïcisation de l'enseignement primaire (dans la discussion du budget du Ministère de l'Instruction publique, séance du 29 novembre 1897, J. O., p. 2632).

— *Discussion* à la Chambre sur l'attribution des bourses de l'enseignement primaire supérieur et sur le caractère professionnel de cet enseignement (dans la discussion du budget du Ministère de l'Instruction publique, séance du 29 novembre 1897, J. O., p. 2627).

— *Discussion* à la Chambre sur l'attribution de bourses d'enseignement secondaire aux élèves des écoles primaires (dans la discussion du budget du Ministère de l'Instruction publique, séance du 25 novembre 1897, J. O., p. 2583).

---

(1) La publication du numéro du troisième trimestre ayant subi quelque retard, nous en profitons pour mettre à jour l'état des travaux parlementaires *jusqu'au 1er décembre*.

— *Discussion* à la Chambre sur la réduction des bourses d'enseignement secondaire et l'augmentation des bourses d'enseignement technique (dans la discussion du budget du Ministère de l'Instruction publique, séance du 18 novembre 1897, J. O., p. 2470).

— *Discussion* à la Chambre sur l'attribution des bourses d'enseignement supérieur (dans la discussion du budget du Ministère de l'Instruction publique, séance du 22 novembre 1897, J. O., p. 2536).

— *Discussion* à la Chambre sur les subventions aux cours d'adultes (dans la discussion du budget du Ministère de l'Instruction publique, séance du 30 novembre 1897, J. O., p. 2666).

Réglementation du travail. — *Proposition* de loi sur le Code du travail, Livre I, Titres II et III : admission au travail et durée du travail (déposée à la Chambre par M. Groussier, le 12 juillet 1897, n° 2652).

— *Proposition* de loi sur le Code du travail, Livre I, Titre IV : salaires (déposée à la Chambre par M. Groussier, le 4 novembre 1897, n° 2763).

— *Proposition* de loi sur le Code du travail, livre V : juridiction du travail (déposée à la Chambre par M. Groussier, le 11 novembre 1897, n° 2796).

— *Proposition* de loi ayant pour objet de compléter le décret-loi du 9 septembre 1848, relatif aux heures de travail dans les manufactures et usines (déposée à la Chambre par M. Chiché, le 26 octobre 1897, n° 2744).

— *Proposition* de loi ayant pour objet d'améliorer la situation des ouvriers et employés des chemins de fer (déposée à la Chambre par M. Paulin-Méry, le 21 octobre 1897, n° 2728).

— *Projet* de loi relatif à la sécurité publique dans les exploitations de chemins de fer et à la situation des mécaniciens et chauffeurs dans ces industries (déposé à la Chambre, le 26 novembre 1897, n° 2847).

— *Proposition* de loi relative à la situation des mécaniciens, chauffeurs et agents des trains (déposée à la Chambre par M. Berteaux, le 30 novembre 1897, n° 2853).

— *Proposition* de loi ayant pour objet de garantir leur travail et leurs emplois aux réservistes appelés par la loi à faire leur période d'instruction militaire (déposée à la Chambre par M. Ernest Roche, le 5 novembre 1897, n° 2774).

Inspection du travail. — *Discussion* à la Chambre sur l'organisation et le fonctionnement de l'inspection du travail dans l'industrie (dans la discussion du budget du Ministère du Commerce, séance du 11 novembre 1897, J. O., p. 2378).

Salaires. — *Rapport* sur : 1° la proposition de loi sur le payement du salaire des ouvriers; 2° la proposition de loi de M. Toussaint ayant pour objet d'interdire aux chefs d'industrie ou de commerce, aux administrations privées ou publiques d'imposer à leurs employés, ouvriers ou apprentis des amendes, des retenues ou des mises à pied ayant pour conséquence une diminution de salaire (déposé à la Chambre par M. Dubief, le 1er juillet 1897, n° 2576).

— *Proposition* de loi tendant à modifier la loi du 12 janvier 1895, relative à la saisie-arrêt sur les salaires et petits traitements des ouvriers et employés (déposée à la Chambre par M. Basly, le 25 novembre 1897, n° 2840).

Marchandage. — *Proposition* de loi ayant pour but de réprimer les abus du marchandage en assurant aux ouvriers le payement intégral de leur salaire (déposée à la Chambre par M. Ernest Roche, le 16 juillet 1897, n° 2667).

Responsabilité des accidents. — *Rapport* sur le projet de loi concernant les responsabilités des accidents dont les ouvriers sont victimes dans leur travail (déposé à la Chambre par M. Maruéjouls, le 7 juillet 1897, n° 2624 ; et Annexe déposée le 27 octobre).

— *Proposition* de loi tendant à régler la responsabilité des accidents de travail (déposée à la Chambre par M. Julien Goujon, le 19 octobre 1897, n° 2719).

— *Discussion* à la Chambre du projet de loi concernant les responsabilités des accidents dont les ouvriers sont victimes dans leur travail (séance du 26 octobre 1897, J. O., p. 2201 ; séance du 28 octobre, J. O., p. 2215).

Chômage. — *Proposition* de loi ayant pour but de remédier au chômage forcé qui atteint les ouvriers lorsque l'établissement industriel qui les emploie est frappé de fermeture temporaire (déposée à la Chambre par M. Montaut, le 9 juillet 1897, n° 2637).

— *Discussion* à la Chambre sur les secours attribués aux victimes du chômage dans le bassin houiller du Gard (dans la discussion d'un projet de loi portant ouverture de crédits pour secours aux victimes des sinistres et intempéries en 1897, séance du 7 juillet 1897, J. O., p. 1860).

— *Discussion* à la Chambre de la proposition de loi de M. Dejeante tendant à l'ouverture d'un crédit extraordinaire de 100.000 fr. afin de venir en aide aux ouvriers mineurs de la Grand'Combe victimes du chômage (séance du 9 juillet 1897, J. O., p. 1918).

Médailles d'ouvriers. — *Discussion* à la Chambre sur l'attribution des médailles d'honneur aux vieux ouvriers et l'attribution de pensions aux médaillés (dans la discussion du budget du Ministère du Commerce, séance du 11 novembre 1897, J. O., p. 2373).

Syndicats professionnels. — *Projet de résolution* ayant pour objet de nommer une Commission chargée de rechercher quels sont les syndicats professionnels qui, par leur organisation ou par leur fonctionnement, nécessitent l'application de l'article 9 de la loi du 21 mars 1884 (déposé au Sénat par M. Marcel Barthe, le 19 juillet 1897, J. O., p. 1235).

— *Discussion* à la Chambre sur les subventions aux cours techniques des syndicats professionnels (dans la discussion du budget du Ministère du Commerce, séance du 15 novembre 1897, J. O., p. 2426).

— *Interpellations* sur l'exercice de la liberté de réunion et de la liberté syndicale (soutenues à la Chambre par M. Vaillant et par M. Faberot le 27 novembre 1897, J. O., p. 2614).

Coalitions. — *Proposition* de loi relative à une amnistie pleine et entière pour faits politiques, faits de greve et faits connexes (déposée à la Chambre par M. Coutant, le 13 juillet 1897, n° 2660).

Coopération. — *Discussion* à la Chambre sur les subventions aux associations ouvrières de production et de crédit (dans la discussion du budget du Ministère du Commerce, séance du 15 novembre 1897, J. O., p. 2427).

— *Question* sur la situation des caisses rurales et des banques agricoles relativement à l'impôt (posée, à la Chambre, par M. Lemire, le 27 novembre 1897, J. O., p. 2619).

Retraites. — *Proposition* de loi ayant pour objet la création d'une caisse de retraites ouvrières (déposée à la Chambre par M. Girault, le 21 octobre 1897, n° 2727).

— *Proposition* de loi tendant à modifier les articles 1, 2, 3, 4 et 5 de la loi du 29 juin 1894, sur les caisses de retraites des ouvriers mineurs (déposée à la Chambre par M. Martinon, le 29 novembre 1897).

— *Proposition* de loi ayant pour objet l'organisation générale et immédiate des retraites et des soins de maladie pour les travailleurs (déposée à la Chambre par M. Jaurès, le 4 novembre 1897, n° 2766).

— *Proposition* de loi sur la caisse des retraites en faveur des invalides et des vieillards (déposée à la Chambre par M. Chauvière, le 19 octobre 1897, n° 2720).

— *Discussion* à la Chambre sur la contribution de l'État aux pensions constituées par les départements ou les communes en faveur des vieillards et des invalides (dans la discussion du budget du Ministère de l'Intérieur, séance du 9 novembre 1897, J. O., p. 2352).

— *Discussion* à la Chambre sur la répartition des majorations de pensions de retraites (dans la discussion du budget du Ministère du Commerce, séance du 15 novembre 1897, J. O., p. 2432).

— *Discussion* à la Chambre sur l'attribution de compléments de retraites aux anciens ouvriers mineurs (dans la discussion du budget du Ministère du Commerce, séance du 15 novembre 1897, J. O., p. 2429).

Assurance. — *Adoption* à la Chambre du projet de loi ayant pour objet d'autoriser la caisse d'assurances en cas de décès à faire des assurances mixtes (séance du 9 juillet 1897, J. O., p. 1904) (1).

— *Discussion* à la Chambre sur l'organisation de l'assurance agricole (dans la discussion d'un projet de loi portant ouverture de crédits pour secours aux victimes des sinistres et intempéries de 1897, séance du 7 juillet 1897, J. O., p. 1855).

Assistance. — *Discussion* à la Chambre sur l'application de la loi relative à l'assistance médicale gratuite (dans la discussion du budget du Ministère de l'Intérieur, séance du 9 novembre 1897, J. O., p. 2358).

— *Discussion* à la Chambre sur l'attribution de subventions aux offices centraux de charité (dans la discussion du budget du Ministère de l'Intérieur, séance du 9 novembre 1897, J. O., p. 2357).

— *Proposition* de loi ayant pour objet la réforme de la prisée et de la vente des gages au Mont-de-Pieté de Paris (déposée à la Chambre par M Renou, le 18 novembre 1897, n° 2816).

Questions féministes. — *Rapport* sur la proposition de loi ayant pour objet d'accorder aux femmes le droit d'être témoins dans les actes de l'état civil et les actes instrumentaires en général (déposé à la Chambre par M. Alfred Leconte, le 18 novembre 1897, n° 2818).

— *Adoption* au Sénat de la proposition de loi ayant pour objet d'accorder aux femmes le droit d'être témoins dans les actes de l'état civil et les actes instrumentaires en général (séance du 29 novembre 1897, J. O., p. 2623).

— *Rapport* supplémentaire 1° sur la proposition de loi de M. Gustave Rivet tendant à la recherche de la paternité ; 2° sur la proposition de loi de M. Arthur Groussier tendant à modifier plusieurs articles du Code civil à l'effet de donner les mêmes droits aux enfants naturels qu'aux enfants légitimes et de permettre la recherche de la paternité (déposé à la Chambre par M. Julien Goujon, le 19 octobre 1897, n° 2715).

---

(1) Voir cette loi ci-dessus, page 65.

Question agraire. — *Interpellation* sur les réformes et solutions pour remédier à la crise agricole (continuée à la Chambre par M. Jaurès les 6, 13 et 20 novembre 1897, J. O., p. 2311, 2411, 2511).

— *Projet* de loi sur les warrants agricoles (déposé à la Chambre, le 28 octobre 1897, n° 2750).

— *Proposition* de loi tendant à l'organisation du crédit réel agricole et, comme corollaire, à l'établissement de Docks-greniers et à la création de certificats de dépôts de grains négociables (déposée à la Chambre par M. Martinon, le 28 octobre 1897, n° 2751).

Agiotage. — *Proposition* de loi ayant pour objet d'interdire et de réprimer les marchés à livrer fictifs et l'agiotage sur les denrées et marchandises (déposée à la Chambre par M. Michelin, le 23 octobre 1897).

— *Discussions* à la Chambre sur les mesures répressives contre les marchés fictifs et la spéculation (dans la discussion des questions sur la cherté du pain, séance du 23 octobre 1897, J. O., p. 2161 et 2168).

— *Proposition* de loi relative aux émissions de valeurs françaises et étrangères et à la publication des bilans des sociétés par actions (déposée à la Chambre par M. Fleury-Ravarin, le 30 novembre 1897, n° 2830).

Moralité publique. — *Rapport* sur le projet de loi ayant pour objet de modifier la loi du 2 août 1882, sur la répression des outrages aux bonnes mœurs (déposé à la Chambre par M. d'Estournelles, le 25 novembre 1897, n° 2839).

Décentralisation. — *Adoption* à la Chambre du projet de loi relatif à diverses mesures de décentralisation et de simplification concernant les services du Ministère des finances (séance du 3 juillet 1897, J. O., p. 1800).

BIBLIOGRAPHIE SOCIALE (1).

[*Seront spécialement signalés sous cette rubrique tous les ouvrages ou tirages à part de publication récente relatifs à la Législation ouvrière, à l'Économie politique et aux Questions sociales dont les auteurs ou éditeurs voudront bien adresser* un exemplaire *à la Rédaction de la Revue.*]

I. — PROTECTION DES ENFANTS. ÉDUCATION.

— *Compte rendu du Congrès international de la protection de l'enfance*, publié sous la direction du Dr COURTIN. Bordeaux, 1896, Bourlange, 13, galerie Bordelaise. Gr. in-8°, 472 p. (*275*)

Procès-verbaux du Congrès tenu à Bordeaux en 1895, mémoires et discussions concernant l'alimentation et la protection de la première enfance, les déchéances de l'autorité paternelle l'application de la loi du 24 juillet 1889, la tutelle des enfants traduits en justice, les patronages, etc.

— *Puériculture pratique*, par BERTRAND. Paris, 1897.

— *De l'organisation des crèches*, par le Dr H. NAPIAS, membre de l'Académie de médecine. Rouen, 1897, imp. Gy. In-8, 54 p. (*276*)

Communication et documents sur l'installation, l'organisation et la réglementation des crèches.

— *Questions d'hygiène*, par le Dr Ch. DESHAYES, secrétaire du conseil central d'hygiène de la Seine-Inférieure. Rouen, 1897, imp. Gy. In-8, 34 p. (*277*)

Observations relatives notamment à l'importance sociale de la stérilisation du lait destiné aux nouveau-nés et au contrôle de l'alimentation au biberon.

— *Notes sur l'hygiène et la protection de l'enfance*, par Henry de ROTHSCHILD, ancien moniteur d'accouchement à la Charité. Paris, 1897, Masson, 120, boul. St-Germain. In-8, 184 p. avec plans. (*278*)

Compte rendu d'un voyage de mission scientifique en Allemagne, en Russie et en Autriche. Moyens de préservation de la première enfance, cliniques d'accouchements et d'enfants malades, maternités, laits maternisés, hôpitaux d'enfants malades, etc.

— *Des réformes à apporter au Code pénal pour fortifier la répression des délits et des crimes contre la moralité des mineurs*, par Paul NOURRISSON, avocat. Paris, 1897, Bureaux de *La Loi*, 9, r. de la Sainte-Chapelle. In-8, 18 p. (*279*)

Mesures répressives des législations étrangères relatives aux attentats à la pudeur et à la séduction consommés à l'égard des mineurs; modifications à apporter à la législation française.

— *La question des enfants martyrs et la protection des femmes à Londres*, par Paul NOURRISSON, avocat. Paris, 1897, imp. de Soye. In-8, 15 p. (*280*)

Fonctionnement des sociétés anglaises vouées à la défense collective des femmes et des enfants.

— *De la puissance paternelle*, par THINAULT. Poitiers, 1897.

— *Des limitations de la puissance paternelle*, par CHOLLET. Paris, 1897.

— *Des limitations à la puissance paternelle*, par Marcel GÉGOUT. Paris, 1897, A. Rousseau, 14, r. Soufflot. In-8, 341 p. (*281*)

Thèse sur les restrictions apportées à l'exercice de la puissance paternelle : historique, dispositions des codes et des lois postérieures, notamment de la loi du 24 juillet 1889, différents systèmes de contrôle en droit comparé.

— *Rapport sur les enfants moralement abandonnés*, présenté au préfet de la Seine par le directeur de l'assistance publique (1896). Montévrain, 1897, imp. de l'École d'Alembert. In-4, 63 p. (*282*)

— *Rapport sur les enfants assistés* présenté au préfet de la Seine par le directeur de l'assistance publique (1896). Montévrain, 1897, imp. de l'École d'Alembert. In-4, 122 p. (*283*)

— *De la condition des enfants sortant des maisons de correction*, par Louis PUIBARAUD, inspecteur général des services administratifs au ministère de l'Intérieur. Paris, 1897, Bureau de *La Loi*, 9, r. de la Ste-Chapelle. In-8, 66 p. (*284*)

Rapport sur le fonctionnement des colonies pénitentiaires et sur les résultats obtenus ; exemples de reclassement ; nécessité d'un patronage de l'Assistance publique et d'un enseignement moral.

— *L'enseignement primaire dans les pays civilisés*, par E. LEVASSEUR, membre de l'Institut

(1) Quelques-uns des ouvrages mentionnés dans le numéro précédent ont été repris dans cette bibliographie pour complément d'indications.

professeur au Collège de France et au Conservatoire des arts et métiers. Paris, 1897, Berger-Levrault,5,r.des Beaux-Arts.Gr. in-8,628 p.: 15 fr.(*285*)

Historique, organisation légale et administrative, ressources financières de l'enseignement primaire en Europe (Grande-Bretagne, Pays-Bas, Belgique, France, Allemagne, Suisse, Autriche-Hongrie, Portugal, Espagne, Italie, Roumanie, Russie, Suède, Norvège, Danemark); en Afrique (Algérie, Tunisie, colonies françaises, Cap de Bonne-Espérance); en Asie (Japon, colonies françaises); en Océanie (Australasie britannique, colonies françaises), en Amérique (Canada, Etats-Unis, Salvador, République argentine, Uruguay, colonies françaises). — Développements sur l'enseignement primaire en France et aux Etats-Unis. — Statistique pour chaque pays, par périodes caractéristiques, des maîtres et des élèves.
Résumé comparé, pour l'ensemble des pays étrangers, de l'administration générale et de l'organisation pédagogique des écoles primaires; l'école et la religion; l'école et la politique; l'outillage scolaire; le recrutement et la situation des maîtres, le recrutement des élèves (obligation, gratuité, coéducation, etc.)

— *De l'enseignement obligatoire en Allemagne*, par Henri de Kerchove d'Exaerde, avocat. Gand, 1897, Engelcke, 20, r. des Foulons. In-8,173 p.(*286*)

Thèse sur l'organisation, le fonctionnement et la statistique de l'enseignement scolaire obligatoire en Prusse, en Alsace-Lorraine et en Bavière.

— *Conference sur l'enseignement intuitif*, par F. Buisson, inspecteur général de l'Instruction publique. Paris, 1897, Delagrave. In-18, 46 p. (*287*)

Réédition d'une conférence pédagogique faite en 1878 sur les appels à l'intuition sensible, intellectuelle et morale dans l'enseignement primaire.

— *La pédagogie moderne et la pédagogie empirique*, par A. Proost, professeur à l'Université de Louvain, directeur général au ministère de l'agriculture de Belgique. Louvain, 1897, imp. Uystpruyst,10,r.de la Monnaie.Gr.in-8, 58 p. (*288*)

Les périls du surmenage actuel et les vices de l'instruction classique; la transformation de l'enseignement secondaire et primaire; la biologie fondement d'une nouvelle pédagogie rationnelle.

— *Essai sur la démocratie, l'instruction publique et les Universités*, par L. Knœpfler. Paris, 1897, Berger-Levrault, 5, r. des Beaux-Arts. In-8, 108 p. (*289*)

Vues sur une organisation démocratique et cohérente de l'instruction publique; enseignement primaire et secondaire, études et grades des Facultés, groupement des universités.

— *Recueil de monographies pédagogiques* publiées à l'occasion de l'Exposition scolaire suisse. Lausanne, 1896, Payot. In-8, 395 p. : 7 fr. 50. (*290*)

Monographies (françaises et allemandes) sur les grands pédagogues, sur la situation et le rôle de l'instituteur primaire en Suisse, sur l'école populaire suisse, sur l'enseignement du travail manuel, etc.

— *Expériences pédagogiques*, par A. C. Widemann, directeur de l'Ecole de commerce Widemann à Bâle. Paris, 1897, Garnier, 6, r. des Saints-Pères. In-8, 38 p. (*291*)

Notes sur l'instruction scolaire et particulièrement sur l'instruction commerciale: internat, externat, mission du maître, méthodes d'enseignement, discipline, hygiène.

— *Le devoir social dans l'éducation*, par Octave Chambon, rédacteur en chef de *La Bourgogne*. Auxerre, 1897, imp. de *La Bourgogne*. In-18, 22 p.: 0 fr. 20. (*292*)

— *The Teaching of morality in the family and the school*, par S. Bryant. Londres, 1897.

— *Rapport sur l'éducation populaire en 1896-97*, par Edouard Petit. Paris, 1897, imp. Nationale, In-8, 66 p. (*293*)

— *L'évolution de l'éducation populaire à Bruxelles*, par Sluys. Bruxelles, 1897.

— *De l'éducation des enfants*, par Georges Rocheblave, pasteur de l'Eglise réformée. Montauban, 1897, imp. Bonneville. In-8, 121 p. (*294*)

Thèse sur l'esprit laïque et l'esprit chrétien dans l'éducation, l'école laïque et l'école confessionnelle.

— *L'education présente*, par le P. Didon. Paris, 1897, Plon, 10, r. Garancière. In-8, 24 p. (*295*)

Discours sur l'éducation universitaire et sur la nouvelle orientation des jeunes gens vers les carrières pratiques.

— *Le régime de l'externat dans l'éducation présente*, par le P. Didon. Paris, 1897, imp. J. Mersch. In-8, 21 p. (*296*)

— *Influence morale des sports athlétiques*, par le P. Didon. Paris,1897, imp. Mersch. In-8, 20 p.(*297*)

Discours au Congrès olympique international du Havre: action morale de l'exercice sur l'éducation physique et morale de l'adolescent; organisation des sports dans l'enseignement secondaire.

— *De la rénovation de l'éducation des jeunes filles catholiques* dans les hautes classes de la société française, par l'abbé G. Frémont, 1897, Oudin, 10, r. de Mézières. In-8, 42 p. : 0 fr. 25 (*298*)

— *Rapport de la Société pour l'encouragement de l'instruction primaire parmi les protestants de France*, Paris, 1897.

— *Société des écoles du dimanche de France*. Paris, 1897, 33, r. des Saints-Pères. In-8, 51 p. (*299*)

Rapport de la Société protestante des Ecoles du dimanche sur son 45ᵉ exercice; fonctionnement, ressources et résultats de l'œuvre.

— *Annuaires des Unions chrétiennes de jeunes gens de la Suisse romande pour* 1895, 1896 et 1897. Lausanne,1895-97, imp. Viret-Genton. 3 vol. in-8, 104, 112 et 126 p. (*300*)

Manuels des Associations protestantes de jeunes gens et de jeunes filles, articles sur des sujets religieux, littéraires et sociaux, notamment sur le sauvetage de l'enfance, le rôle social des unions chrétiennes, le repos du dimanche, etc.

— *Vérités qu'il faut dire sur l'éducation*, par Neoma. Paris, 1897.

— *Congrès de la Ligue de l'enseignement* tenus à Bordeaux en 1895 et à Rouen en 1896. Paris,1895-96, Bureaux de la Ligue,14, r. J.-J. Rousseau. 2 vol. in-8, 278 et 154 p. (*301*)

Communications et rapports sur l'apprentissage, l'enseignement technique, le patronage scolaire, l'éducation de la femme et des adultes, etc.

— *Compte rendu du Congrès pédagogique de l'alliance des maisons d'éducation chrétienne*, tenu à Versailles en 1896. Paris, 1897.

— *Compte rendu de la journée des patronages*. Paris, 1897, Commission des patronages, 7, r. Coëtlogon. Gr. in-8, 75 p. : 3 fr. (*302*)

Rapports et discussions sur les œuvres de patronage catholique de l'enfance, d'instruction professionnelle et d'enseignement social.

II. — Apprentissage. Enseignement professionnel.

— *International Congress on technical education*. London, 1897, W. Trounce, 10, Gough square, fleet street. Gr. in-8, 307 p. : 3 sch. 6 p. (*303*)

Rapports (anglais, allemands et français) et discussions au Congrès de l'enseignement technique tenu à Londres en juin 1897: état de l'enseignement industriel et commercial en France, en Belgique, en Angleterre et dans les colonies anglaises, bases scientifiques de divers enseignements industriels; méthodes et réformes pédagogiques, initiative locale et privée en matière d'enseignement technique, etc.

— *Etude sur les écoles professionnelles, indus-*

rielles et commerciales de la France et de l'étranger, par Bonnier. Vienne, 1897.

— *Etudes sur l'enseignement professionnel*, par l'abbe J. Trigaut, professeur au collège de Binche. Binche (Belgique), 1897, chez l'auteur. In-8, 32 p. : 0 fr. 50. (*304*)

Avantages de l'enseignement professionnel ; moyens de le développer en Belgique.

— *Rapport sur la situation de l'enseignement industriel et professionnel en Belgique*. Bruxelles, 1897, J. Lebègue, 46, r. de la Madeleine. In-8, relié, 514 p. (*305*)

Rapports d'inspection sur la période 1884-1896 : écoles ménagères et professionnelles pour jeunes filles ; ateliers d'apprentissage, écoles et cours professionnels pour garçons, écoles spéciales. — Statistique du personnel enseignant, de la population scolaire, des allocations budgétaires, etc.

— *Les écoles et les musées d'art industriel en France*, par Marius Vachon. Nancy, 1897.

— *Historique de l'enseignement agricole dans la Meuse*, par A. Prudhomme. Bar-le-Duc, 1897.

III. — Réglementation du travail.

— *Le droit au travail*, par J. Vialatte. Levallois-Perret, 1897, imp. Mottelet. In-8, 16 p. : 0 fr. 25. (*306*)

Projet d'organisation générale du travail.

— *Il lavoro dei fanciuli*, par Brizi. Perouse (Italie). 1897.

— *Réglementation du travail industriel des adultes*, par Philippe. Mâcon, 1897.

— *La limitation du travail des adultes en Belgique*, par Castaigne, avocat. Bruxelles, 1897, Castaigne, 28, r. de Berlaimont. In-8, 27 p. : 0 fr. 50. (*307*)

Discours sur la réduction légale de la journée de travail et ses avantages.

— *Le travail du dimanche dans la grande industrie*, par Emmanuel Rivière, ingénieur des arts et manufactures. Blois, 1897, 2, r. Haute. In-4, 5 p. : 0 fr. 25. (*308*)

— *Diritto al lavoro, diritto al riposo*, par Adamo Degli Occhi. Milan, 1897, tip. Boniardi-Pagliani di G. Giovanola e C. In-24, 16 p. (*309*)

Conférence sur le repos hebdomadaire.

— *Catalogue analytique des publications de langue française relatives à la question du dimanche*. Alençon, 1897, imp. Guy, In-8, 44 p. (*310*)

— *Rapport des gouvernements cantonaux sur l'exécution de la loi fédérale concernant le travail des fabriques*. Aarau, 1897, Sauerlænder. In-8, 146 p. (*311*)

Rapports officiels d'inspection (allemands et français) pour les années 1895 et 1896.

— *Verlag van den inspecteur van der Arbeit*. S. Gravenhage, 1897, 6 vol. in-4, 83, 89, 66, 81, 99 et 78 p. (*312*)

Rapports des inspecteurs du travail dans le Royaume des Pays-Bas en 1895 et 1896, publiés par le département des Eaux, du Commerce et de l'Industrie. — Tableau statistique.

IV. — Placement. Chomage.

— *Der allgemeine Arbeitsnachweis in Deutschland im Jahre 1896*, par Richard Freund. Berlin, 1897, C. Heymann. In-4, 68 p. (*313*)

Statistique du placement par l'Union centrale de Berlin et par les villes ou associations de l'Empire allemand.

— *Der arbeitsnachweis*, par Reitzenstein, Berlin, 1897.

— *Statistische Erhebungen üb. die Lohn-u-arbeits verhältnisse der in der Metallindustrie Leipsig u. Umgegend beschäftigen Arbeiter u. Arbeiterinnen*. Leipzig, 1897.

— *Report of an inquiry into the condition of the Unemployed*, par Arthur V. Woodworth. Londres, 1897, Dent, aldine House, B. A. In-12, 62 p. : six pence. (*314*)

Résumé et résultats statistiques d'une enquête sur le chômage et les chômeurs, causes du chômage et des déclassements de métiers ; remèdes ou palliatifs.

V. — Contrat de travail. Salaires.

— *The theory of contract in its social light*, par W. A. Watt. Edimbourg, 1897, Clark, 38, George Street. In-8, relié, 96 p. (*315*)

Théorie philosophique et juridique du contrat, rapports de la conception du contrat avec la conception de l'État et la conception de la propriété.

— *The modern law of contracts*, par C.F. Beach. Londres, 1897.

— *Du contrat de travail*, par Didion. Nancy, 1897.

— *De l'engagement des gens de mer*, par de Kermoal. Saint-Brieuc, 1897.

— *Patrons et employés*, par Jules Clozel, avocat à la Cour de Lyon. Lyon, 1897, imp. du *Salut public*. In-8, 20 p. (*316*)

Dispositions de la loi du 27 décembre 1890 et jurisprudence sur la rupture du contrat de louage.

— *L'instabilité des ateliers et la résiliation du contrat de travail*, par Gans. Laval, 1897.

— *De la résiliation du contrat de travail*, par Ad. Zevort, chef du cabinet du Préfet du Calvados. Caen, 1897, imp. Adeline. In-8, 275 p. (*317*)

Historique des conditions de résiliation du contrat de louage en France, commentaire critique de la loi du 27 décembre 1890.

— *De la participation aux bénéfices*, par Sorgniard. Saint-Brieuc, 1897.

— *La participazione dei lavoratori al profitto dell'impresa*, par Cavanni. Rome, 1897.

— *Emploi des fonds dans la participation aux bénéfices*, par René Hocquet, docteur en droit. Paris, 1897, Larose, 22, r. Soufflot. Gr. in-8, 144 p. : 4 fr. (*318*)

Examen comparé des différents systèmes de placements dans la participation collective et la participation individuelle aux bénéfices.

— *Le métayage en Bourbonnais*, par Desboudet. Paris, 1897.

— *De la saisie-arrêt des salaires et petits traitements des ouvriers et employés*, par Ador. Douai, 1897.

— *La saisie-arrêt des gages, salaires et petits traitements*, par E. Schoffhauser et H. Chevresson, avocats. Paris, 1897, Marchal et Billard, 7, r. Soufflot. Gr. in-8, 220 p. : 4 fr. 50. (*319*)

Commentaire analytique de la loi du 12 janvier 1895, jurisprudence, formules.

— *Traité sur la saisie-arrêt*, par Adolphe d'Hooghe, juge de paix à Lens. Bordeaux, 1897, imp. Delagrange. In-18, 326 p. : 6 fr. (*320*)

Commentaire analytique et critique de la loi du 12 janvier 1895 ; formules ; tableau des frais.

— *Des choses insaisissables*, par Charles-François Saint-Maur, avocat Paris, 1897, A. Rousseau, 14, r. Soufflot. In-8, 279 p. (321)

Thèse sur les diverses interdictions légales de saisie : rentes, traitements, pensions, salaires, sommes alimentaires, etc. Note sur le Homestead.

— *Etude sur la loi du 12 janvier* 1895 relative à la saisie-arrêt des salaires, par Octave Dessailly. Paris, 1897, A. Rousseau, 14, r. Soufflot. In-8, 242 p. (322)

Thèse sur la saisie-arrêt des salaires : matière, quotité et conditions de la saisie ; procédure, répartition des créances saisies.

— *Commentaire de la loi du* 12 *janvier* 1895, 2e édition, par Strauss. Paris, 1897.

— *Commentaire de la loi du* 16 *août* 1887 *sur le payement des salaires des ouvriers*, par V. Gendebien, substitut du Procureur général a la Cour de Bruxelles. Bruxelles, 1897, E. Bruylant. In-8, 40 p. : 1 fr. (323)

Commentaire analytique des lois belges du 16 août 1887 et du 17 juin 1896.

— *Note sur le minimum de salaire dans les travaux publics.* Paris, 1897, imp. Nationale. In-4, 129 p. (324)

Publication de l'*Office du travail* : documents relatifs à la question du minimum de salaire pour les adjudications publiques en Angleterre, en Belgique, en Hollande, aux Etats-Unis et en France.

— *Le minimum de salaire en Belgique*, par Lucien Le Foyer, avocat. Paris, 1897, Giard et Brière, 16, r. Soufflot. In-18, 97 p. : 1 fr. 50. (325)

Etude critique sur les tentatives faites en Belgique pour la fixation d'un salaire minimum dans les cahiers des charges des adjudications publiques. Historique ; arguments pour et contre ; systèmes d'application.

— *Rapport au conseil communal sur le minimum de salaire*, par Alex. Bouvy, conseiller communal de la ville de Liège. Liège, 1896, imp. H. Vaillant-Carmanne. In-8, 40 p. (326)

Rapport contre l'introduction d'un taux de salaire minimum dans les cahiers des charges des adjudications communales.

VI. — Hygiène industrielle. Accidents.

— *Notice sur l'hygiène en France il y a cent ans et aujourd'hui*, par Deshayes. Rouen, 1897.

— *Rapport général sur les travaux du conseil d'hygiène publique du département de la Seine*, par Fernand Drujon, chef de bureau à la préfecture de police. Paris, 1897, Chaix, 5, r. de la Sainte-Chapelle. In-4, 744 p. (327)

Travaux du Conseil pendant la période quinquennale 1890-94 sur l'hygiène publique (alimentation, eaux, salubrité, écoles, etc.) et sur les établissements dangereux ou insalubres.

— *Etude médicale sur les ouvriers des houillères*, par Oberthur. Rennes, 1897.

— *Die Berufskrankeiten und ihre Stellung in der staatlichen Arbeiterversicherung*, par Wilhelm Kley, Lehrer an der königl. Baugewerkschule in Cassel. Cassel, 1897, L. Döll, 179 p. M. 3. (328)

La morbidité professionnelle : sa nature et sa statistique ; ses rapports avec l'organisation de l'assurance obligatoire.

— *Etudes sur le phosphore et le phosphorisme professionnel*, par le Dr Arnald, professeur a l'Ecole de médecine de Marseille. Paris, 1897, J.-B. Baillière, 19, r. Hautefeuille. Gr. in-8, 394 p. : 5 fr. (329)

Résultats d'expériences de laboratoire et d'observations pathologiques relatives à l'influence du phosphore sur la santé des ouvriers des fabriques d'allumettes ; troubles de la nutrition et du système nerveux ; statistique des diverses affections constatées ; mesures prophylactiques à prendre dans les manufactures.

— *Les délégués à la sécurité des ouvriers mineurs*, par Henri Dumolard, avocat. Paris, 1897, Chevalier-Marescq, 20, r. Soufflot. In-8, 191 p. (330)

Thèse sur l'historique et l'application de la loi du 8 juillet 1890, notions de législation comparée.

— *Instructions concernant les précautions à prendre dans l'emploi des meules en grès et des meules artificielles*, par l'Association des industriels de France contre les accidents (3e édition). Paris, 1896, 3, r. de Lutèce. In-8, 35 p. (331)

— *Instructions sur les scieries mécaniques et les usines à travailler le bois*, publiées par l'Association des industriels de France contre les accidents. Paris, 1896, 3, r. de Lutèce. In-8, 73 p. (332)

— *Instructions sur les moteurs industriels, leur mise en marche et leur arrêt*, publiées par l'Association des industriels de France contre les accidents. Paris, 1896, 3, r. de Lutèce, In-8, 47 p. (333)

— *Instructions sur les premiers soins à donner en cas d'accidents avant l'arrivée du médecin*, publiées par l'Association des industriels de France contre les accidents (2e édition). Paris, 1896, 3, r. de Lutèce. In-8, 27 p. (334)

— *Essai statistique sur les accidents du travail*, par R. Fabris, directeur de la Caisse nationale d'assurance contre les accidents à Milan. Milan, 1897, imp. H. Reggiani. In-8, 27 p. (335)

Etude statistique relative à l'influence de l'assurance sur l'augmentation du nombre des accidents

— *Les accidents de travail et la responsabilité civile*, par Raymond Saleilles, agrégé à la Faculté de Droit de Paris. Paris, 1897, A. Rousseau, 14, r. Soufflot. In-8, 91 p. : 2 fr. 50. (336)

Critique de l'ancienne interprétation de l'article 1382 du Code civil ; théorie objective du delit civil et de la responsabilité ; ses conséquences juridiques et pratiques.

— *De la responsabilité des accidents du travail industriel*, par Francisque Guyon. Saint-Brieuc, 1897, imp. Guyon. In-8, 134 p. (337)

Thèse sur les théories de responsabilité en matière d'accidents de fabrique, sur la législation actuelle et les projets en discussion.

— *Employers Liability : What Ought it to be ?* par Henry W. Wolff, Londres, 1897, King, 12, King street, W. In-8, 114 p. (338)

Prévention et réparation des accidents de fabrique ; responsabilité patronale.

— *Gli infortuni sul lavoro e la legge*, par Ferraris. Rome, 1897.

— *Discorsi sul disegno di lege degli infortuni nel lavoro*, par de Angeli. Rome, 1897.

VII. — Association professionnelle.

— *La corporation d'artisans sous la république romaine*, par René Gonnard, docteur en droit. Paris, 1897, Fontemoing, 4, r. Le Goff. In-8, 23 p. (339)

Histoire et rôle des corporations ouvrières a Rome ; raisons de leur declin.

— *Entwinklung und Organisation der Florentiner Zünfte*, par Alfred Doren. Leipzig, 1897, Düncker u. Humblot. In-8, 123 p. 2. M. 80 Pfg. (340)

Étude historique économique et sociale sur l'organisation et la situation des corporations florentines aux XIII et XIV siècles.

— *Magisterium und Fraternitas*, par EBERSTADT. Leipzig, 1897, Duncker u. Humblot. In-8, 243 p. : 5 M. 40 Pfg. (341)

Ancienne organisation des maîtrises en France et en Allemagne ; la fraternité nouvelle dans les corporations ouvrières et dans le droit public moderne.

— *De la capacité juridique des associations en droit civil français*, par E. DIDIER-ROUSSE. Paris, 1897, A. Rousseau, 14, r. Soufflot. In-8, 314 p. (342)

Thèse sur l'incapacité traditionnelle des associations non reconnues, sur un nouveau système attribuant aux associations libres une capacité normale et sur la capacité actuelle des associations jouissant de la personnalité civile.

— *Les droits des syndicats professionnels en matière d'actions judiciaires*, Paris, 1897, Syndicat des viticulteurs de France, 122, av. des Champs Elysées. In-8, 16 p. (343)

Consultation du Conseil judiciaire du Syndicat.

— *Les syndicats professionnels et le mouvement ouvrier*, par Ferdinand HARDYNS, traduit par Pol STANDAERT. Bruxelles, 1896, J. Milot, 35, rue des Sables. In-16, 16 p. : 0 fr. 05. (344)

— *Le Plan social*, 3e partie, par Louis VARLEZ, avocat à la Cour de Gand. Gand, 1897, De Brabandere, 16, rempart St-Jean. In-4, 20 p. (345)

Statistique et administration des syndicats ouvriers de l'agglomération gantoise.

— *Etudes théoriques et pratiques sur les syndicats professionnels ouvriers*, par G. MALHERBE. Bruxelles, 1897.

— *L'idée syndicale ouvrière*, par Maurice CLAVERIE. Bureau de la *Revue socialiste*, 78, passage Choiseul. In-12, 24 p. : 0 fr. 20. (346)

Hostilité patronale contre l'organisation syndicale ; nécessité et conquêtes des syndicats.

— *Trade Unions in relation to wages*, par James BIRKS. Londres, 1897, Central office of the liberty and property defence League, 7, victoria street, S. W. In-18, 32 p. : six pence. (347)

La défense et l'amélioration des salaires par l'association professionnelle.

— *Le mouvement syndical dans l'agriculture*, par le comte DE ROCQUIGNY, membre du Conseil de l'Union centrale des syndicats des agriculteurs de France. Paris, 1897, Guillaumin, 14, r. Richelieu. In-8, 35 p. (348)

Communication présentée au 3e congrès national des syndicats agricoles sur les divers services rendus par ces syndicats et sur l'organisation des Unions régionales et de l'Union centrale.

— *Du rôle social des syndicats agricoles*, par KERGALL, président du syndicat économique agricole de France. Paris, 1897, Bureaux de la *Démocratie rurale*. In 8, 14 p. (349)

Puissance de l'association agricole et des syndicats mixtes ; éléments d'union des classes et de résistance au socialisme.

— *De la situation actuelle des employés de commerce*, par Pierre LE ROY, membre honoraire de l'Association amicale des employés de commerce de Bayonne. Bayonne, 1897, Lasserre. In-8, 18 p. (350)

Utilité du groupement des employés de commerce à Bayonne dans un but de solidarité et d'instruction professionnelle.

VIII. — COALITIONS. ARBITRAGE.

— *Die Verrufserklärungen im modernen Erwerbsleben, speziell Boycott und Arbeitersperre*, par LIECHTI Zurich, 1897, Institut Orell Fussli In-8, 150 p. : 2 M. 60 Pfg. (351)

Thèse sur les coalitions ouvrières et patronales au point de vue du droit pénal, du droit public et du droit civil.

— *Les grèves et le droit commun*, par BOULLOC. Paris, 1897.

— *The Case Against Picketing* (2e édition), par W. J. SHAXBY. Londres, 1897, *The Liberty Review*, 17, Johnsons court, Fleet street, E. C. In-18, relié, 86 p. : one sch. 6 p. (352)

Les coalitions en Angleterre et à l'étranger.

— *Associations et grèves des ouvriers papetiers en France* aux XVIIe et XVIIIe siècles, par BRIGUET. Paris, 1897.

— *La grève contre le tissage à deux métiers*, par Laurent DECHESNE, docteur en droit, en sciences politiques et administratives. Verviers, 1897, Gilon. In-12, 76 p. (353)

Historique et appréciation des différentes grèves survenues en 1895 et 1896 dans l'industrie lainière de Verviers.

— *Statistique des grèves et des recours à la conciliation et à l'arbitrage en* 1896. Paris, 1897, imp. Nationale. In-8, 375 p. (354)

— *La conciliation et l'arbitrage*, par Ch. PERONNET. Paris, 1897, Larose, 22, r. Soufflot. Gr. in-8, 346 p. (355)

La conciliation et l'arbitrage en France avant et depuis la loi du 27 décembre 1892 ; commentaire et résultats de la loi. La conciliation et l'arbitrage en Angleterre, aux Etats-Unis, en Belgique, en Allemagne et en Autriche. Examen des propositions législatives françaises sur l'arbitrage et l'obligation d'arbitrage.

— *La conciliation industrielle en Belgique*, par Laurent DECHESNE, docteur en droit, en sciences politiques et administratives. Paris. 1897, Larose, 22, r. Soufflot. In-8, 20 p. (356)

— *Un conseil d'usine*, par Emmanuel RIVIÈRE, ingénieur des arts et manufactures. Blois, 1897, 2, r. Haute. In-4, 7 p. : 0 fr. 25. (357)

IX. — COOPÉRATION.

— *Almanach de la coopération française*, Paris, 1898, imp. Nouvelle. In-12, 168 p. : 0 fr. 40 (358)

Documents sur la coopération ; liste des coopératives de production, de consommation et de crédit

— *Compte rendu officiel du deuxième congrès de l'alliance coopérative internationale*. Paris, 1897, imp. Nouvelle. In-4, 220 p. (359)

Organisation du Congrès international tenu à Paris en octobre 1896 ; rapports ; discussions ; résolutions.

— *Cooperazione e questioni pratiche di scienza dell' amministrazione*, par CARAGLIERI. Scansano, 1897.

— *Le Travail*, association d'ouvriers peintres. Paris, 1897, imp. Nouvelle. In-8, 35 p. (360)

Compte rendu des opérations de cette association ouvrière de production en 1896.

— *Manualetto per le Società cattoliche agricole operaie*, par LAVORIAMO. Vicenza, 1897.

— *Les sociétés coopératives de consommation*, par Maurice ANSIAUX, docteur spécial en économie politique. Liège, 1897, imp. Vaillant-Carmanne. In-12, 52 p. : 0 fr. 50. (361)

Le mouvement coopératif et son esprit ; ses rapports avec la politique et le commerce en Belgique

— *Le operazioni delle Società cooperative coi terzi*, par Rodino. Città del Castello, 1896.

— *La vérité sur les coopératives*, par Henri Destréguil, directeur des *Affiches tourangelles*, imp. Debenay-Lafond. In-8, 110 p. (362)

La concurrence des sociétés coopératives de consommation et leur imposition à la patente.

— *L'Union d'Audincourt*. Audincourt, 1897, imp. Ch. Jacot. In-8, 24 p. (363)

Historique d'une société coopérative de consommation ; ses résultats depuis 25 ans (1872-97).

— *Société coopérative des pharmacies populaires de Bruxelles*. Bruxelles, 1897, imp. Severeyns. In-18, 33 p. (364)

Historique ; fonctionnement ; situation.

— *Etude sur le crédit agricole*, par Louis Dop. Paris, 1897, A. Rousseau, 14, r. Soufflot. In-8, 92 p. (365)

Nécessité et caractères du crédit agricole ; systèmes de garanties à organiser.

— *Etude sur le crédit agricole en Algérie*. Alger, 1897.

— *Le crédit agricole dans l'Hérault*, par Féraud. Montpellier, 1897.

— *Mutualité et crédit des caisses rurales en Anjou*, par Descoings. Angers, 1897.

— *De l'origine, du rôle des banques populaires et de leur utilité*, par Charles Rayneri, directeur de la Banque populaire de Menton. Paris, 1897, Guillaumin, 14, r. Richelieu. In-12, 63 p. (366)

Historique, progrès et opérations des banques populaires.

— *Caisses rurales*, par Emmanuel Rivière, ingénieur des arts et manufactures. Blois, 1897, 2, r. Haute. In-4, 7 p. : 0 fr. 25. (367)

— *Conférence sur la caisse rurale*, par l'abbé Léon Noel. Calais, 1897.

— *De la méthode à suivre pour la fondation d'une caisse rurale en France*, par L. Guérin-Pelissier. Arras, 1897, Sueur-Charrey, 10, r. des Balances. In-8, 14 p. (368)

Marche à suivre pour la création d'une caisse Raiffeisen.

— *Manuel de comptabilité à l'usage des caisses rurales françaises*, par le vicomte Albéric de Trachi de Varennes. Besançon, 1897, imp. Bossanne. In-4, 33 p. (369)

Manuel comptable, avec modèles et barèmes, à l'usage des caisses de crédit rural et ouvrier.

X. — Epargne. Prévoyance. Assurance. Assistance.

— *Savings Banks at Home and abroad*, par Henry W. Wolff. Londres, 1897, Royal statistical society, 9, adelphi terrace, strand, W. C. In-8, 83 p. (370)

Les caisses d'épargne en Angleterre et dans les pays étrangers ; organisation et statistique.

— *Compte rendu des opérations et de la situation de la caisse générale d'épargne et de retraite*, (1896). Bruxelles, 1897, imp. Bruylant. Gr. in-8, 146 p. (371)

Situation et opérations de la caisse d'épargne, de la caisse de retraite et de la caisse d'assurances administrées sous le contrôle de l'Etat belge.

— *Statistik der Spaar en Leenbanken in Nederland over heat Jaar* 1894. St. Gravenhage, 1896. In-4 cartonné, 101 p. (372)

Publication du département des eaux, du commerce et de l'industrie.

— *Statistik der Sparcassen für das jahr* 1894. Vienne, 1897, Carl Gerold's sohn, gr. in-4, 97 p. (373)

Statistique des caisses d'épargne (exposé et tableaux) établie par la Commission centrale de statistique autrichienne.

— *Les caisses d'épargne italiennes*, par Fernand Lepelletier, avocat. Paris, 1897, Pichon, 24, r. Soufflot. In-8, 64 p. (374)

Organisation générale de l'épargne italienne et résultats d'ensemble ; constitution et gestion de diverses caisses de types différents.

— *Ce que devraient être les caisses d'épargne*, par Talbot. Troyes, 1897.

— *La prévoyance de Lille*, société de secours mutuels et de retraites. Lille, 1897, imp. Liégeois-Six. In-4, 21 p. (375)

Historique et gestion.

— *Propagande mutualiste*, 2e édit., par l'abbé Truyts, curé à Machelen (Brabant). Bruxelles, 1897, Société belge de librairie, 19, r. Treurenberg. In-8, 31 p. : 0 fr. 50. (376)

Exposé des moyens d'action et de propagande dont dispose la mutualité en Belgique.

— *La mutualité scolaire*, par Cliquennois-Paque, ancien président de la société de secours mutuels des voyageurs et employés du Nord. Lille, 1897, imp. Dugardin. In-8, 19 p. (377)

— *Mutualité scolaire*, par Tonneau. Dour, 1897.

— *Etudes théoriques et pratiques sur les mutualités pour enfants*, par Malherbe et Folrez. Bruxelles, 1897.

— *Projet de mutualité universitaire*, par Paul Lehugeur, professeur d'histoire au lycée Henri IV. Paris, 1897. A. Colin, 5, r. de Mézières. In-8, 22 p. : 0 fr. 50. (378)

Rapport et projets de statuts en vue du fonctionnement d'une institution mutuelle d'assurance et de secours entre les professeurs de l'enseignement secondaire public.

— *Note sur le projet d'une caisse des veuves et orphelins du corps médical français*, par Léon Marie, actuaire au Phénix. Clermont, 1897, imp. Daix. In-18, 14 p. (379)

— *Des défauts et des périls de la législation actuelle sur les pensions de retraites civiles*, par Eugène Penancier, avocat. Paris, 1897, A. Rousseau, 14, r. Soufflot. In-8, 251 p. (380)

Thèse sur le régime des pensions civiles organisé par la loi de 1853 et les autres lois en vigueur : ressources ménagées, bases et conditions d'acquisition des pensions, charges du Trésor. Projets de réformes.

— *Des caisses de retraites et de secours créées au profit des ouvriers et employés des mines*, par Rougé. Paris, 1897.

— *La retraite assurée aux travailleurs*, par Mayer-Ebstein. Chalon-sur-Saône, 1897, imp. E. Lemoine. In-8, 31 p. (381)

Considérations sur l'organisation des retraites ouvrières.

— *Pensions ouvrières*, par Albert Thiry, instituteur. Quaregnon (Belgique), 1897, imp. J. Dresselaerse-Glorieux. In-16, 12 p. : 0 fr. 15 (382)

— *Les pensions ouvrières*, par Banneux. Bruxelles, 1897.

— *Caisses des veuves et des orphelins des professeurs et instituteurs communaux. — Calcul des retenues à prélever au profit de la caisse des veuves et des orphelins; spécimens de comptes*, par Fassotte, directeur des écoles de Dison. Dison (Belgique), 1897, B. Debois, 8, place du Sablon. In-12, 52 p. et in-4, 20 p : ensemble 1 fr. (383)

— *Etude sur les pensions ouvrières d'invalidité et de vieillesse*, par J. Dallemagne. Liège, 1897, Cormaux, 22, r. Vinave-d'Ile. Gr. in-8, 119 p. : 1 f. 50. (384)

Lois ou projets sur les pensions ouvrières en Allemagne et en France ; organisation, fonctionnement et statistique des six caisses de prévoyance belges, tableau synoptique de leurs opérations.

— *Histoire du contrat d'assurance au moyen âge*, par Bensa, trad. N. Valéry. Paris, 1897.

— *Cours d'assurances*, par Georges Hamon, professeur d'assurances à l'Institut commercial de Paris. Paris, 1897, Giard et Brière, 16, r. Soufflot. In-8, 349 p. : 10 fr. (385)

Histoire, formes et fonctionnement de l'assurance ; rapports de l'assureur et de l'assuré ; théorie et pratique des diverses branches d'assurances (maritime, incendie, vie, accidents, agricoles).

— *L'assicurazione in generale*, par Ulisse Gobbi. Milan, 1898, Hoepli. In-16 relié, 307 p. : 3 fr. (386)

L'assurance au point de vue économique ; conditions expérimentales de l'assurance ; son fonctionnement. L'assurance et la question sociale.

— *Traité théorique et pratique du contrat d'assurance sur la vie*, tome III, par J. Lefort, avocat au Conseil d'Etat et à la Cour de cassation. Paris, 1897, Fontemoing, 4, r. Le Goff. In-8, 307 p. (387)

Extinction, résiliation et résolution du contrat d'assurance sur la vie ; compétence pour les compagnies françaises et les compagnies étrangères ; procédure. Application des droits de timbre, d'enregistrement et de mutation en matière d'assurances sur la vie.

— *Les assurances sur la vie et la Cour de cassation en 1896*, par Lefort. Lyon, 1897.

— *Droits des créanciers dans le contrat d'assurance sur la vie*, par Alexis Cendrier. Paris, 1897, A. Rousseau, 14, r. Soufflot. In-8, 211 p. (388)

Thèse sur l'attribution du bénéfice des assurances sur la vie et sur les droits des créanciers, notamment en cas de faillite.

— *Sort des assurances sur la vie en cas de faillite ou de déconfiture de l'assuré*, par Henri Folache d'Halloy. Paris, 1897, A. Rousseau, 14, r. Soufflot. In-8, 205 p. (389)

Thèse sur les droits des créanciers aux capitaux assurés par le débiteur à son profit ou au profit de tiers ; droits ouverts en cas de faillite de l'assuré.

— *Du contrat d'assurance sur la vie entre époux*, par Charles Defrénois, avocat à la Cour de Paris. Paris, 1897, au *Répertoire du Notariat*, 40, r. d'Assas. In-8, 51 p. : 2 fr. (390)

Caractères et effets du contrat d'assurance entre conjoints sous les divers régimes matrimoniaux.

— *L'assurance contre les accidents agricoles*, par Perriaud. Asnières, 1897.

— *Simples notes sur les assurances contre les accidents agricoles*, par Joseph Glas, directeur de la coopérative agricole du Sud-Est. Lyon, 1897, imp. du *Salut public*. In-16, 33 p. (391)

Fonctionnement pratique d'une assurance agricole contre les accidents.

— *Rapport sur les entreprises privées en matière d'assurance en Suisse*. Berne, 1897.

— *Die Lebensversicherungs-Gesellschaften*, par Hoenig. Vienne, 1897, Gerold In-16, 44 p. (392)

Situation des Compagnies d'assurances sur la vie en Autriche-Hongrie pour 1896.

— *Zustand und Fortschritte der deutschen Lebensversicherungs-Anstalten im J. 1896*. Iena, 1897.

— *Die deutschen lebens-u. Unfall-Versicherungs-Gesellschaften*, par Israel. Vienne, 1897.

— *Handbuch der Unfallversicherung*, 2e édition. Leipzig, 1897, Breihkopf u. Hœrtel. Gr. in-8, 1089 p. (393)

Exposé des diverses lois relatives à l'assurance obligatoire contre les accidents et contre la maladie en Allemagne et application de la législation, jurisprudence et décisions de l'office impérial des assurances.

— *Résultats statistiques sur l'assurance contre les accidents en Allemagne et en Autriche*, par E. Gruner et E. Fuster. Paris, 1897, Secrétariat du Comité des accidents, 20, r. Louis-le-Grand. In-8, 27 p. (394)

Statistiques et graphiques ; charges des assurances en Allemagne ; déficit dans les établissements d'assurance en Autriche.

— *Gl'infortuni del lavoro*, par Riccardo Fabris, direttore della Cassa nazionale d'assicurazione per gl'infortuni operai sul lavoro. Milan, 1897, imp. Bellini. In-8, 43 p. (395)

Résultats des assurances contre les accidents en Allemagne et en Autriche ; fonctionnement de la caisse d'assurance italienne, l'assurance obligatoire et la paix sociale.

— *Die Haftpflicht der gewerblichen Unternehmer in Deutschland*, par R. van der Borght. Berlin, 1897, Siemenroth u. Troschel W. Lutzowstrasse. In-8, 51 p. (396)

Statistique sur l'assurance obligatoire contre les accidents.

— *Des effets de l'assurance obligatoire sur la situation de l'industrie et du commerce*, par H. Adam, directeur général de la *Royale belge*. Bruxelles, 1897, Bruylant, 67, r. de la Régence. In-8, 22 p. (397)

Examen critique des résultats de l'assurance obligatoire en Allemagne et en Autriche.

— *Zur Kranken-u. unfallversicherung*, par Drexler. Berne, 1897.

— *Umlage oder kapitaldeckungsverfahren bei obligatorische unfallversicherung*, par R. van der Borght, prof. der nationalœkonomie an der Köngl. technischen Hochschule zu Aachen. Berlin, 1897, Siemenroth u. Troschel, W. Lutzowstrasse. In-8, 33 p. : M. 0,80. (398)

Comparaison entre les systèmes de repartition et de capitalisation dans l'assurance obligatoire contre les accidents.

— *Discours sur l'assurance obligatoire*, par Ch. Lagasse de Locht. Bruxelles, 1897.

— *Le nouvel avant-projet de loi sur la réparation des accidents du travail en Belgique*, par H. Adam, directeur général de la *Royale belge*. Bruxelles, 1897, imp. Lesigne. Gr. in-8, 71 p. (399)

Considérations contre l'assurance obligatoire et l'intervention de l'Etat; critique de l'avant-projet.

— *Avant-projet de loi sur l'assurance contre la maladie, les accidents, l'invalidité et la vieillesse*, par Albert Vertongen-Goens, industriel à Termonde. Termonde (Belgique), 1897, imp. Du Caju-Beeckman. In-8, 26 p. (400)

Rédaction d'un projet de loi sur les assurances sociales.

— *Des divers modes d'assistance médicale*, par le Dr Billon. Rouen, 1897, imp. Gy. In-8, 29 p. (401)

Historique sommaire de l'assistance ; l'assistance actuelle à Paris, Lyon et Rouen, la réforme nécessaire de l'assistance à domicile.

— *Des divers modes d'assistance aux nécessiteux valides sans travail*, par le Dr Gibert. Rouen, 1897.

— *L'exécution pendant l'année 1895 de la loi sur l'assistance médicale gratuite*. Paris, 1897. In-8, 351 p. (*402*)

Rapport au Conseil supérieur de l'assistance publique sur l'application de la loi du 15 juillet 1893 ; statistiques.

— *Budgets municipaux et budgets hospitaliers*, par le Dr H. Napias, inspecteur général des services administratifs au ministère de l'Intérieur. Paris, 1896, Berger-Levrault. 5, r. des Beaux-Arts. In-8, 23 p. (*403*)

Comparaison, à cinquante ans de distance, de la part de dépenses imputée aux budgets des grandes villes françaises pour les services de l'assistance hospitalière.

— *Assistance aux vieillards ou infirmes privés de ressources*, par Strauss. Rouen, 1897.

— *Assistance par le travail*, par le Dr Barthès, inspecteur des enfants assistés. Chartres, 1897, imp. de l'Union agricole. In 8, 31 p. (*404*)

Compte rendu des discussions sur les modes d'assistance par le travail au Congrès tenu à Genève en 1896.

— *Assistance par le travail de Rouen* : Rapports sur les années 1893 à 1896. 4 broch. in-8, 55, 42, 52 et 39 p. (*405*)

Fonctionnement annuel ; ressources et dépenses ; statistique de l'assistance par mois et par professions.

— *Assistance par le travail de Perpignan*. Perpignan, 1897, impr. Escargnel, 2 br. in-8, 18 et 18 p. (*406*)

Deux premiers rapports sur le fonctionnement de l'œuvre.

— *Histoire du prêt gratuit de Montpellier*, par Mandon. Montpellier, 1897.

— *Hygiène sociale* : *La maison du marin*, par le Dr F. Burot, médecin principal de la marine. Rochefort, 1897, imp. Thèze. In-32, 22 p. (*407*)

Conférence sur les « hôtels de marins » et les œuvres d'assistance.

— *La mendicité*, par Georges Berry, député. Paris, 1897, Parisot. In-16, 212 p. : 3 fr. 50 (*408*)

Les variétés et les trucs de la mendicité ; moyens de préservation et de répression.

— *Le pauvre dans l'Ancien Testament*, par Jules Didiot, doyen de la Faculté de théologie de Lille. Paris, 1897, 6, r. de Furstenberg. In-32, 94 p. (*409*)

Tableau des passages de la Bible relatifs à la pauvreté et aux pauvres.

XI. — Habitations ouvrières.

— *Les habitations à bon marché*, par Georges Picot, secrétaire général de l'Académie des sciences morales et politiques. Paris, 1897, Société française des habitations à bon marché, 15, r. de la Ville l'Evêque. In-8, 16 p. (*410*)

Nécessité de l'habitation salubre ; divers systèmes ; régime actuel de la législation française, enquêtes et modèles.

— *Les habitations à bon marché*, par Jules Siegfried, Président d'honneur de la Société française des habitations à bon marché. Paris, 1897, Masson, 120, boul. St-Germain. In-8, 27 p. (*411*)

La question de l'amélioration du logement ; premières tentatives en France et à l'étranger ; portée et mécanisme de la loi française du 30 novembre 1894 ; moyens d action pratiques.

— *Les habitations à bon marché*, par E. Cheysson, inspecteur général des Ponts-et-Chaussées. Paris, 1897, Masson, 120, boulevard St-Germain, In-8, 14 p. (*412*)

La loi du 30 novembre 1894, son fonctionnement et ses résultats acquis, nouveaux efforts à tenter.

— *Des modifications apportées au Code civil par la loi du 30 novembre 1894*, par Alphonse Mellet, avocat à la Cour d'Angers. Paris, 1897, Larose, 22, r. Soufflot. Gr. in-8, 220 p. : 5 fr. (*413*)

Étude du nouveau système de dévolution successorale consacré pour les habitations à bon marché ; régime antérieur, commentaire de la loi actuelle ; droit comparé.

— *Les habitations à bon marché*, par Auzière, procureur général près la Cour de Limoges. Limoges, 1897, imp. Ducourtieux. In-8, 68 p. (*414*)

Discours de rentrée sur l'historique et l'exposé de la législation française relative aux habitations à bon marché.

— *Les habitations à bon marché*, par de Vathaire. Paris, 1897.

— *La società cooperative per acquisito e costruzione di case economiche*, par Risetti. Città del Castello, 1896.

— *Rapport de l'association pour l'amélioration des logements ouvriers*. Bruxelles, 1896-97, imp. Stanislas Féron, 2 broch. in-8, 57 et 52 p. (*415*)

Composition et actes de la société pendant les exercices 1895 et 1896 (4e et 5e années sociales).

— *Rapport du conseil supérieur de l'hygiène publique de Belgique sur les travaux des comités de patronage des habitations ouvrières en 1895*. Bruxelles, 1897.

— *Rapport officiel du Comité de patronage des habitations ouvrières et des institutions de prévoyance* (1896). Bruxelles, 1897.

— *Les logements à bon marché*, par Lucien Lambeau, chef de bureau à la préfecture de la Seine. Paris, 1897, imp. municipale. In-8, 1331 p. (*416*)

Recueil annoté des discussions, délibérations et rapports du Conseil municipal de Paris relatifs à la construction des habitations à bon marché

— *Die Wohnungsfrage in der Stadt Bern*, par Wilhelm Ost, polizeirath. Berne, 1897, Schmid et Francke. In-8, 27 p. (*417*)

La situation et la question du logement à Berne.

— *Habitations ouvrières de la ville de Liège*, par Ernest Mahaim, professeur à l'Université de Liège. Liège, 1897, imp. Miot. In-8, 140 p. (*418*)

Rapport présenté au Comité de patronage des habitations ouvrières des cantons judiciaires de Liège par son secrétaire sur l'enquête entreprise par le Comité : Enquête générale sur la situation hygiénique des habitations à bon marché dans la ville et les communes suburbaines ; Enquête spéciale sur la situation des maisons ouvrières construites sous le régime de la loi du 9 août 1889.

— *Enquête sur l'habitation ouvrière dans le département de la Seine-Inférieure en 1896*. Rouen, 1897.

— *Les habitations à bon marché dans les villes de moyenne importance*, par Charles Janet, vice-président de la Société Beauvaisine d'habitations à bon marché. Bruxelles, 1897, imp. Hayez. In-8, 18 p., avec plan. (*419*)

— *Type d'habitation ouvrière pour grande ville*, par W. de Fontaine, architecte, professeur à l'École industrielle de Bruxelles. Bruxelles, 1897, imp. des Travaux publics. In-8, 9 p., avec plan. (*420*)

— *Les Sky Scratchers*, par Auguste Fabre. Nimes. 1896, à l'*Emancipation*. In-8, 31 p. (421)

Les « hautes maisons » américaines : révolution qu'elles peuvent apporter dans l'organisation du logement et le régime de la propriété immobilière.

— *Le Homestead et les projets français d'insaisissabilité du bien de famille*, par Laurent Bonnevay, avocat à la Cour de Lyon. Lyon, 1897, imp. Mougin-Rusand. In-8, 24 p. (422)

Le homestead en Amérique ; ses dangers en France.

XII. — Alcoolisme.

— *De la toxicité des alcools*, par Antheaume. Paris, 1897.

— *De l'alcoolisme*, par le Dr Hipp. Barella, membre titulaire de l'Académie royale de médecine de Belgique. Bruxelles, 1898, Société belge de librairie, 16, r. Treurenberg. In-18, 157 p. : 1 fr. (423)

L'alcoolisme et ses variétés ; ses diverses conséquences pathologiques ; l'alcoolisme héréditaire ; la guerre à l'alcool.

— *L'alcoolisme*, par Fliche. Rouen, 1897.

— *Les dangers de l'alcoolisme*, par le Dr Van Evelen. Bruxelles, 1897, Ligue patriotique contre l'alcoolisme, 89, r. Joseph II. In-18, 62 p. : 0 fr. 25. (424)

— *Le péril alcoolique*, par le Dr Emile Barthès, inspecteur des enfants assistés. Chartres, 1897. Imp. industrielle et commerciale. In-18, 23 p. (425)

Conférence sur les maux causés par l'alcoolisme.

— *L'alcoolisme chronique dans ses rapports avec les professions*, par le Dr Henry Imbert. Paris, 1897, Société d'éditions scientifiques, 4, r. Antoine-Dubois. In-8, 77 p. : 2 fr. 50. (426)

Statistique des consultations de l'hôpital Laennec en 1896, les causes, les formes et les suites de l'alcoolisme ; répartition des alcooliques par sexes, par âges et par professions.

— *Note sur les travaux de la Commission d'enquête sur l'alcoolisme*, par Caldierlier. Bruxelles.

— *L'étatisme en fait d'alcool*, par Eugène Rostand, président de la Caisse d'épargne des Bouches-du-Rhône. Paris, 1897. Bureaux de la *Réforme sociale*, 54, r. de Seine. In-8, 30 p. (427)

Critique du projet de monopole de l'alcool ; sa portée financière et hygiénique ; vrais moyens de réduire l'alcoolisme.

— *Histoire de la consommation totale des boissons alcooliques dans différents pays*, par Jules Denis, de la Société genevoise de statistique. Genève, 1897, Eggimann. Tableau in-fol., 0 fr. 50. (428)

Représentation graphique comparée.

— *Recherches sur la consommation des boissons distillées et fermentées dans différents pays*, par Jules Denis, Genève, 1897, chez l'auteur, 13, route de la Cluse. In-8, 48 p. : 0 fr. 30. (429)

Tableaux et graphiques commentés.

— *L'alcoolisme en Normandie*, par le Dr Raoul Brunon, directeur de l'Ecole de médecine de Rouen. Rouen, 1897, impr. Deshayes. In-8, 30 p. (430)

L'alcoolisme dans les diverses professions à la ville et à la campagne ; recherche des remèdes.

— *Les asiles pour la guérison des buveurs*, par le Dr Chatelain. Neuchâtel, 1896, Attinger. In-8, 43 p. (431)

Effets de l'alcoolisme ; organisation des asiles de guérison en Suisse.

— *L'enseignement de l'anti-alcoolisme*, par le Dr Galtier-Boissière. Paris, 1897, A. Colin. In-18, 168 p. avec gravures : 1 fr. 50. (432)

Manuel scolaire sur la fabrication, la falsification, l'usage et l'abus des boissons ; sur les résultats de l'alcoolisme et les moyens de le prévenir ; sur les projets de loi relatifs à l'alcool et à l'alcoolisme.

— *Maximes anti-alcooliques murales*. Paris, 1897.

— *Livret de tempérance* (1897). Bruxelles, 1897, Ligue patriotique contre l'alcoolisme, 89, rue Joseph II. In-18 illustré, 95 p. (433)

XIII. — Population.

— *La dépopulation de la France*, par Descloseaux. Paris, 1897.

— *L'arrêt dans la population française*, par Alfred des Cilleuls, membre du Comité des travaux historiques et scientifiques. Paris, 1897, à la *Réforme sociale*, 54, r. de Seine. In-8, 25 p. (434)

Causes diverses de la dépopulation en France ; ses effets futurs.

— *Trois milliards de français ou la solution des questions politique, sociale, philanthropique et de population*, par F. Appy. Nice, 1897, Visconti, 62, r. Gioffredo. In-8, 368, p. : 5 fr. (435)

Recherche des lois de la population ; réorganisation politique et sociale ; projets philantropiques.

— *La Belgique et ses grandes villes au XIXe siècle*, par Maurice Heins. Gand, 1897, Ad. Hoste, 47, r. des champs. In-8, 116 p. : 1 fr. (436)

Etude sur le mouvement de la population dans les grands centres belges : natalité, mariages, décès, dégénérescences

— *Ein Wort für den Neumalthusianismus*. Leipzig, 1897.

— *Cristenthum und Malthusianismus*, par W. Kulemann, Landgerichtsrath in Braunschweig. Göttingen, 1897, Vandenhoeck u. Ruprecht. In 8, 36 p. (437)

Résumé d'une conférence faite à l'occasion du 8e Congrès évangélique social sur le malthusianisme.

XIV. — Criminalité et questions pénitentiaires.

— *Statistique pénitentiaire pour l'année* 1894. Melun, 1897, imp. administrative. Gr. in-8, 957 p. (438)

Exposé général de la situation des services et établissements pénitentiaires, tableaux statistiques.

— *Aberglaube und strafrecht*, par A. Löwenstimm, Gehilfe des Jurisconsults im Justizministerium zu S. Petersburg. Berlin, 1897, J. Räde. In-18, 232 p. : M. 2,50. (439)

Les superstitions et les idées populaires sur la criminalité, parti qu'en peuvent tirer les criminalistes (traduction de l'ouvrage russe).

— *La coppia criminale*, 2e édition, par Scipio Sighele. Turin, 1897, Bocca. In-8, 232 p. : 4 fr. (440)

Rôle de la suggestion dans la criminalité ; la criminalité par couples. Variétés du crime à deux. Dégénérescences de l'amour et de la famille.

— *Duecento criminali e prostitute*, par S. Ottolenghi e V. Rossi Turin, 1898. Bocca. In-8, 305 p. : 5 fr. (441)

Résumés d'études cliniques d'anthropologie criminelle ; monographies de dégénérés, de fous, d'idiots, de criminels, etc..., classifications et généralisations.

XV. — Questions féministes.

— *La physiologie de la femme*, par Mantegazza. Paris, 1897.

— *La mission de la femme*, par Emilie de Morsier. Paris, 1897.

— *La femme et sa vocation*, par F.A.B. Paris, 1897.

— *La femme*, par de Ryons. Paris, 1897, Ollendorff, 28, r. Richelieu. Pet. in-8, 102 p. : 2 fr. (*442*)

Extensions modernes de l'activité féminine en France et à l'étranger ; les réformes désirables.

— *La femme dans l'ancien testament*, par Albert Canonge, pasteur à Barre des Cévennes. Montauban, 1897, imp. Granié. In-8, 74 p. (*443*)

Thèse archéologique sur la situation de la fille, de l'épouse et de la mère dans la société biblique.

— *La mission de la femme d'après Auguste Comte*, par M. J. A. Crée. Paris, 1897, Blanchard, 61, boulev. St-Michel. In-8, 23 p. (*444*)

Doctrine du positivisme sur la mission et les droits de la femme ; récentes conquêtes du féminisme.

— *Conférence sur le féminisme et les revendications féministes*, par Ladoucelr, professeur au collège d'Orange. Orange, 1897, imp. Sibourg. In-8, 22 p. : 0 fr. 50 (*445*)

— *Le féminisme*, par Auguste Fabre. Nîmes, 1897, à *l'Émancipation*. In-8, 72 p. : 1 fr. (*446*)

Origine et avenir des revendications féministes ; la femme médecin et avocat, la femme électeur ; la transformation du mariage.

— *Mélanges féministes*, par Louis Bridel, professeur à la Faculté de droit de Genève. Paris, 1897, Giard et Brière. In-18, 251 p. : 3 fr. (*447*)

Etudes détachées sur la condition et la capacité légale de la femme dans les divers pays, notamment en Suisse, sur les délits contre les mœurs en droit français, allemand et anglais ; sur les mesures restrictives de la prostitution, etc.

— *Les droits des femmes dans la vie civile et familiale*, par L. Pascaud, conseiller à la Cour de Chambéry. Paris, 1897, A. Picard, 82, r. Bonaparte. In-8, 24 p. (*448*)

Extension nécessaire du rôle de la femme en matière d'actes authentiques, de conseils de famille et de tutelle.

— *Sociales Leben zur Frauenfrage*, par Schumacher. Paris, 1897, H. Welter, 59, r. Bonaparte. In-8, 157 p. M. 2. (*449*)

Etudes détachées sur diverses questions féministes en Allemagne et à l'étranger.

— *Le féminisme*, par Lambert. Paris, 1897.

— *La question de la femme*, par Bonnier. Paris, 1897.

— *La libertad para la mujer*, par Michelena. Barcelone, 1897.

— *La Mujer y la Familia*, par Arana. Rosario de Santa Fé, 1897.

— *Die geistigen Fahigkeiten der Frau*, par Dornbluth. Rostock, 1897.

— *Die Frau vor der Wissenschaft*, par Loubbet, Munchen, 1897.

— *Dunkle Punkte aus dem modernen Frauenleben*. Leipzig, 1897.

— *Die Lösung der Frauenfrage in Deutschland*, par Ottilié. Berlin, 1897.

— *La femme avocat*, par Louis Frank, vice-président de la Fédération féministe universelle. Paris, 1898, Giard et Brière, 16, r. Soufflot. In-8, 313 p. : 6 fr. (*450*)

Etude historique, sociologique et juridique sur l'accès de la femme au barreau, à propos de la demande présentée par Mlle Chauvin à la Cour de Paris, état de la question et jurisprudence dans les principaux pays ; les objections en France et l'évolution féministe.

— *Le travail des femmes aux XVe et XVIe siècles*, par H. Hauser, professeur d'histoire à l'Université de Clermont. Paris, 1897, Giard et Brière, 16, rue Soufflot. In-8, 15 p. (*451*)

Ancienneté de l'emploi des femmes dans l'industrie ; documents sur le travail des femmes dans certaines professions et son importance relative dans les métiers du XVe et du XVIe siècles ; les salaires féminins.

— *Die Ausschliessung der Verheirateten Frauen aus der Fabrik*, par Rudolf Martin. Tubingen, 1897, H. Laupp. In-8, 77 p : 1. M. 20 Pfg. (*452*)

Etude historique et statistique sur le travail des femmes dans les fabriques.

— *Die erwerbsthätigen Frauen in deutschen Reiche*, par Robert Wuttke. Dresden, 1897, Zahn u. Jaensch. In-8, 45 p. : 1 M. (*453*)

Le travail des femmes en Allemagne d'après le dernier recensement professionnel.

— *L'industrie de la couture et de la confection à Paris*, par de Seilhac. Paris, 1897.

— *Des produits des biens des époux, de leur travail et de leur industrie*, par J. Colin de Verdière. Paris, 1897, A. Rousseau, 14, r. Soufflot. In-8, 432 p. (*454*)

Thèse sur les différents régimes matrimoniaux au point de vue de l'émolument des revenus et des gains, droits actuels de la femme ; réformes en préparation.

— *Des droits de la femme mariée sur le produit de son travail*, par Orillard. Poitiers, 1897.

— *Les droits de la femme dans la faillite du mari*, par Leduc. Lille, 1897.

— *De l'admission des femmes comme membres participants dans les sociétés de secours mutuels*, par Cliquennois-Pâque, ancien président de l'Association de secours mutuels des voyageurs et employés de la ville de Lille. Lille, 1896, imp. Dujardin. In-8, 18 p. (*455*)

— *L'assurance maternelle*, par Louis Frank, vice-président de la fédération féministe universelle, le Dr Keiffer, D[r] spécial en sciences physiologiques, et Louis Maingie, D[r] en sciences physiques et mathématiques. Bruxelles, 1897, Lamertin, 30, r. du Marché au bois. Gr. in-8, 108 p. (*456*)

Protection nécessaire des femmes enceintes et des femmes en couches ; législations et projets législatifs sur l'interdiction du travail industriel aux accouchées ; indemnités de chômage couvertes par l'organisation d'une assurance maternelle ; le fonctionnement de cette assurance et ses bases actuarielles.

— *Des droits que la loi accorde aux veuves*, par Mouchet. Paris, 1897.

— *Monogamie et polygamie*, par Björnstjerne Björnson, traduct. Monnier. Paris, 1896.

— *Le mariage : sa genèse, son évolution*, par L. Tillier. Paris, 1897, Société d'éditions scientifiques, 4, r. Antoine Dubois. In-8, 316 p. : 7 fr. 50 (*457*)

Etude évolutionniste sur les origines et les variétés du mariage cherchées dans les mœurs sexuelles des animaux. Le mariage et la condition sociale de la femme.

— *Warum heiraten wir? Gedanken uber ehe und Frauenleben*, par Tamara. Wiesbaden, 1897.

— *Les origines du divorce en France*, par Damas. Bordeaux, 1897.

— *Statistik der Ehescheidungen in der stadt*

Berlin. Berlin, 1897, imp. Loewenthal. Gr. in-4, 41 p. avec graphiques. (458)

Statistique des divorces à Berlin de 1885 à 18..

— *Notes et impressions à travers le féminisme,* 2e édition, par Marie C. Terrasse. Neuchâtel, 1896, Attinger, pl. du gymnase. In-18, 224 p. : 3 fr. (459)

Impressions sur les périls courus par la jeune fille à Paris, sur la corruption féminine, sur le relèvement de la condition actuelle des femmes.

— *La prostitution clandestine à Paris,* par le Dr O. Commenge. Paris, 1897.

— *Actes du Congrès suisse des intérêts féminins.* Berne, 1897, Steiger. In-8, 253 p. (460)

Rapports (allemands et français) présentés au Congrès de Genève (1896) : coéducation des sexes, enseignement supérieur, ménager, industriel et commercial, professions et gains, assurances ; condition légale, etc.

— *Wass soll unsere Tochter werden,* par R. Wild-Queisner. Minden, 1897.

— *Die Zukunftsreligion und Zukunftswissenschaft auf Grundlage der Emanzipation des Mannes vom Weibe,* par Grabowsky. Leipzig, 1897.

XVI. — Régime industriel et fiscal.

— *Le travail à domicile à Lyon,* par E. Bonnevay et J. Godart, avocats à Lyon. Bruxelles, 1897, Weissenbruch, 45, r. du Poinçon. In-8, 20 p. (461)

Travail des femmes et des hommes à domicile dans les industries lyonnaises ; crise du tissage.

— *Le système français d'impôts,* par René Stourm. Paris, 1897, Chaix, 20, r. Bergère. In-8, 22 p. (462)

Exposé et défense du système actuel d'impôts.

— *Renseignements statistiques relatifs aux contributions directes et aux taxes assimilées.* Paris, 1897, imp. Nationale. In-8, 140 p. (463)

XVII. — Généralités économiques et sociologiques.

— *Coup d'œil sur le monde économique,* par Brants. Liège, 1897.

— *La philosophie de la science économique,* par le P. Forbes. Paris, 1897, Lecullier, 45, r. du Bac. In-8, 26 p. (464)

Existence de lois économiques, rapports de la science économique avec la morale et la politique.

— *Il dinamismo economico-psichico,* par Lombardi. Naples, 1897.

— *Principios de economia politica,* par Menor. Madrid, 1897.

— *Economie politique,* par Brondel. Besançon, 1897.

— *Principes d'économie industrielle,* par Louis Blondel, malteur, ancien président du tribunal de commerce d'Arras. Lille, 1897, imp. Prévost. In-8, 230 p. (465)

Application des principes économiques à l'administration d'une brasserie ; recherche et emploi des capitaux ; évaluation et caractère du bénéfice.

— *Il lavoro,* par Calisse. Turin, 1897.

— *Capitale e lavoro,* par L. Ricci. Chiavari, 1897, imp. Artigianelli di A. Gemelli. In-8, 143 p. (466)

Divers systèmes tendant à l'amélioration de la situation des ouvriers ; maux qui pèsent sur la vie ouvrière ; repartition légitime des fruits du travail, augmentation du salaire ; associations ouvrières ; intervention de l'Etat.

— *De la répartition des bénéfices du travail et du capital dans l'accroissement de la richesse depuis 50 ans,* par Clément Juglar, de l'Institut. Nancy, 1897, impr. Berger-Levrault. In-8, 14 p. (467)

Importance de l'élévation des salaires jugée d'après le mouvement de certaines consommations et de certains emplois de fonds.

— *Le droit au travail ; l'organisation du travail ; le pain du lendemain assuré,* par Vialatte. Levallois-Perret, 1897.

— *Le travail et l'argent,* par F. Clerget. Paris, 1897, bibliothèque de l'Association, 17, r. Guénégaud. In-18, 59 p. (468)

Arguments pour et contre le capital ; la solidarité dans l'association.

— *La Voie de Dieu.* Paris, 1897, bibl. de l'Association, 17, r. Guénégaud. In-18, 15 p. : 0 fr. 50. (469)

Capital et travail ; vues symboliques.

— *Solution pacifique de la question sociale,* par Mme L. Gagneur. Paris, 1897.

— *Il valore e l'organismo sociale,* par Lucchetti. Milan, 1897.

— *Evolution du commerce dans les diverses races humaines,* par Létourneau. Paris, 1897.

— *La concurrence asiatique et l'avenir des ouvriers européens,* par Auguste Fabre. Nîmes, 1897, à l'*Emancipation.* In-8, 29 p. : 0 fr. 30 (470)

— *Credito capitalistico e moneta nazionale,* par G. Luzzati. Milan, 1897, Hoepli. In-8, 205 p. : 3 fr. 50 (471)

Organisation capitaliste et organisation sociale du crédit, la monnaie marchandise et la monnaie fiduciaire.

— *Rapport au ministre des finances sur l'administration des monnaies et médailles.* Paris, 1897, imp. Nationale. In-8, 304 p. : 4 fr. (472)

Rapport présenté par M. de Foville, pour l'année 1897 : frappe française ; mouvement monétaire de la France, de l'Union latine et des autres principaux pays, cours et stocks de l'or et de l'argent, production et consommation industrielle des métaux précieux. Tableaux statistiques.

— *Socionomique : pourquoi je ne me dirai plus socialiste, mais socionomique,* par M. Limousin. Paris, 1897, Guillaumin, 14, r. Richelieu. In-16, 16 p. : 0 fr. 50. (473)

— *Liberty and Property, the two main factors of human progress,* trad. de Paul Leroy-Beaulieu. Londres, Central office of the Liberty and Property Defence League, 7, Victoria street S. W. In-8, 12 p. (474)

— *Quelques phases de l'évolution de la propriété,* par Paul Errera, chargé de cours à la Faculté de droit de l'Université libre de Bruxelles. Bruxelles, 1897, imp. Moreau. In-8, 24 p. (475)

Résumé de leçons sur le collectivisme et le droit de propriété.

— *La proprietà fondiaria e la questione sociale,* par Achille Loria. Verona, 1897, Drucker. In-16, 323 p. : 3 fr. (476)

Réédition d'études sur les lois de la population, sur Darwin et l'économie politique, sur la propriété foncière et sur la nationalisation du sol.

— *La propriété et le Code Napoléon,* par le P. G. de Pascal. Paris, 1897, imp. Gainche. In-8, 27 p. (477)

Conception étroite du droit de propriété dans le Code civil ; le régime futur de la propriété.

— *La propriété pendant le siège et la commune,* par E. Durand-Morimbeau, arbitre-expert. Paris, 1898, Clerget, 17, r. Guénégaud. In-18, 176 p. : 2 fr. (478)

Souvenirs et documents sur le régime de la propriété et des dettes de loyers à Paris en 1870-71. Etude sur le projet de loi relatif au Homestead.

— *Congrès de la propriété immobilière* (1896). Rouen, 1897, imp. Brière. Gr. in-8, 165 p. (*479*)

Communications et discussions sur les titres de propriété, les taxes foncieres, l'assainissement, etc.

— *De l'origine de la maxime* res mobilis, res vilis, par J. DE MAYNARD. Angers, 1897, imp. Burdin. In-8, 319 p. (*480*)

Thèse sur l'importance comparée de la propriété immobilière et de la propriété mobilière et sur les garanties respectives que leur a réservées la législation depuis la conquête romaine ; l'inégale protection du Code civil ; les lois survenues, les tendances nouvelles.

— *Des communautés rurales dans l'ancienne France*, par André L'ELEU, avocat. Paris, 1897, A. Rousseau, 14, r. Soufflot. In-8, 169 p. (*481*)

Thèse sur le village gaulois, gallo-romain, germain, franc et feodal ; mouvement social des campagnes entre le X et le XIII siècle et affranchissement du village.

— *Du principe originaire de l'organisation réelle des familles rurales en France*, par RICAUME. Paris, 1897.

— *De la situation pécuniaire faite aux père et mère et autres ascendants dans la famille française*, par VENE. Rennes, 1897.

— *Essais d'économie sociale et agricole*, par E. SEIGNOURET, Paris, 1897.

— *Property in Land, A Defence of individual owneship*, 2e édition, par J. C. SPENCE. Londres, 1897, Central office of the Liberty and Property Defence League, 7, Victoria street, S. W. In-8, 13 p. : one penny. (*482*)

— *La défense de la petite propriété rurale au point de vue législatif*, par MILCENT. Orléans, 1897, imp. Michau. In-8, 13 p.

— *Les populations agricoles de la France* (Maine, Anjou, Touraine, etc.), par H. BAUDRILLART. Paris, 1897.

— *La crise agricole, ses causes, ses remèdes*, par QUILLET. 1897.

- *La poussée rurale : un tableau de l'Allemagne agraire*, par René HENRY. Paris, 1897, F. Alcan, 108, boulevard St-Germain. In-8, 6 p. (*483*)

— *La vie agricole en Italie*, par Filippo VIRGILII, professeur à l'Université de Sienne. Paris, 1897, Giard et Brière, 16, r. Soufflot. In-8, 15 p. (*484*)

Notice sur les institutions agraires de l'Emilie et principalement sur la Province de Parme.

— *Constitution de l'association terrienne*, par Etienne BARAT. Paris, 1897, Lib. des sciences sociales, 15, passage Saulnier. In-12, 63 p. (*485*)

Conditions de fonctionnement du groupement phalanstérien ; capital, personnel, travaux ; projet d'acte social.

— *L'objet de la science sociale*, par HALLEUX. Louvain, 1897.

— *La science et l'art en sociologie*, par BEAURIN-GRESSIER, vice-président de la Société de sociologie de Paris. Paris, 1897, Giard et Brière, 16, r. Soufflot. In-8, 16 p. (*486*)

Caractères et distinction de la Science et de l'Art ; leur rôle en sociologie.

— *El concepto de organismo social*, par SANTA-MARIA DE PAREDES. Madrid, 1897.

— *I veri principi etico-sociali*, par PENNISI MAURO. Catania, 1897.

— *La economia sociale, con riguardo ai dati de a sociologia contemporanea*, par SAVIO. Turin, 1897.

— *Principes sociologiques*, 2e édition, par Charles MISMER. Paris, 1898, Alcan, 108, boulevard St-Germain. In-8, 297 p. : 5 fr. (*487*)

Étude positiviste sur les bases sociologiques : la gravitation morale assimilée à la gravitation cosmique ; la solidarité et la perfectibilité. Critique des données théologiques et metaphysiques, l'homme, la société et la moralité au regard de la science politique positive.

— *Gründzüge der Sociologie*, par EBERLÉ. 1896.

— *Die soziale Frage*, par JAEGER. 1897.

— *Ein sozial-u. rechtspolit. Bericht*, par ORTLOFF. Weimar, 1897.

— *Outspoken essays on social subjects*, par Belfort BAX. Londres, 1897.

— *L'œuvre sociale*, par LAMY. Paris, 1897.

— *Soziale Essays*, par HUXLEY, deutsche ausgabe von Alexander Tille. Weimar, 1897. E. Felber. In-8, 386 p. : 5 M. (*488*)

Traduction des Essais de Th. Huxley sur l'inégalité des hommes, les droits naturels et les droits politiques, le capital et le travail, etc.

— *National-sozialer Katechismus*, par Friedrich NAUMANN. Berlin, 1897, Eugen Kundt, S. W. Zimmerstrasse. In-8, 36 p. : 20 Pfg. (*489*)

Résumé, sous forme de questions et réponses, du programme du *National soziale Verein* de Leipzig.

— *Le psychisme social*, 2e édition, par E. DE ROBERTY, professeur à l'Université nouvelle de Bruxelles. Paris, 1897, F. Alcan, 108, boulev. St-Germain. In-18, 219 p. : 2 fr. 50. (*490*)

L'Ethique et la sociologie ; la psychologie individuelle et la psychologie sociale ; critique de la morale religieuse et métaphysique ; le concept naturel et social de la moralite.

— *Le bien et le mal*, par E. DE ROBERTY, professeur à l'Université nouvelle de Bruxelles. Paris, 1896, F. Alcan, 108, boulev. St-Germain. In-8, 263 p. : 2 fr. 50. (*491*)

Conflit de la morale moderne avec les conceptions religieuses et métaphysiques ; les préjugés moraux ; l'identité du bien et du mal, la morale expérimentale et sociologique.

— *La société et la morale*, par Henri F. SECRETAN. Paris, 1897, F. Alcan, 108, boulev. St-Germain. In-18, 3 fr. 50. (*492*)

Notes et pensées sur l'histoire et l'analyse des idées morales ; l'individu et la formation du milieu social ; les mobiles sociaux et le fondement des jugements moraux, la solidarité sociale ; la civilisation et la natalité.

— *La lutte contre le mal*, par J. J. CLAMAGERAN, sénateur. Paris, 1897, Alcan, 108, boulev. St-Germain. In-18, 310 p. : 3 fr. 50. (*493*)

Puissance morale et aménagement nécessaire de l'initiative individuelle ; interventions rationnelles du pouvoir social ; rôle de l'association libre ; périls et bienfaits de l'esprit religieux.

— *Questions religieuses, sociales et politiques*, par C. P. POBEDONOSTZEFF. Paris, 1897.

— *L'égalité des conditions*, par Arthur DESJARDINS, membre de l'Institut. Paris, 1897, à la *Réforme sociale*, 54, r. de Seine. In-8, 17 p. (*494*)

L'égalité rationnelle dans ses rapports avec la justice; les excès et les utopies de l'égalité.

— *La théorie de l'individualisme*, par Maurice ANSIAUX, docteur spécial en économie politique. Paris, 1896, Larose, 22, r. Soufflot. In-8, 24 p. (*495*)

Leçon sur les conceptions modernes de l'individualisme et des droits de l'Etat.

— *L'organisation de la liberté*, par Yves GUYOT, ancien ministre. Bordeaux, 1897, imprim. Gounouilhou. In-16, 63 p. *(496)*

La liberté et ses manifestations nécessaires ; ses garanties dans le fonctionnement normal du gouvernement parlementaire.

— *La décentralisation et ses différents aspects*, par Georges PICOT. Paris, 1896, Bureaux de la *Réforme sociale*, 54, r. de Seine. In-8, 25 p. *(497)*

Différents modes de décentraliser ; collaboration des citoyens aux œuvres publiques.

— *Menus propos sur la décentralisation*, par Alfred PIERROT. Montmédy, 1897, imp. Pierrot. In-8, 157 p. *(498)*

La décentralisation administrative, sociale et intellectuelle en France depuis 1789, indications de réformes

— *La République démocratique*, par J. L. DE LANESSAN, ancien gouverneur général de l'Indo-Chine, Paris, 1897, A. Colin, 5, r. de Mézières. In-18, 364 p. : 4 fr. *(499)*

L'exercice de la souveraineté nationale avant et depuis 1870 ; l'organisation nécessaire du pouvoir législatif et exécutif dans un sens démocratique ; le développement des institutions sociales et les réformes immédiates.

— *Société, Etat, Patrie*, par P. FABREGUETTES, conseiller à la Cour de cassation. Paris, 1897, Chevalier-Marescq, 20, r. Soufflot. 2 vol. in-8, 678 et 807 p. : 15 fr. *(500)*

Etudes philosophiques et sociales : le mécanisme et le transformisme ; l'évolution mentale ; les fondements de la morale ; les caractères de la responsabilité individuelle au regard de la science, de la morale et du droit ; le progrès sociologique ; le mouvement politique et social depuis l'antiquité jusqu'à la Révolution. — La souveraineté du peuple et les pouvoirs de l'Etat ; le fonctionnement du régime représentatif ; l'évolution économique et sociale. — La législation ouvrière de la troisième République : coalitions, syndicats, réglementation du travail, etc.; le socialisme d'Etat, le collectivisme, l'organisation de l'armée.

— *La désorganisation de la famille et ses conséquences sociales*, par Ernest PASSEZ, avocat au Conseil d'Etat et à la Cour de cassation. Paris, 1897, à la *Réforme sociale*. In-8, 23 p. *(501)*

Diverses causes de la décadence de l'esprit familial ; ses conséquences ; remèdes à appliquer.

— *L'idée de patrie*, par LEGRAND. Paris, 1897.

— *Rôle social de l'armée française*, par E. DE BOYVE. Paris, 1897, Guillaumin, 14, r. Richelieu. In-16, 59 p. *(502)*

Défense de l'armée ; son caractère actuel ; rôle social et moyens d'action de l'officier.

— *Le rôle social de l'ingénieur*, par E. CHEYSSON, inspecteur général des Ponts et Chaussées. Paris, 1897, Guillemin, 14, r. Richelieu. In-8, 17 p. *(503)*

Conférence sur le patronage industriel et l'intervention nécessaire de l' « ingénieur social ».

— *L'homme social et la colonisation*, par E. CHEYSSON, inspecteur général des Ponts et Chaussées. Paris, 1897, Ollendorff, 28 *bis*, r. Richelieu. Gr. in-8, 19 p. *(504)*

Intérêt des études sociales pour les colonisateurs ; éléments essentiels de ces études.

— *Le suicide, étude de sociologie*, par Emile DURKHEIM, professeur de sociologie à la Faculté des lettres de Bordeaux. Paris, 1897, F. Alcan, 108, boulev. St-Germain. In-8, 474 p. : 7 fr. 50. *(505)*

Etude sociologique sur le suicide : ses facteurs psychopathiques, psychologiques, cosmiques ; ses différents types ; ses rapports avec les autres phénomènes sociaux.

— *Réunion royaliste d'études sociales à Reims*. Paris, 1897, Oudin, 10, r. de Mézières. In-8, 202 p. : 2 fr. 50. *(506)*

Rapports et discussions sur le droit d'association, l'association professionnelle, la représentation des intérêts, la décentralisation administrative, etc.

— *La questione sociale o i Mezzi di sussistenza per tutti*, par Tomasini DONATO. Rome, 1897.

— *Rinnovamento sociale*, par MOLINI. Chieti, 1897.

— *Qu'est-ce que le progrès ?* par MIKAILHOWSKY, traduit du russe par Paul LOUIS. Paris, 1897, librairie de la *Revue socialiste*, 78, passage Choiseul. In-18 : 2 fr. 50. *(507)*

Examen critique des idées d'Herbert Spencer sur le Progrès ; l'emploi de la méthode subjective et les conclusions auxquelles elle aboutit.

— *Essai sur la pensée de P. J. Proudhon*, par J. GALL. Montauban, 1897, imp. Granié. In-8, 87 p. *(508)*

Thèse sur les doctrines morales, religieuses et sociales de Proudhon.

— *Claudio Jannet et son œuvre*, par G. ALIX, professeur à la Faculté libre de droit et à l'Ecole des sciences politiques. Paris, 1897, Plon. In-8, 76 p.: 1 fr. 50. *(509)*

Travaux et pensées de Claudio Jannet ; sa doctrine sociale ; sa place dans l'Ecole de Le Play.

— *Die imperialistische Soziapolitik*, par ADLER. Tubingen, 1897, H. Laupp. In-8, 44 p. : 80 Pfg. *(510)*

Doctrines sociales de Carlyle, de d'Israeli, de Napoléon III et de Bismarck.

— *Le pressentiment social*, par H. MONIN, professeur d'histoire au collège Rollin. Paris, 1897. Giard et Brière, 16, r. Soufflot. In-8, 24 p. *(511)*

De la prévision des changements politiques et sociaux, exemples historiques empruntés à la Révolution française de 1848

— *L'économie sociale de la France sous Henri IV*, par FAGNIEZ. Paris, 1897.

— *Etude de la situation sociale dans le ressort du présidial de Pamiers aux XVIIe et XVIIIe siècles*, par M. GOUAZÉ, Foix, 1897.

— *L'ancienne fabrique de soierie*, par Auguste BLETON. Lyon, 1897, Storck, 78, r. de l'Hôtel de Ville. In-8, 111 p. *(512)*

Les origines et l'ancienne réglementation de la soierie lyonnaise ; la grève de 1744, les conditions et tarifs de travail avant 1789.

— *Die arbeiterfrage einst und jetzt*, par REICHESBERG, docent fur nationaloekonomie und statistick an der universität Bern. Leipzig, 1897, Wigand, 2, lindenstrasse. In-12, 53 p. : 50 Pfg. *(513)*

Aspect actuel de la question ouvrière.

— *Wesen und Ziele der modernen arbeiterschütz Gesezlgebung*, par N. REICHESBERG, docent für nationaloekonomie und statistik an der universität Bern. Berne, 1897, Stämpfli. In-8, 76 p. *(514)*

La protection ouvrière et la législation moderne.

— *L'évolution du régime légal du travail*, par Raoul JAY, professeur à la Faculté de droit de Paris. Paris, 1897, à la *Revue politique et parlementaire*, 110, r. de l'Université. In-8, 19 p. *(515)*

Avenir de l'organisation corporative dans les rapports du capital et du travail.

— *Le mouvement social en Espagne*, par POSADA. Paris, 1897.

— *Le mouvement social en Portugal de* 1893 *à* 1897, par TAVARES DE MEDEIROS. Paris, 1897.

— *La législation du travail aux Etats-Unis*, par William FRANKLIN WILLOUGHBY, délégué du département fédéral du travail aux Etats-Unis (trad. par L. Dechesne). Bruxelles, 1897, Weissenbruch, 45, r. du Poinçon. In-8, 24 p. (516)

Caractères, tendances et résumé de la législation du travail aux Etats-Unis, particulièrement dans le Massachusetts.

— *La législation ouvrière en Italie*, par Filippo Virgilii, professeur de statistique à l'Université de Sienne. Paris, 1897, Giard et Brière, 16, r. Soufflot. In-8, 15 p. (517)

Résumé de la législation ouvrière actuelle en Italie et des projets législatifs à l'étude.

— *Les lois ouvrières devant le Parlement anglais*, par Dumas. Paris, 1897, Larose, 22, r Soufflot. In-8, 74 p. (518)

Tableau et résumé de la législation ouvrière en Angleterre.

— *Zur Irren-Gesetzgebung ein sozial und rechtspolitischer Bericht*, par Herman Ortloff, Landesgerichtsrath. Weimar, 1897, Hermann Böhlaus. In-8, 146 p. : M. 2,80. (519)

Critique des lois sociales allemandes.

— *Die kanone als industriehebel, nach nationalsozialen Rezept*, par R. E. May. Zurich, 1897, K. Henckell. In-18, 48 p. (520)

Les solutions libérales de la question sociale, véritables intérêts des industriels et des ouvriers allemands.

— *Eine arbeiterdarstellung*. Hamburg, 1897, E. Legien. In-8, 151 p. : 60 Pfg. (521)

Enquête sur la situation des industries du bâtiment et des ouvriers de ces industries; les abus et les remèdes, la législation ouvrière ; les projets de réforme.

— *Die neuere Entwicklung der arbeitsverhaltnisse u. der gewerkschaftlichen organisation im Buchdruck-Gewerbe*, par Fritz Tiedemann. Tubingen, 1897, H. Laupp. In-8, 89 p. (522)

Régime actuel du travail dans l'imprimerie allemande.

— *Social Switzerland*, par Dawson. Londres, 1897.

— *Social transformation of the Victoria age*, par Escott, Londres, 1897.

— *Les nouvelles sociétés anglo saxonnes*, par Pierre Leroy-Beaulieu. Paris, 1897, A. Colin, 5. r. de Mezières. In-18, 400 p. : 4 fr. (523)

Etude sur la situation économique et sociale de l'Australie et de la Nouvelle-Zélande, notamment sur la démocratie, le socialisme, la législation foncière et ouvrière et le féminisme en Australie.

— *Les expériences sociales en Australie*, par Pierre Leroy-Beaulieu. Paris, 1897, 54, r. de Seine. In-8, 37 p. (524)

Le développement du socialisme en Australie, les lois ouvrières et sociales en Nouvelle-Zelande.

— *Autour du catholicisme social*, par Georges Goyau (Léon-Grégoire). Paris, 1897, Perrin, 35, quai des Grands-Augustins. In-16, 324 p. (525)

Les aspects et les efforts sociaux du catholicisme contemporain ; idées et forces qui le secondent ; bilan de ses congrès en 1896.

— *Principes sociologiques de Léon XIII*, par Didiot. Arras, 1897.

— *Encyclika Leo XIII über die Arbeiterfrage*, 2e édit., par Eckard, präses der Katholischen arbeitervereins Stuttgart. Stuttgart, 1897, Deutsches Volksblatt. In-8, 80 p. (526)

Traduction de l'Encyclique *Rerum novarum*, avec introduction et commentaire.

— *Etudes sociales*, par l'abbé Elie Blanc, professeur aux Facultes catholiques de Lyon. Lyon, 1897, Vitte, 3, place Bellecour. In-8, 475 p. (527)

Conférence, articles, notes et documents sur les questions sociales, principes d'une économie politique chrétienne.

— *L'economia sociale cristiana avanti Costantino*, par Benigni. Genova, 1897.

— *Das soziale Wirken der katholische kirche in Oesterreich*. Vienne, 1897.

— *La démocratie chrétienne*, par Léon Harmel. Paris, 1897, Rondelet, 3, r. de l'Abbaye. In-32, 44 p. : 0 fr. 25. (528)

Discours prononcé au Congrès ouvrier catholique de Tours.

— *La democrazia cristiana*, par Pastori. Milan, 1897.

— *Jésus-Christ et l'Eglise en face de l'ouvrier*, par l'abbé J. Q. Monestès. Paris, 1897, Rondelet, 3, r. de l'Abbaye. In-8, 56 p. (529)

Discours à la Réunion générale annuelle des associations ouvrières catholiques.

— *Le rôle social du prêtre*, par le P. Coubé. Lille, 1897.

— *Le rôle du clergé dans la question sociale*. Bourg, 1897.

— *Le clergé et la question sociale*, par Scheicher, traduit par Morel. Bar-le-Duc, 1897.

— *Le prêtre et le peuple*, par Mgr Lelong, évêque de Nevers. Abbeville, 1897, Paillart. In-32, 31 p. (530)

Lettre pastorale sur le rapprochement du clergé et du peuple.

— *Compte rendu du Congrès ecclésiastique de Reims*, rédigé sous la direction de l'abbé Lemire, député, par l'abbé Pierre Dabry. Paris, 1897, librairie du *Peuple français*, 1, r. Feydeau. Gr. in-8, 548 p. : 5 fr. (531)

Dans le compte rendu de ce congrès, consacré au ministère et aux moyens d'action du clergé, figurent un rapport et une discussion relatifs aux œuvres sociales catholiques.

— *Congrès national catholique de Reims*. Lille, 1897.

— *Asociacion general para el estudio y defensa de los intereses de la clase obrera*. Memoria, par D. Javier Ugarte. Madrid, 1897, imp. St-François de Sales, 1, Pasaje de la Alhambra. In-8, 43 p. (532)

Compte rendu de l'œuvre des cercles catholiques ouvriers en Espagne.

— *Die Westfalische Arbeiter-Kolonie Maria-Veen unter Führung der Trappisten*, par Buttgenbach. Aachen, 1897, Schweitzer. In-8, 40 p. (533)

Organisation et installation d'une colonie catholique de travailleurs agricoles.

— *Le secrétariat du peuple de Remiremont*. Remiremont, 1897, imp. Kopf-Roussel. In-8, 32 p. (534)

Historique et fonctionnement de l'œuvre paroissiale du secrétariat du peuple.

— *Les cercles d'études sociales et professionnelles*, par Malherbe. Bruxelles, 1897.

— *Etudes théoriques et pratiques sur les écoles de conférenciers populaires*, par Paret et Malherbe. Bruxelles, 1897.

— *Quand nous défendrons-nous?* par Clément d'Oloron, franciscain. Ligugé, 1897, impr. Saint-Martin. In-8, 44 p. : 0 fr. 25. (535)

Appel à l'établissement d'une ligue confessionnelle contre les fournisseurs et ouvriers non catholiques.

— *La rénovation sociale et le tiers-ordre franciscain*. Paris, 1897.

— *Der evangelisch-soziale Kongress und seine Gegner*, 2e *édition*, par Nobbe. Göttingen, 1897, Vandenhoeck et Ruprecht. In-8, 43 p.: 60 Pfg. (536)

Origine et travaux du Congrès ; ses résultats ; défense de l'attitude des chrétiens sociaux.

— *Evangelisch-Sozial*, par Adolphe HARNACK. und Hans Delbruck, Berlin, 1896, Hermann Walther. In-8, 127 p. (*537*)

Réédition d'études de Harnack sur les Congrès « évangéliques sociaux » et leurs doctrines et sur la politique sociale contemporaine en Allemagne.

— *Die Staatskirche und die Volkselend*, par N. M., Zurich, 1897, Verlagsmagazin. In-18, 76 p.: 1 fr. 25. (*538*)

Etude, sous forme de correspondance entre ministres protestants, sur l'attitude de l'Eglise officielle allemande dans la question sociale.

— *Verhandlungen der freien kirchlich-sozialen, Conferenz zu Kassel*. Berlin, 1897.

— *Christisch-Sozial*, par BANZ. Lindau, 1897.

— *The social teaching of Jesus*, par S. MATHEWS. Londres, 1897.

— *Esquisse de réforme religieuse et sociale*, par frère JACQUES. Nantes, 1897.

— *De la classification et du rôle de la statistique parmi les sciences sociales*, DE LA GRASSERIE. Nancy, 1897.

— *L'organisation internationale de la statistique du travail*, par Emile VAXWEILER, chef de bureau à l'office du travail de Belgique. Bruxelles, 1897. In-8, 9 p. (*539*)

Utilisation internationale et comparée des statistiques organisées par les offices nationaux.

— *Le coût de la vie à Paris à diverses époques*, par Gustave BIENAYMÉ. Nancy, 1897, imp. Berger-Levrault. Gr. in-8, 41 p.: 1 fr. 50 (*540*)

Prix comparés des principales denrées à Paris suivant les époques ; graphiques.

— *Cent budgets ouvriers à Bruxelles en* 1897, par Ch. DE QUEKER, secrétaire de la bourse du travail de Bruxelles. Bruxelles, imp. de Bremaeker-Wants. Gr. in-8, 31 p. (*541*)

Tableaux des différentes dépenses de plusieurs ménages ouvriers bruxellois, suivant le nombre d'enfants, gains journaliers, budget moyen.

— *Wie der arbeiter lebt*, par Max MAY. Berlin, 1897, C. Heymann. In-8, 75 p. : 1 M. (*542*)

Publication monographique de vingt budgets d'ouvriers ; étude d'ensemble sur les recettes, les dépenses et la vie des ménages ouvriers.

— *Statistiche Erhebüngen über die Lohn-und arbeitverhaltnisse*. Leipzig, 1897, G. Heinisch. In-8, 74 p. (*543*)

Statistique du travail et des salaires pour les ouvriers et les ouvrières des industries métallurgiques de Leipzig et de la contrée pendant l'hiver 1896-97.

— *Le plan social de Gand*, 1re partie, par Louis VARLEZ, avocat à la Cour de Gand. Budapest, 1097, imp. de Pest. In-8, 21 p. (*544*)

Démographie industrielle de Gand et de ses environs.

— *Eleventh annual report of the commissionner of Labor* 1895-96 : *Work and wages of men, women and children*. Washington, 1897. Government printing office. In-8 relié, 671 p. (*545*)

Statistique fédérale sur les ouvriers de l'industrie en Amérique. Répartition par états et par établissements ; durée du travail ; quotité des salaires ; situation des femmes, des jeunes filles et des enfants.

— *Statistique des chemins de fer français au* 31 *décembre* 1895 (*France: intérêt général*). Paris, 1897, imp. Nationale. In-4, 300 p. : 5 fr. (*546*)

Ce document présente notamment l'effectif du personnel employé, la situation des Caisses de secours et de pensions et la statistique des accidents.

— *Nineteenth annual Report of the Bureau of statistics of Labor and Industries of New Jersey, for the year ending octob.* 31 *st.* 96. Trenton, 1897.

— *Thirteenth annual Report of the Bureau of statistics of Labor of State of New-York* (1895), par Thomas BOWLING. New-York, 1897.

XVIII. — SOCIALISME.

— *Histoire des systèmes économiques et socialistes*, par Hector DENIS. Bruxelles, 1897.

— *Sozialismus und soziale Benvegung*, par Werner SOMBART. prof. an der Universität Breslau. Iena, 1897, G. Fischer. Gr. in-8, 89 p. (*547*)

Origines, histoire et appréciation des doctrines socialistes au XIXe siècle ; tendances du mouvement socialiste actuel.

— *Socialism in France*, par James Thomas FINDLAY. Londres, 1897, *The liberty Review*, 17, Johnsons court, Fleet street E. C. In-18, 46 p.: Six pence. (*548*)

Le saint-simonisme, le collectivisme et le socialisme français.

— *Le socialisme en Angleterre*, par Albert METIN, agrégé de l'Université. Paris, 1897, F. Alcan, 108 boulevard St-Germain. In-12, 309 p.: 3 fr. 50. (*549*)

Historique et état actuel des doctrines socialistes en Angleterre ; leurs rapports avec la littérature et la religion ; la question agraire ; la question ouvrière, les organisations socialistes ; les anarchistes.

— *Städteverwaltung und Munizipal Sozialismus in England*, par HUGO. Stuttgart, 1897, J. H. W. Dietz. In-8, 312 p. : M. 2. (*550*)

Etude sur la gestion des divers services publics communaux et sur le socialisme municipal dans les villes anglaises, principalement à Londres.

— *Ueber die Stumm'sche Herrenhaus-Rede gegen die Kathedersozialisten*, par DELBRUCK, SMOLLER, WAGNER. Berlin, 1897.

— *German social democracy*, par Bertrand RUSSELL. Londres, 1896, Longmans, Green and Co. In-18 relié, 214 p. (*551*)

Exposé critique du marxisme et histoire du parti social démocrate allemand. Les doctrines de Karl Marx et de Lassalle, les visées et la tactique du parti social democrate avant la loi d'exception de 1878, sous le régime d'exception de 1878 à 1890, et depuis. Organisation, congrès et situation actuelle du Parti. — Appendice (par Alys Russell) sur le féminisme en Allemagne.

— *Geschichte der deutschen Sozialdemokratie, Erster theil*, par Franz MEHRING. Stuttgart, 1897, J. H. W. Dietz. In-8, 574 p. : M. 3.60. (*552*)

Histoire des théories socialistes en Allemagne ; les origines intellectuelles et sociales du mouvement socialiste ; le rôle de Karl Marx et Lassalle ; les doctrines et les actes du parti socialiste allemand jusqu'en 1863.

Le Gérant : H. LE SOUDIER.

Imp. G. St-Aubin et Thevenot. — J. Thevenot, successeur, St-Dizier (He-Marne).

REVUE DE LÉGISLATION OUVRIÈRE

ET SOCIALE

LES CAISSES PATRONALES

de retraite et de prévoyance

et la loi du 27 décembre 1895

I. Historique et portée de la loi. — II. Des versements obligatoires. — III. Versements à la Caisse nationale des retraites. — IV. Versements à la Caisse des dépôts et consignations. — V. Versements dans les caisses patronales. — VI. Versements des Compagnies de chemins de fer. — VII. Versements dans les caisses syndicales. — VIII. Des versements facultatifs. — IX. Droit de gage et privilège. — X. Sanctions de la loi. — XI. Caractère provisoire de la loi et obligations définitives des patrons. — XII. Conclusion.

La loi du 27 décembre 1895 présente cette triple particularité qu'elle a été votée au milieu du silence général, qu'elle a soulevé depuis sa promulgation les appréhensions et les objections les plus vives et qu'enfin, promulguée depuis plus de deux ans, elle n'est point encore appliquée.

L'apparition tardive du reglement d'administration publique (1) qui était prévu par cette loi et qui n'a pu intervenir que le 14 octobre 1897, les difficultés d'application nées d'un texte obscur ou malaisément praticable en plusieurs de ses dispositions, l'opposition passive d'industriels froissés ou gênés par les mesures nouvelles, tout a concouru à l'effacement d'une loi dont les intéressés paraissent ignorer jusqu'à l'existence.

Cette loi n'en existe pas moins, et, comme sa méconnaissance pourrait plus tard mettre en jeu de lourdes responsabilités, il n'est pas inutile d'examiner son but, son caractère, et de préciser l'économie de ses prescriptions.

I. Historique et portée de la loi.

On a fait remonter la paternité de la loi, du moins dans ses dispositions primordiales, à M. Alfred de Courcy, qui, à la Société de la participation aux bénéfices, avait préconisé la mise en sûreté des fonds alloués par les patrons à leurs ouvriers sous forme de participation aux bénéfices des entreprises. Séparer ces fonds de l'actif social, les soustraire aux risques de l'établissement commercial ou industriel, les déposer dans une caisse centrale indépendante, c'était, selon lui, décharger tout ensemble les bénéficiaires d'un aléa grave et les patrons d'une grave responsabilité.

L'idée fut reprise en 1883, au cours de l'enquête ouverte par le ministre de l'intérieur sur les associations ouvrières. La Société de participation aux bénéfices remit en avant la proposition de M. de Courcy et, à la demande de M. Waldeck-Rousseau, lui donna même la forme concrète d'un projet de loi.

Ce projet dormait dans les comptes rendus de l'enquête, lorsque deux sinistres vinrent le réveiller. La même année, en 1888, deux grands établissements, le premier industriel, le second commercial, la Compagnie de Terrenoire, Lavoulte et Bessèges et le Comptoir national d'escompte tombaient en faillite. Tous les deux avaient organisé des retraites au profit de leur personnel ; la Compagnie de Terrenoire avait même exercé dans ce but des retenues sur le salaire de ses ouvriers. Tous les deux, pour des causes différentes, virent l'intégralité de l'actif, y compris le produit des retenues ou des subventions mises en réserve pour les retraites, absorbée par les créanciers sociaux et les ouvriers ou employés destitués de tout droit à ces retraites promises.

Dans la première espèce, le tribunal correctionnel de Lyon ne reconnaissait aux ouvriers, à raison des retenues qu'ils avaient subies, qu'un droit de créanciers chirographaires, qui les mettait aux prises avec tous les créanciers de l'exploitation.

Dans la seconde espèce, le tribunal de la Seine (jugement du 9 juin 1890) jugeait inadmissible que la *caisse de prévoyance* organisée par le comptoir d'escompte et dotée par l'assemblée générale d'allocations annuelles fût considérée comme « la propriété des employés du comptoir d'escompte, retraités ou non, au moment de sa chute ». Il tenait pour constant, dans l'état des faits, que « la société du comptoir d'escompte n'avait jamais entendu aliéner la propriété du capital que ses membres consentaient à voir distraire des bénéfices annuels » ; que, dès lors, « le capital de la caisse de prévoyance était l'entière propriété du comptoir d'escompte » et devait être incorporé par les liquidateurs dans la masse de l'actif partageable entre les créanciers.

L'arrêt de la Cour de Paris du 24 février

---

(1) Voir le texte de ce décret ci-après, page 111, avec le texte de la loi elle-même.

1892, confirmatif de ce jugement, ajoutait que, dans les conditions rappelées, « il ne résultait ni de la création d'une caisse de prévoyance, ni de son mode de fonctionnement au profit des employés du comptoir d'escompte, *un droit acquis et certain a une créance obligatoire pour la Société* ».

En droit, on ne saurait faire grief à ces décisions judiciaires d'avoir mal interprété la législation en vigueur. En fait, des ouvriers et des employés se voyaient arracher des retraites sur lesquelles ils avaient légitimement compté, et à la formation desquelles plusieurs d'entre eux avaient même personnellement concouru. La créance de la caisse des retraites de Terrenoire (1.700.000 fr.) et celle de la caisse des retraites du comptoir d'escompte (1.400.000 fr.) s'évanouissaient à l'intervention des créanciers commerciaux du fonds social.

Le retentissement de ce double désastre fut considérable et eut presque immédiatement un écho législatif. Dès le 20 décembre 1890, le Gouvernement, par l'organe de M. Jules Roche, ministre du commerce, relevait « l'émotion profonde et justifiée » des employés et ouvriers et proposait « de modifier notre législation sur la matière ».

Ce projet a été si profondément remanié par les travaux parlementaires subséquents (1), qu'il serait trop long d'en comparer les dispositions aux retouches successives qui l'ont transformé à plusieurs reprises, soit à la Chambre, soit au Sénat. Il suffit de s'en tenir au texte définitif et de rechercher à quelles situations ce texte est applicable et dans quelles conditions le règlement d'administration publique a précisé cette application.

La loi du 27 décembre 1895 est avant tout une loi de séparation de patrimoines. Elle a pour objet essentiel :

1° De déclarer le droit de créance des ouvriers ou employés bénéficiaires d'institutions patronales de prévoyance sur les fonds spécialement affectés au fonctionnement de ces institutions ;

2° De mettre ces ouvriers ou employés, en cas de faillite, à l'abri du concours des autres créanciers de l'entreprise ;

3° De contraindre le patron, lorsqu'il s'agit de fonds affectés aux retraites, à distraire ces fonds de l'actif social, à les individualiser dans des caisses présentant toute garantie, et de constituer de plein droit ces dépôts à l'état de gage au profit des bénéficiaires.

Le droit de créance des ouvriers est reconnu par la loi elle-même, sans qu'il soit désormais nécessaire ni loisible à la justice de rechercher le caractère juridique de chaque espèce, pourvu que l'une des trois conditions suivantes se rencontre :

1° retenues exercées sur le salaire ;

2° subventions promises par le patron ;

3° dons ou versements spontanés reçus par le patron.

La loi n'est d'ailleurs applicable que lorsqu'il y a des ouvriers en face d'un patron, que ces ouvriers sont appelés au bénéfice d'institutions patronales de prévoyance ou de retraite et que ce bénéfice découle d'une convention.

Il résulte de ce qui précède que la loi, par contre, ne peut être étendue :

1° Ni aux institutions de prévoyance autres que les institutions patronales, telles que :

Sociétés de secours mutuels et caisses de retraites de ces sociétés ;

Caisses de secours ou de retraites fondées par les syndicats professionnels, en conformité de l'article 6 de la loi du 21 mars 1884 ;

Sociétés de retraite ou de prévoyance formées entre ouvriers et employés, en dehors des syndicats professionnels ;

2° Ni aux caisses qui seraient instituées et gérées par l'Etat, les départements ou les communes. Ni l'Etat, ni les départements, ni les communes ne peuvent tomber ici, même pour leurs opérations industrielles, sous la qualification de « chefs d'entreprise » et leur avoir demeure à l'abri soit d'une « faillite », soit d'une « fermeture », soit d'une « cession », c'est-à-dire des trois hypothèses en vue desquelles le législateur a jugé nécessaire une séparation de patrimoines ;

3° Ni aux engagements patronaux qui ne rentrent pas dans les définitions légales.

Ainsi un chef d'entreprise qui, sans organiser une institution de prévoyance, se contente d'assurer ses ouvriers auprès d'une compagnie d'assurances en vue de secours de maladie, d'indemnités d'accidents ou même de rentes viagères, ne relève point de la loi.

De même, le patron qui, sans exercer aucune retenue sur les salaires, sans promettre de subventions et sans recevoir de versements à cet effet, se borne à promettre à ses ouvriers des secours fixes pour des circonstances prévues ou des retraites déterminées dans certaines conditions d'âge et de services, reste à leur égard, de ce chef, un débiteur de droit commun ;

(1) Le projet de loi a été déposé par le ministre du commerce à la Chambre le 20 décembre 1890 (n° 1096). Il a fait l'objet d'un rapport de M. Guieysse, le 29 janvier 1891 (n° 1158) et a été discuté par la Chambre en première délibération le 13 février 1891. Après un rapport supplémentaire déposé par M. Guieysse le 26 février 1891, il a été discuté par la Chambre en deuxième délibération le 2 mars 1891.

Transmis au Sénat le 10 mars 1891 (n° 38), il a été rapporté par M. Thézard le 9 février 1893 (n° 36) et discuté en première délibération le 16 février 1893 et en deuxième délibération le 28 février 1893.

Revenu à la Chambre le 13 mars 1893 et rapporté à nouveau par M. Guieysse le 28 avril 1893 (n° 2713), il ne put venir en discussion avant la clôture de la législature. Il fut repris par le gouvernement le 6 avril 1895 (n° 1283), fit l'objet d'un dernier rapport de M. Guieysse le 13 juin 1895 (n° 1378) et fut enfin adopté par la Chambre le 21 décembre 1895.

4° Ni enfin aux promesses faites par les patrons dans des conditions vagues, sous réserves potestatives de leur part, c'est-à-dire aux promesses qui ne présentent qu'une valeur morale, sans créer d'*obligations* juridiques.

Pour que la loi soit en jeu, il faut, en effet, que le patron se trouve « engagé », c'est-à-dire que, soit par une convention expresse, soit par des clauses consignées dans des statuts, ou insérées dans des règlements d'atelier, ou affichées dans les usines, il ait souscrit des engagements annexes au contrat de travail.

Il est à présumer que c'est sur ce caractère initial, simplement moral ou valablement contractuel, des promesses faites par les patrons aux ouvriers que porteront surtout, si l'application de la loi est revendiquée, les contestations judiciaires.

II. Des versements obligatoires.

Dans les cas où, comme on vient de le voir, la loi est applicable, le versement des fonds des institutions de prévoyance dans une caisse distincte de la caisse de l'établissement industriel ou commercial est tantôt obligatoire pour le patron, tantôt facultatif.

Le versement n'est obligatoire que dans deux cas :

1° S'il s'agit de fonds affectés à la constitution de retraites ;

2° S'il s'agit de l'exécution des conventions spéciales prévues par le dernier alinéa de l'article 3 de la loi.

Pour les retraites, aucune difficulté n'apparait. Les statuts ou règlements de l'institution de prévoyance indiqueront toujours si les fonds ont, en totalité ou en partie, cette affectation, et dès lors l'obligation du versement sera certaine.

En ce qui concerne, au contraire, l'exécution du dernier alinéa de l'article 3 de la loi, quand et sous quelle forme les versements deviennent-ils obligatoires ?

Le législateur de 1895, reproduisant textuellement une disposition qui avait déjà trouvé place dans la loi du 29 juin 1894, relative aux retraites des ouvriers mineurs, prévoit le cas où interviendraient « entre les chefs d'entreprise et les ouvriers et employés » des « conventions spéciales » ayant pour objet « d'assurer à ceux-ci, à leurs veuves ou à leurs enfants, soit un supplément de rente viagère, soit des rentes temporaires ou des rentes déterminées d'avance ». Il dispose, pour ce cas, que « le capital formant la garantie des engagements résultant desdites conventions devra être versé ou représenté à la caisse des dépôts et consignations ou dans une des caisses syndicales ou patronales ».

De ce texte énigmatique, il faut tout d'abord dégager deux certitudes :

1° Cette disposition n'est point applicable, s'il y a eu simplement une libéralité occasionnelle, sans engagement formel, au profit d'un certain nombre d'ouvriers. Il faut, pour que la loi soit en cause, qu'il y ait eu « convention » expresse ;

2° La disposition ne paraîtrait pas non plus applicable, si la « convention » n'était intervenue qu'à titre individuel entre le patron et un de ses ouvriers, à la suite d'un accident, par exemple. Le texte semble impliquer des conventions, non pas *particulières* avec des individualités, mais *spéciales* avec « les ouvriers ou employés », c'est-à-dire des contrats collectifs formant complément soit des statuts des institutions de prévoyance existantes, soit du contrat de louage d'ouvrage ;

3° Enfin la disposition n'est applicable que « pour l'avenir », comme toutes les prescriptions obligatoires inaugurées par l'article 3 de la loi.

Cela étant, et à supposer réalisée l'hypothèse introduite par la loi, que faudrait-il entendre par le paiement du « capital », soit en espèces, soit en valeurs ?

On ne saurait prétendre que, le jour même de la promesse de rente viagère supplémentaire en cas de survie ou de la promesse d'indemnité en cas de décès ou d'accident, le patron est tenu d'immobiliser immédiatement, par un dépôt dans une caisse tierce, le capital intégral nécessaire au paiement éventuel de l'indemnité ou à la constitution éventuelle de la rente. Il est vrai que ce capital, « formant la garantie des engagements », devra être « versé » dans les caisses spécifiées, mais versé par fractions successives, comme doit être versé, successivement aussi, au fur et à mesure des retenues ou des subventions, le capital constitutif des retraites normales prévues par les statuts des institutions de retraites, en dehors de toutes « conventions spéciales ».

Ce que le patron doit, comme contre-partie de l'engagement qu'il a pris, c'est le versement, soit en sommes, soit en valeurs représentatives, de sortes de primes périodiques, arbitrairement calculées d'ailleurs, qui viennent constituer progressivement, comme pour les retraites elles-mêmes, le « capital » de garantie.

Ajoutons que ces explications ne peuvent avoir qu'un intérêt théorique. Il n'est pas à présumer qu'il se rencontre beaucoup de chefs d'entreprise souscrivant désormais bénévolement des engagements de ce genre et se contraignant eux-mêmes à ces formations de capitaux dans des caisses étrangères.

Les versements obligatoires doivent être faits, pour les retraites :

1° Soit à la caisse nationale des retraites pour la vieillesse, aux conditions définies par la loi du 20 juillet 1886 et par les règlements en vigueur sur le fonctionnement de cette caisse ;

2° Soit à la caisse des dépôts et consignations ;

3° Soit dans une caisse syndicale ou patronale, organisée et autorisée dans les conditions prévues par la loi.

Quant aux fonds corrélatifs à l'exécution des « conventions spéciales » ci-dessus mentionnés, ils doivent être déposés soit à la caisse des dépôts et consignations, soit dans une caisse syndicale ou patronale.

Une dernière question se dresse, pour les versements qui sont obligatoires : à partir de quelle date cette obligation a-t-elle effet?

L'article 3 de la loi porte : « *Dans les trois mois qui suivront la promulgation de la présente loi* toutes les sommes... devront être versées ». D'autre part, l'article 6 dispose : « Un règlement d'administration publique déterminera.... les conditions suivant lesquelles seront effectués le dépôt et le retrait.... ». Et ce règlement d'administration publique n'est intervenu, en fait, que le 14 octobre 1897, plus de vingt et un mois après la promulgation de la loi.

D'aucuns en ont tiré cette conséquence que le délai de trois mois ne commençait à courir que le 14 octobre 1897 et que, dès lors, les chefs d'entreprise ne seraient tenus de verser que les sommes retenues, reçues ou fournies après le 14 janvier 1898.

Cette conclusion semble doublement erronée.

Il est vrai que le dépôt matériel ne pouvait devenir obligatoire tant que le règlement d'administration publique prescrit par la loi n'en avait pas au préalable déterminé les conditions. Mais, les chefs d'entreprise ayant eu déjà un délai très supérieur au délai de trois mois, que la loi leur avait imparti, pour prendre leurs mesures d'exécution, on ne saurait concevoir la justification d'un nouveau délai de trois mois après la publication de ces conditions.

Donc, théoriquement au moins, c'est au jour même où le règlement d'administration publique devenait légalement obligatoire, c'est-à-dire le 19 octobre 1897, que les dépôts devaient être effectivement commencés.

D'autre part, si l'obligation du versement s'est ainsi trouvée reculée au delà du terme posé par le législateur, l'obligation pour le patron de distraire de son patrimoine les sommes à verser n'a pu s'en trouver modifiée. Le retard apporté à la promulgation du règlement d'administration publique dispensait les intéressés, jusqu'à cette date, du versement effectif dans les caisses spécifiées ; il ne les déchargeait en aucune façon de mettre en réserve, dès le lendemain de la loi, toutes les sommes dont cette loi a prescrit désormais le dépôt dans une caisse tierce.

Cette solution découle de la distinction très nette entre le délai de « trois mois » laissé par l'article 3 de la loi pour le *versement* et l'absence de délai, dans le même article, pour le calcul des sommes à verser : ce qu'on devait verser dans les trois mois de la promulgation, c'étaient « toutes les sommes, qui *à l'avenir* (c'est-à-dire du jour où la loi promulguée devenait obligatoire, soit exactement *du 1er janvier* 1896), seront retenues sur le salaire des ouvriers et toutes celles que les chefs d'entreprise auront reçues ou se seront engagés à fournir en vue d'assurer des retraites ».

Par voie de conséquence, les patrons étaient tenus de déposer, dès le 19 octobre 1897, toutes les retenues exercées et toutes les sommes reçues ou fournies pour les retraites de leurs ouvriers *depuis le 1er janvier* 1896.

Les mêmes principes paraissent résoudre les questions analogues qui se poseraient pour les entreprises sollicitant l'autorisation d'une des caisses indépendantes dont nous parlerons plus loin.

Si elles se sont mises en instance dans les trois mois de la promulgation de la loi, ou, tout au moins, immédiatement après la promulgation du règlement d'administration publique, elles semblent devoir être temporairement dispensées du dépôt, jusqu'au jour de la décision qui accueille ou rejette leur demande. Mais, ce jour-là elles resteront obligées de verser, soit dans la caisse patronale, si elle est autorisée, soit, en cas de rejet, dans une autre des caisses prévues par la loi, les sommes retenues, reçues ou fournies depuis le 1er janvier 1896.

III. Versements a la Caisse nationale des retraites.

Le premier des modes de versements indiqué par la loi, en ce qui concerne les fonds de retraites, est la constitution de rentes à la Caisse nationale des retraites pour la vieillesse.

Ces versements ne peuvent être faits qu'en numéraire. Ils comportent ouverture de livrets individuels aux noms des bénéficiaires et liquidations définitives à leur profit des rentes viagères produites par les sommes versées.

Régulièrement opérés, en conformité des promesses faites par les patrons aux ouvriers, ils éteignent de façon successive et définitive la dette des premiers et la créance des seconds.

C'est, à ce point de vue, le procédé le plus sûr pour prévenir toute contestation et mettre l'industriel à l'abri de tout aléa ultérieur. C'est celui auquel avaient recouru, bien avant la loi de 1895, pour la totalité ou pour une partie de leur personnel, plusieurs grandes exploitations : les Compagnies de chemins de fer du Nord, de l'Ouest, d'Orléans et de Lyon, le Creusot, la manufacture de St-Gobain, les magasins du Louvre, etc....

C'est d'ailleurs la combinaison qui a été préconisée à plusieurs reprises dans les travaux préparatoires de la loi. « Notre vœu, disait notamment le Rapporteur au Sénat (séance du 16 février 1893), serait même que cette Caisse de retraites se substituât complètement, dans la pratique, à la Caisse des dépôts et consignations ».

Les versements correspondant aux sacrifices patronaux ne sont pas nécessairement faits à capital aliéné, comme pour les retraites obligatoires des ouvriers mineurs, régies par la loi du 29 juin 1894. Ils peuvent être faits à capital réservé au profit des bénéficiaires.

Pourraient-ils être effectués à capital réservé au profit du patron, agissant comme donateur dans les termes de l'article 15 de la loi du 20 juillet 1886? Il semble nécessaire de distinguer, suivant les cas. Si le patron fait seul les fonds des versements, on ne voit pas pourquoi, en théorie, il ne serait point admis à user de la faculté ouverte par la loi de 1886, cette faculté n'étant pas abolie par la loi de 1895. Si, au contraire, le versement provient de retenues opérées sur le salaire des ouvriers ou de ressources réunies a leur profit, le patron n'est plus, lors du versement, qu'un intermédiaire et n aurait naturellement aucune qualité pour stipuler à son profit.

Des difficultés peuvent enfin s'élever sur la fixation de la date d'entrée en jouissance de la rente viagère à constituer. Le patron peut avoir intérêt, pour grossir la quotité de la retraite attribuable, à reculer cette entrée en jouissance jusqu'à 65 ou 70 ans; l'ouvrier peut avoir, par contre, intérêt à rapprocher cette entrée en jouissance à 50 ou 55 ans, par exemple. Si un dissentiment se produit, la loi de 1895 n'est point en jeu. C'est aux statuts de l'institution de prévoyance qu'il faut se reporter, et, s'ils sont muets ou ambigus, on ne peut recourir qu'à l'interprétation des actes, règlements, affiches, etc., qui ont mentionné les stipulations intervenues entre le patron et les ouvriers intéressés.

IV. Versements a la Caisse des dépots.

Pour les fonds de retraites que les chefs d'entreprise ne veulent point verser définitivement à la Caisse nationale des retraites et, dans tous les cas, pour les fonds correspondant à l'exécution des « conventions spéciales » prévues par le dernier alinéa de l'article 3 de la loi, il ne reste que trois caisses ouvertes : la Caisse des dépôts et consignations, la Caisse syndicale et la Caisse patronale.

Les versements dans les caisses syndicales ou patronales constitueront évidemment, au surplus, une exception : c'est le versement à la Caisse des dépôts qui forme en quelque sorte le droit commun de la matière et qui appelle particulièrement des éclaircissements détaillés.

On peut se demander :

1° quelle est la quotité des dépôts à effectuer, à quelle époque et sous quelle forme ils peuvent être réalisés ;

2° ce que la Caisse des dépôts fait des fonds déposés ;

3° dans quelles conditions et moyennant quelles justifications le retrait de ces fonds peut être opéré.

En dehors des versements de fonds correspondant à l'exécution « des conventions spéciales », sur lesquelles nous ne reviendrons plus, en raison de leur caractère absolument exceptionnel, le patron, comme on l'a déjà remarqué, n'est tenu de verser que les sommes affectées à un service de retraites, et, parmi ces sommes, exclusivement celles qu'il a *retenues* sur les salaires, *reçues* des intéressés ou de tiers donateurs, ou enfin *promises* lui-même à titre de contributions successives.

Ces sommes doivent être versées intégralement. Mais peu importe, au point de vue de l'application de la loi, qu'elles soient, ou non, en réalité, la contre-partie exacte des pensions de retraite qu'elles sont présumées devoir couvrir.

Si, par suite de prévisions insuffisantes ou pour toute autre cause, les versements spécifiés par les statuts ou règlements d'une caisse de retraites ne peuvent assurer, d'après des calculs mathématiques sur des bases normales, et même aux taux d'intérêt primitivement prévus, que des retraites inférieures aux retraites attendues, cette disproportion ne crée au patron aucune obligation légale nouvelle.

Obligé d'opérer le versement de toutes les sommes encaissées, il n'est astreint à nul autre versement complémentaire. Aucun texte ne lui impose cette charge et les travaux préparatoires sont formels en sa faveur. M. Guieysse, dans son second rapport à la Chambre, disait : « L'avenir est assuré par les dispositions prévues dans la loi, *sinon quant à la valeur des engagements*, tout au moins quant à la sécurité des sommes engagées ».

La loi n'a pas prescrit de *délai minimum* pour ces versements. Ici encore, c'est aux stipulations des statuts ou des règlements des Caisses de retraites qu'il faut se reporter. Si ces statuts ou règlements prévoyaient de la part du patron une contribution trimestrielle, ou semestrielle, ou annuelle, c'est aux mêmes époques, sauf modification ultérieure et régulière des statuts ou règlements, que devraient être effectués les versements à la Caisse des dépôts.

Ces versements doivent-ils être faits en *numéraire*, ou peuvent-ils être faits en *valeurs?*

Si le texte de la loi, dans sa lettre et dans son esprit, avait prévalu, on ne pourrait hésiter à répondre que les versements obligatoires auraient dû être intégralement effectués en numéraire. Tandis que l'article 2 relatif aux versements facultatifs, prévoit le versement de *sommes* ou *valeurs*, c'est-à-dire l'option pour la partie versante, l'article 3, relatif aux versements obligatoires, ne vise plus, exclusivement, que des versements de *sommes*.

Cette opposition est significative; le sens en a d'ailleurs été précisé sans ambages devant le Sénat, dans la seconde délibération, puisque le ministre des finances, s'en prenant précisément au système consacré par ce texte, qui n'a pas varié depuis, disait : « Si, *comme le fait la commission par son article* 3, *on exige des industriels le versement en argent* à la Caisse des dépôts et consignations des *sommes* constituant les retenues, cet établissement sera bien obligé de les placer. Et dès lors, l'Etat devra intervenir; sa responsabilité, avec tous les risques qui découlent d'une *gestion de fonds*, se trouvera en jeu ».

D'autre part, le même article 3, dans ses dispositions applicables aux Caisses syndicales ou patronales, spécifie pareillement que les versements des chefs d'entreprises dans ces caisses consistent en « sommes » et, ce qui achève de lever tout scrupule possible, que ces sommes, après ce dépôt, « devront être *employées* soit en rentes sur l'Etat, soit etc. ». Le législateur n'avait certes aucune raison de prendre moins de précautions vis-à-vis des patrons versant à la Caisse des dépôts et consignations que vis-à-vis des patrons versant dans une caisse syndicale ou patronale et son système apparaissait nettement le même pour les deux hypothèses. Dans les deux cas, les versements obligatoires ne pouvaient être faits qu'en numéraire. Mais, dans le premier cas, il ne spécifiait pas les emplois des fonds versés, parce que la Caisse des dépôts se trouvait déjà astreinte, sur ce point, aux règles générales qui déterminent ses placements. Dans le second, au contraire, s'agissant de caisses nouvelles à autoriser, il prenait soin de définir les remplois des sommes versées.

Si enfin la loi, dans le dernier alinéa de son article 3, admettait le versement de valeurs représentatives, c'était exclusivement pour l'exécution des « conventions spéciales » et exceptionnelles, qui *ajoutaient* bénévolement des « suppléments » aux retraites normales, et non pour ces retraites elles-mêmes.

L'intérêt de cette restriction était, au reste, évident.

Si un industriel est obligé de déposer en numéraire les fonds affectés aux retraites de ses ouvriers, à supposer même qu'ils soient finalement insuffisants pour faire face aux retraites attendues, ces fonds gardent du moins réellement leur valeur restreinte jusqu'au jour où les bénéficiaires ont à exercer leur droit.

Mais, si l'industriel peut verser des *titres*, sans limitation ni spécification aucune, il est à même, par hypothèse, de faire des versements absolument illusoires. Il est alors admis à déposer les titres les plus discrédités ou les plus aléatoires et, lorsque les ouvriers voudront faire état de ces dépôts si pompeusement gardés par une caisse relevant de l'Etat, ils ne trouveront que des papiers destitués de toute valeur de réalisation. L'Etat ne leur aura prêté que la façade officielle de sa Caisse; mais dans la Caisse, au demeurant, il n'y aura rien.

C'est cependant la solution que, par une interprétation au moins hasardée, le règlement d'administration publique du 14 octobre 1897 a cru pouvoir consacrer.

Dans son article 1er, ce décret admet que les versements, même ceux qui sont obligatoires en vertu de l'article 3 de la loi, « peuvent être faits soit en numéraire, *soit en valeurs* ». Et comme, en l'absence de toute base légale, il n'a pu aller jusqu'à limiter arbitrairement ces valeurs, il en résulte que toutes les valeurs, même déclassées, même dérisoires, peuvent être librement versées.

Il y a plus. Non seulement les « *valeurs* » sont ainsi admises en versement, concurremment avec le numéraire, alors que la loi ne prévoyait que le versement de « sommes », mais encore le décret a pris sur lui de limiter les sommes.

Tandis que, le texte de la loi en mains, l'industriel déposant pouvait venir verser du numéraire sans limite et réclamer pour son dépôt, comme on le montrera plus loin, l'intérêt servi aux Caisses d'épargne, la Caisse des dépôts et consignations, de son côté, peut, le décret en mains, se refuser à peu près complètement à la garde de ce dépôt en numéraire.

S'inspirant, en effet, d'un souci très compréhensible des intérêts de la Caisse des dépôts et consignations, et, par répercussion, des intérêts du Trésor, mais prenant, pour ainsi dire, le contre-pied du texte légal, le règlement d'administration publique s'est attaché à *restreindre les dépôts en numéraire*. Il a décidé, par son article 2, § 3, que « les dépôts correspondant aux retenues subies ou aux subventions consenties pour une institution de prévoyance antérieurement au 1er janvier 1896 *doivent être intégralement effectués en valeurs* », c'est-à-dire en valeurs *quelconques*, voire les plus décriées.

Quant aux sommes correspondant aux retenues ou versements postérieurs au 1er janvier 1896, elles peuvent bien être versées sans limitation; mais, aux termes du décret (art. 2, § 1), la Commission de surveillance de la Caisse des dépôts et consignations leur assigne, dès qu'elles ont passé les guichets, un étiage qu'elles ne peuvent excéder et qui d'ailleurs, en l'absence de toute proportion réglementaire, peut être théoriquement abaissé à tel point qu'en réalité la faculté de maintenir un dépôt en numéraire disparaîtrait à peu près complètement.

Dès que la limite ainsi déterminée pour chaque compte de versements se trouve franchie, la Caisse des dépôts et consignations a la faculté d'obliger le déposant, après une mise en demeure préalable, à convertir l'excédent du numéraire en valeurs. S'il n'obtempère pas à la mise en demeure, cette conversion peut être faite « d'office » en rente 3 0/0 perpétuelle. S'il consent à « déterminer l'emploi », il ne peut désigner que des « valeurs énumérées à l'article 3 de la loi », c'est-à-dire spécifiées par le législateur pour les emplois des sommes versées dans les Caisses syndicales ou patronales.

Ici, on le voit, par une interprétation qui ajoute d'ailleurs certainement à la lettre de la loi, le règlement d'administration publique a tenté de revenir en partie à son esprit et de circonscrire la brèche qu'il avait faite. Si la Caisse des dépôts reçoit les mauvaises valeurs, elle n'en peut acquérir directement que de bonnes, avec les fonds déposés en numéraire.

Les valeurs versées à la Caisse des dépôts et consignations et celles qui ont été postérieurement acquises par ses soins au moyen des sommes versées, des arrérages perçus, des remboursements de titres, des lots échus, ou du produit des aliénations faites, sont purement et simplement inscrites par la Caisse des dépôts et consignations au compte des institutions de prévoyance titulaires des dépôts.

Quant aux sommes restées en numéraire et portées en compte courant, dans la limite fixée pour chaque compte par la Commission de surveillance, elles sont productives d'*intérêts*. La loi n'a pas expressément prévu, il est vrai, d'intérêts pour les dépôts obligatoires, dans son article 3. Mais, dans son article 2, elle a spécifié l'intérêt applicable aux dépôts facultatifs et il est hors de doute que, si les dépôts spontanés ont droit à un intérêt de faveur, il en doit être de même *a fortiori* pour les dépôts que la loi elle-même a impérativement prescrits.

Cet intérêt est le même que le « taux d'intérêt du compte des Caisses d'épargne ». L'intérêt du compte des Caisses d'épargne, qu'il ne faut pas confondre avec l'intérêt servi par les Caisses d'épargne elles-mêmes à leurs déposants, est actuellement de 3 fr. 25 0/0. Aux termes de l'article 5 de la loi du 20 juillet 1895, il est « déterminé en tenant compte du revenu des valeurs du portefeuille et du compte-courant avec le trésor représentant les fonds provenant des Caisses d'épargne ».

Ici apparaissait donc dans la loi une double anomalie.

D'une part, elle accordait de plein droit aux dépôts des institutions de prévoyance le même intérêt qu'aux Caisses d'épargne, alors que les Caisses d'épargne doivent faire supporter à l'intérêt qui leur est ainsi servi une réduction de 0 fr. 25 à 0 fr. 50 0/0 pour frais d'administration et que les institutions patronales de prévoyance n'ont point, au contraire, du moins en général, de frais de gestion importants à couvrir.

D'autre part, le taux de l'intérêt assuré aux Caisses d'épargne peut excéder légèrement le taux normal d'intérêt, pour deux raisons : d'abord parce que le portefeuille constitué depuis longtemps avec leurs fonds par la Caisse des dépôts et consignations fait ressortir, à leur profit, eu égard aux prix d'achat, une capitalisation avantageuse ; ensuite parce que les insuffisances d'intérêt de ce portefeuille peuvent être, le cas échéant, couvertes par les ressources du fonds de réserve organisé par la loi du 20 juillet 1895.

Aucune de ces conditions ne se rencontrait, quand il s'agissait des intérêts à servir aux dépôts des institutions de prévoyance. Leur assurer le même *intérêt qu'aux Caisses d'épargne*, c'était sans contredit leur accorder un intérêt de faveur, au détriment du Trésor public.

C'est vraisemblablement cette conséquence d'une disposition législative imprudente qui a fait reculer le Gouvernement et le Conseil d'État devant l'application textuelle de la loi et qui explique, sans les justifier en droit, les dispositions restrictives introduites par le règlement d'administration publique.

Les fonds des institutions de prévoyance une fois entrés dans la Caisse ou le portefeuille de la Caisse des dépôts et consignations, il fallait prévoir les conditions de leur sortie.

C'était, paraît-il, charge au-dessus des forces du législateur, qui s'en est remis sur ce point au règlement d'administration publique.

Le Conseil d'État et le Gouvernement, suivant l'exemple ainsi donné, s'en sont remis à leur tour aux règlements particuliers des diverses institutions de prévoyance. De sorte qu'en réalité finale « le retrait des sommes et valeurs appartenant ou affectées aux institutions de prévoyance » n'est pas réglementé du tout par les pouvoirs publics.

« Lorsque le patron aura déposé à la Caisse des dépôts et consignations les sommes affectées à l'institution de prévoyance, *aura-t-il la faculté de les retirer sans garanties et sans formalités* ? » Telle était la question que ne pouvait pas ne pas se poser le législateur et qu'avait formulée en ces termes mêmes le Rapporteur du projet de loi devant le Sénat. Et sa réponse, comme précédemment celle du Rapporteur de la Chambre, ne laissait place à aucune équivoque.

« Par le seul fait du dépôt de ces allocations à la Caisse des dépôts et consignations, avait écrit M. Guieysse en 1891, la loi projetée les constitue à l'état de gage envers la collectivité ouvrière, tout en laissant au déposant la libre disposition des valeurs gagées, *dans des limites à déterminer* par le règlement prévu d'administration publique, *et pourvu certainement que le gage une fois constitué ait toujours un caractère sérieux* ».

Le Rapporteur du Sénat, en 1893, n'est pas moins explicite. Il constate d'abord qu' « à moins d'un contrat spécial *ou d'une disposition formelle dans la loi*, il semble que cette faculté de retrait doive continuer à appartenir au chef d'entreprise. .; il pourra retirer une partie de son dépôt, non seulement pour servir les pensions acquises, mais aussi pour les faire rentrer dans son entreprise ; la Caisse des dépôts et consignations, n'ayant traité qu'avec lui, n'aura pareillement qu'à compter avec lui ». Voilà quel était le droit commun, *si la loi ne contenait pas de disposition differente*. Mais, si cette disposition intervenait, il est évident que la situation était exactement renversée.

Or, cette disposition est précisément intervenue. « *Mais*, ajoutait en effet et aussitôt le rapporteur, *il est utile... de ne permettre le retrait par le chef de l'entreprise que dans des conditions determinees* ». C'est, insistait-il, « *la pensée du projet de loi* ».

Et enfin, parlant du reglement d'administration publique, auquel la loi déléguait catégoriquement la mission de déterminer ces conditions de retrait, le rapporteur appuyait encore, disant : « *Le principal objet* de ce règlement sera donc la fixation des conditions de dépôt *et surtout de retrait* des sommes et valeurs ».

Les questions dont la solution était ainsi réservée au règlement d'administration publique semblaient être les suivantes :

Est-il admissible que les retenues sur le salaire ou les subventions patronales affectées aux retraites des ouvriers et désormais versées à ce titre à la Caisse des dépôts et consignations, conformément a la loi, soient retirées pour faire face au paiement des retraites acquises pour tout ou partie antérieurement aux dépôts, et que, contrairement à la thèse soutenue par le rapporteur du Sénat, ces dépôts soient « épuisés ou au moins appauvris par ces prélèvements, et la constitution définitive d'un fonds de retraite suffisant à répondre de tous les droits acquis... indéfiniment retardée » ?

Est-il admissible que ces fonds soient même retirés pour des usages indéterminés, sans aucune justification, et que le patron, suivant la forme donnée par le rapporteur du Sénat à la théorie que la loi, à son sentiment, avait justement pour objet d'écarter, « reste libre de retirer les fonds, quand bon lui semble, soit pour acquitter les retraites déjà acquises, *soit même pour toute autre destination dont il ne doit compte a personne* » ?

Est-il admissible enfin que ces fonds soient retirés sans aucun contrôle des ouvriers, qui en sont les bénéficiaires éventuels et qui, comme on le verra plus loin, ont sur eux, du seul fait du dépôt, un droit de gage, alors que la loi avait, d'après le rapporteur du Sénat, « pour *tendance première*... d'accorder une garantie efficace aux droits des ouvriers » ?

A ces trois questions, le règlement d'administration publique a cru pouvoir répondre *affirmativement*, par le texte suivant :

« Le retrait des sommes et valeurs existant au compte d'une institution de prévoyance ne peut être opéré que sur la demande et la quittance des personnes qui, d'après les statuts ou le règlement de l'institution, sont chargées de sa gestion ».

Donc, le trésorier de l'institution de prévoyance, si les statuts le désignent à cet effet, ou telle autre personne visée au règlement, s'il y en a un, ou, s'il n'y en a pas, la personne qui, en fait, a effectué les versements, c'est-à-dire communément le patron, peut retirer à tout moment, en partie ou en totalité, les fonds versés.

Pas de justifications à produire, pas d'affectation à déterminer, pas de concours des créanciers spécialement munis par la loi d'un droit de gage : une simple « demande », non motivée, pourvu qu'elle émane des personnes — ou de la personne — gérant l'institution de prévoyance, peut faire disparaître instantanément le gage amassé peut-être pendant des années.

A la vérité, le règlement d'administration publique ménage aux ouvriers qu'un retrait injustifié ou collusoire a pu léser la consolation d'une affiche. Le second alinéa de son article 7 porte : « Dans tous les cas, chaque retrait *effectue* doit être porté à la connaissance des intéressés par voie d'avis placardés a tous les sièges de l'entreprise ».

Ainsi, s'il prend fantaisie au patron qui a versé les fonds de les retirer quelque beau jour intégralement, les ouvriers intéressés doivent être publiquement avisés que leur gage s'est évanoui sans retour.

N'est-il pas permis de conserver des doutes sur l'efficacité pratique de cette publicité posthume ?

Il est juste d'ajouter qu'on ne paraît pas s'être exagéré l'importance de cette prescription, puisqu'aucun texte ne prévoit le délai dans lequel elle devrait être exécutée, ni même la sanction opposable à ceux qui se dispenseraient absolument de l'exécuter.

V. Versements dans les Caisses patronales.

L'obligation de versements définitifs à la Caisse nationale des retraites ou des dépôts à la Caisse des dépôts et consignations avait paru trop étroite au Sénat. Il a prévu, en outre, la création possible de « caisses syndicales », puis de « caisses patronales ». Commençons par ces dernières, qui seront vraisemblablement les plus nombreuses.

Dans le langage courant, une « Caisse patronale » était jusqu'ici celle qui avait été organisée par le patron et dont les fonds restaient généralement mêlés aux fonds de l'entreprise industrielle elle-même. Dans la loi, les mêmes mots prennent un sens tout différent : la « caisse patronale » demeure « patronale », en ce sens qu'elle reste l'œuvre de l'initiative du patron et qu'elle n'est créée qu'au seul profit des ouvriers et employés d'une même entreprise ; mais elle devient réellement une « caisse », en ce sens que son actif est distrait de l'actif de l'entreprise et qu'elle a son fonctionnement propre.

Les caisses patronales répondant à la nouvelle définition légale ne peuvent exister qu'à la condition d'avoir été au préalable « spécialement autorisées à cet effet ». L'autorisation est donnée par décret en conseil d'Etat, après avis d'une commission consultative spéciale, qui a été instituée par un décret du 10 janvier 1896 (1). La loi ayant ainsi prévu des décrets d'*espèces*, il semble, du reste, nécessaire que chaque autorisation s'adapte autant que possible à la physionomie particulière de chaque caisse et lui laisse ses traits distinctifs. On comprendrait malaisément qu'une formule absolument uniforme vînt sans nécessité démontrée réduire toutes les caisses patronales à un type officiel.

Le décret d'autorisation, d'après l'article 3 de la loi, doit fixer :

1° les limites du district,

2° les conditions de fonctionnement de la caisse ;

3° son mode de liquidation ;

4° les mesures à prendre pour assurer le transfert soit à une autre caisse syndicale ou patronale, soit à la Caisse nationale des retraites pour la vieillesse, des sommes inscrites au livret de chaque intéressé.

Il faut convenir que les mots « les limites du district » ne correspondent à aucune réalité. Ils ont été purement et simplement empruntés au projet de loi sur les caisses des ouvriers mineurs, qui est devenu depuis la loi du 29 juin 1894. Ils avaient là un sens précis, puisqu'il s'agissait de délimiter la sphère d'action de chaque caisse en corrélation avec les districts miniers. Ils n'en ont plus, semble-t-il, pour les autres industries.

Que faut-il entendre par les « conditions de fonctionnement » et quel est à cet égard le pouvoir dévolu à l'autorité administrative ?

On peut tout d'abord tenir pour constant que l'administration, lorsqu'elle est saisie d'une demande d'autorisation, n'a point à apprécier *la quotité* des sacrifices consentis par le patron ou la valeur des réclamations que ses ouvriers pourraient élever contre les bases mêmes assignées à l'institution des retraites. La loi, on ne saurait trop le répéter, n'a eu à aucun degré pour objet la révision des stipulations librement intervenues entre employeurs et employés, ni la majoration des subventions jusqu'ici consenties par les patrons.

Il ne paraît pas moins certain que l'Administration, si la quotité des retraites promises échappe à son examen, doit, par contre, ne provoquer le décret d'autorisation que si le chef d'entreprise en instance justifie que la Caisse à autoriser possède effectivement, par son actif accumulé et par le jeu rationnel de son mécanisme statutaire, les ressources corrélatives aux retraites promises. Il ne s'agit plus ici d'un simple dépôt matériel, comme celui qui peut être fait à la Caisse des dépôts et consignations sous la seule responsabilité du patron ; en autorisant les caisses patronales, l'Etat prend évidemment la responsabilité morale de sa gestion. Il la prend si bien, qu'une disposition de la loi soumet expressément cette gestion « à la vérification de l'inspection des finances et au contrôle du receveur particulier de l'arrondissement du siège de la Caisse ». L'administration est donc tenue de vérifier ou de faire vérifier par des spécialistes la correspondance entre les engagements pris et les ressources assurées et de n'accorder son attache officielle qu'aux Caisses normalement constituées.

Le « mode de liquidation » de la caisse doit être également précisé par le décret d'autorisation. Cette liquidation intégrale, qu'il ne faut pas confondre avec la liquidation des droits acquis et des droits éventuels des bénéficiaires, pris individuellement, sera vraisemblablement régie pourtant d'après les mêmes principes, à moins qu'il ne soit possible d'organiser un transfert global à une caisse syndicale ou à la Caisse des dépôts et consignations.

Quant aux transferts de comptes individuels — quatrième mesure que doit régler le décret d'autorisation — ils ne peuvent être effectués que sur la Caisse nationale des retraites pour la vieillesse ou sur des caisses syndicales ou patronales similaires.

Ces transferts personnels aux titulaires ne sont évidemment réalisables que si les sommes à transférer sont, comme le dit la loi, « inscrites au livret de chaque intéressé ».

Faut-il inférer de cette disposition que le transfert n'est possible que lorsqu'il y a eu, en fait, ouverture de livrets individuels — ce qui est l'évidence même —, ou bien que la constitution d'une caisse patronale implique et exige *ipso facto* l'ouverture de livrets individuels au nom de tous les participants ?

Il semble bien que telle doit être, en définitive, l'interprétation du texte. Les mots « il prescrira également les mesures à prendre pour assurer le transfert » expriment à l'égard du pouvoir exécutif une obligation et il ne peut remplir cette obligation que s'il a toujours en face de lui des caisses patronales comportant des livrets individuels.

Il est fort compréhensible, au surplus, que le législateur, en admettant l'organisation de caisses patronales distinctes, limitées à une seule usine, ait voulu éviter d'en rendre les ouvriers tributaires et en quelque sorte prisonniers et ait tenu à leur ménager la facilité de transporter d'une de ces caisses à

(1) Voir le texte de ce décret ci-après, p. 112, *en note*.

une autre leur créance, toujours liquide.

Ce n'est pas à dire pour cela que ces livrets individuels se confondent avec le livret individuel de la Caisse des retraites pour la vieillesse. Ils ne sont pas garantis par l'État et les fonds qui en sont la contre-partie peuvent recevoir des emplois beaucoup plus étendus et par conséquent plus fructueux que ceux assignés aux fonds de la Caisse nationale des retraites par la loi de 1886.

Ces emplois de fonds sont énumérés limitativement par l'article 3 de la loi. Ils peuvent consister « soit en rentes sur l'État, en valeurs du Trésor ou garanties par le Trésor, soit en obligations des départements, des communes, des chambres de commerce, en obligations foncières et communales du Crédit foncier, soit en prêts hypothécaires, soit enfin en valeurs locales énumérées ci après, à la condition que ces valeurs émanent d'institutions existant dans les départements où elles fonctionnent : bons de mont-de-piété ou d'autres établissements reconnus d'utilité publique ».

Il est à croire que parmi ces placements les « prêts hypothécaires » prendront une particulière extension. Grâce à eux, le patron, qui jusqu'ici le plus souvent gardait dans son actif social les fonds de l'institution de retraite qu'il avait créée, pourra les conserver encore, tout en donnant à ses ouvriers une sûreté sérieuse, avouée par la loi.

Il lui suffira de devenir emprunteur des fonds de l'institution, moyennant hypothèque consentie sur les immeubles appartenant à l'établissement industriel ou commercial. Il aura ainsi l'avantage de faire fructifier commercialement, comme par le passé, les fonds de retenues ou de subventions affectés à l'institution de retraites ; et ses ouvriers, couverts de tout aléa par une hypothèque, si elle est en bon rang, pourront bénéficier pour les fonds affectés à leurs retraites futures d'intérêts supérieurs à ceux que rapporteraient les mêmes fonds, placés en rentes d'État ou en obligations de chemins de fer.

La loi ajoute que les titres acquis avec les fonds versés dans les caisses patronales « seront nominatifs ». Il n'est pas douteux que ces titres, dès lors, ne doivent être établis au nom de l'institution de prévoyance elle-même. Il n'y aurait aucun intérêt à leur forme nominative, s'ils pouvaient être établis au nom du patron, comme ils l'étaient ou pouvaient l'être antérieurement à la loi.

La faculté de prêts hypothécaires au patron, qui n'est pas interdite par la loi, et la forme nominative des titres acquis par l'institution de retraites, qui est formellement prescrite par la même loi, posent et semblent du même coup résoudre cette importante question : la Caisse patronale dûment autorisée a-t-elle la personnalité civile ?

Dans le projet primitif de la Chambre des députés, qui mettait toutes les caisses de retraites sur la même ligne et les contraignait aux dépôts à la Caisse des dépôts et consignations, il n'y avait évidemment aucune raison de donner aux caisses d'usine la personnalité civile. M. de Ramel pouvait dire à bon droit (avant l'introduction de l'obligation de liquidation en cas de fermeture de l'établissement) : « Supposons un industriel ou un commerçant qui se retire des affaires... ; la Caisse des retraites, *à laquelle vous n'avez pas donné la personnalité civile*, remarquez-le bien, subsistera entre ses mains ». De même, expliquant ce refus de personnalité civile, le rapporteur du projet à la Chambre, M. Guieysse, avait pu dire nettement : « Votre Commission..... *n'a pas jugé convenable d'accorder la personnalité civile* à des caisses fonctionnant parfois depuis longtemps, mais dont les règlements intérieurs et les statuts sont trop souvent incorrects et défectueux ».

Mais, le Sénat ayant inauguré les « Caisses patronales » et subordonné l'existence de ces caisses à l' « autorisation » du gouvernement, avec tous les contrôles que cette autorisation implique, la situation se trouve intervertie. La « Caisse patronale » ne peut plus avoir, en théorie du moins, les « statuts incorrects et défectueux » que redoutait M. Guieysse, puisque l'autorisation administrative ne doit être accordée qu'à bon escient.

Il n'y avait donc plus d'inconvénients à lui conférer la personnalité civile et le rôle nouveau qu'on lui assigne requiert invinciblement cette personnalité.

Elle n'est plus une simple caisse comptable, fictivement distraite de l'actif général du patron, mais en réalité, et en droit comme en fait, mêlée à cet actif. Elle devient une caisse extérieure, indépendante, individualisée, puisque le patron est tenu d'y « verser » effectivement les fonds des retraites. Elle emploie ses fonds en titres « nominatifs » à son nom. Enfin les ouvriers bénéficiaires ont, comme nous le verrons, un droit de gage sur tous les fonds de cette caisse, à l'encontre des autres créanciers de l'établissement industriel ou commercial, ce qui ne se pourrait comprendre ni pratiquer, si la caisse n'avait pas une personnalité radicalement distincte de celle de l'établissement lui-même.

Si cette nécessité pour le Gouvernement de concéder aux caisses patronales qu'il autorise la personnalité civile semble à l'abri du doute, il faut reconnaître, d'autre part, qu'elle aura une conséquence grave pour certaines des caisses appelées à demander l'autorisation.

Il se rencontre aujourd'hui de grandes exploitations, certaines Compagnies de chemins de fer, par exemple, ou des Compagnies de gaz ou d'eaux, qui ont placé tout ou partie des fonds de leurs Caisses de retraites en titres de leurs propres obligations. Ces obligations, réservées de par cette affectation morale et comptable à la Caisse de retraites dont elles représentent l'avoir, n'ont cependant pas cessé d'appartenir juridiquement à la Compagnie qui les émet, et qui reste à la fois débitrice et créancière de leur montant. D'où cette importante conséquence, que les titres échappent à l'impôt sur le revenu des valeurs mobilières.

Le jour où la caisse envisagée devient une « Caisse patronale » et prend, sous cette forme nouvelle, une personnalité distincte, les titres dont il s'agit sortent de l'avoir de la Compagnie, ils deviennent la propriété d'un tiers, qui est créancier de leurs arrérages et de leur remboursement, la Compagnie n'en étant plus que débitrice. Ces titres, dès lors, subissent sans contredit l'impôt sur le revenu et le montant de cet impôt représente, par rapport à la situation antérieure, une perte nette pour l'institution de retraite.

Que le législateur eût pu s'aviser et se préoccuper de cette conséquence, qu'il eût dû peut-être y parer et ne pas imposer une charge nouvelle aux institutions de prévoyance, à l'heure même où il cherchait à les étendre et à les fortifier, c'est peu douteux. Mais le fait brutal est là, implacable : les « caisses patronales », du fait même de la personnalité civile qu'on devra leur reconnaître, deviendront justiciables de l'impôt sur le revenu et ne pourront plus bénéficier de la confusion de patrimoines qui, dans certains cas spéciaux, leur permettait d'y échapper.

Reste à savoir si cette situation, pour regrettable qu'elle soit, apparaît aussi injuste qu'on l'a prétendu. En réalité, les caisses de retraites autorisées comme « caisses patronales » se trouveront placées, à ce point de vue, sur le même pied que toutes les autres caisses de retraites, astreintes à faire dépôt de leurs fonds à la Caisse des dépôts et consignations. Les valeurs que ces caisses y verseront ou celles qu'elles feront acheter directement par la Caisse des dépôts et consignations avec les fonds déposés seront, en effet, toujours frappées de l'impôt sur le revenu des valeurs mobilières.

On peut même, allant plus loin, soutenir que les versements définitifs faits par les patrons à la Caisse nationale des retraites pour la vieillesse subissent l'atteinte du même impôt. Car le taux de capitalisation arrêté chaque année pour cette Caisse dépend de la proportion des revenus de son portefeuille et ces revenus eux-mêmes sont atténués du précompte afférent à l'impôt sur les titres qui composent le portefeuille. Le taux de capitalisation étant, d'autre part, l'un des éléments essentiels de la fixation des primes, l'impôt sur le revenu se trouve donc indirectement supporté à un moment donné par les parties versantes.

On ne voit pas dès lors pourquoi les « caisses patronales » autorisées seraient seules à réclamer légitimement l'exemption de l'impôt.

Si cette exemption est reconnue opportune, si l'État ne veut pas décourager d'un côté par le poids d'une taxe fiscale les initiatives de prévoyance, tandis que par d'autres moyens il cherche à les encourager et à les multiplier, il faut alors qu'il se décide à un sacrifice *général* au profit de toutes les initiatives de prévoyance méritant un égal traitement de faveur.

Cette mesure mériterait d'autant mieux, au surplus, d'être généralisée, que la législation l'a déjà consentie dans un cas spécial, pour les sociétés de construction d'habitations à bon marché. Aux termes de l'article 13 de la loi du 30 novembre 1894, ces sociétés peuvent être dans certaines conditions « *exonerées de l'impôt sur le revenu* attribué aux actions et aux parts d'intérêt, à la condition que les statuts imposent pour ces titres la forme nominative, mais seulement pour les associés dont le capital versé, constaté par le dernier inventaire, ne dépassera pas 2000 francs ».

S'il peut être intéressant de favoriser ainsi l'afflux de petits capitaux dans les sociétés de construction d'habitations ouvrières, pourquoi le serait-il moins de favoriser la capitalisation intégrale des fonds accumulés pour assurer le service des retraites ouvrières ? Avant même que le trésor public épande ses subventions sur les institutions de retraites ou sur les retraités, comme en décident diverses dispositions ou propositions législatives, ne devrait-il pas commencer logiquement par renoncer à faire recette sur les revenus destinés à former les retraites et à faire vivre les retraités ? Il y a là une question que ne pourra longtemps fuir le Parlement et dont l'application de la loi du 27 décembre 1895 — si cette loi est appliquée — viendra fatalement hâter l'examen.

Les « Caisses patronales » ainsi définies à grands traits, on doit se demander à quelles caisses, dans la pratique, pourront advenir les « autorisations » prévues par la loi.

Il est un premier point soustrait au doute : le Gouvernement ne pourra, parmi les caisses existantes, accorder le bénéfice de l'autorisation qu'à celles dont la solidité aura été dûment vérifiée et qui s'appuieront à des entreprises industrielles solides elles-mêmes. Comme le disait le rapporteur de la loi au Sénat, le régime de « caisses patronales » ne peut se concevoir que pour des exploitations offrant des « garanties de *stabilité absolue* et pour lesquelles l'insolvabilité n'est pas à craindre ».

Il faut, d'un autre côté, que ces exploitations soient, comme l'observait le même rapporteur, de *grandes entreprises*, et que les caisses de retraites correspondantes présentent un nombre de bénéficiaires suffisant pour égaliser les risques et se prêter au jeu normal d'une institution de retraites Aucun décret d'autorisation n'étant encore intervenu, on ne saurait préjuger le chiffre minimum auquel pourra s'arrêter la jurisprudence administrative. Mais, en se reportant à des travaux officiels sur des matières analogues, on peut incliner à penser que l'administration n'admettra sans doute pas au régime de l'autorisation des caisses comptant moins d'un millier d'ouvriers.

VI. Versements des compagnies de chemins de fer.

Le *type* des « caisses patronales » a d'ailleurs été donné par la commission du Sénat, lorsqu'elle a inauguré la création de ces caisses : c'étaient les caisses de retraites des compagnies de chemins de fer.

Ici doit prendre place la mention d'un débat piquant.

Ce sont précisément ces caisses, pour lesquelles a été ménagée l'érection en « caisses patronales » et qui, moyennant justification d'un actif normal, obtiendraient dès lors sans coup férir l'autorisation requise, qui ont décliné le présent qu'on leur offrait et même récusé l'empire de la loi nouvelle.

Les compagnies de chemins de fer ont d'abord soutenu, ou du moins on a soutenu pour elles, que la loi du 27 décembre 1895 ne leur était point applicable et qu'elles restaient exclusivement soumises aux dispositions spéciales précédemment édictées à leur égard par la loi du 27 décembre 1890 (art. 2) et ainsi conçues : « Dans le délai d'une année, les compagnies et administrations de chemins de fer devront soumettre à l'homologation ministérielle les statuts et règlements de leurs caisses de retraites et de secours. »

Les preuves abondent contre la thèse ainsi mise en avant et il peut suffire de les indiquer, sans développements.

Tout d'abord l'intention, non équivoque, du législateur de 1895 a été d'appliquer aux caisses de retraites des compagnies de chemins de fer le régime des « caisses patronales », puisque c'est principalement pour elles que ce régime a été prévu. Cette intention s'est affirmée, au surplus, postérieurement à la loi du 27 décembre 1890 et en connaissance certaine de cette loi. « *Le type de ces caisses*, disait dans la discussion au Sénat en 1893, M. Thézard, rapporteur de la commission, *se trouve spécialement dans les grandes compagnies de chemins de fer*, qui jouissent de la garantie de l'Etat. Leurs caisses de retraites trouvent une garantie suffisante dans les conventions de 1883 *et dans la loi qui a modifie l'article* 1780 *du Code civil* (1), sans qu'on soit obligé de leur prescrire un versement déterminé ou le recours à d'autres caisses que les leurs propres... »

(1) C'est précisément la loi du 27 décembre 1890, qui, dans son article 1er, modifie l'article 1780 du Code civil et, dans son article 2, statue sur les caisses des compagnies de chemins de fer.

En vain a-t-on prétendu, d'autre part, que l'application de la loi du 27 décembre 1895 se trouve inconciliable avec l'application de la loi du 27 décembre 1890. En vain en a-t-on tiré successivement cette double conclusion : ou bien que la loi de 1895 avait abrogé tacitement la loi de 1890 et ravi par là aux ouvriers les garanties de contrôle préventif que cette loi pouvait leur assurer, ou bien que la loi de 1895, loi générale, devait, tout au contraire, s'effacer, en ce qui concerne les compagnies de chemins de fer, devant la loi de 1890, qui est une loi spéciale.

Au vrai, comme l'expliquait nettement la déclaration précitée du rapporteur de la loi de 1895 devant le Sénat, les deux lois peuvent et doivent être appliquées simultanément aux compagnies de chemins de fer.

La loi du 27 décembre 1890 concerne l'organisation même et les conditions de fonctionnement des Caisses de retraites des compagnies de chemins de fer : le Ministre des travaux publics, en exécution de cette loi, homologue, s'il y a lieu, ces conditions statutaires ou réglementaires, en se plaçant au point de vue de la surveillance générale qu'il exerce sur la gestion et le personnel des compagnies, ainsi qu'au point de vue des répercussions que le service des retraites peut avoir sur la garantie d'intérêts.

La loi du 27 décembre 1895, au contraire, concerne la mise en sûreté des ressources qui constituent la contre-partie et le gage des retraites ainsi organisées : sous la tutelle du Ministre du commerce, dans l'intérêt exclusif des ouvriers et employés bénéficiaires, ces ressources doivent être versées dans des Caisses distinctes de l'actif général des compagnies.

Les deux lois ont des buts différents, mais non pas contraires, et l'exécution de l'une ne saurait dispenser de l'exécution de l'autre.

On peut objecter, dans la pratique, certaines difficultés d'application, du fait de l'intervention de deux départements ministériels. Mais il est bien des cas dans notre législation où des lois connexes emportent compétence simultanée ou successive de plusieurs ministres. Dans ce cas, les administrations intéressées ne peuvent se dérober à la nécessité légale d'une entente, soit qu'elles fassent exactement au préalable la frontière précise de leurs attributions respectives, soit qu'elles se concertent pour prendre d'accord des résolutions d'ensemble, dont elles assurent ensuite, chacune en ce qui la concerne, la réalisation.

Il convient d'ajouter que si, dans un cas spécial, une Compagnie ne pouvait obtenir des décisions uniformes des deux ministères en cause, ou si elle ne pouvait justifier au contrôle préalable du ministère du Commerce de l'équivalence des ressources accumulées avec les engagements pris, elle pourrait encore, sans échapper pour cela à l'obligation des versements dans une caisse tierce, soit opérer des versements définitifs à la Caisse nationale des retraites pour la vieillesse, soit effectuer des dépôts, suivant le droit commun nouveau, à la Caisse des dépôts et consignations.

Les travaux préparatoires de la loi indiquent bien, en effet, que les Compagnies de chemins de fer sont recevables, en principe, à obtenir l'érection de leurs Caisses de retraites en « caisses patronales » et, dans l'hypothèse où elles le demanderaient, il semble que le gouvernement serait moralement tenu d'acquiescer à leur demande, si toutefois le fonctionnement et l'avoir de ces caisses étaient reconnus en situation normale. Mais, d'autre part, cette « autorisation » est une faveur que les Compagnies ne sont aucunement tenues de requérir ; et elles gardent incontestablement le droit de se ranger, si elles le préfèrent, sous les prescriptions générales de la loi.

La prétendue « incompatibilité » que l'on a relevée entre la loi du 27 décembre 1890 et celle du 27 décembre 1895 ne pourrait, par hypothèse, se révéler que sur des espèces et uniquement à propos de l'autorisation de certaines caisses de compagnies de chemins de fer comme « caisses patronales ». Mais, même dans cette hypothèse d'exception, les Compagnies pourraient donc encore appliquer les clauses statutaires homologuées par le seul département des travaux publics, tout en versant les fonds de retraites soit à la Caisse nationale des retraites pour la vieillesse, soit à la Caisse des dépôts et consignations, suivant le mode prévu pour la constitution de ces retraites. Et cela montre surabondamment qu'en tout état de cause on ne saurait être fondé à déclarer la loi de 1895 inconciliable avec celle de 1890.

Il est ainsi indubitable que la loi du 27 décembre 1895, dans ses dispositions diverses, est applicable aux Compagnies de chemins de fer, et aux compagnies des grands réseaux aussi bien qu'aux compagnies secondaires. C'est, au surplus, l'opinion officielle du Ministère des travaux publics, puisque dans un projet de loi déposé à la Chambre des députés le 26 novembre 1897 et concernant la sécurité publique dans les exploitations de chemins de fer, le Ministre des travaux publics avait introduit un article, qui n'a d'ailleurs pas été retenu par la Chambre, et qui avait précisément pour objet direct de soustraire les compagnies de chemins de fer à l'application de la loi de 1895. Ce projet d'article, qui ne laisse point prise au doute sur l'interprétation gouvernementale, était ainsi conçu : « La loi du 27 décembre 1895 n'est pas applicable aux institutions de retraites et de secours des compagnies de chemins de fer ».

Ces arguments de droit concordent enfin avec un argument d'équité et avec des préoccupations d'égalité devant la loi, dont il ne faudrait pas méconnaître la valeur.

A l'heure actuelle, le législateur a voulu, *dans toutes les industries*, séparer les fonds de retraite de l'actif industriel des exploitations et mettre ces fonds à l'abri dans des caisses administrativement gérées ou contrôlées. Pour les exploitants de mines, qui sont astreints à la constitution de retraites obligatoires, les versements doivent être effectués à la Caisse nationale des retraites pour la vieillesse, en vertu de la loi du 29 juin 1894. Pour *tous* les autres industriels ou commerçants qui ont librement organisé des retraites, les versements, en vertu de la loi du 27 décembre 1895, doivent être opérés soit à la Caisse nationale des retraites pour la vieillesse, soit à la Caisse des dépôts et consignations, soit dans une des Caisses patronales dont nous venons de parler, soit dans une caisse syndicale.

A cette obligation *générale*, pourquoi les compagnies de chemins de fer seraient-elles seules soustraites, alors surtout que leurs caisses de retraites sont de beaucoup les plus importantes, au point de vue du nombre des bénéficiaires, comme au point de vue du chiffre des fonds mis en réserve, et que leur actif dépasse incomparablement, d'après les statistiques officielles, celui des caisses de toutes les autres industries diverses réunies ?

Dérober par une loi nouvelle les compagnies de chemins de fer à l'application d'une loi générale sur les retraites, admettre ainsi, comme nous l'avons vu, que leurs caisses de retraites échappent seules indirectement à l'impôt sur le revenu, qu'on laisse peser sur toutes les autres, ce serait créer au profit de ces caisses et des compagnies qui continueraient à les gérer un privilège difficile à justifier.

En même temps, décharger ces compagnies des garanties que l'on juge, à tort ou à raison, nécessaires pour toutes les autres industries, ce serait leur donner, au regard de leurs ouvriers et employés, un certificat légal de gestion supérieure à toute sauvegarde : ce serait donc reconnaître, peut-être imprudemment, par un engagement implicite, ou tout au moins moral, la responsabilité finale de l'État lui-même pour le service des retraites promises, alors que l'existence du gage corrélatif à ces promesses est loin d'être démontrée pour toutes les compagnies.

VII. Versements dans les Caisses syndicales.

Un dernier abri s'offre aux versements que la loi impose au patron : ce sont les « caisses syndicales ».

La création de ces caisses est subordonnée, comme celle des caisses patronales, à une « autorisation » préalable, donnée par décret en Conseil d'État. Toutes les solutions relatives aux formes et conditions de l'autorisation, à l'emploi des fonds versés, à la surveillance de la gestion, concernent d'ailleurs les caisses syndicales au même titre que les caisses patronales.

Ces caisses ont été introduites dans le projet de loi par la Commission du Sénat. « A côté des institutions d'Etat, écrivait le rapporteur de cette Commission, il faut faire place aux institutions dues à l'initiative privée *et même les encourager*. Bien gérées, elles peuvent être plus fécondes, et, sous certaines conditions, soumises au contrôle de l'Etat, sans engager bien entendu sa responsabilité, elles peuvent offrir une entière sécurité. Aussi avons-nous emprunté à la fois à la pratique et au projet de loi sur les caisses de retraites et de secours des ouvriers mineurs l'institution de *caisses syndicales* résultant d'une sorte d'association et de mutualité entre les chefs d'entreprise. »

Le même rapporteur, parlant dans la discussion de ces caisses syndicales, rappelait qu'elles impliquent l'association de chefs d'entreprise qui ont obtenu l'autorisation administrative « de se *syndiquer* avec d'autres entreprises *analogues* ».

Il ne faudrait pas, toutefois, comme on a pu être tenté de le faire, conclure de cette *analogie* probable entre les entreprises qui viendraient à se grouper, ni du titre même de « syndicales » donné aux caisses fondées par ces groupements, que le législateur a entendu restreindre la faculté de constituer des Caisses *syndicales* aux seuls *syndicats* professionnels, tels que les définit la loi du 21 mars 1884. Le mot « syndical », qui avait déjà dans la langue juridique plusieurs sens distincts, notamment au point de vue de l'application de la loi du 21 juin 1865, sur les « associations syndicales » et de la loi du 21 mars 1884, sur les « syndicats professionnels », prend encore ici un sens différent.

Pourrait donc être autorisée, moyennant les garanties et justifications exigibles, une « caisse syndicale » constituée pour des exploitations appartenant à des industries *dissemblables*, tandis que la loi de 1884 ne couvre que les industriels ressortissant à la même industrie, ou tout au moins à des industries similaires ou connexes.

Cette interprétation libérale paraît correspondre aux intentions du Sénat, qui, en introduisant cet organisme, n'a jamais manifesté l'intention de le mettre en corrélation étroite avec le fonctionnement légal des syndicats professionnels.

S'il n'y a pas de restriction quant à la nature des industries affiliées à la caisse syndicale, doit-il y en avoir une quant au territoire sur lequel cette caisse pourra exercer? ou bien pourra-t-elle, au contraire, rayonner sur toute une région ou même sur la France entière?

Le doute à cet égard, qui ne sera levé que par les premiers décrets d'autorisation à intervenir, pourrait naître de l'expression contenue dans l'article 3 de la loi, qui remet à ces décrets d'autorisation le soin de fixer « *les limites du district*, les conditions de fonctionnement de la caisse et son mode de liquidation ».

Nous avons déjà relevé que cette expression, transplantée de la loi spéciale aux retraites des ouvriers mineurs, n'avait aucun sens acceptable pour les caisses *patronales*. On pourrait assurément lui en trouver un pour les caisses syndicales. Mais, le législateur ayant mis exactement sur le même pied, dans toutes ses dispositions, et sans la moindre différence, les caisses patronales et les caisses syndicales, il semble plus plausible d'admettre qu'une clause inapplicable aux unes doit être tenue pour inapplicable aux autres et que cette réminiscence littérale de la loi du 29 juin 1894 peut être réputée sans effet.

En fait, et c'est l'intérêt de la question, il faut se garder d'oublier que les établissements de peu d'importance trouveront sans doute plus sûr et plus simple de transformer leurs caisses de retraites en versements définitifs sur livrets individuels à la Caisse nationale des retraites pour la vieillesse et que les grandes exploitations, d'autre part, demanderont et obtiendront l'autorisation de faire fonctionner leurs caisses de retraites comme « caisses patronales ». Les Caisses syndicales ne pourraient, le cas échéant, rencontrer une clientèle que dans l'intervalle de ces deux catégories, c'est-à-dire parmi les établissements d'importance moyenne. Or, si elles n'étaient admises à la recruter que par régions restreintes, elles ne trouveraient plus matière à des groupements suffisants pour le fonctionnement normal de syndicats de retraites.

Quand l'administration aura élucidé ces deux questions, elle devra en trancher une troisième, qui se pose pour les caisses syndicales comme pour les caisses patronales, celle de la personnalité civile. Cette question apparaîtra d'ailleurs encore plus claire ici que lorsqu'il s'agit des caisses patronales : la caisse syndicale, dans sa forme propre, c'est-à-dire le *consortium* de plusieurs industriels associés pour recevoir les versements individuels des adhérents, ne pourrait évidemment confondre son actif collectif avec l'actif de chacune des maisons associées. Il y a même dans cette nécessité d'évidence un argument de plus en faveur de la personnalité civile des caisses patronales, la loi n'ayant fait aucune distinction dans le statut juridique des deux catégories de caisses.

Par contre, l'autorisation des caisses syndicales rencontrera sans doute une difficulté d'ordre particulier. A côté de la caisse syndicale proprement dite, groupement immédiat des industriels adhérents, s'administrant directement aux risques de la collectivité, on rencontrera des caisses syndicales d'un type différent, sortes de banques de dépôt et de capitalisation, supportées et administrées par des sociétés anonymes de gestion, et représentant, non plus des mutualités fermées de chefs d'entreprise nominativement associés, mais des établissements d'assurance spécialisés, ouverts, dans des conditions déterminées, aux adhésions survenantes.

Ce mécanisme soulèvera des problèmes qu'il faut dès maintenant entrevoir, mais que la jurisprudence administrative pourra seule résoudre, d'après les espèces qui se présenteront.

(La fin au prochain numero.)

LÉGISLATION

Dépôt des fonds des caisses de retraite et de prévoyance. — *Decret du 14 octobre 1897* (1) :

« Le Président de la République française,

Sur le rapport du ministre du commerce, de l'industrie, des postes et des télégraphes, du ministre des finances et du ministre de la justice;

Vu la loi du 27 décembre 1895 (2), concernant les caisses de retraite, de secours et de prévoyance fondées au profit des employés et ouvriers ;

---

vieillesse, au compte individuel de chaque ayant-droit, soit à la caisse des dépôts et consignations, soit à des caisses syndicales ou patronales spécialement autorisées à cet effet.

L'autorisation sera donnée par décret rendu dans la forme des règlements d'administration publique. Le décret fixera les limites du district, les conditions de fonctionnement de la caisse et son mode de liquidation. Il prescrira également les mesures à prendre pour assurer le transfert soit à une autre caisse syndicale ou patronale, soit à la caisse nationale des retraites pour la vieillesse, des sommes inscrites au livret de chaque intéressé.

Les sommes versées par les chefs d'entreprise dans la caisse syndicale ou patronale devront être employées, soit en rentes sur l'Etat, en valeurs du Tresor ou garanties par le Tresor, soit en obligations des departements, des communes, des chambres de commerce, en obligations foncières et communales du crédit foncier, soit en prêts hypothécaires, soit enfin en valeurs locales énumérées ci-après, à la condition que ces valeurs émanent d'institutions existant dans les départements où elles fonctionnent : bons de mont-de-piété ou d'autres établissements reconnus d'utilité publique. Les titres seront nominatifs.

La gestion des caisses syndicales ou patronales sera soumise a la vérification de l'inspection des finances et au contrôle du receveur particulier de l'arrondissement du siège de la caisse.

Si des conventions spéciales interviennent entre les chefs d'entreprise et les ouvriers ou employés, en vue d'assurer a ceux-ci, à leurs veuves ou à leurs enfants, soit un supplement de rente viagère, soit des rentes temporaires ou des indemnités determinées d'avance, le capital formant la garantie des engagements resultant des dites conventions devra être verse ou representé à la Caisse des depôts et consignations ou dans une des caisses syndicales ou patronales ci-dessus prévues.

Art. 4. — Le seul fait du dépôt, opéré soit à la Caisse des dépôts et consignations, soit à toute autre caisse, des sommes ou valeurs affectées aux institutions de prevoyance, quelles qu'elles soient, confère aux beneficiaires de ces institutions un droit de gage, dans les termes de l'article 2073 du Code civil, sur ces sommes et valeurs. Ce droit de gage s'exerce dans la mesure des droits acquis et des droits éventuels.

La restitution des retenues ou autres sommes affectées aux institutions de prevoyance qui, lors de la faillite ou de la liquidation, n'auraient pas eté effectivement versées à l'une des caisses indiquées ci-dessus est garantie, pour la dernière année et ce qui sera dû sur l'année courante, par un privilège sur tous les biens meubles et immeubles du chef de l'entreprise, lequel prendra rang concurremment avec le privilege des salaires des gens de service etabli par l'article 2101 du Code civil.

Art. 5. — Pour toutes les contestations relatives à leurs droits dans les caisses de prévoyance, de secours et de retraite, les ouvriers et employés peuvent charger, à la majorité, un mandataire d'ester pour eux en justice, soit en demandant, soit en défendant.

Art. 6. — Un règlement d'administration publique determinera le mode de nomination du mandataire et les conditions suivant lesquelles seront effectués le depôt et le retrait des sommes et valeurs appartenant ou affectées aux institutions de prevoyance.

Il determinera de même le mode de liquidation des droits acquis et des droits eventuels, ainsi que le mode de restitution aux interessés. »

---

(1) Sur l'économie et la portée générale de la legislation et de la reglementation nouvelles, voir ci-dessus, page 97.

(2) « *Loi du 27 décembre* 1895, concernant les caisses de retraite, de secours et de prévoyance fondees au profit des employés et ouvriers :

Art. 1er. — En cas de faillite, de liquidation judiciaire ou de déconfiture, lorsque pour une institution de prévoyance il aura eté opére des retenues sur les salaires, ou que des versements auront été reçus par le chef de l'entreprise, ou que lui-même se sera engagé à fournir des sommes determinees, les ouvriers, employés ou bénéficiaires sont admis de plein droit à réclamer la restitution de toutes les sommes non utilisees conformément aux statuts.

Cette restitution s'etendra, dans tous les cas, aux intérêts convenus des sommes ainsi retenues, reçues ou promises par le chef de l'entreprise. A défaut de convention, les intérêts seront calculés d'apres les taux fixés annuellement pour la caisse nationale des retraites pour la vieillesse.

Les sommes ainsi déterminées et non utilisées conformement aux statuts deviendront exigibles en cas de fermeture de l'etablissement industriel ou commercial.

Il en sera de même en cas de cession volontaire, à moins que le cessionnaire ne consente à prendre les lieu et place du cedant.

Art. 2. — La Caisse des depôts et consignations est autorisee à recevoir, à titre de dépôt, les sommes ou valeurs appartenant ou affectees aux institutions de prevoyance fondées en faveur des employés et ouvriers.

Les sommes ainsi reçues porteront interêt à un taux égal au taux d'intérêt du compte des caisses d'épargne.

Art. 3. — Dans les trois mois qui suivront la promulgation de la présente loi, toutes les sommes qui, à l'avenir, seront retenues sur les salaires des ouvriers et toutes celles que les chefs d entreprise auront reçues ou se seront engages à fournir en vue d'assurer des retraites devront être versées soit à la Caisse nationale des retraites pour la

Vu spécialement l'article 6 de ladite loi, ainsi conçu : . . . .

Vu l'avis de la commission consultative des caisses syndicales et patronales de retraite, de secours et de prévoyance, instituée par décret du 10 janvier 1896 (1);

Le conseil d'État entendu,

Décrète :

TITRE Ier. — *Des conditions de dépôt et de retrait des sommes ou valeurs et du mode de nomination du mandataire.*

ART. 1er. — Les dépôts des fonds affectés aux institutions de prévoyance qui sont effectués à la Caisse des dépôts et consignations, par application des articles 2 et 3 de la loi du 27 décembre 1895, peuvent être faits soit en numéraire, soit en valeurs (2).

ART. 2. — Lors de l'ouverture de chaque compte, le directeur général de la Caisse des dépôts et consignations fixe, après délibération de la commission de surveillance, la somme au delà de laquelle le solde créditeur en numéraire doit être converti en valeurs (3). Dès que ce maximum est dépassé, la Caisse peut (4) mettre le déposant en demeure de déterminer l'emploi en valeurs de l'excédent.

A défaut de déclaration dans le délai d'un mois par le déposant sur la nature des valeurs à acquérir, la Caisse peut faire d'office emploi de l'excédent en rente 3 0/0 perpétuelle, aux frais, risques et périls de l'intéressé.

Les dépôts correspondant aux retenues subies ou aux subventions consenties pour une institution de prévoyance antérieurement au 1er janvier 1896 doivent être intégralement effectués en valeurs.

ART. 3. — Si les valeurs déposées sont nominatives, la Caisse dénonce le dépôt au Trésor et aux sociétés, compagnies ou établissements dont elles émanent, en mentionnant l'affectation légale qui en résulte.

Cette dénonciation faite, il ne peut plus être effectué de transfert, mutation ou délivrance de duplicata de titres que sur production d'une mainlevée de la Caisse des dépôts et consignations.

ART. 4. — Les sommes versées et les valeurs déposées à la Caisse des dépôts et consignations sont reçues au lieu où l'exploitation a son siège principal : pour Paris et le département de la Seine, à la caisse générale ; pour les autres départements, aux caisses des trésoriers payeurs généraux, des receveurs particuliers et des percepteurs préposés de la Caisse des dépôts et consignations.

Chaque versement ou dépôt donne lieu à la délivrance d'un récépissé établi au nom du déposant dans les conditions déterminées par la loi du 24 décembre 1896.

Les préfets et sous-préfets mentionnent le nombre et la nature des valeurs comprises en chaque récépissé sur le registre spécial visé par l'article 3 du décret du 15 décembre 1875.

Les valeurs sont centralisées à Paris entre les mains du caissier général, qui en a la garde et la responsabilité.

---

(1) « *Décret du* 10 *janvier* 1896, instituant une Commission consultative des caisses syndicales et patronales de retraite, de secours et de prévoyance :

Le Président de la République française, — Sur le rapport du Ministre du commerce, de l'industrie, des postes et des télégraphes ; — Vu la loi du 27 décembre 1895, concernant les caisses de retraite, de secours et de prévoyance fondées au profit des employés et ouvriers ; — Vu spécialement les deux premiers alinéas de l'article 3 de la dite loi, ainsi conçus : ... — Décrète :

ART. 1er. — Il est institué auprès du Ministre du commerce et sous sa présidence une commission consultative des caisses syndicales et patronales de retraite, de secours et de prévoyance.

Elle est composée du directeur du travail et de l'industrie, vice-président ; du sous-directeur du travail et de l'industrie, du directeur du personnel et de l'enseignement technique, d'un délégué de la caisse des dépôts et consignations délégué par le directeur général, d'un inspecteur des finances designé par le Ministre des finances, d'un membre de l'institut des actuaires français, d'un membre du tribunal de commerce de la Seine, d'un industriel et d'un ouvrier choisis soit parmi les membres du conseil supérieur du travail, soit parmi les présidents des conseils de prud'hommes ou des syndicats professionnels. Ces quatre derniers membres sont nommés par arrêté ministériel tous les deux ans.

Le chef du bureau compétent au ministère du commerce, de l'industrie, des postes et des télégraphes remplit les fonctions de secrétaire avec voix consultative.

ART. 2. — Cette commission est chargée d'émettre un avis, dans les conditions prévues par l'article 3 de la loi du 27 décembre 1895, sur les demandes en autorisation de caisses syndicales ou patronales de retraite, de secours ou de prévoyance, fondées au profit des employés et ouvriers.

ART. 3. — Elle doit également émettre un avis sur le projet de règlement d'administration publique à préparer conformément aux dispositions de l'article 6 de la loi susvisée.

ART. 4. — Le ministre du commerce, de l'industrie, des postes et des télégraphes est chargé de l'exécution du présent décret, qui sera publié au Journal officiel de la République française et inséré au Bulletin des Lois. »

(2) C'est-à-dire en valeurs *quelconques*, sans aucune restriction. Voir ci-dessus, p. 102.

(3) Si cette « conversion » est faite par le déposant lui-même, moyennant un retrait de numéraire et un nouveau dépôt de valeurs correspondant, ces valeurs peuvent évidemment être *quelconques*, comme pour le dépôt initial.

Si, au contraire, le déposant fait faire cette conversion par la Caisse des dépôts et consignations, les valeurs de remploi sont limitativement déterminées. Voir l'article 5, § 1er.

(4) Le premier alinéa de cet article dispose que, le maximum atteint, le surplus « *doit* être converti en valeurs ». Mais cette obligation ne devient effective qu'après une mise en demeure, et cette mise en demeure, la Caisse des dépôts et consignations « peut » la faire ou, par conséquent, ne pas la faire.

Il n'y a donc, en réalité, pour le déposant qu'une obligation conditionnelle, et la réalisation de cette condition, c'est-à-dire la mise en demeure préalable, depend de la volonté de la Caisse des dépôts et consignations, qui peut l'appliquer aux uns et s'en départir pour les autres.

Art. 5. — Moyennant remboursement des frais de courtage et de timbre, la Caisse des dépôts et consignations fait, à la demande et pour le compte des déposants, les emplois des sommes affectées aux institutions de prévoyance en achats de valeurs énumérées à l'article 3 de la loi (1).

Dans les mêmes conditions et sur la remise de procurations régulières, elle fait procéder aux aliénations de valeurs, ainsi qu'à leur transfert en cas de cession d'entreprise.

Les versements complémentaires nécessaires pour libérer les valeurs déposées ne sont effectués par la Caisse des dépôts et consignations qu'autant que des provisions ont été faites ou que les ressources disponibles au compte ont été affectées à cet emploi par le déposant.

La Caisse des dépôts et consignations est chargée de recevoir aux échéances les arrérages ou intérêts dus sur les valeurs déposées. Elle encaisse, s'il y a lieu, les sommes provenant du remboursement total ou partiel des titres et des lots ou primes attribués.

Art. 6. — Il est tenu par la Caisse, au nom de chaque institution de prévoyance, un compte courant spécial comprenant les sommes versées ou encaissées. Ce compte est réglé en capital et intérêts au 31 décembre de chaque année. Les intérêts annuels sont capitalisés à cette date ; ils ne sont liquidés et payés en cours d'année que sur demande spéciale et pour un compte intégralement soldé.

Les recettes sont imputées au compte courant, valeur au dernier jour de la dizaine ; les dépenses, valeur au premier jour de la dizaine pendant laquelle elles sont effectuées.

Art 7. — Le retrait des sommes et valeurs existant au compte d'une institution de prévoyance ne peut être opéré que sur la demande et la quittance des personnes qui, d'après les statuts ou le règlement de l'institution, sont chargés de sa gestion (2).

Dans tous les cas, chaque retrait effectué doit être porté à la connaissance des intéressés par voie d'avis placardés à tous les sièges de l'entreprise.

La demande de retrait est adressée : à Paris, au directeur général de la Caisse des dépôts et consignations ; dans les départements, au préposé qui a reçu le dépôt. Il y est donné suite dans les dix jours de la réception de la demande (3).

Art. 8. — Sur la demande faite dans les mêmes conditions, la Caisse des dépôts et consignations opère directement le transfert à la Caisse nationale des retraites pour la vieillesse des sommes à imputer aux comptes individuels des ayants droit.

Les versements prévus au paragraphe précédent ainsi qu'à l'article 16 du présent décret et au paragraphe 2 de l'article 3 de la loi ne sont pas soumis à la limite de 500 francs assignée par la loi du 26 juillet 1893 aux sommes versées dans une année au compte de la même personne.

Art 9. — Les dépôts et les retraits de sommes ou valeurs dans les caisses syndicales et patronales ne peuvent être effectués que dans les conditions prévues par les statuts de ces

(1) L'article 3 de la loi, dans son troisième alinéa, règle les placements des caisses syndicales ou patronales autorisées. Le règlement d'administration publique s'y réfère ici par analogie, mais seulement pour ceux de ces placements qui consistent en « valeurs ».

Un premier point qui paraît acquis, c'est que la Caisse des dépôts et consignations ne peut, dès lors, avoir à faire des « prêts hypothécaires ».

Un deuxième point incontestable, c'est que le déposant peut exiger des remplois « soit en rentes sur l'Etat, en valeurs du Trésor, ou garanties par le Trésor, soit en obligations des départements, des chambres de commerce, en obligations foncières et communales du crédit foncier ». En ce qui concerne les valeurs « garanties par le Trésor », il n'est pas douteux, d'autre part, que cette formule comprend les obligations des Compagnies de chemins de fer Le dernier rapport présenté par la Commission de la Chambre s'est expliqué à ce propos en termes formels : « Quoique les obligations des chemins de fer ne soient pas directement garanties par l'Etat, et en tout cas ne le soient que pour un temps, il ne semble pas douteux que les obligations des Compagnies dites garanties par l'Etat ne soient comprises dans la catégorie des valeurs garanties par le Trésor ».

Reste, dans l'article 3 de la loi, une dernière catégorie de placements : ce sont les « valeurs locales énumérées ci-après, à la condition que ces valeurs émanent d'institutions existant dans les départements ou elles fonctionnent : bons de mont-de-piété ou d'autres établissements d'utilité publique ». Les remplois en ces *valeurs locales* peuvent-ils être exigés de la Caisse des dépôts et consignations ?

Malgré la formule trop large adoptée par le décret, il semble bien que ces placements d'ordre essentiellement local et corrélatifs au siège même des caisses syndicales ou patronales ne rentrent pas dans ceux qu'on peut demander à la Caisse des dépôts.

(2) Pour que les « statuts » ou le « règlement » aient caractère authentique et que la Caisse des dépôts puisse, en y ajoutant foi, se libérer valablement, à quelles certifications devra-t-on recourir ?

Pour que les « personnes » se disant habilitées aux retraits par ces statuts ou ce règlement fassent la preuve de leur qualité, ne faudra-t-il pas, lorsque la désignation personnelle ne sera point statutaire, produire des extraits des délibérations qui les auront désignées ès qualités ?

Pour que ces délibérations elles-mêmes soient recevables, ne sera-t-il pas indispensable qu'elles soient certifiées, et dans quelles conditions d'authenticité ?

Autant de difficultés pratiques que le décret ne résout pas, mais qui se poseront inévitablement dans la pratique.

(3) Ce texte est impératif et le délai qu'il prescrit obligatoire : avant l'expiration des dix jours qui suivent le dépôt de la demande faite à la Caisse ou à son préposé, le remboursement doit être effectué.

Mais la « demande » ne peut être *reçue* que si elle est régulière et nous avons vu, sous le premier alinéa de l'article, qu'en pratique bien des retards de justifications pourront empêcher le délai de dix jours de courir.

caisses approuvés par les décrets d'autorisation visés au deuxième alinéa de l'article 3 de la loi.

Art. 10. — Lorsque, par application de l'article 5 de la loi, plusieurs des intéressés veulent constituer un mandataire unique pour les représenter devant les tribunaux civils, ils présentent, à cet effet, au juge de paix du canton dans lequel est situé le siège principal de l'exploitation une requête signée de chacun d'eux et indiquant la nature et les circonstances du différend, ainsi que les noms, prénoms, emplois et domiciles de tous les signataires. Ils joignent à cette requête une formule de mandat spécial sur papier libre (1).

Dans les dix jours de la réception de la requête, et si cette requête ne porte point désignation unanime d'un mandataire (2), le juge de paix fait afficher à la mairie du siège principal de l'exploitation la date fixée par lui pour le dépouillement des mandats individuels des requérants. Chacun d'eux, sur une formule du modèle joint à la requête, adresse au juge de paix, pour la date fixée et sous pli fermé, un mandat rempli et signé par lui.

Le juge de paix fait procéder au dépouillement et à l'émargement des mandats en audience publique et proclame mandataire collectif pour ester en justice (3) la personne désignée par la majorité absolue des mandants. Il lui délivre une expédition du procès-verbal des opérations, qui lui tient lieu de mandat collectif.

Titre II. — *Du mode de liquidation des droits acquis et des droits éventuels.*

Art. 11. — En ce qui concerne les dépôts effectués au profit des institutions de retraite, la liquidation des droits acquis et des droits éventuels, dans les conditions prévues par l'article 4 de la loi, est effectuée au prorata du capital constitutif des pensions, calculé d'après la table de mortalité et le taux d'intérêt qui sont en vigueur à la Caisse nationale des retraites pour la vieillesse au moment de la liquidation.

Art. 12. — Le capital constitutif d'une pension en cours de service est la somme qu'il faudrait aliéner pour constituer, à l'âge du titulaire, une rente viagère immédiate égale à la pension servie.

Art. 13. — Le capital constitutif d'une pension en cours de formation est la somme qu'il faudrait aliéner pour constituer, à l'âge du titulaire, une rente viagère différée proportionnelle à la pension qu'il aurait obtenue au moment de sa mise à la retraite, d'après les statuts ou règlements de l'institution à liquider, ou, à défaut, d'après les précédents de cette institution.

Art. 14. — Si l'institution de retraite comporte réversibilité totale ou partielle des pensions ou s'il est intervenu une des conventions visées par le dernier alinéa de l'article 3 de la loi, la liquidation s'opère d'après les mêmes principes.

Art. 15. — En ce qui concerne les dépôts affectés à une institution de secours ou de prévoyance, il y a droit acquis jusqu'à concurrence des allocations qui, au moment de la liquidation, seraient dues au titulaire d'après les statuts, règlements ou usages de l'institution.

Le droit éventuel de chaque participant dans une institution de secours est représenté par une somme égale aux cotisations acquittées par lui pendant les douze mois qui ont précédé la liquidation et aux subventions correspondantes.

Art. 16. — Lorsque la liquidation du gage a été homologuée judiciairement, la Caisse dépositaire se dessaisit, soit par transfert à la Caisse nationale des retraites pour la vieillesse en vue de la constitution d'une rente viagère, dans les conditions et à l'époque d'entrée en jouissance que déterminent les intéressés, conformément aux lois et décrets qui régissent cet établissement, soit par voie de versement direct aux intéressés, s'ils en font la demande écrite.

Art. 17. — Le ministre du commerce, de l'industrie, des postes et des télégraphes, les ministres des finances et de la justice sont chargés, chacun en ce qui le concerne, de l'exécution du présent décret, qui sera publié au Journal officiel de la République française et inséré au Bulletin des lois. »

Réglementation du travail. — *Usines à feu continu. — Depêche du Ministre du commerce du* 11 *novembre* 1897 (4) :

« M. l'Inspecteur divisionnaire, j'ai soumis à l'examen du Comité consultatif des arts et

(1) Bien que le décret ne le spécifie pas expressément, il semble certain que ces mandats échappent aussi à l'enregistrement.

(2) S'il y a unanimité, le juge de paix est évidemment *tenu* de proclamer séance tenante le mandataire.

(3) Ce mandat est *spécial*. Il ne vaut que pour la représentation en justice et serait inefficace sous cette forme pour tout autre objet.

(4) Cette circulaire intéresse toutes les industries similaires, qui voudraient se réclamer des exemptions légales prévues pour les « usines à feu continu ».

Elle reproduit d'ailleurs textuellement la doctrine formulée par le département du commerce, au lendemain de la loi du 19 mai 1874, dans une Circulaire du 29 mai 1875. « Par *usines à feu continu*, précisait cette circulaire, on doit entendre les industries qui exigent nécessairement l'emploi d'une source calorique continue et dans lesquelles le feu, élément direct de fabrication et agent indispensable de la transformation qu'on fait subir à la matière, est entretenu constamment. La qualification d usine à feu continu ne pourrait dès lors être donnée aux établissements qui, *selon la volonté ou les besoins accidentels de l'industriel*, poursuivraient leurs opérations pendant la nuit ».

manufactures une demande qui m'a été adressée en vue d'obtenir que les fabriques de faux soient considérées comme des usines à feu continu.

Le Comité consultatif estime que la qualification d'usine à feu continu doit être exclusivement appliquée aux usines qui exigent nécessairement l'emploi d'une source calorique continue et dans lesquelles le feu, élément direct de fabrication et agent indispensable de la transformation qu'on fait subir à la matière, est entretenu constamment pour des raisons tirées, soit des dimensions du foyer, soit de la température qu'il s'agit de maintenir, soit des propriétés du produit fabriqué. Or, en ce qui touche la fabrication des faux, il n'apparaît pas au Comité que le feu doive être nécessairement entretenu pour les raisons indiquées ci-dessus. Les fours s'arrêtent toutes les semaines, le dimanche, sans inconvénient pour leur conservation et une heure suffit pour la remise en marche.

Il n'y a donc pas nécessité absolue de maintenir la continuité des feux. Beaucoup d'usines similaires ne travaillent que le jour et n'ont jamais demandé à être classées comme étant à feu continu.

Le Comité a, en conséquence, émis l'avis, que j'adopte, que la fabrication des faux ne présente pas les conditions exigées pour être classée parmi les usines à feu continu. Dans l'intérêt même des enfants protégés par la loi, il y a lieu de ne pas augmenter, sans raison majeure et péremptoire, la liste des établissements qui échappent à l'application de l'article 4 de la loi du 2 novembre 1892. »

Attributions des Commissions départementales du travail. — Circulaire du Ministre du commerce du 16 novembre 1897 :

« M. le Préfet, la loi du 2 novembre 1892, sur le travail des enfants, des filles mineures et des femmes dans les établissements industriels, dispose que les Conseils généraux devront instituer une ou plusieurs commissions chargées de présenter sur l'exécution de la loi et les améliorations dont elle serait susceptible des rapports qui seront transmis au Ministre et communiqués à la Commission supérieure instituée par l'article 22.

Ces commissions sont aujourd'hui constituées.

Je suis informé que l'une d'elles se serait réunie pour contrôler la façon dont la loi est appliquée par les inspecteurs. Je crois devoir vous informer que ces commissions sortiraient de leur rôle en s'érigeant en juges de la conduite des inspecteurs du travail, qui relèvent exclusivement du Ministre du commerce et de l'industrie. Elles ont été instituées à titre purement consultatif. Si elles peuvent apporter un concours utile à l'Administration en lui présentant des vœux sur les modifications que la législation semblerait pouvoir comporter, elles ne sauraient, en aucun cas, s'attribuer le droit de discuter les instructions ministérielles ou d'en surveiller l'application.

Bien que ces règles n'aient pas été méconnues dans votre département, je vous serai obligé de veiller à ce qu'elles ne cessent pas d'être observées » (1).

Appel des jugements contraires aux dispositions des lois réglementant le travail. — Dépêche du Ministre du commerce du 6 novembre 1897 :

« M. l'Inspecteur divisionnaire, vous avez appelé mon attention sur un jugement rendu par un tribunal de simple police qui vous paraît ne pas avoir fait une saine application de la loi du 2 novembre 1892.

Il ne me serait pas possible d'intervenir auprès de M. le Garde des sceaux, Ministre de la justice, pour tous les jugements qui seraient contraires aux dispositions des lois réglementant le travail. C'est aux inspecteurs divisionnaires qu'incombe le soin de signaler ces décisions aux chefs des parquets, afin que, si les délais d'appel sont expirés, ils adressent pour l'avenir aux représentants du Ministère public près les justices de paix les observations que comporte l'interprétation qui a été faite de la loi. »

Expertises judiciaires intéressant l'inspection du travail. — Dépêche du Ministre des travaux publics du 24 septembre 1897 (aux Ingénieurs des Mines) :

« M. l'Ingénieur en chef, M. le Ministre du commerce et de l'industrie a appelé mon attention sur les inconvénients que peut présenter l'intervention des ingénieurs du Corps des mines comme experts dans les affaires intéressant l'inspection du travail.

Cette communication a été motivée par les plaintes auxquelles ont donné lieu de la part du service de l'inspection les nombreuses expertises effectuées par un ingénieur ordinaire.

J'estime, avec M. le Ministre du commerce, que les fonctionnaires du Corps des mines qui, aux termes de la loi du 2 novembre 1892, exercent dans les mines les fonctions d'inspecteurs du travail ne doivent pas accepter de remplir le rôle d'expert dans les affaires où ils peuvent se trouver appelés à contredire les conclusions des procès-verbaux dressés par les inspecteurs chargés d'assurer l'application des lois et règlements sur le travail.

---

(1) Cette circulaire est à peu près textuellement identique à une dépêche ministérielle d'espèce, en date du 13 septembre 1897, que nous avons reproduite dans le *Numéro du troisième trimestre*, p. 68.

Sur les réserves que peut comporter, en droit, l'interprétation ministérielle, voir la note sous la dépêche susvisée.

Je vous prie, en conséquence, d'inviter les ingénieurs et agents sous vos ordres à décliner désormais toute mission d'expert qui pourrait leur être confiée dans les affaires se rapportant, au civil ou au correctionnel, à l'inspection du travail. »

Capacité de la femme. — *Droit de témoignage.* — *Loi du 7 décembre* 1897 (1) :

« Art. unique. — Les articles 37, 980 du Code civil, les articles 9 et 11 de la loi du 25 ventôse an XI sont modifiés ainsi qu'il suit :

Code civil.

« Art. 37. — Les témoins produits aux actes de l'état civil devront être âgés de vingt et un ans au moins, parents ou autres, sans distinction de sexe ; ils seront choisis par les personnes intéressées. Toutefois le mari et la femme ne pourront être témoins ensemble dans le même acte (2).

« Art. 980. — Les témoins appelés pour être présents aux testaments devront être majeurs, Français, sans distinction de sexe. Toutefois le mari et la femme ne pourront être témoins ensemble dans le même testament. »

Loi du 25 ventôse an XI.

« Art. 9. — Les actes seront reçus par deux notaires, ou par un notaire assisté de deux témoins, de l'un ou de l'autre sexe, sachant signer, et domiciliés dans l'arrondissement communal où l'acte sera passé. Toutefois le mari et la femme ne pourront être témoins ensemble dans le même acte.

« Art. 11. — Le nom, l'état et la demeure des parties devront être connus des notaires,

(1) Une proposition de loi dans ce sens avait été soumise à la Chambre le 23 mai 1891, mais n'avait pu être discutée au cours de la législature. Elle fut reprise par M. Leconte et plusieurs de ses collègues, le 7 décembre 1893 (n° 184).

Rapportée à la Chambre le 21 juin 1894 (n° 733), elle fut votée, sans discussion, le 30 janvier 1896.

Transmise au Sénat le 3 février 1896 (n° 17) et rapportée le 18 février 1897 (n° 42), elle fut votée, sans discussion, le 17 juin 1897.

Revenue enfin à la Chambre le 22 juin 1897 (n° 2547) et rapportée le 18 novembre 1897 (n° 2818), elle fut définitivement votée, toujours sans discussion, le 29 novembre 1897.

La proposition primitive et le texte d'abord voté par la Chambre ne visaient que le témoignage aux actes de l'état civil. La commission du Sénat a étendu ses dispositions « aux actes instrumentaux en général ».

L'assentiment des deux Chambres a d'ailleurs été acquis sans difficulté dès l'origine à cette proposition et sa légitimité a été très vivement soutenue par les rapporteurs, notamment par M. Cazot.

Dans le rapport sommaire présenté à la Chambre au nom de la commission d'initiative parlementaire, M. Montaut montrait le bien fondé de la modification proposée et rejetait même la disposition restrictive de la proposition, aux termes de laquelle, dans aucun cas, deux femmes seules ne pouvaient être les témoins. Il ajoutait :

« Dans cette dernière clause, on retrouve cette préoccupation contraire à l'esprit d'égalité et de justice, qui devrait être la base de notre législation civile, de maintenir une sorte de prééminence à l'élément masculin. On craint de proclamer trop ouvertement que la femme est l'égale de l'homme ; on veut bien lui faire une petite place étroitement mesurée ; mais on redoute des empiétements et quantité de gens sont encore aujourd'hui dans notre pays, et dans notre pays seulement, il faut le dire, sous l'empire de préjugés qui datent d'une époque barbare et qui devraient avoir depuis longtemps disparu. Votre commission d'initiative n'a pas cru devoir s'arrêter à de pareilles considérations, elle n'a pas voulu qu'en France nos lois fussent moins libérales et moins équitables qu'à l'étranger en ce qui touche la situation civile des femmes. »

La restriction dont il s'agit fut d'ailleurs supprimée à l'unanimité par la commission de la Chambre chargée de l'examen définitif de la proposition de loi. Et cette unanimité se retrouva dans l'adoption du projet tout entier.

« Tous les commissaires nommés dans les bureaux et présents à la commission, écrivait le rapporteur de la commission, ont déclaré qu'ils avaient été nommés comme favorables au projet à peu près sans observations. »

M. Jules Cazot écrivait à son tour dans son rapport au Sénat :

« Les inégalités qui existent entre l'homme et la femme, au point de vue du droit public, s'effacent dans l'ordre du droit privé. La capacité civile de la femme, du moins quand celle-ci est célibataire ou veuve, est égale à celle de l'homme, sauf les exceptions formellement édictées par la loi... Il faut reconnaître que le droit d'être témoin aux actes de l'état civil tient uniquement à la capacité civile. On ne comprend pas, dès lors, que la femme en soit privée, alors que, suivant une jurisprudence aujourd'hui établie, on le reconnaît à un étranger, et l'on recherche en vain le fondement d'une pareille exclusion.

« Elle est d'autant plus choquante, que la femme est admise comme déclarante, qu'elle l'est même comme témoin aux actes de notoriété qui ont pour but de suppléer à l'acte de naissance que les futurs époux se trouvent dans l'impossibilité de représenter (article 74 du Code civil). Ces contradictions ont de quoi surprendre ; mais il en est d'autres qui sont de nature à saisir encore plus vivement l'esprit. La femme est admise à témoigner devant la justice criminelle et devant la justice civile. Ici son témoignage a légalement et moralement la même valeur que celui de l'homme ; elle peut déposer sur des faits qui intéressent la vie, l'honneur, la fortune des citoyens, et elle ne peut certifier sous sa signature l'identité d'un comparant ou d'un déclarant, l'exactitude des déclarations et la conformité de l'acte qui en est dressé. Il y a là un de ces contrastes qui forment tache dans une législation. »

Enfin, dans la discussion au Sénat (séance du 17 juin 1897), M. Cazot disait encore :

« Il est temps de répudier une pratique que rien ne justifie et d'abolir une incapacité qui dépare l'œuvre législative du commencement de ce siècle ; c'est ce que vous propose votre commission. En la suivant dans cette voie, vous réparerez le long oubli dans lequel le législateur a laissé la femme et vous accomplirez ainsi un acte de justice, d'équité et, permettez-moi d'ajouter, de bon sens. »

(2) Cette réserve a été formulée par la commission du Sénat, dans cette pensée que « si la femme est mariée, elle ne puisse, dans le même acte, être témoin avec son mari, *les deux témoignages pouvant alors être considérés comme n'en faisant qu'un* ».

Il est vrai que cette présomption ne pourra toujours, dans la pratique, être évitée. Un homme et une femme vivant maritalement, mais non mariés, pourront valablement être témoins dans le même acte.

ou leur être attestés dans l'acte par deux personnes connues d'eux, ayant les mêmes qualités que celles requises pour être témoins instrumentaires. »

Mariage des agents de l'Etat. — *Circulaire du Directeur général des douanes du 11 novembre* 1897. — « Aux termes des anciennes instructions, les agents des brigades ne peuvent, à moins de circonstances exceptionnelles, être autorisés à se marier qu'après la période d'épreuve, c'est-à-dire après avoir accompli la première année de service. D'où il suit que le recrutement demeure exclusivement ouvert aux célibataires.

Cette règle,qui pouvait peut-être se justifier autrefois, me semble d'autant plus difficile à maintenir, qu'exclusivement appliquée dans les Douanes, elle soulève aujourd'hui, dans la pratique, de nombreuses réclamations, reconnues, pour la plupart, fondées, et auxquelles l'Administration ne peut, dès lors, répondre qu'en autorisant de fréquentes exceptions. Elle peut avoir, en outre, l'inconvénient de priver le service d'excellents sujets qui, ayant obéi au désir légitime de se créer une famille, me paraissent offrir des garanties toutes particulières de moralité et d'assiduité.

Par suite, j'ai décidé qu'à l'avenir les postulants ayant contracté mariage, avant ou depuis l'inscription de leur candidature, ne seraient pas, pour cette seule raison, exclus des listes de recrutement. Il va de soi que cette disposition nouvelle ne devra en rien porter atteinte aux autres règles que l'intérêt et la dignité du service exigent de maintenir en tout cas et en tout temps. »

Anti-alcoolisme. — *Loi du 29 décembre* 1897 (Extraits) (1) :

« Art. 1er. — Les communes seront autorisées à supprimer leurs droits d'octroi sur les boissons hygiéniques (vins, cidres, poirés, hydromels, bières et eaux minérales) à partir du 31 décembre de l'année qui suivra celle au cours de laquelle la présente loi sera promulguée.

A défaut de suppression totale, les communes seront obligées d'abaisser les droits existants dans la limite des tarifs prévus à l'article 2.....

Art. 3. — Pour remplacer le produit des taxes supprimées, les communes pourront avoir recours aux taxes prévues dans l'article 4, ou demander l'établissement de taxes spéciales, dans les conditions spécifiées à l'article 5.

Art. 4. — Les taxes auxquelles les communes peuvent, en vertu de l'article précédent, recourir, sous la seule réserve de l'approbation préfectorale, sont les suivantes :

1° Elévation du droit sur l'alcool jusqu'au double des droits d'entrée, décimes compris. Pour la ville de Paris, le droit pourra être, en addition du droit actuel de 24 francs, augmenté au maximum de quatre-vingt-cinq francs vingt centimes (85 fr. 20).

Dans les communes d'une population agglomérée inférieure a 4,000 âmes, le tarif d'octroi sur l'alcool ne pourra pas dépasser le maximum applicable aux villes de 4,000 à 5,000 âmes.

Une loi pourra autoriser des taxes supérieures ;

2° Etablissement à la charge des commerçants de boissons, en addition du droit de licence perçu pour le compte du Trésor, d'une licence municipale composée d'un droit fixe, qui pourra comporter deux tarifs, suivant que les établissements des commerçants de boissons vendront exclusivement des boissons hygiéniques ou des alcools avec ou sans boissons hygiéniques, et d'un droit proportionnel basé sur la valeur locative de l'ensemble des locaux occupés. Lorsque le commerce des boissons sera exercé cumulativement avec un autre commerce ou industrie, les locaux exclusivement occupés par ce dernier commerce ou cette dernière industrie seront exempts du droit proportionnel. Un règlement d'administration publique déterminera les conditions dans lesquelles ladite taxe sera assise et perçue ;

3° Perception d'une taxe maxima de trente centimes (0 fr. 30) par bouteille sur tous les vins en bouteilles, qui ne se cumulera pas avec celle applicable aux vins en cercles ;

4° Création de taxes égales, au maximum, aux taxes en principal établies, déduction faite des majorations résultant des pénalités :

a) Sur les chevaux, mules et mulets, voitures, voitures automobiles.....

b) Sur les billards publics et privés ;

c) Sur les cercles, sociétés et lieux de réunion ;

d) Sur les chiens.

Enfin les communes pourront établir, dans les conditions de la loi du 5 avril 1884, des centimes additionnels dont le chiffre ne pourra pas dépasser vingt.....

Art. 7. — Les communes qui actuellement

---

(1) Cette loi, « relative à la suppression des taxes d'octroi sur les boissons hygiéniques », doit être signalée, en dehors du point de vue fiscal, par les facilités qu'elle offre à la lutte contre l'alcoolisme :

1° En prescrivant l'abaissement des taxes sur les vins, cidres, poirés, etc., et en facilitant par conséquent la consommation de ces boissons, de préférence à l'alcool ;

2° En autorisant, au contraire, l'élévation des taxes sur l'alcool ;

3° En permettant l'établissement d'une licence municipale à la charge des commerçants de boissons, quelles qu'elles soient;

4° En admettant l'abaissement de cette nouvelle taxe au profit des commerçants de boissons qui vendraient exclusivement des boissons hygiéniques, à l'exclusion de l'alcool.

Nous reproduisons, à ce point de vue, les principales dispositions de la loi.

ne perçoivent pas de taxes d'octroi sur les vins, cidres, poirés, hydromels, bières et eaux minérales pourront être autorisées à établir un droit de licence municipale ou à percevoir des taxes sur l'alcool, conformément aux dispositions de l'article 4 de la présente loi..... »

Crédit agricole. — *Loi du 17 novembre* 1897 (Extraits) (1) :

« Art. 2. — Le 1° de l'article 9 des statuts fondamentaux de la Banque, établis par le décret du 16 janvier 1808, est modifié ainsi qu'il suit :

« Les opérations de la Banque consistent :

« 1° A escompter à toutes personnes des lettres de change et autres effets de commerce à ordre, à des échéances déterminées qui ne pourront excéder trois mois, et souscrits par des commerçants, par des syndicats agricoles ou autres et par toutes autres personnes notoirement solvables »....

Art. 5. — A partir du 1er janvier 1897, et jusques et y compris l'année 1920, la Banque versera à l'Etat, chaque année, et par semestre, une redevance égale au produit du huitième du taux de l'escompte par le chiffre de la circulation productive, sans qu'elle puisse jamais être inférieure à deux millions (2,000,000 fr.).

Pour la fixation de cette redevance, la moyenne annuelle de la circulation productive sera calculée telle qu'elle est déterminée pour l'application de la loi du 13 juin 1878.

Le premier payement semestriel sera exigible quinze jours après l'expiration du semestre dans lequel la loi aura été promulguée. Les autres payements s'effectueront le 15 janvier et le 15 juillet de chaque année, le dernier devant avoir lieu le 15 janvier 1921....

Art. 7. — Est approuvée la convention du 31 octobre 1896, en vertu de laquelle, indépendamment des 140 millions spécifiés à l'article 6, la Banque s'engage à mettre à la disposition de l'État, sans intérêt et pour toute la durée de son privilège, une nouvelle avance de quarante millions (40,000,000) de francs....

Art. 18. — Les sommes versées par la Banque par application des articles 5 et 7 seront réservées et portées à un compte spécial du Trésor jusqu'à ce qu'une loi ait établi les conditions de création et de fonctionnement d'un ou de plusieurs établissements de crédit agricole. »

(1) Cette loi, « portant prorogation du privilège de la Banque de France », contient deux dispositions importantes relatives au Crédit agricole :

1° Elle admet les syndicats, notamment les syndicats agricoles, à l'escompte de la Banque ;

2° Elle prévoit une loi destinée à organiser un ou plusieurs établissements de crédit agricole et affecte des ressources spéciales à leur fonctionnement.

Ce projet de loi a été effectivement déposé depuis par le Gouvernement

Caisse nationale des retraites pour la vieillesse.—Aux termes d'un décret du 24 décembre 1897, « le taux de l'intérêt composé du capital dont il est tenu compte dans les tarifs d'après lesquels est calculé le montant de la rente viagère à servir aux déposants de la caisse nationale des retraites pour la vieillesse est fixé à 3,50 p. 100 pour les versements, abandons de capitaux et ajournements de jouissance effectués pendant l'année 1898 ».

Majoration des pensions de retraite en 1897. — *Arrêté ministériel du 5 janvier* 1898 (2) :

« Le ministre du commerce, de l'industrie, des postes et des télégraphes,

Vu la loi du 31 décembre 1895, relative à la majoration des pensions de la caisse nationale des retraites, et spécialement le second alinéa de l'article 3 de ladite loi, ainsi conçu : « Sur l'avis de la commission supérieure de surveillance de la caisse nationale des retraites pour la vieillesse, des bonifications spéciales pourront être attribuées aux parents ayant élevé plus de trois enfants » ;

Vu l'article 61 de la loi du 13 juillet 1896 ;

Vu le règlement d'administration publique du 9 juin 1896, et spécialement son article 1er ainsi conçu : « Avant la répartition des crédits ouverts pour la majoration de rentes viagères dans les conditions prévues par la loi du 31 décembre 1895, le ministre du commerce déterminera le montant de la somme à réserver sur ces crédits en vue des bonifications spéciales prévues au paragraphe 2 de l'article 3 de ladite loi » ;

Vu l'article 2 du décret du 22 juin 1897 (3) ;

Vu la délibération de la commission supérieure de la caisse nationale des retraites pour la vieillesse, en date du 11 décembre 1897 ;

Sur la proposition du conseiller d'État, directeur du travail et de l'industrie,

Arrête :

Sur le crédit de 2 millions ouvert par la loi de finances du 29 mars 1897, pour la répartition en 1897 des majorations de rente prévues par la loi du 31 décembre 1895, il est

(2) Voir dans le *Numéro* du *premier trimestre*, page 38, en note, le texte de l'arrêté ministériel pris dans le même but pour la répartition de 1896.

L'arrêté nouveau maintient le pourcentage adopté en 1896.

Mais, tandis que l'arrêté précédent n'exigeait pas d'âge minimum pour les enfants entrant en ligne de compte au point de vue de l'attribution et du calcul des « bonifications spéciales », ce minimum est fixé pour la répartition de 1897.

Entrent seuls en compte « les enfants ayant été élevés par leurs parents jusqu'à l'âge de quinze ans accomplis », sans différence de sexe.

(3) Voir ce décret dans le *Numéro* du *deuxième trimestre*, page 39.

réservé une somme de 150,000 francs pour les bonifications spéciales visées à l'article 3, second alinéa, de ladite loi.

Ces bonifications spéciales sont fixées à 16 p. 100 des rentes à majorer pour les parents qui ont élevé quatre enfants jusqu'à l'âge de quinze ans accomplis.

Il est attribué, à raison de chaque enfant au-dessus de quatre élevé jusqu'à l'âge susdésigné, une bonification supplémentaire de 4 p. 100 des mêmes rentes. »

Retraites des vieillards, infirmes ou incurables. — En réponse à une question de M. Leydet (1), le Ministre de l'Intérieur a fait les déclarations suivantes (2) relativement aux conditions d'attribution des allocations de l'État pour pensions aux vieillards, infirmes ou incurables en exécution de la loi du 29 mars 1897 (3) :

La loi sur l'assistance médicale, « dans deux articles, détermine les conditions dans lesquelles le département fournira des subventions aux communes et dans lesquelles l'État, à son tour, donnera des subventions aux départements.

Voici l'article 29 relatif à la participation de l'État : « L'État concourt aux dépenses départementales de l'assistance médicale gratuite par des subventions aux départements dans une proportion qui variera de 10 à 70 p. 100 du total de ces dépenses couvertes par des centimes additionnels. »

Le tableau B établit le barème servant à déterminer le montant de la subvention allouée par l'État eu égard à la valeur du centime départemental.

L'article 28 est relatif à la subvention à accorder aux communes par le département : « Les départements... sont tenus d'accorder aux communes, qui auront été obligées de recourir a des centimes additionnels ou à des taxes d'octroi, des subventions, etc... »

Le tableau A forme le barème servant à déterminer la part de dépenses à couvrir par les communes au moyen des ressources extraordinaires, et donnant droit dès lors aux subventions du département.

Tout d'abord, on avait pu croire que les départements n'avaient droit de la part de l'État, et que les communes n'avaient droit de la part du département, aux subventions que dans le cas seulement où les départements auraient créé des centimes additionnels extraordinaires nouveaux.

Cette interprétation a soulevé des difficultés, et l'administration de l'assistance publique a estimé qu'il y avait lieu de tenir compte aux départements et aux communes des sacrifices qu'ils avaient déjà faits ; qu'en conséquence il suffisait que les dépenses de l'assistance aux malades ou aux vieillards fussent payées au moyen de ressources extraordinaires, ces ressources eussent-elles été précédemment créées, pour qu'elles ouvrissent le droit aux subventions, soit du département, soit de l'État.

C'est dans cet esprit que, revenant sur l'interprétation trop absolue qui avait été donnée aux termes de la circulaire d'avril 1897, j'ai déclaré, dans les instructions que j'ai récemment eu l'occasion de donner aux préfets des départements où des difficultés avaient été soulevées, que les départements auraient droit à la subvention de l'État même lorsqu'ils n'auraient pas eu besoin, pour faire face aux dépenses qu'entraîne l'exécution de la loi de 1893 ou de celle de 1897, de créer des centimes spéciaux, pourvu que ces dépenses fussent payées avec les ressources provenant de l'impôt. De même, il reste entendu que les communes auront droit à la subvention du département, même lorsqu'elles ne seraient pas dans l'obligation de créer des centimes spéciaux pour supporter la part de dépenses qu'elles payeront sur des ressources provenant de l'impôt. »

Sociétés de secours des exploitations minières. — *Circulaire du Ministre des travaux publics du 30 août 1897* :

« M. le Préfet, conformément aux prescriptions de l'article 15, § 2 de la loi du 29 juin 1894, sur les caisses de secours et de retraites des ouvriers mineurs, les sociétés de secours constituées en vertu du titre III de la loi m'ont fait parvenir, dans les formes déterminées par la circulaire du 10 janvier 1896, le compte rendu de leurs opérations au cours de l'année dernière.

L'examen des états produits a permis de reconnaître que, d'une façon générale, les Sociétés de secours ont fonctionné d'une manière très correcte ; l'Administration a été heureuse de constater la bonne volonté et le soin avec lesquels les Conseils d'administration se sont acquittés de la tâche qu'ils ont assumée. Cependant, quelques-unes des stipulations de la loi n'ont pas été partout observées. Il conviendra que les ingénieurs des mines, dans leurs visites d'inspection des Sociétés, portent spécialement leur attention sur les points que je vais signaler et adressent, lorsqu'il en sera besoin, les observations nécessaires :

1° L'article 8 de la loi du 29 juin 1894 porte qu'en cas de maladie entraînant une incapacité de travail de plus de quatre jours avec suppression du salaire, la caisse de la société de secours versera, à la fin de chaque semestre, au compte individuel du sociétaire par-

(1) Séance du Sénat du 16 décembre 1897

(2) Ces déclarations modifient les instructions contenues dans la circulaire ministérielle du 20 avril 1897, notamment le paragraphe 4°, reproduit dans notre *Numéro du deuxième trimestre*, page 50.

(3) Voir l'article 43 de cette loi de finances, avec son commentaire, dans notre *Numéro du premier trimestre*, page 6.

ticipant à une caisse de retraites une somme au moins égale à 5 0/0 de l'indemnité de maladie prévue par les statuts.

Cette prescription a été perdue de vue dans un certain nombre de sociétés ; aucun versement à la caisse des retraites n'y a été effectué, au détriment des intéressés dont la pension de retraite se trouvera ultérieurement réduite dans la mesure correspondante. C'est là une circonstance fâcheuse qu'il importe de ne pas laisser se reproduire. Si le fait provenait de ce que les membres participants ne sont pas en possession d'un livret sur une caisse de retraites, les ingénieurs devraient agir auprès de l'exploitant, en lui rappelant les obligations que l'article 2 de la loi lui impose et la responsabilité qu'il encourt en ne les remplissant pas.

2° D'après l'article 16 de la loi, le conseil d'administration fixe, à la fin de chaque année, sur les excédents disponibles, les sommes à laisser dans la caisse pour en assurer le service et celles à déposer à la Caisse des dépôts et consignations.

J'ai constaté que fréquemment la partie de la réserve qui n'est pas nécessaire pour assurer le service de la caisse est déposée simplement à la caisse d'épargne ou même remise entre les mains de l'exploitant. Le dépôt ainsi opéré est irrégulier. La loi prescrit formellement qu'il doit être effectué à la Caisse des dépôts et consignations et les membres du conseil d'administration sont solidairement responsables, ainsi qu'il est dit à l'article 16 du § 1er, de l'accomplissement de cette formalité. On ne peut admettre le dépôt à la caisse d'épargne que de la partie des sommes conservées pour assurer le service, qui ne sera pas utile à tout instant pour les besoins courants. La réserve proprement dite doit, je le répète, être déposée à la Caisse des dépôts et consignations.

Au cas où une partie du fonds de roulement serait placée à la caisse d'épargne dans les conditions qui viennent d'être dites, le conseil d'administration doit veiller, sous sa responsabilité, à ce qu'il ne soit pas acquis d'office des rentes pour la société ; pareille acquisition lui est légalement interdite, en vertu de l'article 16, § 1er.

3° Il arrive parfois qu'à la suite de dons manuels faits à une société, soit par l'ancienne société de prévoyance qu'elle a remplacée, soit par l'exploitant, ou pour toute autre cause, la réserve s'élève à une somme qui dépasse le double des recettes de l'année.

Cette situation est contraire aux dispositions de l'article 16, § 3 de la loi et il convient que le conseil d'administration prenne, aussitôt qu'elle se produit, les mesures nécessaires pour y parer. Il semble, d'après l'expérience qui a pu en être faite déjà, que le meilleur moyen à employer est de réduire le taux des cotisations ou même de suspendre tout versement jusqu'au moment où la réserve se trouve ramenée dans les limites légales ».

Sociétés de secours mutuels.— I. *Admission des membres participants. — Circulaire du Ministre de l'intérieur du 1er décembre* 1897 :

« M. le Préfet, le rapport annuel dressé par mon administration sur les opérations des sociétés de secours mutuels en France pendant l'année 1895 fait ressortir que les frais de maladie supportés par ces sociétés ont augmenté d'une année à l'autre dans des proportions considérables et véritablement inquiétantes pour leur avenir. Cela tient à deux causes principales, que le rapport en question met en évidence : 1° l'abus des ordonnances médicales ; 2° l'admission dans les sociétés, à titre de membres participants, de sociétaires dont l'état de fortune les classe plutôt parmi les membres honoraires.

Dans une circulaire en date du 15 avril 1891, l'un de mes prédécesseurs a déjà mis en garde les administrateurs des sociétés de secours mutuels contre les dépenses pharmaceutiques exagérées. L'augmentation énorme de ces dépenses en 1895 sur l'année 1894 appelle de nouveau mon attention, et je vous prie de vous reporter aux termes de la circulaire précitée pour inviter ces administrateurs à contrôler plus rigoureusement le service de la visite de leurs malades.

D'autre part, les médecins des sociétés de secours mutuels se plaignent que des sociétaires dont l'aisance leur fait un devoir d'être membres honoraires se font inscrire et sont acceptés en qualité de membres participants, et bénéficient ainsi, lorsqu'ils sont malades, des soins médicaux aux prix réduits accordés à la mutualité.

Si les rangs des mutualistes sont ouverts à tous les travailleurs de situation précaire ou modeste, il n'est pas juste que des gens aisés, qui ont le moyen de payer, le cas échéant, les médecins au tarif de leur clientèle ordinaire, obtiennent gratuitement, en versant une minime cotisation, les visites médicales, les médicaments et même une indemnité pour les journées où la maladie les empêche de vaquer à leurs occupations habituelles.

Tel n'est pas le but des sociétés de secours mutuels ; elles ont été créées surtout pour les laborieux qui vivent de leur salaire. Les plus fortunés doivent en être les soutiens naturels en leur consacrant leurs loisirs et leurs conseils, et ils font acte de bons citoyens en leur accordant, à titre de bienfaiteurs, la cotisation exigée des membres participants. Cette catégorie de sociétaires existe dans presque toutes les sociétés. C'est généralement lorsqu'elles se fondent que la confusion se produit. Les fondateurs sont heureux de recruter le plus grand nombre possible d'habitants de la commune pour grossir le fonds social, et, sans s'arrêter à la différence des situations, ils les admettent indistinctement, selon leur désir, aussi bien en qualité de membres participants que parmi les membres honoraires. C'est une erreur de calcul qu'il est nécessaire de rectifier.

Je tiens donc à ce que les sociétés de secours mutuels sachent bien qu'il est de leur intérêt de se renseigner sur la situation de leurs adhérents et qu'il leur appartient de ne pas attribuer à ceux qui peuvent être membres honoraires les avantages alloués aux participants. En conséquence, les fondateurs ou administrateurs devront apporter la plus grande circonspection dans la réception des nouveaux sociétaires participants et engager les anciens dont la situation de fortune dénote plus que l'aisance à entrer dans la catégorie des membres honoraires. »

II. Secours aux mutualistes blessés. — Circulaire du Ministre de l'intérieur du 15 décembre 1897 :

« M. le Préfet, mon attention a été appelée sur une question assez délicate qui se pose fréquemment dans les sociétés de secours mutuels, et sur laquelle, à différentes reprises, mon administration a eu à donner son avis. Un sociétaire blessé dans l'exercice de son travail, et qui touche une indemnité de la personne qui l'occupe, ou de l'auteur responsable de l'accident, peut-il prétendre, en outre, aux soins gratuits du médecin, à la gratuité des médicaments et à l'indemnité de chômage pendant la maladie causée par cet accident ?

L'article 6 du décret du 26 mars 1852 dit bien que les sociétés de secours mutuels ont pour but d'assurer des secours temporaires aux sociétaires malades ou *blessés*, et elles ne se dérobent pas à cette obligation ; mais si le tribunal ou une autre transaction accorde une indemnité à la victime, il me paraît équitable que la société soit remboursée en tout ou en partie des frais qu'elle lui a avancés.

La jurisprudence administrative estime en effet que la société de secours mutuels ne doit pas subir les conséquences de la faute des tiers envers ses sociétaires ; elle s'est toujours orientée dans ce sens. Plusieurs dépêches de mes prédécesseurs ont émis le principe qu'en pareil cas les sociétés peuvent invoquer l'article 1382 du Code civil contre qui de droit. Il semble extraordinaire que le mutualiste déjà indemnisé d'une blessure reçoive une seconde fois les frais de maladie et les secours pour l'incapacité de travail dont il n'a supporté qu'une seule fois le préjudice.

Cependant cette jurisprudence n'est pas admise par les tribunaux ; des jugements et arrêts rendus lui sont contraires, et la Cour de cassation les a sanctionnés. D'après la jurisprudence judiciaire, le sociétaire qui a rempli envers la société l'obligation par lui prise de verser ses cotisations, a un droit absolu aux indemnités allouées par les statuts, dont les termes font un contrat synallagmatique entre les parties, quels que soient d'ailleurs les cas qui se présentent, maladies ou *blessures*, et quand bien même le fait dommageable est imputé à autrui.

Il en résulte que le sociétaire auquel un accident est arrivé est fondé à réclamer à la société dont il fait partie l'indemnité fixée par les statuts, bien qu'il ait obtenu des dommages-intérêts contre la personne responsable de l'accident. Cette solution est très préjudiciable aux intérêts des sociétés de secours mutuels et mon administration a dû rechercher s'il n'y avait pas possibilité de remédier à cet état de choses.

En matière d'assurance, la victime d'un accident ne peut à la fois réclamer à la compagnie assureur le montant de son contrat et faire valoir contre l'auteur responsable la réparation du préjudice qui lui est causé. Le cumul des deux indemnités n'a pas lieu et cela tient à ce que la compagnie stipule qu'elle sera subrogée aux droits de la victime contre l'auteur de l'accident.

Pour les sociétés de secours mutuels, une solution analogue peut aussi dépendre de la rédaction des statuts sociaux. Il suffit d'ajouter aux dispositions qu'ils contiennent une clause prescrivant que tout sociétaire blessé au service d'autrui est tenu, s'il est indemnisé, de payer à la société les frais qu'il aura coûtés, ou que le remboursement de ces frais est à la charge de l'auteur, lorsqu'il est responsable. Il n'y aura plus alors d'équivoque et les tribunaux judiciaires, s'en tenant à la lettre statutaire, admettront le recours en répétition des sociétés.

Il est nécessaire que les sociétés de secours mutuels, surtout celles qui, en raison de leur composition, peuvent avoir plus que les autres à redouter des litiges de ce genre, se pénètrent qu'il est de leur intérêt d'insérer dans les articles de leurs statuts la clause que je signale et qui, pour l'avenir, sera la sauvegarde de leurs droits. »

DISCUSSIONS PARLEMENTAIRES

Dépots de Projets et Rapports

Enseignement professionnel. — *Rapport* sur le projet de loi concernant l'organisation et la fixation des traitements du personnel des écoles professionnelles (déposé à la Chambre par M. Bouge, le 22 décembre 1897, n° 2929).

Régime du travail. — *Rapport* supplémentaire sur : 1° le projet de loi relatif à la sécurité publique dans les exploitations de chemins de fer et la situation des mécaniciens et chauffeurs dans ces industries ; 2° la proposition de loi de M. Berteaux, relative à la situation des mécaniciens, chauffeurs et agents des trains (déposé à la Chambre par M. Descubes, le 2 décembre 1897, n° 2860).

Discussion, à la Chambre, du projet de loi et des propositions de loi relatifs à la situation des mécaniciens, chauffeurs et agents des trains (séance du 17 décembre 1897, J. O., p. 2993).

Discussion à la Chambre sur le régime du travail dans les chemins de fer (dans la discussion du budget du ministère des travaux publics, séance du 14 décembre 1897, J. O., p. 2899).

Interpellation sur le marchandage et l'absence de repos hebdomadaire dans les travaux de l'Exposition de 1900 (soutenue, à la Chambre, par MM. Viviani et Desfarges, le 11 décembre 1897, J. O., p. 2845).

Proposition de loi concernant le repos hebdomadaire exigé par la loi du 13 juin 1896 (déposée à la Chambre par M. Lemire, le 11 décembre 1897, n° 2897).

Rapport sur la proposition de loi de M. Coutant, ayant pour objet de prévenir le renvoi des employés et ouvriers revenant d'accomplir une période d'instruction militaire de vingt-huit ou treize jours (déposée à la Chambre par M. Lavy, le 2 décembre 1897, n° 2867).

Délégués mineurs. — *Interpellation* sur les accidents dans les mines et sur les entraves apportées à la mission des délégués mineurs (soutenue, à la Chambre, par M. Dejeante, le 4 décembre 1897, J. O., p. 2728).

Discussion, à la Chambre, sur la publication par l'Etat de documents de nature à faciliter aux délégués à la sécurité des ouvriers mineurs l'exercice de leur mission (dans la discussion du budget du Ministère des Travaux publics, séance du 15 décembre 1897, J. O., p. 2937).

Interpellation sur les visites des délégués à la sécurité des ouvriers mineurs (soutenue, à la Chambre, par M. Basly, séance du 18 décembre 1897, J. O., p. 3025).

Placement. — *Rapport* sur le projet de loi relatif au placement des ouvriers et employés (déposé au Sénat par M. Lourties, le 10 décembre 1897, n° 68).

Salaires. — *Proposition* de loi tendant à compléter la loi du 12 janvier 1895, relative à la saisie-arrêt sur les salaires et petits traitements des ouvriers et employés (déposée à la Chambre par M. Odilon-Barrot, le 10 décembre 1897, n° 2888).

Discussion, à la Chambre, sur les salaires des cantonniers (dans la discussion du budget du Ministère des Travaux publics, séance du 15 décembre 1897, J. O., p. 2943).

Discussion, à la Chambre, sur les salaires des ouvriers des chemins de fer de l'Etat (dans la discussion du budget des chemins de fer de l'Etat, séance du 22 décembre 1897, J. O., p. 3123).

Coopération. — *Interpellation* sur la mise à la patente des syndicats agricoles (soutenue, à la Chambre, par M. d'Hughes, séance du 18 décembre 1897, J. O., p. 3019).

Médailles d'honneur. — *Discussion*, à la Chambre, sur l'attribution de médailles d'honneur aux cantonniers des routes départementales et vicinales (dans la discussion du budget du Ministère des Travaux publics, séance du 15 décembre 1897, J. O., p. 2938).

Mesures diverses dans l'intérêt des ouvriers. — *Proposition* de loi ayant pour objet d'assurer la sécurité des garçons de recettes (déposée à la Chambre par M. Coutant, le 15 décembre 1897, n° 2906).

— *Discussion*, à la Chambre, sur l'organisation des trains ouvriers (dans la discussion du budget des chemins de fer de l'Etat, séance du 21 décembre 1897, J. O., p. 3086).

Questions féministes. — *Rapport* sur la proposition de M. Arthur Groussier tendant à modifier l'article 331 du Code civil, concernant la légitimation des enfants naturels, incestueux ou adultérins (déposé à la Chambre par M. de Folleville, le 7 décembre 1897).

Retraites. — *Proposition* de loi sur la caisse des retraites individuelles (déposée à la Chambre par M. Guieysse, le 18 décembre 1897, n° 2915).

— *Question* sur les conditions d'attribution des allocations de l'Etat pour les pensions aux vieillards, infirmes ou incurables (adressée par M. Leydet, au Sénat, le 16 décembre 1897, J. O., p. 1425).

— *Discussion* à la Chambre sur les retraites des ouvriers des chemins de fer de l'Etat (dans la discussion du budget des chemins de fer de l'Etat, séance du 22 décembre 1897, J. O., p. 3118).

Sociétés de secours mutuels. — *Rapport* sur la proposition de loi relative aux sociétés de secours mutuels (déposé au Sénat par M. Lourties, le 23 décembre 1897, n° 100).

Crédit agricole. — *Rapport* sur le projet de loi et les propositions de loi concernant les warrants agricoles (déposé à la Chambre par M. Chastenet, le 3 décembre 1897, n° 2869).

Petite propriété rurale. — *Rapport* sur la proposition de loi de M. Siegfried tendant à faciliter la constitution et le maintien de la petite propriété rurale (déposé à la Chambre par M. Brindeau, le 4 décembre 1897, n° 2870).

CONGRÈS

Congrès des travailleurs de chemins de fer. — Nous avons précédemment mentionné les congrès du « Syndicat des travailleurs des chemins de France et des colonies » (1). Son huitième congrès national s'est tenu à Paris du 1er au 4 avril 1897 (2).

Parmi les résolutions publiées, on peut noter les suivantes ;

Congrès. — « Désormais le syndicat ne se fera représenter que dans les congrès purement corporatifs.

Le syndicat et les groupes ne pourront adhérer ni à un congrès politique, ni à un parti politique. »

Prévoyance. — « Le congrès repousse une proposition de création par le syndicat d'une caisse de prévoyance. »

Prud'hommes. — « Le conseil d'administration est chargé d'élaborer et de faire déposer au plus tôt une proposition de loi pour la création de prud'hommes spéciaux à la corporation. »

Congrès de la Jeunesse catholique. — Ce congrès, tenu à Tours du 1er au 3 octobre 1897, n'a point publié de vœux. Plusieurs rapports y ont été présentés sur le rôle intellectuel, politique et social de l'Association de la jeunesse française (3).

A signaler notamment un rapport sur « le rôle de la jeunesse intellectuelle dans les patronages au point de vue de l'enseignement intellectuel, professionnel et social de la jeunesse ouvrière. »

Congrès de l'association protestante pour l'étude des questions sociales. — Les sept congrès précédents de cette association s'étaient tenus à Nîmes (1888), à Lyon (1891), à Montbéliard (1890), à Marseille (1891), au Havre (1893), à Montauban (1894) et à Bordeaux (1895).

Le huitième congrès (4) a été ouvert à Rouen, du 29 juin au 2 juillet 1897. Ce congrès n'a point émis de vœux catégoriques ; mais parmi les sujets de rapports et de discussions on peut signaler les suivants :

Le socialisme nécessaire et le collectivisme ;

La verrerie aux verriers de Rive-de-Gier ;

L'ouvrier agricole dans le pays de Caux ;

Les cercles populaires ;

Les Unions chrétiennes de jeunes gens.

---

(1) *Numéro du deuxième trimestre*, p. 54.
(2) Paris, imp. Nouvelle, 1897, in-8.
(3) Paris, 1897, 76, rue des Saints Pères, in-8.
(4) Paris, 1897, lib. Fischbacher, in-8.

BIBLIOGRAPHIE SOCIALE (1).

[*Seront spécialement signalés sous cette rubrique tous les ouvrages ou tirages à part de publication récente relatifs à la Législation ouvrière, à l'Economie politique et aux Questions sociales dont les auteurs ou éditeurs voudront bien adresser* un exemplaire *à la Rédaction de la Revue*.]

I. — Protection des enfants. — Education.

— *Etude statistique sur les enfants traduits en justice*, par L. Albanel, juge d'instruction au tribunal de la Seine. Marchal et Billard, 27, place Dauphine. In-8, 68 p.

Statistiques sur la criminalité des enfants, notamment à Paris ; étude des divers moyens et organes de préservation de l'enfance.

— *La infancia y la criminalidad*, par Soldevila Carrera. Lerida, 1897.

— *Petit traité juridique sur les enfants martyrs*, par Marin Dubois. Paris, 1897. Société libre d'éditions des gens de lettres. In-18, 45 p. : 0 fr.50.

— *Des colonies scolaires de vacances*, par Delpolh. Toulouse, 1897.

— *L'éducation du peuple après l'école*, par Gustave Vallat, censeur au lycée Gay-Lussac. Paris, 1898, Libr. de la France scolaire, 17, r. Guénégaud. In-16, 63 p. : 1 fr.

Lettres d'un villageois et d'un ouvrier sur l'éducation populaire individuelle.

— *Au sortir de l'école : les patronages*, par Turmann. Paris, 1897.

— *Conférences populaires d'hygiène*, par G. Baudran, secrétaire du Conseil central d'hygiène. Paris, Didot, 56, r. Jacob. Gr. in-8, 89 p. : 1 fr.50.

Hygiène de l'habitation ; vêtements et soins corporels ; travail, repos, alimentation ; hygiène de l'enfance, de l'adolescence et de la vieillesse.

II. — Apprentissage. — Enseignement professionnel.

— *Les contrats d'apprentissage à Fontainebleau au XVIIe siècle*, par F. Herbet. Fontainebleau, 1897, imp. Bourges. Pet. in-8, 31 p.

Résumé des clauses relevées dans une série de contrats d'apprentissage passés au XVIIe siècle à Fontainebleau pour diverses professions.

— *Les écoles professionnelles*, par Lemaistre. Tours, 1897.

— *Les écoles et les musées d'art industriel en France*, par Vachon. Paris, 1897.

— *L'industrie, l'enseignement professionnel et commercial en Hongrie*, par Szterinci. Budapesth, 1897.

III. — Réglementation du travail.

— *Réglementation du travail industriel des*

---

(1) Quelques-uns des ouvrages mentionnés dans le numéro précédent ont été repris dans cette bibliographie pour complément d'indications.

adultes, par Albert Philippe, avocat à la Cour de Lyon. Mâcon, 1897, impr. Protat. In-8, 256 p.

La réglementation du travail industriel des adultes au point de vue juridique, social et économique ; sa légitimité. Législations étrangères ; législation française et réformes nécessaires.

— *L'obligation pour les travailleurs de s'abstenir de tout travail manuel à certains jours déterminés*, par R. de la Grasserie. Paris, 1897.

— *Rapports annuels de l'inspection du travail* (2e année) Bruxelles, 1897, Société belge de librairie, 16, r. Treurenberg. Gr. in-8, 451 p. : 7 fr.

Rapports locaux et généraux sur l'exécution des lois et arrêtés réglementant le travail en Belgique. Etudes spéciales sur les accidents de fabriques et de mines et sur l'application de la loi relative au paiement des salaires.

— *Bericht der K. K. Gewerbe-Inspectoren.* Vienne, 1897. Gr. in-8, 442 p.

Rapport général et rapports locaux sur l'inspection du travail en Autriche pendant l'année 1896.

IV. — Placement. Chomage.

— *Les bureaux de placement et leurs funestes conséquences*, par J. Ronchet, délégué de l'Union syndicale des étaliers de la boucherie de Paris. Paris, 1897, impr. Watier. In-8, 107 p.

Organisation et agissements des bureaux de placement ; leurs effets relativement à la prostitution et à la dépression morale des ouvriers.

— *Die arbeitslosigkeit und die Berufsorganisation*, par Buschmann. Berlin, 1897.

— *Die Arbeitslosigkeit und die moderne Wirtschaftsenwicklung*, par Foerster. Berlin, 1897.

V. — Contrat de travail. Salaire.

— *De la résiliation du louage de services à durée indéterminée*, par Joseph Ferrand, docteur en droit. Paris, 1897, A. Rousseau, 14, r. Soufflot. Gr. in-8, 410 p.

Historique de la question ; jurisprudence sous le Code civil ; théorie et application de la loi du 27 décembre 1890 ; aperçu des législations étrangères.

— *Les loyers des gens de mer*, par Maxime Douillard, avocat au barreau de Nantes. Paris, 1897, A. Rousseau, 14, r. Soufflot. Gr. in 8, 260 p. : 5 fr.

Contrat de travail des gens de mer ; fixation, modification et protection des salaires.

— *De l'engagement des gens de mer*, par Galltier de Kermoal. Saint-Brieuc, 1897, Prud'homme. In-8, 176 p.

Thèse sur le louage de services en matière maritime : formation, effets et résiliation du contrat d'engagement des matelots.

— *Ueber die Haftpflicht-Gesetzgebung u. den Arbeits-od. Dienstvertrag nach schweizerischen Recht.* Zurich, 1897

— *Das Arbeitslohn-Gesetz*, par W. Lohmann, gerichtassessor. Göttingen, 1897. Vandenhoeck u. Ruprecht. In-8, 94 p. : M. 1.80.

La loi des salaires, d'après l'examen critique des théories de Ricardo, de Karl Marx et de A. George, la rente foncière et l'accumulation des capitaux en regard des extensions de productivité du travail.

— *Essai sur la protection des salaires*, par Lambert. Paris, 1897.

— *Fourth annual Report on changes in wages and hours of labour in the united Kingdom*. Londres, 1897. In-8, 273 p : 1 s. 6 d.

Publication statistique du *Labour department* sur les salaires et la durée du travail dans les principales industries anglaises en 1896.

VI. — Hygiène industrielle. — Accidents.

— *Etude médicale sur les ouvriers des houillères*, par J. Oberthur, membre de la Société d'industrie minérale. Rennes, 1897, imp. Oberthur. In-8, 195 p. avec planches.

Conditions physiques d'existence et de travail dans le milieu houiller ; affections des voies respiratoires chez les ouvriers mineurs.

— *Etude d'une loi sur les accidents du travail en France*, par Augustin Blanchet, ingénieur des arts et manufactures. Paris, 1897, Société d'économie sociale, 54, r. de Seine. Gr. in-8, 30 p.

Critique de l'assurance obligatoire allemande ; étude des statistiques d'accidents ; dispositions législatives possibles et nécessaires.

— *Projet de loi sur les accidents.* Arras, 1898, imp. Bouvry. In-8, 12 p.

Délibération de la Chambre de Commerce d'Arras sur le projet de loi relatif à la réparation des accidents.

— *La loi des accidents du travail*, par H. Darcy, président du Comite central des houillères de France. Paris, 1898, 55, r. de Chateaudun Gr. in.-8, 80 p.

Etude du projet de loi en discussion au Sénat français et de ses rédactions antérieures, notamment au point de vue de la quotité des indemnités et du mode de garantie. Calculs d'application et documents. Conclusions.

— *L'assurance contre les accidents du travail en Italie*, par Bruschettini. Saint-Amand, 1897.

— *Traité pratique des accidents*, par Fournier. Paris, 1898.

VII. — Association professionnelle.

— *Mémoire sur le droit d'association*, par Bry, professeur à la Faculté de droit d'Aix. Paris, 1897. imp. Nationale. In-8, 16 p.

Principe du droit d'association ; ses rapports avec les droits de l'Etat et les droits individuels.

— *Projet de loi sur la liberté d'association*, par Alfred des Cilleuls.

— *Les associations ouvrières en France depuis 1789*, par Maurice Monanges, avocat à Montluçon. Montluçon, imp. Herbin. Gr. in-8, 191 p.

Thèse sur les associations ouvrières : l'idée et la réforme syndicales depuis la révolution jusqu'en 1884 ; économie de la loi du 21 mars 1884 ; personnalité civile des syndicats professionnels.

— *Un syndicat professionnel peut-il imposer le renvoi d'un ouvrier*, par A. Crouzel, docteur en droit. Paris, 1898, A. Rousseau, 14, r. Soufflot. In-8 : 1 fr. 50.

Etude de droit civil sur les renvois d'ouvriers imposés par les syndicats à la faveur de grèves ou menaces de grèves.

— *L'idée syndicale ouvrière*, par Maurice Claverie. Paris, 1897, à la *Revue socialiste*, 78, pass. Choiseul. In-18, 24 p. : 0 fr. 20.

Rôle des syndicats et liberté des coalitions.

— *Annuaire des syndicats professionnels* (1897). Paris, 1897, Berger-Levrault, 5, r. des Beaux-Arts. In-8, 675 p.

Législation et renseignements généraux sur les syndicats professionnels ; liste des syndicats et des unions.

— *Ninth Report by the Chief Labour correspondent of the Board of trade on Trade Unions.* Londres, 1897. In-8, 274 p.: 1 s. 4 d.

Statistique des Trade Unions en 1896 : nombre, composition, budgets, fédérations.

— *Le projet de loi sur les unions professionnelles devant le parlement belge*, par VANDERVELDE. Paris, 1897.

— *L'organisation et le rôle des associations ouvrières et marchandes en Chine*, par Henri FROMAGEOT. Paris, 1897, imp. Nationale. Gr. in-8, 19 p.

VIII. — COALITIONS. — ARBITRAGE.

— *Les grèves et le droit commun*, par BOULOC, avocat. Paris, 1897, Guillaumin, 14, r. Richelieu. In-18, 96 p. : 1 fr. 50.

Les grèves au point de vue légal ; leur inutilité ; nécessité de transformer législativement le contrat de travail.

— *Report by the Chief Labour correspondent on the Strikes and Lock outs.* Londres, 1897. In-8, 209 p. : 1 s. 2 d.

Exposé et statistique des grèves dans le Royaume-Uni pendant l'année 1896.

— *Der berliner Bierboycott von* 1894, par STRUVE. Berlin, 1897.

— *La conciliation et l'arbitrage*, par Albert GUIBAL, avocat général près la Cour de Rouen. 1897, imp. Lecerf. In-8, 144 p.

Examen des mœurs patronales et ouvrières dans les divers pays en matière de conciliation et d'arbitrage pour les différends collectifs ; législation comparée ; nouvelles propositions de lois soumises au Parlement français.

— *La justice rapide et gratuite par l'arbitrage amiable*, par A. CHARMOLU. Paris, 1897.

IX. — COOPÉRATION.

— *Etude sur le mouvement coopératif*, par Joseph LEROUX, docteur en droit. Paris, 1897, A. Rousseau, 14, r. Soufflot. In-8, 388 p.

Historique du mouvement coopératif en Angleterre, en France et dans les principaux pays étrangers ; organisation des Sociétés de consommation, de production, de construction, de crédit agricole et populaire, etc...

— *Almanach de la coopération française pour* 1898, par E. DE BOYVE. Paris, 1898, 1, r. Christine. In-12, 168 p. : 0 fr. 40.

Statistiques et causeries relatives à la coopération ; listes de coopératives.

— *La question du crédit populaire*, par DUFOURMANTELLE, secrétaire du centre fédératif du crédit populaire. Paris, 1897, 110, r. de l'Université. In-8, 31 p.

Institutions de crédit populaire existant en France ; conditions d'organisation du crédit populaire.

— *Les Caisses de famille et les Sociétés de secours mutuels*, 2ᵉ *édit.*, par l'abbé Camille RACT. Paris, 1897, 40, r. La Fontaine : 1 fr. 25.

Situation légale, organisation et fonctionnement des caisses de famille ; statuts, règlements et conseils.

— *Manuel pratique à l'usage des fondateurs et administrateurs des caisses rurales*, par AMOURETTI. Paris, 1897.

— *Le crédit agricole et la Banque de France*, par FÉRAUD. Montpellier, 1897.

X. — EPARGNE. — PRÉVOYANCE. — ASSURANCE. — ASSISTANCE.

— *Les fonctions sociales des Caisses d'épargne*, par Charles BROUILHET, chargé de cours à la Faculté de droit et professeur à l'Ecole supérieure de Commerce de Montpellier. Paris, 1897, A. Rousseau, 14, r. Soufflot. Gr. in-8, 47 p.

Rôle social des caisses d'épargne au point de vue des dépôts et des emplois de fonds ; dispositions de la loi du 20 juillet 1895 et modifications désirables.

— *Le concours des Caisses d'épargne au Crédit agricole*, par Eugène ROSTAND. Paris, 1897, Guillaumin, 14, r. Richelieu In-8, 278 p. : 6 fr.

Mémoire, couronné par l'Académie des sciences morales et politiques, sur les besoins de crédit des petites exploitations rurales et sur les moyens d'y satisfaire ; possibilité du concours des caisses d'épargne et réformes législatives et administratives nécessaires à cet effet ; exemples des législations étrangères ; documents et renseignements pratiques.

— *Sociétés scolaires de retraites*, par L. CAILLE, inspecteur de l'Enseignement primaire, 4ᵉ *édit.*, Tournai, 1898, imp. Decallone-Liagre. In-8, 36 p.

Origine et organisation des Sociétés scolaires de retraite en Belgique ; modèles de règlements et de comptabilité.

— *Les pensions de retraites des instituteurs.* Paris, 1897, Hachette, 79, boulev. St-Germain. Gr. in-8, 47 p.

Recueil de consultations sur le régime légal des pensions des instituteurs comparé aux combinaisons de retraites libres.

— *Moyen de créer une caisse de retraites au profit des employés et ouvriers des usines à gaz*, par Emile LECLERC, ingénieur de la Compagnie centrale du gaz. Paris, imp. Mouillot. In-8, 41 p.

— *Encyclopédie des assurances*, 1ʳᵉ *livraison*, par Eugène BAUMGARTNER. Paris, 1898, Fontemoing, 4, r. Le Goff. In-4, 80 p. : 3 fr.

Répertoire alphabétique de doctrine, de législation et de jurisprudence. Ce premier fascicule contient notamment les rubriques : *Abandon* et *Accidents*.

— *Revue internationale des assurances*, 1ʳᵉ *année*, par Eugène BAUMGARTNER. Paris, 1897, Fontemoing, 4, r. Le Goff. Gr. in 8, 778 p. : 24 fr.

Théorie, technique, législation, jurisprudence et bibliographie des assurances. — A signaler notamment articles sur : le projet de loi d'assurance contre la maladie et les accidents en Suisse ; la réforme de la loi d'assurance contre les accidents en Allemagne ; l'assurance contre les accidents en Italie ; les assurances ouvrières contre les maladies et les accidents en Suisse ; l'assurance des ouvriers contre les accidents en France ; les assurances des marins, etc.

— *Le assicurazioni considerate sotto l'aspetto giuridico-contabile*, par LA VALLE. Messine, 1897.

— *Mémoire sur les associations fraternelles d'assurances aux Etats-Unis*, par ROCHETIN. Paris, 1897.

— *Petit Dictionnaire de jurisprudence des assurances sur la vie*, 2ᵉ *édition*, par G. LEFORT, avocat au Conseil d Etat et à la Cour de cassation. Paris, 1898, Fontemoing, 4, r. Le Goff. In-8 relié, 281 p. : 3 fr. 50.

Résumé, sous forme alphabétique, de la jurisprudence applicable aux diverses difficultés concernant les contrats d'assurance sur la vie.

— *Etude sur les tables de mortalité d'invalides*, par Louis WEBER, actuaire de l'*Office du travail*. Paris, 1897, Warnier, 30, r. Le Pelletier. In-8, 63 p.

Les tables de mortalité d'invalides et les tables d'invalidité, d'après les résultats allemands et autrichiens ; construction rationnelle et usage de ces tables.

— *Die Theorie der Versicherung vom wirths-*

chaftlichen Standpunkte, par HERMANN. Vienne, 1897.

— *Die Samtlichen Reichsgesetze über die Arbeiterversicherung*, par E. HENNIG, sekretär bei dem Königl. Sächs. Landes-Versicherungsamte. Dresde, 1897, Becker. In-18, 208 p. : M. 1.50.

Résumé de la législation allemande sur les assurances obligatoires.

— *Die Gebarg. u. die Ergebnisse der Krankheits-Mortalitäts-und Invaliditätstatistik der Bergwerksbruderladen im J.* 1894. Vienne, 1897.

— *Die Geschafts-Resultate der oesterr-ung. Lebensversicherungs-Gesellschaften und der ausländischen Lebensversicherungs-Gesellschaften in Oesterreich-Ungarn im J.* 1896, par ISRAEL. Vienne, 1897.

— *Handwörterbuch der gesamnten Versicherungswesens einschliesslich der socialpolitischen Arbeiter-Versicherung.* Strasbourg, 1897.

— *L'œuvre budgétaire de la troisième République en matière d'assistance et de prévoyance sociales*, par RENAUD, procureur général à la Cour des comptes. Paris, 1897, imp. Nationale. In-8, 50 p.

Revue des diverses mesures législatives et budgétaires prises dans le domaine de l'assistance et de la mutualité.

— *L'assistance à Paris sous l'ancien régime et pendant la Révolution*, par PARTURIER. Paris, 1897.

— *Die armenpflege*, par MUNSTERBERG. Berlin. Liebman, W. Lutzowstrasse, 27. In-8, relié, 213 p. : M. 3.

L'assistance publique et l'assistance privée ; nécessité et moyens de les coordonner ; remèdes au chômage ; l'action sociale contre la misère.

— *Die armenpflege der stadt Wien*, par SCHAUENSTEIN. Vienne, 1897.

— *L'assistance par le travail agricole*, par Guillaume BEER, conseiller général de Seine-et-Oise. Versailles, 1897, imp. Cerf. In-8, 64 p.

Les colonies ouvrières et agricoles à l'étranger et en France.

— *Histoire de l'assistance par le travail au Havre*, par le Dr LAUSIES, président de la Société. Havre, 1897, Le Roy. In-8, 80 p. . 2 fr.

Historique des tentatives, des mécomptes et des succès de la Société centrale havraise de secours ; moyens employés.

XI. — HABITATIONS OUVRIÈRES.

— *La maison salubre*, par L. A. BARRÉ et Paul BARRÉ. Paris, 1898.

— *Hygiène de l'habitation privée à Paris*, par le Dr ROUGE. Paris, 1897.

— *Le logement et l'alimentation populaires*, par BRELAY. Paris, 1897.

— *L'ouvrier stable et l'habitation ouvrière*, par Ch. GANS, docteur en droit, et P. E. WEBER, avocat. Paris, 1898, Challamel, 17, r. Jacob. Gr. in-8, 77 p.

Moyens de réagir contre l'instabilité des engagements de travail ; systèmes répressifs et préventifs. Législation sur la rupture du contrat de louage d'ouvrage. Organisation de la petite propriété ouvrière.

— *La loi sur les habitations à bon marché*, par AUZIERE, procureur général près la Cour de Limoges. Limoges, imp. Ducourtieux. In-8, 68 p.

Historique et économie de la loi du 30 novembre 1894.

— *De l'insaisissabilité et de l'attribution après décès des habitations à bon marché*, par Jules CHALLAMEL, avocat à la Cour de Paris Bruxelles, 1897, Hayez, 112, r. de Louvain. In-8, 32 p.

Rapport présenté au Congrès de Bruxelles sur le régime successoral des petits heritages et l'insaisissabilité du bien de famille.

— *Aufgaben von Gemeinde und Staat in der Wohnungsfrage.* Cologne, 1897.

— *Die Gewährung von Wohnungsmiete als Art den Armenunterstützung*, par KAYSER. Leipzig, 1897.

— *Die landlichen Arbeiter-wohnungen in Preussen*, par ASCHER. Berlin, 1897.

— *Die Bedeutung der Kleingartenkultur in der arbeiterfrage.* Berlin, 1897.

XII. — ALCOOLISME.

— *L'alcoolisme*, par le Dr JAQUET, Privat-docent à l'Université de Bâle. Paris, 1897, Masson, 120, boulev. St-Germain. Gr. in-8, 40 p. : 1 fr.25.

Conséquences hygiéniques et sociales de l'alcoolisme ; recherche des remèdes.

— *L'alcoolisme et ses remèdes*, par Maurice VANLAER. Paris, 1897, A. Colin, 5, r. Mézières. In-8, 168 p. : 2 fr.

L'alcoolisme et ses ravages ; recherche des remèdes ; mesures fiscales et monopole ; législation préventive et répressive ; sociétés de tempérance.

— *Conférence publique sur l'alcoolisme*, par ZÉGLICKI, président du tribunal de Gourdon. Paris, 1897, Pichon, 24, r. Soufflot. In-8, 29 p.

Effets physiologiques, intellectuels, moraux, sociaux de l'alcoolisme ; moyens de le combattre ; répression pénale.

— *Conférences publiques sur l'alcoolisme*, par le Dr VAQUIER. Paris, 1897.

— *Schutz der Arbeiter vor dem alkohol-Missbrauch*, par GLUMER. Munich, 1897.

— *Le devoir des chrétiens français en face de l'alcoolisme*, 2e *édit.*, par le pasteur J. BIANQUIS, président du Comité national de la Croix bleue. Paris, 1897, 54, r. de Seine. In-18, 48 p.

— *Almanach de la tempérance pour* 1898. Bruxelles, 1898, 89, r. Joseph II. In-8, 96 p.

Tract de propagande contre les inconvénients et les dangers de l'alcoolisme

XIII. — POPULATION.

— *Le problème de la dépopulation*, par le Dr Jacques BERTILLON, chef des travaux statistiques de la ville de Paris. Paris, 1897, A. Colin, 5, r. Mézières. In-16, 82 p. : 1 fr.

Dépopulation de la France : ses conséquences, ses causes, ses remèdes vrais.

— *La crise de la population en France*, par Arsène VACHEROT, maître des requêtes honoraire au Conseil d'Etat. Imp. Davy. Gr. in-8, 20 p.

Diminution de la natalité française ; nécessité des interventions de la loi.

— *Die Lebensfahigkeit der Städtischen und ländlichen Bevölkerung.* Leipzig, 1897.

XV. — Questions féministes.

— *Les droits de la femme dans la société française*, par Camille Duchelx, secrétaire de la Conférence des avocats. Paris, 1898, imp. Alcan-Lévy. In-8, 60 p.

Etude critique des revendications féministes.

— *L'industrie de la couture et de la confection à Paris*, par de Seilhac. Paris, 1897, Didot, 56, r. Jacob. In-18, 111 p.

Monographie sur les couturières et les confectionneuses à Paris.

— *Les droits du mari sur la correspondance de sa femme*, par Lafont de Sentenac, substitut du procureur général près la Cour de Toulouse. Toulouse, 1897, imp. Lagarde et Sébille. Gr. in-8, 51 p.

Doctrine et jurisprudence relatives aux droits du mari sur la lecture et la communication de la correspondance de sa femme.

— *La femme en prison et devant la mort*, par Ryckère. Paris, 1898.

— *Le meurtre excusable en cas d'adultère*, par Peyssonnié, avocat général près la Cour d'Orléans. Orléans, 1897, imp. Morand. In-8, 29 p.

Sur la portée de l'excuse légale en cas de meurtre de la femme adultère par le mari.

— *Die Gefahren der modernen Ehe*. Leipzig, 1897.

— *Katholischer Eherecht*, par Schnitzer. Freiburg, 1897.

— *Die Reform-Ehe*, par Stockham. Hagen, 1897.

— *Die Fürsorge für Wöchnerinnen und deren Angehörige*, par Hauser und Munsterberg. Leipzig, 1897.

— *Das Mutterrecht*, par Bachofen. Bâle, 1897.

— *Was wir den Frauen Schulden?* par Hegewald. Weinheim, 1897.

— *Mary Wollstonecraft. die Verfechtrin der « Rechte der Frau »*, par Hélène Richter. Vienne, 1897.

— *Zur Maennerfrage*, par Clara Schott. Leipzig, 1897.

XVI. — Régime industriel et fiscal.

— *Atlas du Comité central des houillères de France*, par E. Gruner, ingénieur civil des mines, secrétaire du Comité central des houillères. Paris. Baudry, 15, r. des Saints-Pères. In-4, 67 p. avec nombreuses cartes et planches.

Régime légal des houillères en France, en Belgique, en Angleterre et en Allemagne ; répartition des bassins houillers ; graphiques des productions, exportations et importations.

— *Statistique de l'industrie minérale* (1896). Paris, 1897, imp. Nationale. In-4, 254 p. : 10 fr.

Mines, usines métallurgiques, appareils à vapeur.

— *Rapport général sur la situation de l'industrie métallurgique en 1896*, par l'Association des maîtres de forges de Charleroi. Charleroi, imp. Henry Quinet. In 8, 191 p.

La production sidérurgique dans le monde. Situation et statistique de la production en 1896 pour la Belgique, la Grande-Bretagne, l'Allemagne, la France et les Etats-Unis.

— *Renseignements statistiques relatifs aux contributions directes et aux taxes assimilées pour 1897*. Paris, 1897, imp. Nationale. In-8, 140 p.

XVII. — Généralités économiques et sociologiques.

— *Les doctrines économiques*, par Cossa. Paris, 1897.

— *Economie politique*, par Brondel, conseiller d'arrondissement du Doubs. Besançon, 1897. In-16, 24 p.

Manifeste pour l'impôt progressif.

— *Il dinamismo economicho-psichico*, par Lombardi. Naples, 1897, Michele d'Auria. Gr. in-8, 127 p.

Bases de la psychologie sociologique ; le dynamisme social.

— *Regeneracion economica*, par Pando y Valle. Madrid, 1897.

— *Grundriss zum studium der politischen Oekonomie*, par Conrad. Iéna, 1897.

— *Vincent de Gournay*, par Ernest Brelay. Bordeaux, 1897, imp. Gounouilhou. In-8, 12 p.

— *Réponse d'un borgne cocasse à un aveugle classique*, par Eugène de Masquard. Nimes, 1897, 21, r. de la Madeleine In-8, 24 p. : 0 fr. 40.

Pamphlet contre les auteurs et les théories libre-échangistes. Nécessité des droits compensateurs.

— *Crédit*, par Macleod. Londres, 1897.

— *Quelques aspects de l'évolution de la propriété*, par Paul Errera, chargé de cours à la Faculté de droit de l'Université libre de Bruxelles. Bruxelles, 1898, imp. Moreau. In-8, 32 p.

Résumé de leçons sur le collectivisme, les lois agraires et le droit de propriété.

— *Quelques phases de l'évolution de la propriété*, par Dallemagne. Paris, 1897.

— *Proprietà individuale o proprietà collettiva*, par Zino Zini. Turin, 1898, Bocca. In-8, 262 p. : 6 fr.

Principes psychologiques et sociologiques ; la propriété au regard de la religion, de la morale et du droit social.

— *La petite propriété en France avant la révolution*, par J. Loutchisky, professeur à l'Université de Kiew. Paris, Champion, 9, quai Voltaire. In-18, 165 p.

Etat et étendue de la petite propriété foncière avant 1789 ; l'ancien village français ; vente et répartition des biens confisqués ; diffusion des petites propriétés.

— *La statistique internationale des valeurs mobilières*, par A. Neymarck. Rome, 1897, imp. Bertero. In-8, 51 p.

Rapport présenté à l'Institut international de statistique (Saint-Pétersbourg, 1897) sur la statistique des valeurs immobilières dans les principaux pays et sur la methode à suivre pour généraliser cette statistique.

— *La statistique internationale des valeurs mobilières*, par A. Neymarck. Paris, 1897, imp. Duruy. In-8, 7 p.

Communication verbale à l'Institut international sur le même sujet.

— *Les valeurs mobilières en France*, par Théry, rédacteur en chef de l'*Economiste européen*. Paris, 1897, 11, r. Monsigny. In-18, 195 p. : 2 fr. 50.

Consistance comparée des valeurs mobilières en France pour les années 1880, 1890 et 1897. Diverses catégories de valeurs françaises ; valeurs étrangères. Estimation du capital et du rendement.

— *Les dépôts de titres à la Banque de France*, par Pierre DES ESSARS. Nancy, 1897, imp. Berger-Levrault. Gr. in-8, 12 p.

Recherches sur la consistance et la répartition de la fortune mobilière au moyen d'un inventaire du portefeuille des dépôts à la Banque.

— *La crise du revenu et l'ère du travail*, par E. CHEYSSON. Paris, 54, r. de Seine, 1897. In-8, 46 p.

L'abaissement des divers revenus ; la hausse des salaires industriels et agricoles ; la loi du travail.

— *Grundzüge der deutschen Agrarpolitik unter besond. Würdigung der Kleinen u. grossen mittel*, par BUCHENBERGER. Berlin, 1897.

— *Petit cours d'économie sociale*, par FLAMENT. Paris, 1897.

— *Sociologie et politique*, par GUMPLOWICZ.

— *El concepto de organismo social*, par SANTA MARIA DE PERADES, Catedratico della Universitad de Madrid. Madrid, 1896. In-18, 215 p. : 3 pes.

Historique et théorie de la conception organique de la Société et de l'Etat.

— *Etude de sociologie pratique*, par Eugène DE MASQUARD. Nimes, 1897. 21, r. de la Madeleine. In-8, 32 p. : 0 fr. 30.

Les résolutions des récents congrès et les théories *terrianistes*.

— *Annales de l'Institut international de sociologie*, tome III. Paris, 1897.

— *Origines et état social de la nation française*, par SOULIER. Paris, 1897.

— *Théories sociales et politiciens*, par CHARLES. Paris, 1897.

— *La question sociale et nationale*, par LAVIRON. Paris, 1897.

— *Tratado de sociologia, evolucion social y politica*, par SALES Y FERRÉ. Madrid, 1897.

— *Sociale Vorträge*, par FREUND. Münster, 1897.

— *Die Lösung der sozialen Frage*, par Hugo SCHUSSLER. Dresde, 1898, C. Pierson. In-8, 164 p. : M. 2. 50.

Vues sur l'organisation économique et sociale de l'avenir ; les problèmes et les solutions.

— *Die Sociale Frage und ihre Lösung*, par Adam EGO. Bremen, 1898, M. Heinsius. Gr. in-8, 264 p. : M. 3.

Actualité et importance des questions sociales ; recherche des solutions. Rôle de la législation ; développement des idées de justice sociale dans l'education personnelle et l'éducation générale, ressources de l'association libre, efforts et moyens divers.

— *Genesis of the social conscience*, par H. S. NASH, Londres, 1897.

— *Social and ethical interpretations in mental development*, par BALDWIN. Londres, 1897.

— *La liberté, l'égalité, la fraternité*, par DOMANSKI. Paris, 1897.

— *Ueber die Grundthatsachen des socialen Lebens*, par TÖNNIES, professor an der Universität in Kiel. Berne, 1897, Steiger. In-8, 75 p. : 60 pfg.

Etude sur les bases essentielles de la vie sociale. Le mariage et la propriété.

— *De l'idée de justice*, par BOURRIER, substitut du procureur général près la Cour de Riom. Riom, 1897, imp. Girerd. In-8, 43 p.

Caractère de l'idée de justice ; discussion de ses fondements, d'après les différentes écoles.

— *Les bases sociologiques du droit et de l'Etat*, par VACCARO, trad. Gaure. Paris, 1897.

— *L'individualité*, par LE DANTEC. Paris. 1897.

— *L'Union sociale*, par Maurice DE MAUNY TALVANDE. Paris, 1897, 54, r. de Seine. In-8, 14 p.

Œuvres sociales d'assistance et de contact.

— *L'action sociale par l'initiative privée*, t. II, par Eugène ROSTAND, lauréat de l'Académie française et de l'Académie des sciences morales et politiques. Paris, 1897, Guillaumin, 14, r. Richelieu. In-8, 988 p. : 15 fr.

Suite des études sur les conceptions socialistes et sur la réalisation du progrès social par les initiatives privées. Deux conceptions du progrès ; acclimatation en France du crédit populaire urbain et rural ; divers moyens d'améliorer l'habitation du peuple et plans de maisons ouvrières ; moyens de développer et de féconder l'épargne populaire ; la vie morale du peuple et l'extension de la criminalité ; l'alcoolisme et les solutions préconisées ; les crises de la vie ouvrière et l'assistance par le travail, etc....

— *La guerre de classes peut-elle être évitée?* par Léon POINSARD, *3e édit.* Paris, 1898, Le Soudier, 174, boulev. St-Germain. In-18, 322 p.

Rôle possible des patrons dans l'éducation actuelle de la classe ouvrière. Le patronage ; ses procédés ; ses dépenses ; ses résultats. La participation aux bénéfices.

— *Le travail : les professions*, par Emmanuel CHAUVET, professeur honoraire de la Faculté des lettres. Caen, 1897. In-8, 81 p.

Etude morale comparative sur les professions agricoles, industrielles et commerciales.

— *La patrie française et l'internationalisme*, par Anatole LEROY-BEAULIEU, de l'Institut. Paris, 54, r. de Seine. In-8, 11 p.

— *Le côté social de la question d'Orient*, par LOISEAU. Paris, 1897.

— *Du canton considéré comme organe de décentralisation*, par Robert LEULLIER. Paris, 1897, A. Rousseau, 14, r. Soufflot. In-8, 125 p.

Thèse sur la décentralisation : notions historiques sur la centralisation française ; projet de substitution du canton à l'arrondissement ; vie cantonale (attributions du conseil cantonal, budget).

— *L'ouvrier américain*, par E LEVASSEUR, membre de l'Institut, professeur au Collège de France et au Conservatoire des arts et métiers. Paris, 1898, Larose, 22, r. Soufflot, 2 vol. in-8, 634 et 516 p. : 20 fr.

Rapport à l'Institut sur la situation et les questions ouvrières en Amérique, à la suite d'une mission confiée par l'Académie des sciences morales et politiques. Etude de l'ouvrier dans le milieu industriel et dans le milieu familial ; les idées et les questions sociales en Amérique.

Etat et progrès de l'industrie américaine ; législation du travail et discipline des ateliers, fédérations ouvrières ; salaire des hommes, des femmes et des enfants ; sweating system ; concurrence des immigrants et des prisonniers ; grèves et lockouts ; chômage.

Nourriture, vêtement, logement, sociétés de prêts et de construction, épargne et prévoyance, équilibre du budget ouvrier.

Questions ouvrières : les grandes fortunes et la démocratie, la protection douanière, l'assistance, le patronage, la participation aux bénéfices, la coopération, la conciliation et l'arbitrage, le socialisme.

Résumé et opinions sur la situation actuelle de l'ouvrier américain, vue sur sa situation probable dans une trentaine d'années.

— *Die Soziale Lage der arbeitenden Klassen in Berlin*, par Hirschberg, Direktorial-Assistenten am Statistischen Amt der stadt Berlin. Berlin, 1897, Liebmann, W. Lutzowstrasse, 27. In-8, 317 p. : M. 5.50.

Etude statistique administrative et morale sur la situation des ouvriers à Berlin ; nombre et repartition ; habitation ; morbidité et mortalite. Assurances obligatoires et libres ; ecoles et cours ; diverses interventions administratives ; groupements et œuvres d'initiative privee. Grèves ; chômage ; budgets ouvriers, etc.

— *Uebersicht der gesetzlichen Arbeiterschuts-Bestimmungen in Verschiedenen Landern*. Zurich, 1897.

— *Der gegenwärtige Stand und die Wirksamkeit der Arbeiterschutz gesetzgebung in Oesterreich*, par Herz. Vienne, 1897.

— *Fourth annual Report of the Labour department of the Board of trade*. Londres, 1897. In-8, 210 p. : 1 s.

Statistiques officielles du travail en Angleterre pour 1896-97 : associations professionnelles, sociétes cooperatives, sociétés de secours mutuels, grèves, arbitrage, placement, salaires, accidents, etc...

— *Jahresbericht des Schweizerischen Grütlivereins*. Zurich, 1897, Grutliverein. In-4, 105 p.

Coup d'œil sur la politique sociale ; rapports sur les actes du Comité central du Grutli et de ses sections pendant l'année 1893. Statistiques.

— *Rapport annuel du Comité directeur de la fédération ouvrière suisse et du secrétariat ouvrier suisse pour* 1895 *et* 1896. Zurich, 1896, Lib. de la Société du Grutli, 2 vol. in-8, 195 et 91 p.

Rapports annuels du Comité directeur et du Secrétariat ouvrier ; procès-verbaux du Comité central ; compte rendu du Congrès de Winterthour, mouvement des salaires et des grèves en 1895.

— *Die Heimarbeit in Oesterreich*, par Reumann. Vienne, 1897.

— *Les luttes sociales au XIVe siècle*, par Frantz Funck-Brentano. Paris, 1897, E. Bouillon, 67, r. Richelieu. In-8, 32 p.

Extraits d'un rapport à un sénéchal d'Aquitaine sur les agissements de Jean Colomb à Bordeaux ; indications sur l'état social et les luttes de classe.

— *Modern France*, par André Lebon, membre de la Chambre des députés. Londres, 1897, Fisher-Unwin, Paternoster-square. In-18 relié, 488 p. : 5 fr.

Histoire politique, intellectuelle et sociale de la France au XIXe siècle (1789-1895).

— *Protokoll über die Verhandlungen des nationalsozialen Vereins*. Berlin, 1897.

— *Protokoll über die Verhandlungen des Parteitages der sozialdemokratischen Partei Deutschlands*. Berlin, 1897. Glocke. In-8, 231 p. 35 : Pfg.

Programme et organisation du parti social démocrate allemand ; rapports, discussions et résolutions du Congrès tenu à Hambourg en octobre 1897.

— *Ein internationales Arbeiterschutzamt*, par Curti, Zurich, 1897.

— *Der internation. Kongress für Arbeiterschutz in Zurich*, par Gustav Maier. Zurich, 1897. In-8, 48 p. : 60 Pfg.

Compte rendu du Congrès de protection ouvrière tenu à Zurich en août 1897.

— *Die Verhandlungen und Beschlüsse des internationalen Kongresses für Arbeiterschutz in Zürich*. Berne, 1897.

———

— *La notion chrétienne de la démocratie*, par G. Toniolo. Paris, 1897.

— *Présent et avenir de la démocratie*, par Mgr Fèvre, candidat radical. St-Dizier, 1897, Imp. Thevenot. In-8, 64 p.

Discours sur les souffrances de l'agriculture, la décentralisation, le quatrième état, l'avenir de la democratie, etc.

— *Questions du jour*, par l'abbé Gayraud, Paris, 1897.

— *Un Manuele sociale cristiano*, par Piovano. Rome, 1897.

— *Rôle de la papauté dans la société*, par l'abbé Fournier. Paris, 1897.

— *Les directions pontificales, politiques et sociales*, par L. Dehon. Paris, 1897.

— *Leo XIII, der Soziale Papst*. Münster, 1897.

— *Christlicher socialismus*, par C. Muhlemann. Berne, 1898, Steiger. In-8, 42 p. : 60 Pfg.

Etude sur le socialisme chrétien et les doctrines de Naumann.

— *Christus und die Sozialdemokratie*, par Borkenhagen. Leipzig, 1897.

— *Bebel im Lichte der Bibel*, par Germanicus. Leipzig, 1898, Deichert. In-8, 215 p. : M. 2.60.

Les questions sociales éclairées par l'évangile. Le travail dans les diverses industries ; proprieté et droit de succession ; richesse et pauvrete ; liberte, egalité, fraternité. Vues politiques sur la democratie, l'anarchisme, le patriotisme, etc.

———

— *Annuaire de l'Economie politique et de la statistique pour* 1897, par Maurice Block, membre de l'Institut, 54e *année*. Paris, 1897, Guillaumin, 14, r. Richelieu. In-12, 1052 p. : 9 fr.

Recueil de statistiques spéciales pour la France et les colonies françaises : accidents, assurances, caisses d'épargne, enseignement populaire, logements à bon marché, placement, prud'hommes, societes de secours mutuels, etc — Statistiques generales pour les pays etrangers.

— *Annuaire statistique de la France*. Paris, 1897, imp. Nationale. Gr. in-8, 553 p.

Population, institutions de prévoyance, agriculture, commerce, industrie, impôts, instruction publique, etc.

— *Statistique générale de la France* (1894). Paris, 1897, imp. Nationale. Gr. in-8. 249 p. : 4 fr.

Démographie. Institutions d'assistance et de bienfaisance.

— *Statistique agricole de la France*. Paris, 1897.

———

XVIII. — Socialisme.

— *L'almanach socialiste*, par Charnay. Paris, 1897.

— *Almanach de la Question sociale*, par Argyriadès. Paris, 1897.

— *La question sociale et le socialisme*, par Deschanel. Paris, 1897.

— *Ouvriers et socialistes*, par Fremont.

— *La souveraineté du peuple*. par Victor Gelez. Paris, 1897, 78, passage Choiseul. In-18, 93 p. : 1 fr. 25.

Theorie socialiste de la souveraineté du peuple ; ses conditions de fonctionnement ; propositions législatives relatives à l'exercice du droit de vote et à l'egalité electorale.

— *Le collectivisme*, par Agathon de Potter. Bruxelles, 1897, A. Manceaux. In-8, 43 p.

Théorie du collectivisme rationnel.

— *Théorie et pratique du collectivisme intégral révolutionnaire*, par Boulard. Paris, 1897.

— *Socialismo populare*, par Monticelli. Venise, 1897.

— *Programme municipal adopté par l'Union fédérative du centre*, commenté par J. Allemanne. Paris, 1897.

— *Comment l'Etat enseigne la morale*, 140, r. Mouffetard. In-18, 174 p. : 1 fr. 50.

Critique socialiste des programmes et des manuels de morale pour l'enseignement secondaire, supérieur et primaire.

— *Le catéchisme du conscrit socialiste*, 4e édit., par Léon Troclet. Liège, 1897, impr. coopérative. 2 v. in-12, 16 p. : 0 fr. 10.

Contre la guerre et les armées permanentes.

— *Demokratie und Socialismus*, par Platter. Leipzig, 1897.

— *Les lois sociales en Belgique*, par Emile Vandervelde. Bruxelles, 1897, J. Milot, 35, r. des Sables. In-16, 20 p. : 0 fr. 05.

— *Der nationale Kampf gegen die Sozialdemokratie*, par Lorenz. Leipzig, 1897.

— *Der Social demokrat hat das wort*, 2e édit., par Engelbert Kæser. Freiburg in B. 1898. Herder. In-8, 216 p. M. 1,50.

Théories révolutionnaires du parti social démocrate : le nouveau rôle de l'Etat, l'organisation de la production et du travail ; attitude vis-à-vis de la religion et de la morale.

— *Geschichte der deutschen Sozialdemokratie*, par Frantz Mehring. Stuttgart, 1897, J. H. W. Dietz, 10 fasc. br. In-8, à 20 Pfg.

Fascicules 19 à 22 : l'œuvre et la politique de Lassalle ; la lutte de classes en Allemagne ; organisation du parti ouvrier social democrate.

— *Der Werth der Sozialdemokratie für die arbeiterschaft*. Berlin, 1897, H. Walther, S. W. Kleinbeerenstrasse, 28. In-8, 32 p. : 20 Pfg.

Sur le parti social démocrate et ses chefs.

— *Die Sozialdemokratie u. die Schichten der Studirten*. Berlin, 1897.

— *Zur Kritik der politischen Œkonomie*, par Karl Marx. Stuttgart, 1897.

— *Le capital*, par Vilfredo Pareto, extraits par Paul Lafargue. Paris, 1897.

— *Verhandlungen des oesterreichischen Sozialdemokratischen Parteitages*. Vienne, 1897.

— *Karl Marx'nationaloeconomische Irrlehren*, par Ludwig Honigski. Berlin, 1897, J. Räde. In-18, 207 p.

Réfutation des théories marxistes (traduction du russe par Max Schapiro).

— *Der industriestaat und die arbeitenden Klassen*, par Erich Rother. Berlin, 1897. J. Sassenbach, invalidenstrasse, 118. In-8, 24 p. : 15 Pfg.

Sur l'importance excessive et la politique du parti ouvrier allemand.

— *Pro e contro il socialismo*, par Saverio. Milan, 1897.

— *Socialismo e democrazia*, par Acciaresi. Rome, 1897. Filiziani, in-8, 296 p.

Articles d'études économiques et religieuses sur les questions sociales et les doctrines socialistes.

— *Quatre conférences sur le socialisme, le divorce et les châtiments d'outre-tombe*, par J. Fontaine, professeur d'apologétique aux facultés catholiques d'Angers. Cherbourg, 1897, impr. Saint-Joseph In-8, 67 p.

Deux de ces conférences sont consacrées au socialisme : ses visées utopiques, ses causes, ses résultats, ses remèdes.

— *La comédie socialiste*, par Yves Guyot. Paris, 1897.

— *Les socialistes au pouvoir*, 5e édition, par Hippolyte Verly. Paris, 1897, Le Soudier, 174, boulevard St-Germain, in-18, 168 p. : 1 fr.

Edition populaire illustrée du *Triomphe du Socialisme* (analysé dans la Bibliographie du 2e trimestre, page 31).

— *La Belgique republicaine ou les socialistes au pouvoir*, par Marbaix. Bruxelles, 1897.

— *Le socialisme renié par les socialistes au Parlement belge*, par Jos. Hoyois, député de Tournai. Bruxelles, 1897. Schepens, 16, r. Treurenberg. In-8, 16 p.

Programme réel du socialisme ; embarras des socialistes parlementaires ; socialisme et démocratie.

— *L'action socialiste au Parlement en* 1894-1896, par Georges Guimard. Bruxelles, 1897, J. Milot, 35, r. des Sables. In-16, 20 p. : 0 fr. 05.

— *Le socialisme et ses conséquences*, par un prêtre, Mouscron, 1897, Henri Lerouge, 17, r. de la Station. In-12, 103 p. : 1 fr.

Critique du socialisme d'après l'encyclique pontificale *Rerum novarum* ; l'injustice de la doctrine, les conséquences funestes de sa mise en pratique.

— *La propriété devant le socialisme contemporain*, par le P. Ch. Calmes, professeur au grand séminaire de Rouen. Paris, 1897, V. Lecoffre, 90, rue Bonaparte. In-8, 257 p.

La propriété privée en regard du communisme ; théorie du droit de propriété individuelle ; historique des régimes communautaires

— *L'agriculture et le socialisme*, par Paul Deschanel, vice-président de la Chambre. Paris, 1897, 51, rue Vivienne. In-8, 71 p. : 0 fr. 05.

Discours parlementaire contre le socialisme agraire.

— *Socialisme et paysans*, par Jaurès, député, bureau de la *Petite République*, 12, rue Paul Lelong. In-8, 121 p. : 0 fr. 30.

Discours parlementaires sur la crise agricole, ses causes, ses remèdes dans le socialisme.

— *Ruraux contre socialistes*, par René Henry, docteur en droit. Limoges, 1897, impr. du *Courrier du centre*. In-12, 104 p.

Importance et consistance de la petite propriété foncière : sa confiscation dans le programme socialiste ; le morcellement et le plan de la résistance rurale au collectivisme.

— *Le parti rural organisé et mobilisable*, par René Henry. Paris, 1897, 110, rue de l'Université. In-8, 27 p.

La résistance rurale au socialisme ; organisation existante des syndicats agricoles ; diffusion et ligue de la petite propriété.

— *La Mezzadria ed il socialismo*, par Yacirca, Calle (Italie), 1897.

— *La vérité aux paysans*, par un campagnard (compère Morel). Paris, 1897, 78, passage Choiseul. In-8, 30 p. : 0 fr. 25.

Sur la crise agricole et le socialisme agraire.

— *De la nationalisation du sol*, par frère Jacques. Nantes, 1897.

— *Etude sur la nationalisation du sol*, par un Republicain de Louviers.

— *Collectivisme agraire et nationalisation*, par Paul Leroy-Beaulieu, de l'Institut. Paris, 1897, 54, r. de Seine. In-18, 8 p.

— *Les citations de M. Jaurès et la véracité des socialistes*, par Paul Leroy-Beaulieu, de l'Institut. Paris, 1897, 54, r. de Seine. In-8, 11 p.

— *Le socialisme et les femmes*, par Jules Destrée, représentant. Bruxelles, 1897, 35, r. des Sables. In-16, 20 p. : 0 fr. 05.

— *Socialisme et sexualisme*, par le Dr Z. et Aline Valette. Paris, 1897.

— *Sozialdemokratie und sexuelle anarchie*, par Johanna Elberskirchen. Zurich, 1897, Verlags-Magasin. 30 p. : 0 fr. 60.

Assimilation des sexes dans la doctrine du parti social démocrate et commandements nouveaux auxquels doit être soumise leur coexistence.

— *Le mouvement anarchiste*, par Mesnil. Bruxelles, 1897.

— *Documents d'études sociales sur l'anarchie*, par Alexandre Bérard, député de l'Ain, C. Lombroso, et Van Hamel, Lyon, 1897, Storck, 78, r. de l'Hôtel de Ville. In-8, 169 p.

Le mysticisme chez les anarchistes ; les hommes et les théories anarchistes (*Bérard*). — L'anarchie et ses heros (*Lombroso*). — Etude d'anthropologie criminelle sur l'anarchisme et les moyens de le combattre (*Van Hamel*).

— *Les lettres de noblesse de l'anarchie*, par Delacour. Paris, 1898.

— *L'évolution, la révolution et l'idéal anarchiste*, par Elisée Reclus. Paris, 1897.

— *De la commune à l'anarchie*, par Malato. Paris, 1897.

— *L'idéal communiste*, par Bovet, Nice.

— *Lettres de Malaisie* par Paul Adam. Paris, 1898, Bureaux de la *Revue Blanche*, 1, r. Laffitte. In-8, 239 p. : 3 fr. 50.

Roman social.

— *Un peu plus tard*, par Potonié-Pierre. Paris, 1897. In-8, 288 p.

Roman social.

XIX. — Généralités juridiques.

— *La législation du travail en France*, par Paul Pic, professeur à la Faculté de droit de Lyon. Paris, 1897. A. Rousseau, 14, r. Soufflot. In-8, 57 p. : 2 fr.

Exposé de la législation ouvrière française, notamment de 1890 à 1897

— *La législation sociale en* 1896, par Hector Lambrechts, docteur en droit, attaché à l'Office du travail. Bruxelles, 1897. Schepens, 16, r. Treurenberg. In-8, 85 p.

Lois intervenues et propositions législatives présentées ou discutees, pendant l'année 1896, en Allemagne, en Angleterre, en Autriche, en Belgique, en France, en Italie, en Suisse, etc.

— *La législation sociale en Hongrie*, par Joseph Stzrenyi, conseiller royal, directeur général de l'enseignement professionnel et industriel de Hongrie. Budapest, 1897. Société anonyme d'Impr. In-8, 58 p.

Résumé de la législation hongroise sur la réglementation du travail, la prévention des accidents, la justice industrielle, etc....

— *Agenda ouvrier suisse*, 1re année. Lausanne, 1897, imp. Amacker. In-18, relié : 1 fr. 50.

Carnet, suivi des principales lois ouvrières suisses.

— *Supplément au Répertoire de législation, de doctrine et de jurisprudence*, tome XIX, par Griolet et Vergé. Paris, 1897, 19, r. de Lille In-8, 1007 p.

Ce volume clôt le supplément du *Dalloz*. Il contient notamment les rubriques : Vente administrative ; vente publique d'immeubles, de meubles, de marchandises neuves, de substances falsifiées ; Vins et boissons ; Voirie par chemins de fer, par terre et par eau ; Vol et escroquerie.

Il se termine par un important appendice sur l'organisation de l'Algérie, de la Tunisie et des Pays de protectorat.

— *Dictionnaire pratique de droit comparé*, par Hector Lambrechts, attaché au ministère de l'industrie et du travail de Belgique. Paris, Chevalier-Marescq, 20, r. Soufflot. 4 fasc. in-8, 135, 128, 73 et 550 p.

Résumé de la législation civile des divers pays Européens : dispositions sur la nationalité, le mariage, le divorce, les successions, la personnalité civile, etc.

1er *fascicule* : Belgique et Luxembourg ; — 2e *fasc.*, France et Monaco ; — 3e *fasc.*, Angleterre ; — 4e *fasc.*, Roumanie.

— *Annuaire de législation française* (1896), publié par la Société de législation comparée. Paris, 1897, F. Pichon, 24, r. Soufflot. Gr. in-8, 203 p.

— *Les tribunaux professionnels*, par Malherbe et Poulbaix. Bruxelles, 1897.

— *Des Conseils de prud'hommes*, par Jules Gouffier, avocat. Paris, 1897, A. Rousseau, 14, r. Soufflot. In-8, 214 p.

Thèse sur l'organisation et le fonctionnement des Conseils de Prud'hommes ; institution, élections, attributions judiciaires et administratives, procedure et voies de recours.

— *Le patron et l'ouvrier devant le Conseil de prud'hommes*, par Nouvion-Jacquet, président, et Ch. Cornier, secrétaire du Conseil de prud'hommes de Reims. Paris, 1897. Larose, 22, r. Soufflot. Gr. in-8, 94 p. : 1 fr. 50.

Résumé de la législation et de la jurisprudence sur le contrat d'apprentissage, la rupture du contrat de louage et les grèves. (Préface par M. Paul Beauregard, professeur à la Faculté de Droit de Paris.)

— *Corso di diritto commerciale*, par Ercole Vidari, prof. ordin. di Diritto commerciale nella R. Universita die Pavia, 4e *édition*, vol. VIII. Milan, 1897, Hœpli. Gr. in-8, 800 p. : 12 fr.

Volume principalement consacré à la législation sur la faillite.

— *Constitution du droit de gage sur les choses incorporelles*, par Victor Clappier, docteur en droit. Paris, 1897, A. Rousseau, 14, r. Soufflot. Gr. in-8, 179 p.

Etude sur les conditions de forme nécessaires à la constitution du droit de gage : creances, actions, titres, etc. Projets législatifs.

XX. — Enseignement social. — Bibliographie. — Divers.

— *L'enseignement des sciences sociales dans les Universités françaises*, par Albert Sorel, de l'Académie française, professeur à l'Ecole libre des sciences politiques. Lille, 1897, imp. Danel. In-8, 18 p.

Les nouvelles Universités ; le but et la méthode de leurs divers enseignements ; l'esprit d'observation et de fraternité.

— *Organisation et programme des cours de l'Ecole libre des sciences politiques de Paris.* Paris, 1897, Pichon, 24, r. Soufflot. In-18, 108 p.

— *The London school of Economics and political science*(1897-98). Londres,1897. In-8,14 p.

— *Enseignement des sciences politiques et sociales à l'Université libre de Bruxelles.* Bruxelles, 1898, Bruylant, 67, r. de la Régence. Gr. in-8, 171 p.

Recueil de leçons d'ouverture : Devoir social des générations nouvelles (Goblet d'Alviella) ; Régime du travail en législation comparée (L. Wodon), etc.

— *Statuts organiques et programme des cours de l'Université libre de Bruxelles.* Bruxelles,1897, E. Bruylant, 67, r. de la Régence. In-8,75 p.

— *Notice sur l'exposition de l'Université libre de Bruxelles en* 1897. Bruxelles, 1897, Hayez, 112, r. de Louvain. In-4, 141 p. (*582*)

Ce document contient notamment la bibliographie des travaux publiés par les professeurs.

— *L'histoire et les travaux d'économie sociale de la Société des ingénieurs civils*, par le marquis DE CHASSELOUP-LAUBAT. Paris, 1897, 54, r. de Seine. In-8, 33 p.

— *Conférences du comité de défense et de progrès social.* Paris, 1897, 54,r de Seine. In-8, 230 p.: 3 fr.

Recueil de conférences publiques et privées : Individualisme et socialisme (*A. Leroy-Beaulieu*), liberté d'association (*G. Alix*), diffusion de la fortune mobilière en France (*R. G. Lévy*), rôle social de l'écrivain (*R. Doumic*), coopération (*L. Mabilleau*), solutions socialistes et fonctionnarisme (*E. Rostand*), salariés et capitalistes (*Zola*), voyage social en Allemagne (*Blondel*), rôle social de la colonisation (*Chailley Bert*),la répression pénale et les intérêts populaires (*Joly*).

— *Bulletin du Comité des travaux historiques et scientifiques* (1897). Paris, 1897, imp. Nationale. Gr. in-8, 503 p.

Recueil de mémoires présentés au Congrès des sociétés savantes, dont plusieurs relatifs à des questions economiques et sociales.

— *Bibliographie der social-politik*, par STAMMHAMMER. Iena, 1897.

— *Table générale des principales matières contenues dans le Bulletin de la Société nationale d'agriculture*, par Louis PASSY, secrétaire perpétuel. Paris, 1896, imp. Chamerot. In-8,271 p.

Table alphabétique de références bibliographiques aux *Mémoires* et au *Bulletin* publiées par la Société de 1761 à 1874 (plusieurs rubriques intéressent les sciences sociales).

— *Répertoire de faits politiques, sociaux, économiques et généraux*, année 1896, par H. S.GRENIER. Paris, 1897, Berger-Levrault,5, r. des Beaux-Arts. In-4 cartonné, 509 p. : 7 fr. 50.

Relevé quotidien des événements ou déclarations politiques en France et à l'étranger ; discussions parlementaires, indication des documents législatifs et officiels ; débats judiciaires ; cérémonies importantes ; faits divers caractéristiques, notices nécrologiques. — Table alphabétique générale des noms et matières ; nombreux portraits de personnages cités. – Publication, en annexe, de documents *in extenso* : messages de chefs d'Etats, notes diplomatiques, manifestes socialistes, e c.

— *Congrès provinciaux de la société bibliographique.* Paris, 1896, Bureaux de la *Société bibliographique*, 2, r. St Simon. In-8, 847 et 313 p.

Comptes rendus des Congrès tenus à Montpellier en 1895 et à Nancy en 1896 · plusieurs études sur l'enseignement primaire avant 1789, monographies de provinces rurales avant et pendant la Révolution, contributions archéologiques à l'histoire sociale.

— *Congrès de l'Union catholique de la Gironde* (1895). Bordeaux, 1896, 5, place Puy-Paulin. Gr. in-8, 152 p. : 1 fr.

Rapports et vœux sur l'éducation, l'enseignement technique, les caisses ouvrières et rurales, les associations professionnelles, les œuvres sociales d'assistance et de patronage, etc

— *Paris charitable et prévoyant*, publié par l'office central des œuvres de bienfaisance. Paris, 1897. Plon,10,r.Garancière. In-8, 644 p. 10 fr.

Conseils officiels et sociétés privées de tutelle ou de propagande ; écoles et asiles maternels ; orphelinats ; hôpitaux et dispensaires infantiles ; education des jeunes aveugles, sourds-muets ou arriérés, apprentissage et écoles professionnelles ; patronage, preservation et correction de jeunesse ; institutions d'épargne, de secours mutuels, de prévoyance ; caisses de loyers, habitations économiques ; institutions patronales : distribution de secours et d'aliments aux indigents, assistance par le travail ; placement et rapatriement, œuvres de refuge et de patronage pour adultes ; hôpitaux, hospices et cliniques ; visite et assistance des malades ; maisons de retraite de vieillards, d'incurables,d'aveugles, d'aliénés ; œuvres diverses.

— *Annuaire de l'office central des œuvres de bienfaisance*,175, boulev. St-Germain. In-8,119 p.

Statuts de l'office ; rapports sur son fonctionnement en 1896-97.

— *Annuaire de l'office central lillois des institutions sociales et charitables* (1896). Lille, 1897, 106, r. de l'Hôpital militaire. In-8, 58 p.

— *Annuaire des Sociétés savantes de Paris.* Paris, 1897, 28, r. Serpente. Gr. in-8, relié, 234 p. : 7 fr. (*117*)

Siège social, lieu de réunion, bureau, publications des Sociétés savantes, notamment des Sociétés vouées à l'étude des sciences sociales.

— *Travaux de la Chambre de commerce d'Arras* (1895-96), imp. Bouvry. In-8, 122 p.

— *Exposé sommaire des travaux de la Chambre de commerce de Calais pour* 1896. Calais, 1897, imp. Henry-Gontier. In-8, 337 p.

— *Compte rendu des travaux de la Chambre de commerce de Cette pour* 1896. Cette, 1897, imp. A. Cros. In-8, 94 p.

— *Compte rendu des travaux de la Chambre de commerce du Havre en* 1896. Havre, 1897, imp. de la Bourse. Gr. in-8, 540 p.

Délibérations sur le régime des Caisses de retraites patronales, l'impôt sur le revenu, etc.

— *Archives de la Chambre de commerce de Lille* (1896). Lille, 1897, imp.Danel. Gr. in-8, 773 p. (*592*)

Rapports sur les projets de loi relatifs aux accidents du travail, à la réglementation du travail, à la conciliation et à l'arbitrage, etc...

— *Compte rendu des travaux de la Chambre de commerce de Lyon.* Lyon, 1897, imp. du *Salut public*. Gr. in-8, 485 p.

Délibérations relatives à l'impôt général sur le revenu,à l'exécution de la loi sur les caisses de retraite, à la réglementation du travail, etc.

— *Exposé des travaux de la Chambre de commerce de Nantes.* Nantes, 1897, imp. Grimaud. In-4, 260 p.

Délibérations relatives à l'impôt sur les revenus, au régime des successions, à la responsabilité des accidents, etc.

— *Compte rendu des travaux de la Chambre de commerce de Rouen.* Rouen, 1897, imp. Lapierre. In-4.

Délibérations concernant l'impôt sur le revenu, la responsabilité des accidents, etc.

— *Compte rendu des travaux de la Chambre de commerce de Toulouse pour* 1896. Toulouse, 1897, imp. Douladoure-Prévot. Gr. in-8, 146 p.

TABLES DES MATIÈRES DE LA REVUE

(ANNÉE 1897)

Les chiffres *romains* indiquent les fascicules ou *trimestres*.

Les chiffres *arabes* indiquent les *pages*, dans la pagination générale.

I. — TABLE ANALYTIQUE

I. LÉGISLATION

II. PROJETS ET TRAVAUX PARLEMENTAIRES

(V. *Table alphabétique*).

III. CONGRÈS

IV. BIBLIOGRAPHIE SOCIALE

(*Cette bibliographie contient mention de plus de 1200 ouvrages, dont plus de 700 sont l'objet d'indications détaillées*).

II. — TABLE ALPHABÉTIQUE

PP. signifie : *Projets parlementaires.* — BIBL. signifie : *Bibliographie sociale.*

Le Gérant : H. LE SOUDIER.

Imp. G. St-Aubin et Thevenot. — J. Thevenot, successeur, St-Dizier (Hte-Marne). 28.2.98.

REVUE

DE

LÉGISLATION OUVRIÈRE

ET SOCIALE

www.ingramcontent.com/pod-product-compliance
Lightning Source LLC
LaVergne TN
LVHW012012220826
846092LV00001B/318